新编21世纪新闻传播学系列教材

新闻学系列

融合新闻学概论

理念、实务、操作解析

李 沁 著

Introduction to Convergence Journalism

中国人民大学出版社
·北京·

内容简介

《融合新闻学概论》视野开阔，基于国内外新闻实务变革实践，紧扣媒体技术变革发展趋势，关注相关新闻传播学理论热点，力图在媒介化和全球化的大背景下建构融合新闻学知识体系。全书体例完备，理念、实务、操作解析三位一体，既具理论深度，又有实操指南。本书引入大量中外最新案例，通过赏析优秀的融合新闻报道，归纳融合新闻报道的基本方法和步骤。随着融媒体时代出镜报道应用日益广泛，本书设专章介绍融合新闻的出镜报道与主持，帮助学生提升镜头前的语言及非语言表达能力。

全书分为十章，各章依循“学理—历史—实践”的逻辑线索进行讲授，均配有“学习要点”“阅读、思考与练习”。全书穿插“操作解析”“案例分析”“作品赏析”，以便于学生掌握知识要点、实操和复习。

本书既可用作高校新闻学、广播电视学、网络与新媒体专业课教材，也为从事融合新闻实践的记者和编辑提供了一站式行动指南。

作者简介

李沁　中国人民大学新闻学院教授、博士生导师，国家传播战略研究中心主任，教育部重点研究基地新闻与社会发展研究中心国家传播战略研究所所长。她极其丰富的人生经历本身就是融合新闻的体现——先后跨越中西新闻传播的媒体界、产业界、学术界和教育界，而且跨越了新闻学与传播学这两个研究和教学领域。

美国哥伦比亚大学新闻学院研究生院毕业后，旅居美国十余年，从事全球新闻传播的研究与实践。全球范围内最早进行沉浸传播研究的学者之一，著有《沉浸传播：第三媒介时代的传播范式》（*Immersive Communication: The Communication Paradigm of the Third Media Age*，中英版本）、《媒介化生存：沉浸传播的理论与实践》等专著，提出的“沉浸传播”“泛众传播”“第三媒介时代”“沉浸人”等核心概念及理论体系不断得到实践检验，沉浸传播理论作为研究框架被广泛采纳和引用，产生了良好的学术和社会影响。

北京市海外高层次人才，美国国家电视最高奖“艾美奖”学院奖得主。曾任《人民日报》记者编辑和浦东记者站主管，在纽约大学艺术学院讲学，曾任美国时代华纳有线栏目总制片人兼主持人、美国华尔街股票屋传媒集团财经专栏评论员，是沁人心彩传媒创始人。

总序

中国人民大学出版社策划出版的“新编21世纪新闻传播学系列教材”，是一套在新闻传播学领域内，皋牢百代，卢牟六合，贯穴古今，笼罩中外，密切联系新闻传播工作的实际，广泛吸收新闻传播学的最新研究成果，高挹遐揽，取精用宏，供新世纪的高等院校新闻传播院系教学使用的系列教材。

20世纪初以来的100年，是世界新闻传播事业飞速发展的100年。这100年来，随着科学技术的不断发展，继报纸、期刊、通讯社之后，广播、电视、网络和多种新媒体相继问世，新闻传播的媒介日趋多元化，新闻传播的手段日趋现代化，“地球村”变得越来越小，新闻传播事业对世界政治、经济和文化的影响则变得越来越大。

这100年，也是中国新闻事业飞速发展的100年。尤其是中国改革开放以来，发展得尤为迅猛。

进入21世纪以后，中国新闻事业发展的势头更为迅猛。报纸、期刊、通讯社、广播电台、电视台的数量在宏观调控下，虽无大变化，但软硬件的实力都有了很大的提高。据2011年12月出版的《中国新闻年鉴》的最新统计数字，2010年全国共出版报纸1 939种，平均期印数2.14亿份。共出版期刊9 884种，平均期印数1.63亿册。全国共有广播电台227座，电视台247家，广播电视台2 120家，教育电视台44家。广播综合人口覆盖率为96.78%，电视综合人口覆盖率为97.62%。

另据2012年1月中国互联网络信息中心（CNNIC）发布的《第29次中国互联网络发展状况统计报告》，截至2011年12月底，中国网民规模已达到5.13亿，互联网普及率达到38.3%。其中，手机网民数量为3.56亿，博客和个人空间用户数量为3.19亿，微博用户数量为2.5亿，社交网站用户数量为2.44亿，网络视频用户数量为3.25亿。中国居民中具备上网条件和技能的人已经基本转化为网民，大专及以上学历人群中互联网使用率已达96.1%。中国网站总数为230万个，网页数量为866亿个。

这样大的发展规模，这样快的发展速度，在世界和中国新闻事业史上都是空前的。回顾既往，盱衡未来，新闻传播事业在21世纪还将保持旺盛的发展势头。新闻传播，作为上层建筑和意识形态的一个重要组成部分，在全面准确地宣传党的基本理论、基本路线和基本方针以及各项决策，反映人民群众的伟大业绩和精神风貌，以及推动改革开放和社会主义现代化建设等方面，必将继续发挥重要的作用。

与新闻传播事业的发展相配合，这100年来，为中国的新闻战线培养和输送人才的中国新闻教育，也有了相应的发展。中国的新闻教育起始于20世纪初，迄今有近90年的历史。新中国成立前的30年，虽然先后在个别院校中设立了新闻系或新闻专科，但规模都不大，设备也不够完善，在校学生人数最多的时候不超过400人，30年间累计培养出来的毕业生还不到3 000人。新中国成立后，为了给新中国的新闻事业培养人才，新闻教育有了新的发展，但到20世纪60年代中期为止，全国的新闻教育机构也还只有14家。当时全国只有343家报社、78座广播电台和13家电视台，革命老区来的新闻工作骨干正当盛年，足以支撑大局，新闻系和新闻专业的学生统招统分，基本上能够满足中央和省市以上新闻单位梯队建设方面的需要。“文化大革命”爆发后，新闻事业进入低谷，新闻人才的培养也被迫中辍。拨乱反正之后，新闻事业有了飞速的发展，但新闻工作的人才却出现了断层，明显供不应求，因而极大地推动了新闻教育的发展。中国的新闻教育得以重整旗鼓并得到空前迅猛的发展，主要是改革开放以来的这30多年的事情。30多年来，中国新闻教育和中国新闻事业同步发展。截至2011年，全国设有新闻传播学类院、系、专业的高校已由改革开放之初的两三所增加到800所以上，各种类型和层次的专业教学点已不下1 000个。新闻专业的教学已从单一的大学本科教育，发展到博士生、硕士生、本科生、大专生、成人教育、函授教育等多层次的格局，不少院系还设置了新闻传播学方向的博士后流动站。改革开放之初，全国在校新闻系科学生总共只有500来人，现在仅在校本科生就有16万人左右，硕士和博士研究生3万人左右，办学层次、办学规模、办学水平都有了很大的提高。进入新世纪以后，随着新闻传播事业的加速发展和新闻战线人才需求的不断增加，中国的新闻教育还将有更大幅度的发展。

一般说来，新闻教育质量的高低，起决定作用的主要是两个因素：一个是师资，一个是教材。两者之间，教材的作用更大。这是因为，师资的多少和良窳，往往受办学主客观条件的限制，而教材一旦完成，就可以直接嘉惠于学子，风行四海，无远弗届。进一步说，一部好的教材，不仅可以满足教学的需要，培养出一大批人才，而且还可以同时拥有一定的学术含量，推动新闻传播学研究的发展。1919 年出版的徐宝璜的《新闻学》，1927 年出版的戈公振的《中国报学史》，就是这方面的很好的例子。这两本书都是作者在高等学校从事新闻学理论和新闻史教学时作为教材编写出来的，出版之后，立即引起世人的关注和推崇，一再重版，历久不衰，至今仍然是公认的新闻学理论和新闻史方面的传世之作和经典之作。正因为这样，新闻教育的前辈们，历来十分重视教材的建设。新中国成立初期的十来年，坊间出版的新闻学方面的书籍，绝大部分是教材。改革开放以后，新闻传播学研究空前繁荣，新闻学方面的书籍大量问世，但教材仍然在其中占了很大的比重。这些教材，覆盖了新闻传播学的方方面面，经过出版家和众多作者们的长期努力，门类和品种基本配套齐全，曾经为同时期的新闻教学做出过重要的贡献。但是，随着时间的推移和新闻工作实际的飞速发展，这些教材的体例日显陈旧，观点和内容也亟待调整和更新。一些属于学科前沿和科技含量较高的新开课程的教材尚付阙如，使现有的教材出现了不少缺口。在新世纪已经到来之际，集聚力量，重新编写出一套体系完整、门类齐全、能够为新世纪的新闻教育和新闻人才培养服务的新闻传播学的系列教材，已经成为人们的共识和新闻业界与新闻教育界的迫切需求。

呈现在读者面前的，就是应这样的需求产生的一套系列教材，它将涵盖新闻学、传播学两个二级学科的方方面面内容，满足新闻、广播、电视、广告、媒体经济、新媒体等多个专业的教学需要。负责这些教材编写工作的，是中国人民大学、复旦大学、北京大学、清华大学、中国传媒大学、中国青年政治学院等多所著名院校长期从事新闻传播学方面教学与研究工作的专家学者，其中有相当大的一部分编写者是相关学科的国家级的学术带头人，堪称一时之选。收入本系列的教材中，既有国家级重点教材，也有部级重点教材，其他的也是经过严格筛选的精品，所以，本套系列教材的质量是有保证的，其权威性也将得到社会的认同。

21 世纪是一个高度信息化的时代，是信息经济和知识经济占主导地位的时代。信息经济和知识经济有两大支柱，一是以高科技为代表的传播技术产业，二是从事新闻和信息产品生产的媒体产业。新闻传播学作为将这两大领域有机联结的桥梁，在今后的国家建设和社会发展中必将发挥越来越重要的作用。中国人民大学出版社经过精心策划，隆重推出这套系列教材，是具有高度的前瞻性和战略眼光的。在这里，我谨代表编委会和全体作者向中国人民大学出版社表示由衷的感谢。

这部系列教材开始策划于 20 世纪的最后一年，21 世纪初起陆续问世，迄今已编写出版了 50 余种。在体例和内容的创新和开拓等方面，远远超过同时期出版的同类教材。其中的有些教材，还根据整个新闻传播理论与实践的发展和新闻传播学教学与研究的发展，陆续作了必要的补充和修订，重新出版，实现了内容的与时俱进。

这批教材的问世，将会为新闻传播事业和新闻教育事业的发展和繁荣、为新世纪新闻传播人才的培养做出它应有的贡献。这是出版者和全体作者共同的一点希望。是为序。

方汉奇

2012 年 3 月 15 日

于中国人民大学宜园

前言

融合新闻学：跨越新闻与传播的边界

E. M. 罗杰斯（Everett M. Rogers）在《传播学史：一种传记式的方法》引言中写道："任何涉入一条新的河流的人都想知道这里的水来自何方，它为什么这样流淌。"[①] 融合新闻学的水来自何方呢？写这本书的过程，对我而言，也是一个探寻其源头的过程。在这个寻求"融合"的旅途中，事实上沿路看到更多的是矛盾、对立与冲突。

正所谓川流不息，奔突前行，终要突破禁界，融入汇聚，本书所要定义的融合新闻学正是滥觞于这样一个百川归海的时代，本质上它是一个技术、学术和实践的跨学科、跨领域整合的新生物。其最直接的体现，是新闻学与传播学这两条河流发生明显交叉和汇聚。正是在这个视域上，本教材试图突破新闻学的传统范畴，从方法论到逻辑架构上，尝试将传播学相关知识引入新闻学的建设；在学科建制上，力图将融合新闻学作为新闻学与传播学共生的新课程来进行知识体系的融合与建构。

一、新闻学与传播学：曾经泾渭分明

新闻学与传播学，曾经是泾渭分明的两个领域。在 21 世纪初，清华大学

---

① 罗杰斯．传播学史：一种传记式的方法［M］．殷晓蓉，译．上海：上海译文出版社，2005：引言 1.

也曾有过新闻学和传播学之争，各执己见的学界大佬对清华大学是建新闻学还是传播学争辩激烈，甚至不惜以“道不同不相为谋”的文士意气来彰显彼此的坚持。最终，清华大学建的是新闻与传播学院。

2009 年笔者应清华大学新闻与传播学院首任院长范敬宜先生之邀从美国回来做高级访问学者时，也曾通过准深度访谈试图还原当初那场学术争议的情境。究其根本，大体是坚持传播学的认为，新闻不过是实务，不成其为学问，对于讲究科学理性的清华大学更不适合。坚持新闻学的认为，新闻学是新闻学院的核心正道，根基所在，新闻学院不教新闻教什么。

尽管最终清华大学通过“与”（and）将新闻学与传播学连在一起，但只是并列的意思，新闻学与传播学一直是两个学科。正如世界上很多著名高校一样，或偏传播如美国宾夕法尼亚大学安尼伯格传播学院（Annenberg School for Communication at the University of Pennsylvania），或并列如美国南加州大学安尼伯格传播与新闻学院（USC Annenberg School for Communication and Journalism）。

美国哥伦比亚大学新闻学院是老牌的新闻学院（Journalism School），也是常春藤名校中唯一的新闻学院，侧重新闻学的传授，旨在培养未来的新闻领军人物。21 世纪初，哈佛大学要将印刷出版系分出来，全体哥大人就“接”还是“不接”在电子邮件中分成两派，争议焦点集中在我们是研究新闻内容本身的，为什么要办印刷出版学？不过，早在 20 世纪末，哥大新闻学院就已开始了新媒体专业的探索，当时的主要承担教学者是安德鲁·利赫（Andrew Lih）。后来他写了第一本深度剖析维基百科模式的专著 *The Wikipedia Revolution*：*How a Bunch of Nobodies Created the World's Greatest Encyclopedia*。2009 年安德鲁来北京，我们一群哥大人为他庆祝新书出版时还很较真地探讨了这个全民参与创建传播内容的新模式。在人们对维基模式内容质量和权威性的持续质疑声中，维基百科的影响力却一路飙涨。2021 年 1 月维基庆祝自己 20 岁生日时，其已发展成当今世上规模最大、内容最全的支持多人在线编辑的百科全书，全球各地的人从读者变成编者，开放式的协同合作成为新闻信息传播的重要形式。

维基百科只是一例，像这样的基于互联网数字信息传播技术及模式变革的浪潮，也在不断促发新闻传播学的变革，而新生儿——融合新闻学正是孕育在无数像维基这样的案例之上，是从实践提炼到学界又从学界进入实践这样反复回炉中诞生的。尽管融合新闻学尚处于建构初期，但其内核本质已越发清晰了。

出发寻找融合新闻学的“水源头”，中途激发了笔者去重新探寻新闻学与传播学诞生历程的兴趣，当初二者究竟是何等关系？罗杰斯的《传播学史：

一种传记式的方法》是其中的经典之一，笔者在其字里行间颇为惊悚地发现，如果施拉姆当年不是选择去了艾奥瓦大学新闻学院当院长，而是去了图书馆当馆长，那么传播学的历史可能要改写了，因为也许传播系就会设在图书馆或信息学院①，而与新闻学院无缘了。在这里我们不禁要追问，新闻学与传播学的渊源，是偶然的历史原因造成的还是由必然的学科内在逻辑形成的?

从本源上看，新闻学是以社会学为基础的，传播学也是从社会学、心理学或政治学发展来的，并不是从新闻学直接生发开来的。但是从传播学的发展来看，新闻媒介让传播学有了观察研究的载体、对象和空间，使其不断发挥作用，双方事实上长期互动，彼此促进成长。

但在学科建制层面，像前面提到的“新闻”与“传播”分割又并存的“新闻与传播”学院的设置现状，对学科认知各执一端的争议，均是伴随着新闻学与传播学的诞生，甚至在各自诞生前就已经开始了。

美国新闻教育启蒙至今已发展了一个半世纪，新闻教育思想经历了从自由主义到实用主义，再到科学人文主义的变迁。② 怀特洛·里德（Whitelaw Reid）是美国自由主义教育的代表人物，强调职业和人文教育优先于实践技能的培养，他曾经预言“我们将会看到，严格的记者职业教育会比现在好得多”③。美国新闻教育从早期的学校课程模式设置开始就植根于这样的教育思想，密苏里大学新闻学院的成立是其中的一个典型。1908 年，沃尔特·威廉（Walter Williams）推动成立密苏里大学新闻学院并担任首任院长。

可以说，新闻学从 20 世纪初开创之时，就打定主意要将自己与单纯的职业学科区分开来。这里也不得不提威斯康星大学新闻学院的首任院长“老爸”布莱尔（Willard G. “Daddy” Bleyer），“在将新闻学推进成为一个合法的大学学科方面，布莱尔是开拓者，他强调的是将新闻学作为一门社会科学，而不是作为一种职业学科来教授”。他认为，“这些新闻记者不仅要被培养得知道如何写新闻，而且能够理解他们所报道的那些事件由以生成的社会”④。

“老爸”布莱尔的新闻教育思想还来源于约瑟夫·普利策（Joseph Pulitzer）当初给哈佛大学校长 C. W. 埃利奥特的创建新闻学教育的蓝本。据记载，当时总体的社会人文环境对于将新闻作为一个学科并不看好，不光埃利奥特不太尊重新闻记者，普利策关于创建新闻学院的提议甚至遭到当时一些报刊编辑的嘲笑。普利策不得已在《北美评论》上直接回应道，创建新闻学

① 罗杰斯．传播学史：一种传记式的方法［M］．殷晓蓉，译．上海：上海译文出版社，2005：16.
② 辛欣．美国新闻教育思想的源流与发展［J］．现代传播，2012（2）：120－123.
③ LEE J M. Instruction in journalism in institutions of higher learning［J］. Bulletin，1918（21）：8.
④ 同①17.

院的目的是培养更好的新闻记者，使其办出更好的报纸，从而更好地服务于社会大众。他表示希望新闻学院可以提高编辑记者的专业水准，并希望开始一场运动，将新闻提高到一个学术性的层级。①

普利策捐建新闻学院的愿望在哥伦比亚大学被泼了冷水后，又去找哈佛大学也未能谈拢，回头却与哥大新换的校长谈妥了，因而于 1912 年捐了 200 万美元给哥大用于建造新闻学院大楼并设立奖学金。哥大很快建成了新闻学的重镇，一定程度上也用新闻学培育了传播学。传播学四大奠基人之一的保罗·拉扎斯菲尔德在哥大开创的广播研究室就是一个从媒体起步的大众传播效果研究的开始。

从历史上看，新闻学对于自己能孕育出一个传播学，最初是没有多少自信的。传播学的几大奠基人所在地都是美国的名牌大学：保罗·拉扎斯菲尔德在哥伦比亚大学；芝加哥学派和哈罗德·D. 拉斯韦尔在芝加哥大学；库尔特·勒温、诺伯特·维纳和克劳德·E. 香农在麻省理工学院；卡尔·I. 霍夫兰和拉斯韦尔（20 世纪 50 年代开始执教于此）在耶鲁大学。"美国最有名望的大学进行了最早的传播研究，但是它们抵制建立有组织的机构来提供传播学研究。"②（至少直到罗杰斯 20 世纪 60 年代写作《传播学史：一种传记式的方法》时它们仍是这样。）

施拉姆在艾奥瓦大学新闻学院当院长时，提出传播学观，要求新闻学院从事研究，并且授予博士学位，他还希望设立大众传播的博士学位，并建立一个传播研究中心。他这是希望通过传播学研究中心来吸引其他学科的专家教授参与。

之所以要建立传播机构，还有一个不可言说却人人心知肚明的原因："一个传播研究机构可以发挥源泉作用，以提高新闻学院的威望，要不新闻学院就可能因为新闻培训这一公认的职业学校的性质而被其他领域的教授看不起。"③

上述这段道出的也是当初清华大学新闻学与传播学之争的一个主要根源。传播研究与新闻实务至今仍常被当作两个领域，而且似乎前者比后者高级，特别是高校师资内卷加剧的这些年，研究理论的总觉得高人半头，教实务的却总有些跟不上以论文为标杆的评价指标，因此实务教师队伍不断式微。

平心而论，作为学科，新闻学虽然有些先天不足，但后天补的也不太够。如美国新闻教育学者及研究者芭比·泽利泽（Barbie Zelizer）批判不少美国新闻教育学者固守"单媒体"传播思维模式，沿用过时的定义、术语和概念，

---

① PULITZER J. The college of journalism [J]. North American Review, 1904, 178: 641 - 680.

② 罗杰斯. 传播学史：一种传记式的方法 [M]. 殷晓蓉，译. 上海：上海译文出版社，2005：23.

③ 同②24.

仍按照不同类型的媒介将新闻实践的变革与课程内容分割开来。例如，严格区别报纸和电视，同时把“数字媒体”概念化，认为它在孤立于外部环境的气泡中存在。① 新闻学不被看重，盖也因为其长期偏重实务，自缚手脚，对理论的研究相对偏弱，且常主动缩小自己的科研领域，这个问题至今依然存在。然而也正因此，传播学在不断拓展自己的研究领域，直接入侵了传统新闻学科的势力范围，对新闻学的实操领域也开始指手画脚。其背后，是技术融合和社会融合的大势所趋。

二、跨界融合：成书背景及主要理念

上述时代大潮中，笔者也是在新闻学与传播学边界的游走者之一。近些年主要专注于传播学方面的研究，尤其是对沉浸传播的理论建构，以为离新闻学渐行渐远，没想到最终是殊途同归。

笔者在中国人民大学新闻学院，教着新闻实务，做着传播研究，实务课堂上也常忍不住将传播研究相关心得与学生分享，竟也毫无违和感。因为在大学教学越久越会发现，新闻实务事实上很需要理论支撑，需要理论去开拓，改变实务因循守旧的操作惯性和手工作坊心态。这再次强化了我思考的另一点：理论能否回馈实务？也同时慢慢唤醒了我心中一个长久的梦，一份潜藏的执念。

犹记当年，我一心要辞去《人民日报》记者的工作，赴哥伦比亚大学新闻学院读书，老领导范敬宜先生为我手书诗句“以壮行色”。我小心翼翼地卷好带到美国，多年一直挂在曼哈顿的公寓里，末句“莫畏他乡风露重，一肩春雨从容还”，时时加深着我心中的这份执念，这份对新闻难以割舍的责任感。

人是由经历和记忆建构的，于我，似乎每个记忆都在不断建构自己与新闻传播的关联。从大西洋两岸，历经媒体界、产业界、学界。光是实务，从报纸到电视，到互联网，到国际化品牌传播的媒体创业，直至转为从事纯理论的研究和教学。到此感觉走了一大圈，没想到还是走回了新闻学。

本书中蕴含着笔者在中美两地长期的思考，在传播学里沉浸过的感悟，谨以此献给依然在新闻一线的媒体人、大学学子及媒介化生存中的人们。本书在写作过程中，除了理论的追溯和探讨，也进行了实践的调研和总结。具体而言，本书的成书背景和主要理念如下：

① 赛里泽．新闻业的未来：兼论新闻研究与新闻教育的挑战与应对［M］//史安斌．全球传播与新闻教育的未来．北京：清华大学出版社，2014：125.

（一）实践进路：融合新闻学必须基于新闻实务来建构

本书基于国内外的新闻实务变革实践，也直接得益于笔者在中美两地的新闻一线的亲身实践，以及对中西媒介传播体制的长期观察研究。笔者曾担任《人民日报》记者编辑 7 年，参与《人民日报》华东分社的创办工作，并担任浦东记者站首任主管。其间采写发表 200 多篇涉及中国政治经济改革与文化方面的新闻与评论，不少作品获得全国及地方性新闻奖项。在美国哥伦比亚大学新闻学院的毕业作品获得美国电视“艾美奖”学院奖；哥大毕业后，在美国主流媒体工作多年，先后担任纽约华尔街股票屋财经媒体专栏评论员；美国时代华纳有线栏目 In the Spotlight with Qin 总制片人兼主持人，在这档每周一期的高端电视访谈节目里，六年间共采访三百多位美国及世界政要和知名成功人士，并曾在纽约大学艺术学院讲学；在纽约创办阿蒂米斯影视制作公司，致力于精品纪录片、专题片及宣传片拍摄制作。回国后作为中国品牌实验室和沁人心彩传媒创始人，在中国媒介改革的前沿进行了实践和理论探索。

概言之，在中美两国数次跨界、跨领域，做过主流媒体的报纸记者、电视台记者和主持人，做过互联网广播谈话节目 10 年，拍过纪录片，做过现场主持，下海经历过媒体创业，工作经历涉及业界、市场、教学、传播研究……我力图将这些亲身经历的思考放进本书的写作中。因为在纸媒做过、在屏幕前做过，对于文字和电视媒体都有亲身体验；回国创办过媒体公司，对于中国媒体市场及操作的艰难也有切肤之痛。对美国新闻学界的体制的观察，对中国新闻教育体制的观察，也都是亲身经历的一部分。转型学界的过程，也是帮助自己把直观感知升华为理论的过程。

在本书的写作中，我理解了经历就是财富。新闻实践经历赋予研究者以更好的直觉、判断力、视野和信心，使之能更清晰地知道自己面对的是什么现实问题。反过来，从教学角度来说，能更清晰地知道什么是对实践有用的知识体系。本书中，我力图结合自己长期的中外媒体实践经验和学术积累，对基于全球泛在网络的最新传播模式对新闻业态带来的变革进行较系统的梳理，回应现代技术对融合新闻学和融合新闻业态提出的全新的问题，背后的一条主线是探索传播模式演进、新闻实务变革与人类文明进程的关系。

（二）技术赋权：对媒介融合的思考和田野调查

也是在华尔街媒体工作期间，笔者开始关注技术推动的媒介变革，当时互联网开始入侵传统电视、印刷等领域，因而在美国媒体发表了系列文章，探讨媒介形态的发展及其产业问题与前景，如以 Time Warner、Cablevision 等为案例，描述电子出版的兴起、广播和有线电视的分拆等新现象，分析互联网及电子技术如何推动美国及世界范围内的媒介变革，进而影响全球信息流变迁，带来媒介相关利益方的权力格局变革。在此基础上，笔者探索媒介产业的发展趋势和用户认知机制，较早提出了体验性媒介消费的概念，指出未来视频推广的“社交性”和“体验性”会升级，新闻用户的互动参与会推动着社会流行，进而推动社会话语结构的转变。

融合新闻学正是在这种技术变革不断累积下形成的产物。互联网和数字技术改变了传统新闻运作的底层逻辑，新媒体平台正在形成一种全新的生产流程、传播机制、组织文化和市场环境，以媒体融合来创造媒体生存的未来已成为中国主流媒体的共识，但顶层设计的统一与具体路径的多元化如何平衡？传统媒体母体与新媒体平台的关系如何认知？是媒体融合还是新媒体重生？如何避免发展中的重复建设？这些都是中国主流媒体，特别是地市级新媒体平台发展面临的主要困惑和关键问题。在具体操作层面，媒体融合和新媒体平台如何在内容、渠道、平台、经营、管理等方面深度发展，尤其是向平台化、产业化方向深化？

在本书的写作过程中，笔者承担了数项中宣部委托的全国媒体调研项目。2019 年承担了中宣部的全国主流新媒体平台建设运行情况调研，从田野调查中发现在中国主流媒体融合步入关键期，技术理性和社会多样性的矛盾，虚拟传播无边界和物理区域上管理归属的矛盾都在加剧。长江三角洲 12 家主流媒体的实践显示媒体融合已从内容和人才融合阶段步入资源和产业整合阶段，推动社会结构变革，形成沉浸云平台等多种发展模式，但尚未摆脱路径分歧、融合浅表等问题。融合发展路径包括顶层设计先行，集中党政资源支持主流媒体，技术开发全国一盘棋，减少重复建设，等等。[①] 2020 年笔者带领中国人民大学调研组就中国主流媒体网络舆论监督展开专题调研，对数十家主流媒体及全国范围内影响力较大的市场化媒体进行了深入调查，包括中央人民广播电视总台、《北京日报》、《中国青年报》、《北京青年报》、《新京报》等。调研发现，主流媒体的多数新闻产品在全媒体矩阵发布，尤其在网络平台上发布的浏览量、点击量、触及率和到达率相比之前都得到了大幅提高。同时，网络传播环境也比之前更复杂，多元传播主体的出现使得新闻失真、反转和被扭曲的可能性增高，这种潜在风险给主流媒体施加了更大压力，甚至出现

① 李沁，徐诚，赵凡瑜．技术、传播与社会：中国主流媒体融合发展路径：以长三角地区 12 家主流媒体为例 [J]．中国人民大学学报，2020 (3)：132 - 141.

了路径迷失的情况。

笔者对沉浸传播的长期研究，也给本书关于融合新闻学的技术解读和总体框架设定提供了一个重要支撑。随着5G泛在网络、人工智能、全息影像、虚拟现实等技术越来越深入地运用于新闻领域，融合新闻学走入泛在沉浸传播时代，超越虚拟与现实的边界，以智能化虚拟社群为基础的移动社交媒介普及，强调虚拟世界社群的概念，重视以用户为中心的新闻体验。融合新闻学实践要求具有沉浸媒介思维方式，能综合运用全媒介平台来讲述新闻故事，使技术赋权的新的新闻叙事方式与新的报道流程相结合，最终获得全新的沉浸传播体验。在本书中，笔者提出融合新闻传播是以"人"为中心的无时不在、无处不在的无边界传播，新闻信息权力的边界在重新定义，未来人类文明是全人类在物理时空和虚拟时空中的平等对话和共同创造。

（三）全球进程：对中西方新闻业态的思考

融合新闻学打破了传统时空边界，从社会与技术共同建构的视角来看，新技术颠覆了传统新闻业的商业模式，制造了"新闻业危机"，模糊了娱乐、广告和品牌之间的界限①，改变了全球范围内的新闻实践规范、新闻生产方式以及新闻业和受众的关系。但具体传播内容和形态也会因地而异、因时而变，必须对中西方文化知己知彼，对双方的媒体机制差异有清晰认知，才能在此基础上进行传播机制研究，也只有如此，才能做到事半功倍，达到良好的跨文化传播效果。笔者对美国的媒体理念有近距离的理解，对其内容制作、传播技术和机制模式有长期关注，并参与了多种媒介形态的一线实践。笔者在美国哥伦比亚大学新闻学院研究生院广播电视专业就读时，拍摄的反映几代中国移民在美国生存发展的新闻纪录片《蓝天车站——美国梦》(*Blue Sky Station*)，获得了2000年美国电视"艾美奖"学院奖；以独立制片人身份执导的反映"9·11"事件的纪录片《凤凰涅槃》(*A Hole*) 2003年在美国公共电视台黄金时段全球首播，获美国媒体的普遍好评；并且担任美国电视"艾美奖"纽约分部的评委，参与美国国内及全球新闻作品的遴选。

在本书的成书过程中，笔者还访谈了不少国外媒体人和新闻传播学者，包括密苏里大学新闻学院副院长弗里茨·克鲁普（Fritz Croop）教授、南加州大学安尼伯格传播与新闻学院副院长菲利普·塞布（Phillp Seib）教授等，由衷感谢各位专家学者的智慧分享。最后阶段的集中写作是在2020年初，正

① JENKINS H. Convergence culture: where old and new media collide [M]. New York, NY: New York University Press, 2006: 2.

是新冠肺炎疫情大暴发初期，笔者当时在美国纽约，以为是在安全地带，现在想来那时的时报广场实际上也是“疫”机四伏的。所以我们有时对局势的判断不一定正确，对于安全边界的界定也未必符合事实。

在本书中，笔者提出在媒介化和全球化大背景下进行融合新闻学的研究，需要从信息传播基本结构入手，从技术变革的驱动力出发，分析新闻信息流的物理基础，进而分析其上层建构，再到达意识形态的国家传播层面。全球传播正带来世界结构的巨大变化，原先西方主导的全球信息产生和流动模式的单向性和强制性发生转向，飞速发展的数字技术包括泛在网络、大数据、人工智能等不断消解物理世界与虚拟世界的边界，带来开放性的泛在沉浸传播形态，并推动新世界传播秩序和新文明形态的形成和发展，也对新闻传播业提出新的机遇和挑战。当下融合媒体做得好的，往往不是传统媒体转型的，而是开始就带了互联网基因的企业。一些学者提出传播权力的转移，产生互联网公共领域“再封建化”的隐忧，如包括脸书（Facebook）在内的互联网平台都在进军新闻业，而且发生了美国总统特朗普的推特（Twitter）账号被封的奇事。

（四）中国特色：融合新闻是对内和对外的打破

融合新闻需要考虑其所在的场域。新闻实务具有很强的国情性，一定的新闻体制都是建立在一定的社会文化背景之上的。本书在尊重新闻传播总体规律的前提下，也兼顾到中国特色新闻体制和实务运作特点。

当年，笔者作为从中国大陆直接考入哥伦比亚大学新闻学院的留学生，抵美后文化上的冲击是有的，但并不强。作为一个在《人民日报》工作了 7 年的记者编辑，笔者对于中西方新闻体制和思维逻辑的异同却有比较强烈的印象，并于其后在美国的学习及工作中不断加深理解，进行比较和思辨。2008 年我回国创办中国品牌实验室，创建“中国品牌国际化”IBC 整体解决系统，服务于中国品牌“走出去”和中国国家形象的提升，主持承担不少国家级及省部级学术研究及咨询相关课题，包括“华人华侨在海外传播中华文化的模式研究”“以沉浸传播理论模式建构中国文化全球影响力的研究”等。

关于本书写作的背景，目标视野所及正是中国正在全球舞台上扮演着日益重要的角色，提高国家文化软实力成为一项重大战略任务。当下中国文化海外传播中，传播客体包括中国传统及现当代文化。传播主体中，政府、民间团体、企业、个人等发挥着各自的作用，大众传媒、政务媒体和自媒体都是其中不可或缺的环节。从全球范围看，新闻传播业态日新月异，尤其是移动社交网站以前所未有的影响力渗透进人们的生活。笔者关注中国主流媒体积极入驻海外社交网站，开拓中国文化海外传播新平台的做法，以案例和深度访谈的研究方法，以中外主流媒体的海外社交媒体移动直播实践为例，从传播研究理论视角提出全新的中国文化海外传播模式和操作路径。

本书立足新闻实务，对如何“讲好中国故事”做了技术分析和操作解析，希望帮助新闻业界和新闻学子了解全球新闻业态变革的契机，从新闻实务的具体路径入手，做好中华文明的传播，提升中国的全球传播话语权。

（五）教学检验：是大学课堂教学的直接结果

笔者曾应邀在纽约大学帝势艺术学院（Tisch School of the Arts）讲学，讲授传媒学、电视制作及运营、跨文化传播。在清华大学做高级访问学者期间，笔者首开了面向全校研究生的“文化创意产业”课程，将媒体运营作为文化产业的一个重要领域来讲授。其后从文化产业转到新媒体及沉浸传播的研究，为面向未来的新闻实务提供了新的理论视角。

在中国人民大学新闻学院，我主讲“Global Journalism and Public Diplomacy”（全球传播与公共外交）、“International Journalism and Global Communication”（国际新闻与全球传播）、博士生主文献研读、融媒报道出镜主持、新闻采访写作、新闻实务基础等课程，深感教学中的理论总结和开拓也得建立在实践的基础上。如从读图时代进入视频时代，视频作为融合新闻的核心地位得到强调。笔者长期以来在镜头前采访了上百位在全球政治、经济、科技、文化等领域拥有影响力和话语权的政要、名人、专家学者，这给了我一些信心去挑战全新融媒体环境中的出镜主持教学，并带领学生不断尝试创新。

2014 年起，笔者在中国人民大学开设了新课“融媒新闻出镜主持”，本书的很多章节是对这六年教学实践的一个总结。六年课堂教学，两百多课时，加上课后作业和网络研讨，以及学生对课堂内容和收获多少的反馈，在这个过程中不断地修订课堂授课内容、调整授课逻辑和顺序，添加最新媒介形态和表现形式，教学相长。如本书中的“融合新闻学的要素时空轴”，就是在备课中先形成，讲授后很多学生反映有帮助，因而在每次讲课时再不断提炼和完善的（详见第一章第一节）。

信息技术推动媒介和传播形态发生巨变，全球范围内媒介理念的变革也折射到高校里的新闻教育变革。美国是新闻教育的发源地，也正处于新闻教育改革的前沿。笔者以包括美国哥伦比亚大学、加州大学伯克利分校、哈佛大学（主要是肯尼迪政治学院媒介、政治与公共政策中心）等在内的 12 所参与“卡耐基-奈特未来新闻教育计划”的高校为样本，从其过去十年直至眼下在新闻实务课程上的变革逻辑及实施进路入手，显示数字技术在冲破传统媒体边界的同时也在冲破高等教育长期固守的隐性边界，重新界定高等教育的社会契约。美国新闻教育改革的逻辑正建立在将教育改革理解为高校、媒体及社会的共同行动。[①] 事实上，中国的融合新闻学的形成也是高校、媒体与社会共同作用的结果。

（六）课程创新：内容与传播的结合

学科研究及教学体系的创新需要勇气，更需要底气，绝非一人之力所能完成。感谢中国人民大学出版社人文分社副社长翟江虹洞察学科动态，积极鼓励，并且不失耐心地催促，推动本书成稿，并通过多次修改，最终形成对于一个新学科比较完整的思考。她一再强调要我将从中外主流媒体到媒体产业界、学界数次跨界的亲身经历中的思考放进本书的写作中，说好的教材应是作者独特完整的思考的成果，而非东拼西凑的应付之作。

笔者希望写在纸上的，都是实际所思所感，是自认为有价值、能够对他人有所助益的东西。本书在附录中介绍了普通话的发音技巧等，笔者开始担心是否会显得累赘，江虹说，如果你认为是有必要的就放上去。这些在本书出版时大都保留了，因为在笔者讲授的“融媒新闻出镜主持”的课上，这些都是要求学生必练的基本功，且从课堂学生的进步来看是行之有效的。

本书即使不能全部做到言之有理，也希望至少做到言之有物。可以说，个人亲历的中外职业发展和学术轨迹，使笔者较清晰地看到了融合新闻学是新的传播技术和传播模式入侵新闻领域的产物。事实上，现代学科的发展都是在不断地跨学科、跨领域的。相关学科理论，也通过跨界得以产生。如议程设置理论，本身就是跨界形成的，是政治哲学家、新闻学奠基者之一李普曼以“拟态环境”发端，后经传播学者麦库姆斯和肖在对教堂山镇选举的研究中逐渐成形的。“议程设置理论并非新闻传播学的专属，而是不同学科和领域交流与互鉴的产物。”[②]

传播学的形成是以大众传播媒介以及新闻事业的发展为直接基础的，因此可将新闻学视作传播学的前身。新闻学与传播学两条河流的交汇处产生融合新闻学，这是一个必然归宿。

---

① 李沁．重构高等教育的社会契约：美国新闻教育变革逻辑和路径［J］．现代传播，2020（9）：158－164．

② 史安斌，王沛楠．议程设置理论与研究50年：溯源·演进·前景［J］．新闻与传播研究，2017（10）：13－28，127．

三、融合新闻学的核心概念及知识体系创新

“媒介融合”（media convergence）是进入21世纪以来全球新闻传播界实践探索的重要方向。但是，“融合新闻学”（convergence journalism/convergent journalism）作为一门新兴科学和完整课程出现却是近几年的事，目前中西方学者和教育工作者都在从不同的角度和路径进行建构。

（一）融合新闻学的出现及概念界定

国外对融合新闻学的界定，主要是从新闻实践的底子上进行的。对于媒介融合新闻与传统新闻形态的区别，美国西北大学教授里奇·戈登（Rich Gordon）较早归纳出了五种“融合新闻”的类型，即所有权融合（ownership convergence）、策略性融合（tactical convergence）、结构性融合（structural convergence）、信息采集融合（information-gathering convergence）和新闻表达融合（storytelling or presentation convergence）。[①]

澳大利亚教授斯蒂芬·奎恩（Stephen Quinn）在《融合新闻报道》（*Convergent Journalism：The Fundamentals of Multimedia Reporting*）一书中强调，“融合新闻学的一个关键组成部分是在多平台上用不同方式讲述新闻的能力”[②]。奎恩主要从“多媒体报道”“全媒体报道”的视角来阐述融合新闻报道，提出“对全媒体思维方式的需求，即新的叙述方式与新的报道流程相结合”[③]。

著名学术出版机构Routledge公司2013年出版了*Practicing Convergence Journalism：An Interdiction to Cross-Media Storytelling*一书，清华大学出版社译本名为《融合新闻学实务》，该书由美国爱默生学院新闻学副教授珍妮特·柯罗茨（Janet Kolodzy）所著，强调跨媒体的新闻思维模式，即如何制作出适合快节奏、多任务处理和移动用户的新闻报道；断定什么时候视觉效果有用且必要，如何捕获、选择和组织素材，从而能够有效地提高受众对报道的理解；把讲述故事的各种元素（文字、音频、动态的和静止的图像）组合到一起，向受众提供一种交互式的新闻体验。[④] 柯罗茨还著有《融

---

① GORDON R. The meanings and implication of convergence［M］//KAWAMOTO K. Digital journalism：emerging media and the changing horizons of journalism. New York：Rowman & Littlefield，2003：57－73.

② 奎恩．融合新闻报道［M］．张龙，侯娟，曾嵘，译．北京：北京大学出版社，2015：100.

③ 同②101.

④ 柯罗茨．融合新闻学实务［M］．嵇美云，译．北京：清华大学出版社，2016.

合新闻：跨新媒体写作与报道》(*Convergence Journalism*：*Writing and Reporting across the News Media*)，与上一本书以新闻实务为主一样，这本书聚焦于融合新闻中的采写与报道的新闻实务。

在中国，“融合新闻学”最初是作为“网络与新媒体”的主干课程之一出现在高等教育的学科体系中的。在当时互联网新媒体迅速发展的历史背景下，教育部《普通高等学校本科专业目录（2012）》中，首次在新闻传播学学科中列入特设专业“网络与新媒体”，这是自 1998 年以来为适应社会发展需要，新闻传播学学科中新增的两个专业之一，另一个是“数字出版”专业。教育部 2012 年目录颁布后，包括三所“211”工程高校在内的全国首批 28 所高校获批“网络与新媒体”专业并正式对外招生。其后，“网络与新媒体”专业持续在中国高校中被申报并迅速发展，融合新闻学是其中的教学内容之一。

对融合新闻学进行溯源发现，“融合新闻学”出生时所带有的“网络与新媒体”的基因也在一定程度上表明了融合新闻学本质上是数字和网络技术发展的产物，是技术发展跨越传统边界给新闻传播领域带来的新现象和新问题。因此，融合新闻学的理论与实践体系需要紧扣技术发展和这个急剧变革的时代的脉搏。

在《普通高等学校本科专业目录（2012）》颁布六年后，中国教育部 2018 年创造性地颁布了《普通高等学校本科专业类教学质量国家标准》，这也是中国首次颁布高校教学质量国家标准。在其中的《新闻传播学类教学质量国家标准》中，“融合新闻学”课程在原来只属于网络与新媒体专业的基础上，拓展到了新闻学、广播电视学专业的必修课程中。这也正好符合了技术创新的扩散原理，因为这六年里新媒体技术与运用已经发展成为新闻学与广播电视学的核心内容。也因此，在进行融合新闻学的理论与实践建构时，我们不能只停留于网络与新媒体，而要与传统新闻学和广播电视学的核心价值理念及要素内容进行有机融合，去粗取精，与时俱进。

正是基于上述新媒体技术与高等教育课程发展史的分析视角，本书尝试对“融合新闻学”做如下定义：

融合新闻学基于数字和网络技术发展而产生，是技术逻辑与新闻价值判断相结合的产物。融合新闻学具体研究的是信息传播模式变革带来的新闻生产和发布方式的变革，新闻信息的生产由单一形态向多元沉浸的全媒体信息生产形态转化，新闻采编人员结构及工作流程被重构，虚拟现实和人工智能的加入使新闻要素、新闻时空、新闻采编主体、媒介产品生产方式、信息流通机制等发生巨变，重视用户连接和新闻体验，形成全新的新闻报道及呈现形态。

（二）将传播学引入融合新闻学的知识体系

中国的高等教育将融合新闻学作为学科基础课程。按照中国教育部 2018 年 1 月 30 日颁布的普通高等学校《新闻传播学类教学质量国家标准》，融合新闻学是新闻学、广播电视学、网络与新媒体专业下的专业必修课程。[①] 然而，教育部并未对融合新闻学做出明确界定，不少人直觉上将它理解为与媒体融合相关的学问，学界目前基本上也是对于实践层面的总结。

本书力图破除新闻学实践的老路，引入传播学在传播模式、传播效果等方面的最新理论发展和研究方法，来回应新闻业界发展中的新现象与新问题。

技术融合易，实践融合难，媒体融合为什么难？某种程度上，正是因为新闻与传播一直脱离，所以现在我们才要提“媒体融合”。笔者认为，媒体融合不只是媒体形态的融合，如做报纸的也上了视频业务，做电视的也上了网络业务，从本质来说是需要将传播的概念引入传统的新闻业务中的。

做实务的不通传播，做传播研究的没有实务经验，这两者有脱节。还有体制、机制上的僵化与脱节。必须经由观念、机制、体制的转变、冲撞、妥协，上至中央决策，下至县级融媒体，从大学教学到新闻实践，都要面临这些转型。有的时候，平地起楼容易，以旧转新难度更高。

融合新闻，作为一种随着互联网科技快速发展出现的全新媒介形态和新闻模式，体现在实务层面，其本质上是将广电、报刊、网络等媒介载体进行整合，实现技术、资源、人才、生产等各要素融合共生，以适应智能化、移动化、全媒体环境的媒体组织形态和经营形态，生产出相应产品满足用户的信息需求。

传播技术的进步推动了媒体结构性变革，经历了从新旧媒介共生到媒介融合，再到智能媒介，技术发展机制驱动下的媒介变革呈现复杂升级的格局。融合新闻是一个动态发展的过程，是媒体融合发展过程中的一个阶段，并没有一个固定不变的标准化路径和范式。只有顺应时代发展的潮流，不断学习借鉴此领域国际前沿的最新研究成果和教学方式，才能培养出更多符合时代要求的新闻人才。

2020 年 11 月笔者应邀在世界 5G 大会上发言，并有幸与来自《科技日报》、中国外文局、俄罗斯卫星通讯社等媒体界、学界和企业界的专家学者一起，探讨如何利用 5G 促进媒体深度融合，会中还参观了最新 5G 技术应用

---

① 教育部高等学校教学指导委员会．新闻传播学类教学质量国家标准［S］//普通高等学校本科专业类教学质量国家标准：上．北京：高等教育出版社，2018：98.

展，深切感受到了5G等新技术的到来将为融合新闻学的发展提供全新基点。麦克卢汉曾定义媒介是“人的延伸”，“5G的万物互联则进一步将人与人、人与世界的互联上升到生理级、心理级的互联互通，其疆界的进一步拓展、要素的进一步丰富、结构的进一步生态化，将促成传播学科的革命性重构”①。不仅是5G，虚拟现实（virtual reality，VR）、全息影像等泛在沉浸性技术正在共同作用，重新定义媒介概念的内涵和外延，不断打破人与机器、虚拟世界与现实世界的边界，推动融合新闻的产生和发展。

近些年“沉浸”开始成为新闻业界的一个热词，沉浸式的社交直播因其沉浸感、互动性和实时性成为最流行的传播方式之一。2016年被称为“网络直播元年”，其热潮到2020年也无减退之势。泛在时代到来的今天，如何看待社交网络的传播特点？新型传播产品是否已呈现沉浸传播特征？如何基于媒体实践和用户分析，构建出行之有效的传播模式和分析框架，并对中国媒体的传播影响力进行分析和评估？

“沉浸”（immersion）这个概念自互联网时代以来逐步运用于各个领域，然而此前对沉浸的研究主要集中在心理及网络虚拟等技术领域。按照心流理论，沉浸就是让人专注于当前被营造的情景目标并感到满足，从而遗忘真实世界的情景。互联网具有的强大的聚合功能，构建了另一个虚拟世界，并和现实互相渗透。人类当下所有的体验都已经体现出移动与固定并行、虚拟与现实同时存在的特点，娱乐、工作和生活的边界逐步模糊甚至消失。人类沉浸在这样的世界中，满足自我需求，形成了超越时空的泛在体验，而传播作用并发展于这样的体验环境中出现了革命性的改变。

融合新闻学中的“沉浸新闻”（immersive journalism）模式，是近年来数字新闻业内出现的一种新的新闻类型，代表着全球新闻生产的最新趋势。笔者在传播学研究中提出，随着媒介融合的深入，新闻价值判断、新闻生产流程、新闻头条的选择、新闻生产工具等都发生着深刻变革。“当VR新闻、AR叠加新闻、机器人写作、网络直播、360度全景视频等开始走向主流新闻制作的中心，传统新闻的形态、内容、呈现时空、制作主体、制作过程等都发生着巨变。新闻不再是对事实的直接记录，而是变成沉浸式体验、参与式创作，变成全民直播的狂欢。第三媒介时代的沉浸传播生态系统，产生的是深度彻底的融合媒介，即把所有过去、现在及未来的媒介形态融为一体，引发新闻体制和社会传播的大变革，使新闻真正变得无时不在、无处不在、无

① 喻国明.5G时代的传播发展：拐点、挑战、机遇与使命［J］. 传媒观察，2019（7）：5－7.

所不能，成为一种新新闻，即‘沉浸新闻’。”[①]

本书力图站在历史、现实和未来三个维度，进行融合新闻学的建构与研究。本书关注的是信息智能化时代个人、媒体、社会的融合发展的现状和趋势。随着数字技术创新而产生的各种移动智能信息终端的发展，每个人都可以建构自己的信息平台，并与多元社交平台建立连接和互动，实现个人信息与公共信息的集散，表达个人社会诉求，拓展个人社会关系。媒介化生存时代，每个人都是泛在网络上的一个节点，每个节点都可以通过网络与全球社会成员连接起来，与人类的整个文明世界连接起来，以此来全面扩张人类的信息感知和知识集散时空。我们说国际传播正向全球传播的方向发展，其本质上也是这样一个大融合新闻的理念在起作用。

四、本书内容与结构：理论与实践兼容

媒介融合背景下，技术变迁的历史也是媒介变迁和新闻变革的历史。媒介融合推动新闻理论及新闻实务的变革与融合。融合媒介形态和传播途径对媒体组织结构、新闻从业者提出了全新要求。教授采、写、编、评课程的新闻实务教学在培养学生基本新闻素质方面具有基石性的铺垫作用，新闻实务课程的改革必然成为带动新闻教育变革的前沿重镇。融合新闻学作为一门新兴课程，其开设及课程内容变革正是呼应了这样一种新闻教育变革的必要性诉求。

本书设计的课程教学目标如下：

其一，塑造学生在融合新闻时代的职业精神品质：了解融合新闻与职业责任之间的关系；了解融合新闻工作的社会责任和技术支点，崇尚新闻工作的职业精神。

其二，培养学生的融合新闻学专业技术能力：让学生了解融合新闻价值标准，提高识别融合新闻的敏锐性和判断新闻价值的精确度，知晓从事融合新闻报道的专业原则，掌握融合新闻深度报道的理念与方法。

融合新闻学是新闻专业人士的必修基本课程。参照教育部普通高等学校《新闻传播学类教学质量国家标准》的精神，融合新闻学的教学可分为融合新闻学概要和融合新闻作品创作两部分。本教材力图将这两部分融合起来，力图提供完善的理论体系建构，同时也提供丰富和具有可操作性的实践指导，以及融合新闻作品的训练。

---

① 李沁．沉浸新闻模式：无界时空的全民狂欢 [J]．现代传播，2017 (7)：141－147.

我们对课程的结构进行了精心设计，每节课均为理念、实务、操作解析三位一体，既具理论深度，又有实操指南，同时辅以丰富新颖的案例解读。课程讲述融合新闻的专业原则与内容制作技术，解读融合新闻的价值判断标准与方法，介绍融合新闻策划、制作与传播各个环节的专业技术。课程以融合新闻的内容制作实践带动整个教学进程，使学生获得从事融合新闻采访报道工作的实际能力。通过优秀深度报道和特稿赏析、实务操练的方式让学生了解和熟悉融合新闻和沉浸新闻报道的基本方法和步骤，思考人工智能时代新闻人与机器共处共生的原则方法。

全书分为十大章，循着“学理－历史－实践”的逻辑线索来结构篇章内容，每一章均配有“学习要点”“阅读、思考与练习”，并穿插有“操作解析”“案例分析”“作品赏析”，以便于教师授课和学生掌握知识要点、实操手段和复习。

本书既面向高校师生，也面向媒体从业者、研究者及政策制定者、媒体管理者。具体而言，本书可用作高校新闻学、广播电视学、网络与新媒体专业必修课的教材，也可作为新闻媒体管理者和从业人员的培训和自修参考书，对于媒体业相关政策制定者亦有参考价值。

书写至此，对于想要为新闻界有所奉献的使命与责任，如释重负。不敢说交了满意的答卷，只希望没有辜负过去数十年在中外主流新闻业界、媒体产业界、学术界的屡屡跨界。这本书，也算是笔者对自己过去历练的一个交代，希望自己能做一个把新闻学与传播学、新闻实务与新闻理论融合起来的努力求索者。

本书着眼于融合新闻的整体发展结构，兼顾理念与实践，由于架构比较广，受篇幅所限，对于常规的采访与写作部分未能做到细致论述。另外，技术与社会变革会不断推动理论的发展，本书中论及的一些问题会在实践中不断发展，笔者已做好了随时跟踪与更新的准备。笔者相信，这将是一个日新月异的过程。

一切过往，皆为序章。让我们一起出发，翻开融合新闻学理论与实践的新篇章。

李沁

2020 年 6 月于北京

目录

第一章
融合新闻与融合新闻学

第二章
融合新闻的特征

第三章
融合新闻从业者的专业素质与技能

第一章

融合新闻与融合新闻学

要探讨数字化的大未来，其中一个方法，就是看媒体的本质能不能相互转换。看电视的体验能不能更接近读报的体验？许多人觉得报纸新闻要比电视报道更有深度。这是必然的吗？同样，人们认为看电视比读报能够获得更为丰富的感官体验。一定如此吗？答案要看我们能不能开发出能为我们过滤、分拣、排列和管理多媒体的电脑，这种电脑将为人们读报、看电视，而且还能应人们的要求担任编辑的工作。这种智慧可以存在于传输者和接收者两端。

——尼葛洛庞帝《数字化生存》

学习要点

媒介融合，是随着互联网科技发展出现的媒介形态变革。从狭义上理解，媒介融合是将广电、报刊、网络等媒介载体进行整合，实现技术、资源、人才、生产等各要素融合共生，以适应智能化、移动化、全媒体环境的媒体组织形态和经营形态，生产出相应产品满足用户的信息需求。从广义上理解，媒介融合，其本质是实现了一切皆媒、万物互联。

媒介融合推动新闻实务的变革。融合媒介形态和传播途径对媒体组织结构、新闻从业者提出了全新要求。教授采、写、编、评课程的新闻实务教学在培养学生基本新闻素质方面具有基石性的铺垫作用，新闻实务课程的改革必然成为带动新闻教育变革的前沿重镇。融媒体时代新闻实务是新闻专业人士和自媒体人的必修基本课程。

现代媒介是技术发展的产物，更是社会文化传播的重要载体。著名传播学者尼尔·波兹曼（Neil Postman）曾提出，“媒介是有文化成长于其中的技术”①。丹麦哥本哈根大学媒介、认知与传播系教授克劳斯·布鲁恩·延森

① LUM C M K. Perspectives on culture，technology and communication：the media ecology tradition [M]. Cresskill，NJ：Hampton Press，2006：61-69.

（Klaus Bruhn Jensen）认为："从历史的角度看，媒介融合可以被理解为一种交流与传播实践跨越不同的物质技术和社会机构的开放式迁移。"[1]

媒介融合是一个动态发展的过程。融媒体是一种媒介状态，是媒介融合发展过程中的一个阶段，并没有一个固定不变的标准化路径和范式。只有顺应时代发展的潮流，不断学习借鉴国际前沿的教学方式，才能适应新闻教育改革的关键时期为新闻行业和相关政府、企事业单位培养更多符合时代要求的新闻人才，也才能适应人人媒体时代全民对媒介素养提升的需要。

第一节　基本概念与原理

媒介融合技术的发展，形成新的信息传播工具与传播方式，对新闻工作带来直接而深远的变革。以往的技术主要作用于新闻生产的信息介质或传播终端层面，如今进入更深层的生产和传播环节，新闻的价值判断、主题选择、素材采集、事实核实、产品形成、传播营销等都与技术工具的支持密不可分。

一、"媒介"和"媒体"

"媒介"和"媒体"这两个概念常被混用。随着沉浸媒介即无形无相的媒介出现，"媒介"的概念有必要重新界定，"媒介"与"媒体"也出现了明显的区分。

中国社会科学院语言研究所词典编辑室编写的《现代汉语词典》对这两个词进行了区分，"媒介"的定义是"使双方（人或事物）发生关系的人或事物"，对应的英文是"intermediary，medium，vehicle"；"媒体"的定义是"交流传播信息的工具，如报刊、广播、广告等"，对应英文用的是"media"。[2]

"媒介"的英语 medium（media 是其复数形式），约 20 世纪 30 年代已开始使用。Medium 的拉丁文是 medius，有"中间、中心"之意。因此，媒介可理解为"中介体"（intermediate agency）、"传播渠道"（channel of communication）。[3] 所以媒介是让事物之间建立联系的中介存在，可以是自然物、

---

① 延森．媒介融合：网络传播、大众传播和人际传播的三重维度［M］．刘君，译．上海：复旦大学出版社，2012：17.

② 中国社会科学院语言研究所词典编辑室．现代汉语词典（汉英双语）：2002 年增补本［M］．北京：外语教学与研究出版社，2012：1315.

③ Online etymology dictionary［EB/OL］．（2013－10－26）［2020－02－02］．http：//www. etymonline. com/index. php? term=medium & allowed _ in _ frame=0.

技术甚至人本身；建立的联系可以是作用力也可以是信息。约翰·费斯克（John Fiske）在《关键概念：传播与文化研究辞典》中提出：媒介是使传播活动得以发生的中介性公共机构，是拓展传播渠道、扩大传播范围以及提高传播速度的一项科技发展成果。①

芝加哥学派的查尔斯·库利（Charles Cooley）从社会学角度界定“媒介”：“手势、讲话、写作、印刷、信件、电话、电报、摄像术以及艺术与科学的手段——所有能把思想和情感由这个人传给那个人的方式。”“人类关系赖以存在和发展的手段——头脑中的所有信号，以及穿越空间传送它们和在时间中保存它们的手段。”② 此定义着眼于人类“思想和情感”的传递。

（一）媒介概念的主要定义方式

1. 媒介被定义为技术性存在

20世纪是技术推动媒介发展的一个高潮期，媒介迅速崛起为社会的重要组成部分，以哈罗德·伊尼斯（Harold Innis）、马歇尔·麦克卢汉（Marshall McLuhan）等为代表的传播学者，在发展出媒介科技理论的同时，也重新定义了“媒介”本身。

媒介技术学派（也称媒介环境学派）将媒介定义为技术性存在。媒介被用来指传播方式，但更常用于指涉使这些方式成为现实的技术形式，如报纸、收音机、电视、书籍、照片等。③ 伊尼斯的媒介研究，不仅有传统大众媒介，更回溯到莎草纸、石头、泥板等。约书亚·梅罗维茨（Joshua Meyrowitz）对“媒介”的定义偏重工具性思考：“传播媒介这个术语，指除了直接的面对面传播模式外，信息在人中间传播的所有渠道和手段。”“书信、电报、电话和收音机都是媒介的实例；语言和非语言行为则不是。”④

从科技角度探讨媒体理论，“媒体可以理解为不同的科技形式，它在不同的时代有不同的角色和影响”。媒体（medium 或 media）是指通过说话、文字或其他意象符号传达信息的途径。当人们提到媒体时，他们所指的往往是大众媒体，“由于媒体是传达信息的工具，可以视之为一种科技”⑤。

也有人将媒介定义为传递信息的方式和通道，本质上，这还是一种科技

---

① 费斯克，等. 关键概念：传播与文化研究辞典：第二版［M］. 李彬，译注. 北京：新华出版社，2004：161.

② COOLEY C. Social organization：a study of the larger mind［M］. New York：Charles Scribner's Sons，1967：61.

③ 同①.

④ 梅罗维茨. 消失的地域：电子媒介对社会行为的影响［M］. 肖志军，译. 北京：清华大学出版社，2002：321.

⑤ 鲁曙明，洪浚浩. 传播学［M］. 北京：中国人民大学出版社，2007：30-31.

视角的定义。“媒介可以被定义为通过一对一或一对多（如大众媒介）等方式，传递信息、资讯、文本等的通道。大多数媒介都在传递文本，例如，言语是谈话的媒介，是一种人际媒介。”①

2. 以媒介本体与人的关系来定义媒介

技术作为人类存在方式和本质构成的哲学思想，构成了媒介本体论的一个源头和重要分支，技术、媒介、人这几个概念交织前行。媒介与人的关系，本质上是人的社会关系的体现。“围绕技术所产生的人际关系是人与社会存在的本质之一，技术在人际层面上的本质是组成社会的一种关系——技术关系。”②“我们花了大把时间在使用媒介……其实是花了大把时间让媒介利用我们。”③ 这是从媒介与人的关系视角，定义媒介的功能和特性。

从传统物理媒介的角度看，媒介是报纸、电视等各种有形的存在。然而麦克卢汉的“媒介即讯息”论断颠覆了这一传统认知，并以“媒介延伸论”来进一步泛媒介化，在其代表作《理解媒介：论人的延伸》中，字母、口语、游戏、道路、服装、住宅、货币、时钟等通通被列为媒介，媒介、技术、文化三者是重合的。④ 媒介对器官功能的替代性，至少延伸了三大系统：运动、感觉和神经。印刷媒介以及摄影机是视觉延伸；无线广播是听觉延伸；交通工具是腿脚运动功能的延伸；电话是听说功能的延伸；电视则是全身感官及触觉的延伸。他预言电子媒介技术延伸大脑中枢神经这一发展趋势时，指出人的意识会从机械世界的枷锁中解放出来到宇宙中去遨游，电脑技术“有可能给人的各种感觉编制程序使之接近于人的意识”⑤。

3. 以媒介时代来定义媒介群组

马克·波斯特（Mark Poster）以媒介时代来定义媒介，这种方式界定的是一群媒介。他在《第二媒介时代》中提出：以信息制作者极少而信息消费者众多的单向性播放型模式占主导的时代，是第一媒介时代；以媒介的制作者、销售者和消费者为一体的双向型、去中心化的交流模式为主导的时代，为第二媒介时代。⑥

此分类法得到了不少学者采纳，如《传播学》一书中，“第一媒介时代”

---

① 伯格．理解媒介：媒介与文化研究的关键文本［M］．秦洁，译．北京：清华大学出版社，2013：3.

② 沈继睿．媒介技术本体论的边界区分［J］．自然辩证法研究，2014（9）：58－63.

③ 同①．

④ 麦克卢汉．理解媒介：论人的延伸：增订评注本［M］．何道宽，译．南京：译林出版社，2011：97－393，460.

⑤ 麦克卢汉，秦格龙．麦克卢汉精粹［M］．何道宽，译．南京：南京大学出版社，2000：307，277.

⑥ 波斯特．第二媒介时代［M］．范静哗，译．南京：南京大学出版社，2000：5，16．对于“第二媒介时代”，人们现在习惯用蒂姆·奥莱利（Tim O'Reilly）发明的另一个词“Web 2.0”来表达同样的意思。

包括传统的报纸、电台和电视，“第二媒介时代”包括互联网催生的很多新媒体形态。“互联网还形成了全新数码市集，影响了新闻的性质，改变了媒体与受众的关系，促使我们重新思考在新时代下的媒体理论。”①

媒介决定时代特征，时代也赋予媒介独特内涵和外延，决定媒介群的媒介形态。所谓媒介形态（media morphosis）泛指传播媒介的演变，罗杰·菲德勒（Roger Fidler）在其经典作品《媒介形态变化：认识新媒介》中指出：“传播媒介的形态变化，通常是由可感知的需要、竞争和政治压力，以及社会和技术革新的复杂相互作用引起的。”②

媒介形态也被解释为媒介的生存状态、生存依据、媒介的传播方式方法以及由此展示的媒介功能与特征。③ 媒介形态也因之可分为可视形态和潜在形态。兰斯·斯特雷特（Lance Strate）用“大分水岭”理论来区分媒介群组，说明口语和书面语、文字和图像、活版印刷和电子媒介、虚拟世界和真实世界两两之间的大分水岭。④

（二）重新定义媒介概念的内涵和外延

数字技术和传播技术的发展，使媒介正经历又一次大转型。已有媒体形态通过自我革新进化，或消失或重生；新的媒介形态在技术、经济、文化等共同作用下，迅速占领人类的生存时空，并不断冲破传统媒介概念的内涵和外延，产生“沉浸媒介”。“沉浸媒介”是所有具有沉浸传播特征的媒介形态的总称，具有以人为中心、无时不在、无处不在、无所不能的传播功能，该媒介形态下信息传播者也是信息接受者，二者共同进入沉浸体验。沉浸媒介是共创共享的泛众媒介。

沉浸媒介，作为新的媒介类别出现，在创新扩散规律、媒介形态变化演进规律的基础上，也呈现出技术与社会、技术与人性共同作用的结果。推动新媒介技术发展的加速器是相互交织的各种社会需要，即“位于社会与技术之间的界面”⑤，“它们源于各种公司的需要，其他技术的要求，管理或法律行动和各种一般社会势力等”⑥。

---

① 鲁曙明，洪浚浩．传播学［M］．北京：中国人民大学出版社，2007：30－49.

② 菲德勒．媒介形态变化：认识新媒介［M］．明安香，译．北京：华夏出版社，2000：19.

③ 蔡凯如，黄勇贤．穿越视听时空：广播电视传播论［M］．北京：新华出版社，2003.

④ STRATE L. Studying media as media：McLuhan and the media ecology approach［J］．Media Tropes，2008（1）：1－16.

⑤ WINSTON B. How are media born and developed?［M］．//DOWNING J，MOHAMMADI A，SREBERNY-MOHAMMADI A. Questioning the media：a critical introduction. Thousand Oaks，CA：Sage Publications，1995：54－74.

⑥ 同②16.

每个媒介时代，都有其强势的传播模式和与之对应的媒介。人与媒介的关系，第一媒介时代是人在“媒介外”，人受媒介影响；第二媒介时代是人在“媒介内”，人与媒介相互作用；第三媒介时代是人与媒介合二为一。

沉浸媒介是一个以人为中心的开放媒介形态，包含所有可以生产、传播、展示和接收信息的、有形和无形的媒介形态，是所有媒介的集大成者。人不仅是媒介的积极驾驭者，更是沉浸媒介的本体。人机合体的“沉浸人”，是沉浸媒介的最高状态，是真正的超媒介。

在媒介与人的关系上，沉浸媒介体现出如下特征：泛众式——全体大数据连接之上，以每个个人为中心；体验式——传播过程也是体验过程，没有体验就没有完整的传播；共享式——媒介内容和形式为所有人共有，是共享经济的媒介形态；共创式——媒介内容及传播形态，都由泛众共同创造。①

二、“媒介融合”和“媒体融合”

“媒介融合”概念起源于计算与通信领域。1977 年，大卫·法伯（David Farber）和保罗·巴兰（Paul Baran）合作在《科学》（*Science*）上发表题为《计算与通信系统的融合》（The Convergence of Computing and Telecommunications Systems）的文章，这是从目前文献中所能看到的最早进行的技术性“融合”研究。②

麻省理工学院教授尼古拉斯·尼葛洛庞帝（Nicholas Negroponte）是公认的最早预见了传播业将与数字技术融合的学者。1979 年他在为麻省理工学院的媒介实验室（Media Lab）筹集资金的演讲中，提出了著名的“三圆交叠”说。当时他用了三个相交的圆圈来分别表示计算机、印刷和出版业、广播影视业，并指出这三个行业的交叉融合处将成为发展最快的创新领域。

1983 年传播学者伊契尔·索勒·普尔（Ithiel De Sola Pool）在其著作《自由的科技》（*Technologies of Freedom*）中明确提出了“传播形态融合”（convergence of modes）的概念，指出数码电子科技的发展使得媒介界限模糊，各种媒介呈现出多功能一体化的发展趋势。③ 随后，媒介形态融合的概念被正式引入了新闻传播领域。

目前学术界对媒介融合并未形成统一定义，美国新媒体专家约翰·帕夫

---

① 李沁．沉浸媒介：重新定义媒介概念的内涵和外延［J］．国际新闻界，2017（8）：115－139.

② FARBER D，BARAN P. The convergence of computing and telecommunications systems［J］．Science，1977，195（4283）：1166－1170.

③ POOL I D S. Technologies of freedom［M］．Cambridge，Massachusetts：Harvard University Press，1983：23.

利克（John Pavlik）在《新媒体技术：文化和商业前景》中从技术角度提出所有媒介都向电子化和数字化靠拢，这个趋势由计算机技术驱动并在网络技术推动下变成可能。[①] 英国学者鲍勃·富兰克林（Bob Franklin）在《新闻学关键概念》中认为，媒介融合是单一功能媒体向综合功能媒体发展的趋势，即多媒体化趋势，它以数字化媒体技术为基础，从而使传统媒体之间的界限变得模糊。由媒介融合而生的多媒体具有十分丰富的功能，并且各类媒体平台都包含了其他媒体平台的一些功能和特点。[②]

媒介融合是技术与社会变革的必然要求，其也反过来影响社会结构，呈现出技术与社会互生共存的现象。克劳斯·布鲁恩·延森在《媒介融合：网络传播、大众传播和人际传播的三重维度》中提出："从历史的角度看，媒介融合可以被理解为一种交流与传播实践跨越不同的物质技术和社会机构的开放式迁移。"[③]

一般而言，"媒介融合"概念侧重于技术层面，"媒体融合"概念则侧重于实体实践层面。《中国媒体融合发展报告（2015）》将"媒体融合"定义为传统媒体适应当前互联网信息时代而呈现出的全新发展理念和作业模式，通过对传统媒体和新兴媒体进行有机整合，实现资源共享，创新产品形态，以多元化的信息传输渠道与平台进行传播。媒体融合的核心为互联网化，按照互联网的运作方式去运作和发展主流媒体。[④]

三、"融合新闻"与"融合文化"

美国西北大学教授里奇·戈登较早归纳了五种"融合新闻"类型。一是所有权融合，大型传媒集团拥有不同类型的媒介，因此能够实施这些媒介之间的相互推销和资源共享；二是策略性融合，指不同所有权的媒介在内容和新闻资源上的共享；三是结构性融合，即在新闻采集和分配方式上进行融合；四是信息采集融合，即新闻报道层面上新闻从业者以多媒介融合技能完成信息采集工作；五是新闻表达融合，指记者编辑通过综合运用多媒介互动工具，与公众互动，从而完成对新闻事实的表达。[⑤] 媒介融合实现不同媒介形态的

---

① 帕夫利克．新媒体技术：文化和商业前景：第2版［M］．周勇，张平锋，景刚，译．北京：清华大学出版社，2005：126.

② 富兰克林．新闻学关键概念［M］．诸葛蔚东，等译．北京：北京大学出版社，2008：64.

③ 延森．媒介融合：网络传播、大众传播和人际传播的三重维度［M］．刘君，译，上海：复旦大学出版社，2012：17.

④ 宋建武．媒体融合就是主流媒体的互联网化［J］．青年记者，2018（28）：4.

⑤ GORDON R. The meanings and implication of convergence［M］//KAWAMOTO K. Digital joumalism：emerging media and the changing horizons of journalism. New York：Rowman & Littlefield，2003：57－73.

“内容生产＋产品形态＋渠道占有”的“一体”[①]，同时也会伴随着传播者与受众的融合[②]。媒体转型需追求“实质性转型”，按照互联网规律，进行观念革新、体制机制改革、流程再造、激励约束、用户沉淀、产品创新等系统化转型措施。[③]

美国学者亨利·詹金斯（Henry Jenkins）2006年出版专著《融合文化：新旧媒介的冲突地带》（*Convergence Culture：Where Old and New Media Collide*），提出“融合文化”的概念，用来分析媒介在文化内部传播方式上带来的变革，并探讨了媒体融合、参与文化和集体智慧三个概念之间的关系。詹金斯所使用的“融合”概念“包括横跨多种媒体平台的内容流动、多种媒体产业之间的合作以及那些四处寻求各种娱乐体验的媒体受众的迁移行为”。通过这一概念，他尝试描述的是“技术、产业、文化及社会领域的变迁，这种变迁取决于是谁在表达以及表达者认为自己在谈论什么”[④]。詹金斯认为，融合不是发生在某个黑盒子里，而是发生在“消费者的头脑里”，即便媒介融合在技术上还没有完全实现，人类的身体和大脑已经在以某种相互关联的方式同时使用多种媒介。在可预见的未来，融合不可能是有序而彻底的整合，而是呈现出临时起意甚至杂乱无章的特点。当公司驱动的自上而下的融合与消费者驱动的自下而上的融合这两个过程产生交汇时，会有各种不确定情形发生。

四、什么是“融合新闻学”

中国的高等教育将“融合新闻学”作为学科基础课程。按照教育部2018年1月30日颁布的普通高等学校《新闻传播学类教学质量国家标准》，“融合新闻学”是新闻学、广播电视学、网络与新媒体专业下的专业必修课程。[⑤]参照《新闻传播学类教学质量国家标准》的精神，融合新闻学的教学可分为两大部分，即融合新闻学概要和融合新闻作品创作。本书力图将这两部分融合起来讲授，既有完善的理论体系建构，也有丰富和具有可操作性的实践指导，以及融合新闻作品的训练。

（一）融合新闻学的定义

融合新闻学，英文一般用的是 convergence journalism 或 convergent

---

① 陈力丹．用互联网思维推进媒介融合［J］．当代传播，2014（6）：1.

② 彭兰．社会化媒体：媒介融合的深层影响力量［J］．江淮论坛，2015（1）：152－156.

③ 胡正荣．传统媒体与新兴媒体融合的关键与路径［J］．新闻与写作，2015（5）：22－26.

④ 詹金斯．融合文化：新旧媒介的冲突地带［M］．杜永明，译．北京：商务印书馆，2006：30.

⑤ 教育部高等学校教学指导委员会．新闻传播学类教学质量国家标准［S］//普通高等学校本科专业类教学质量国家标准：上．北京：高等教育出版社，2018：98.

journalism。澳大利亚教授斯蒂芬·奎恩在《融合新闻报道》一书中指出，“融合新闻学的一个关键组成部分是在多平台上用不同方式讲述新闻的能力”[①]。从书的英文名及全书关键词的运用看，奎恩将“融合新闻”与“多媒体报道”和“全媒体报道”这三个词做了“约等同”的处理，并且提出“对全媒体思维方式的需求，即新的叙述方式与新的报道流程相结合”[②]。

美国的珍妮特·柯罗茨在《融合新闻学实务》一书中，强调的是跨媒体的新闻思维模式，即如何制作出适合快节奏、多任务处理和移动用户的新闻报道；断定什么时候视觉效果有用且必要，如何捕获、选择和组织素材，从而能够有效地提高受众对报道的理解；把讲述故事的各种元素（文字、音频、动态的和静止的图像）组合到一起，向受众提供一种交互式的新闻体验。[③]柯罗茨还著有一本《融合新闻：跨新媒体写作与报道》，聚焦于融合新闻中的新闻采写报道实务。

在中国，“融合新闻学”最初是作为“网络与新媒体”的主干课程之一出现在高等教育的学科体系中的。在当时互联网新媒体迅速发展的历史背景下，教育部《普通高等学校本科专业目录（2012）》中首次在新闻传播学学科中列入特设专业“网络与新媒体”，这是自1998年以来为适应社会发展需要，新闻传播学学科中新增的两个专业之一。

其实早在1998年，华中科技大学新闻与信息传播学院针对新闻业界对网络新媒体人才的迫切需求，率先尝试在新闻学专业本科中采取“2＋2”方式，开办网络新闻专业（方向）班，招收该校理工科二年级学生来新闻与信息传播学院继续学习两年新闻专业课程。首届以“2＋2”方式培养的学生毕业时受到业界青睐，新华社等媒体还对此进行了报道。

而在教育部新颁布《普通高等学校本科专业目录（2012）》后，在全国范围内首批有28所高校申办且获批“网络与新媒体”专业并正式对外招生。其后，“网络与新媒体”专业持续在中国高校中被申报并迅速发展，融合新闻学是其中的教学内容之一。

从上面的融合新闻学发端历史可见，“融合新闻学”出生时所带有的“网络与新媒体”的基因，也在一定程度上表明了融合新闻学本质上是数字和网络技术发展的产物，是技术发展跨越传统边界给新闻传播领域带来的新现象和新问题。因此，融合新闻学的理论与实践体系，需要紧扣技术发展和这个急剧变革的时代的脉搏。

---

① 奎恩．融合新闻报道［M］．张龙，侯娟，曾嵘，译．北京：北京大学出版社，2015：100.

② 同①101.

③ 柯罗茨．融合新闻学实务［M］．嵇美云，译．北京：清华大学出版社，2016.

在《普通高等学校本科专业目录（2012）》颁布六年后，教育部2018年创造性地颁布了《普通高等学校本科专业类教学质量国家标准》，这也是中国首次颁布高校教学质量国家标准。在其中的《新闻传播学类教学质量国家标准》中，"融合新闻学"课程在原来只属于网络与新媒体专业的基础上，同时拓展到了新闻学、广播电视学专业的必修课程中。这也正好符合了技术创新的扩散原理，因为在这六年里，新媒体技术与运用已经发展成为新闻学与广播电视学的核心内容。也因此，在进行融合新闻学的理论与实践建构时，我们不能只停留于网络与新媒体，而要与传统新闻学和广播电视学的核心价值理念及要素内容进行有机融合，去粗取精，与时俱进。

正是基于上述新媒体技术与高等教育课程发展史的分析视角，本书尝试对"融合新闻学"做如下定义：

融合新闻学基于数字和网络技术的发展而产生，是技术逻辑与新闻价值判断相结合的产物。融合新闻学具体研究的是信息传播模式变革带来的新闻生产和发布方式的变革，新闻信息的生产由单一形态向多元沉浸的全媒体信息生产形态转化，新闻采编人员结构及工作流程被重构，虚拟现实和人工智能的加入使新闻要素、新闻时空、新闻采编主体、媒介产品生产方式、信息流通机制等发生巨变，重视用户连接和新闻体验，形成全新的新闻报道及呈现形态。

融合新闻学中的"沉浸新闻"模式，是近年来数字新闻业内出现的一种新的新闻类型，代表着全球新闻生产的最新趋势。随着5G泛在网络、人工智能、全息影像、虚拟现实等技术越来越深入地运用于新闻领域，融合新闻学走入泛在沉浸传播时代，超越虚拟与现实的边界，以智能化虚拟社群为基础的移动社交媒介普及，强调虚拟世界社群的概念，重视以用户为中心的新闻体验。融合新闻学实践要求具有沉浸媒介思维方式，能综合运用全媒介平台讲述新闻故事，使技术赋权的新的新闻叙事方式与新的报道流程相结合，最终实现全新的沉浸传播体验（具体可参见本书第八章"融合新闻与沉浸新闻"）。

（二）融合新闻学的要素时空轴

融合新闻报道，是通过多媒体元素系统反映重大新闻事件和社会问题，深入挖掘和阐明事件的因果关系以揭示其实质和意义，追踪和探索其发展趋向的报道方式。

融合新闻的深度报道重点在于挖掘事件的这两个方面：why，即事件发生的原因、目的是什么；how，即如何发生、怎么做的。出镜播报与主持在进行调查追踪时，需充分延伸和拓展新闻要素，尤其要聚焦于why和how

这两个新闻要素。

在中国人民大学新闻学院多年的教学实践中，笔者总结出了融合新闻学的要素时空轴（见图 1－1），用时空坐标系来拓展对新闻报道的思考角度、查找遗漏信息、整合新闻要素。不少学生反映这个坐标轴对他们很有帮助，学习后记忆深刻，在后来的工作中也习惯使用这个坐标轴来帮助自己理清思路、寻找报道视角，发现缺失的新闻要素。

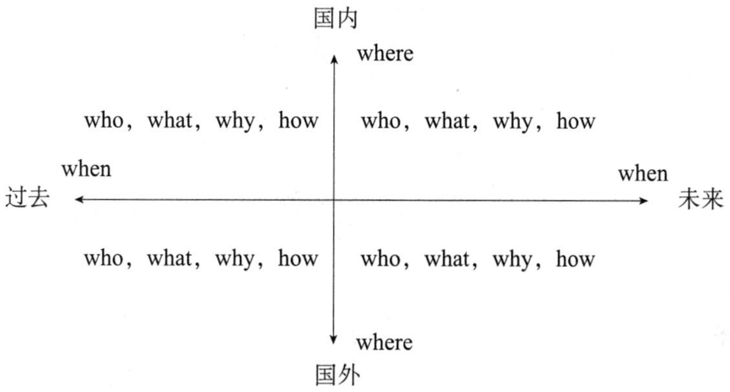

图 1－1　融合新闻学的要素时空轴

操作解析

如何理解融合新闻学的要素时空轴

融合新闻学的要素坐标的中间点（时空交叉点）代表此时此地，从中间点向上下左右可以无限延展，即在时间横轴上向过去和未来延展，在空间纵轴上向国内和国外延展。

新闻要素（5W 和 How）在融合新闻学的要素时空轴中如何理解？可以参照被学术界和业界广泛接受的关于新闻要素认知的版本：

- when：立足此时，追溯既往，推测将来。
- where：立足现场，左右延伸，纵横兼顾。
- who：立足事实，追踪采访，涉及相关。
- what：立足此事，搜集情况，报道细节。
- why：立足直接，分析横向，追究纵深。
- how：分析意义，注重结果，预测未来。

注意：一定要记住，融合新闻学各个要素之间不是割裂的，而是彼此融合的，任何要素都要在时空轴的上下左右四个领域找到定位。

我们在进行新闻要素的搜索、采访和分析时，必须在这四个方向上尽可能穷尽，这样才能保证不遗漏重要信息，也才能保证自己对此时此地发生的事有足够的背景知识来支撑，也才能在这个基础上对此时此地此事进行判断，如这是否是史上第一次、是否是全球最大等等。只有这样，才能比较准确地对事件性质进行定位和定性。

从这些新闻要素出发，就可以生发出具有调查追踪性质的融合新闻报道的主要内容：新闻事件、时间地点、主要人物、新闻背景、新闻前景、新闻过程、新闻分析、趋势预测、对策建议。其主要表现手法有人物采访、对话、音视频展示现场和背景、细节呈现、出镜评述等。

这个要素时空轴展示的是一个动态过程，时间轴上的变化或空间轴上的变化都会让新闻事件发生很大的变化，甚至“反转”。

第二节　媒介融合推动新闻变革

“媒介融合”已是传媒发展不可逆转的必然走势。媒介技术在推动传播方式和传播手段融合的同时，必然要求媒介组织进行融合，由此改变整个媒介生态，并带动用户行为的变革，改变人们的信息交往行为。媒介技术属性在社交网络的建立和发展过程中具有重大作用，对交往内容、交往方式、交往时空等产生深远影响。

媒介技术发展推动媒介融合的发展。卫星技术、数字网络技术、遥在技术、虚拟现实技术等在传媒通信领域全面应用，移动媒介终端功能跨越时空限制，新兴媒介形态与传统媒介的界限、虚拟与现实的界限越来越模糊。与此同时，新的媒介消费习惯与经济文化新潮流相互推进，形成信息消费、媒介用户、社会阶层的“碎片化”，新闻信息传播从大众传播、分众传播发展到信息高度个人定制化、无时不在、无处不在的沉浸传播，媒介与其消费者融合沉浸。

互联网信息传播模式的变革推动着新闻呈现的变革。早期新闻内容以文字为主，Web 2.0 以后视觉化信息不断增加，图片、视频、动漫、表情等视觉元素成了越来越重要的新闻内容呈现形态。基于 0 和 1 编码的数字技术成为通信的核心，该技术把字符、声音、图像等转换为比特，人们通过电脑、手机及各类移动终端和社交软件应用等查看新闻，形成了媒介融合发展的基础。

一、边界消逝推动媒介融合，技术变革重塑社会结构

互联网数字技术及其新应用形成技术社会学所说的技术与社会互相生成，

人们通过技术改造着自然、社会和人类自身，社会因素也塑造着技术的各种可能性，使信息生成和传播方式、人类社会的交往方式等发生深刻变革。费舍尔（C. Fisher）认为科技具有高度的社会弹性，人们会塑造科技以使之适应本身的需要。[①] 他通过对美国电话史的研究发现，人们利用电话来强化既有的社会沟通网络，并且巩固根深蒂固的社会习性。

电子媒介带来边界的消逝，人类的交往不断突破时间和空间在场的限制，形成一种以媒介技术为中介的无时不在、无处不在的泛在信息交流行为。在《消逝的地域》一书中，媒介环境学派的学者约书亚·梅罗维茨认为，媒体与其观众的奇特关系极其明显地重整了社会秩序。[②] 梅罗维茨的观点基于欧文·戈夫曼（Erving Goffman）的思想，认为媒体使日常生活中彼此分离的人们混合起来，从而改变了社会。

媒介融合推动资源重整，形成新的社会性关系和社会功能，网络新媒体时代比传统媒体时代对社会带来更强烈的颠覆与重构作用。每一种技术与文化的对应关系的形成都要经历一个磨合过程，其间彼此影响，互相给予。“技术不仅确立特定的社会角色和社会关系，而且改变人们的日常生活方式，影响人们的思想观念和思维方式。技术创新迅速地改变人们工作、谈话、吃饭、打扫卫生的日常模式，有时甚至产生全新的模式。”[③] 尼葛洛庞帝因此提出“数字化生存”“创造着一个崭新的、全球性的社会结构”[④]。

沉浸传播与泛在网络使人类的信息、工作、生活、娱乐互相渗透融合，虚拟世界与现实世界的边界越来越模糊。不断数字化的各种软件应用和服务作为基本要素，与硬件一起构成现代社交网络的技术环境，这个技术环境与人类的生存大环境不断融合。媒介融合从技术融合、经济融合、政治融合和社会与文化融合四个维度来展开。新媒介的产生与普及存在四种主导动因模式，即经济因素主导动因模式（简称 E-mode 融合）、政治因素主导动因模式（简称 P-mode 融合）、技术因素主导动因模式（简称 T-mode 融合）和社会与文化因素主导动因模式（简称 S&C-mode 融合）。媒介融合的早期，前两种模式较为突出[⑤]，后两种模式则发挥着更持久深远的影响。

早在互联网创建之初，行为心理学家利克里德尔（Joseph Carl Robnett Licklider）就提出电脑及互联网的本质在于服务人类的信息交往需求，而不

① FISCHER C. America calling：a social history of the telephone to 1940 [M]. CA：University of California Press，1992.

② MEYROWWITZ J. No sense of place：the impact of electronic media on social behavior [M]. New York：Oxford University Press，1985：6.

③ 梅其君．埃吕尔与温纳的技术本质观之比较 [J]. 自然辩证法研究，2006（8）：43－47.

④ 尼葛洛庞帝．数字化生存 [M]. 胡泳，范海燕，译．海口：海南出版社，1997：214.

⑤ 黄金．媒介融合的动因模式 [M]. 北京：中国书籍出版社，2011：1－3.

是单纯用来计算。他还指出："通过信息处理网络，所有大的计算机可以彼此通信，并通过它们，超级社区的所有成员能够与其他人、程序、数据和选定的这些资源的组合进行交流。"① 也有技术悲观主义者担心机器取代人类的主导地位，担心"技术正在变为一种全球性的力量，开始染指人类历史的根基，并为人类历史注入极不稳定的因素"②。而在新闻传播行业，机器人写稿、人工智能（artificial intelligence，AI）主播等也为新闻传播业带来新的发展机遇和未知前景。

二、基于互联网的媒介融合变革

媒介融合带动一批新概念、新的媒介生态出现。融媒体时代也是自媒体时代，或所谓"人人时代"，公民新闻开始出现，电视消亡论、互联网杀死了新闻业等各种唱衰声音伴随着新的媒介生态的产生和媒介体制的重构。

（一）技术变革与媒介融合的发展历程

媒介发展的每一个历史阶段，都伴随着新传播手段和新技术的出现和普及运用，从语言的产生到现代印刷术、无线电广播技术、影像传播技术、网络传播技术以及虚拟现实技术等的出现都是如此。媒介基本技术的出现及变革，推动着新的媒介形态和新的传播形式产生。

1. 技术发展与人类信息传播的里程碑

人类信息传播的发展史，与人类社会的进化、信息技术的发展息息相关。信息传播方式方法的突破和新技术的发明，形成了人类信息传播发展史上的一个个重要的里程碑。

人类信息传播发展史上大致形成了十座重要的里程碑，具体如下：

（1）大约 10 万年前语言的出现，将声音和声音所指的对象分开了，"使人类加工信息的效率超过其他动物"③。

（2）5 000 多年前文字的发明，使人类口头语言传播突破了时空限制，实现了信息的远距离传播，也使人类的知识一代一代地传递。

（3）印刷术的改进：中国北宋的毕昇发明活字印刷术，15 世纪德国人谷登堡发明金属活字印刷术，现代意义上的印刷报纸开始发行，信息开始能够

---

① LICKLIDER J C R，TAYLOR R W. The computer as a communication device［J］. Science and Technology，1968（4）：32.

② 舒尔曼．科技时代与人类未来：在哲学深层的挑战［M］. 李小兵，译．北京：东方出版社，1995：2.

③ 施拉姆，波特．传播学概论：第 2 版［M］. 何道宽，译．北京：中国人民大学出版社，2010：8.

进行大规模传播，宣告了大众传播时代的来临。

（4）电报与电话技术的发明：19 世纪 30 年代电报技术的发明可以看作电子传播的开始，电话的发明是遥在即时传播的开始。

（5）摄影术与电影技术的发明：19 世纪 20 年代第一张永久性照片的出现，可视作新闻摄影雏形的形成。1894 年 4 月，世界第一家电影院在美国纽约市百老汇大街正式开张。这家电影院只有 10 架放映机，每场只能卖 10 张票，但电影院前人山人海，人类进入“动画”时代。1895 年 12 月 28 日，法国卢米埃尔兄弟在普辛大街 14 号大咖啡馆的地下室放映了一部真正意义上的电影，意味着电影技术的成熟，这一天被定为电影诞生日。

（6）广播与电视技术的发明：20 世纪初广播的发明，20 世纪 20 年代电视的发明，使人类信息传播突破了时间和空间的限制。“电星 1 号”通信卫星的出现，让人类真正实现了信息的“地球村”。

（7）电脑技术和网络技术的发明：20 世纪 40 年代电子计算机的发明，宣布了数字传播的开始。1969 年最早的互联网 ARPA 出现，以计算机和通信技术为基础的网络技术催生了现代媒介，网络媒体诞生了。随后出现了移动互联网、万物相连的物联网，以及包括了互联网、移动互联网和物联网在内的泛在网络，人类实现了无时不在、无处不在、无所不能的信息连接。

（8）虚拟现实技术的发明：20 世纪出现的虚拟现实技术，汇集计算机、电子信息、仿真技术于一体，通过计算机模拟虚拟环境给人以环境沉浸感。伊凡·苏泽兰（Ivan Sutherland）在 1965 年发表论文《终极的显示》（Ultimate Display），并于 1968 年研制成功带跟踪器的头盔式立体显示器（HMD）；1972 年，诺兰·布什内尔（Nolan Bushell）成功开发第一款虚拟现实电子游戏 Pong。虚拟现实技术的沉浸性、交互性和自主性等，为体验式新闻开创了新路。

（9）人工智能的发明：1950 年可看作人工智能始发年。这一年，后被称为“人工智能之父”的大四学生马文·明斯基（Marvin Minsky）和同学邓恩·埃德蒙（Dean Edmond）一起，创造了世界上首台神经网络计算机。同年，被称为“计算机之父”的阿兰·图灵（Alan Turing）提出著名的图灵测试：如果一台机器与人类展开对话而不被辨别出是机器身份，那么其就具有智能。1956 年，计算机专家约翰·麦卡锡（John McCarthy）在达特茅斯学院会上正式提出“人工智能”一词。此后，研发模拟和延伸人的智能的理论、技术和应用不断发展，与媒体结合而形成的算法新闻、机器人写作、AI 主播等应运而生。

（10）5G 技术的发明：第五代移动通信技术（简称 5G）作为最新一代的蜂窝移动通信技术，是继第四代移动通信技术之后在信息传播性能上的一次大飞跃，极大地提高融合新闻的内容传输速度和质量，显著提升媒体用户体验，也为技术、经济和社会发展带来各种全新可能。

人类信息传播的发展是一种加速度的进程，从原始传播到语言传播约经历了 200 万年，从语言传播到文字的出现用了 9.5 万年，从手写文字传播到印刷文字传播用了 4 000 年，从纸质传播到电子传播用了约 1 200 年，从电子传播到数字传播用了约 100 年。

总体而言，18、19 世纪报刊是媒体的主导形态，20 世纪三四十年代广播先声夺人，20 世纪五六十年代电视强势出击，21 世纪初互联网开始对电视构成威胁。20 世纪八九十年代风靡中国的杂志《知音》鼎盛期月发行量达 600 万份，《南方周末》发行最好时达每月 100 多万份。然而如今，一条推特消息或一条微信公众号的推送信息，就可以达到上千万次乃至上亿次的阅读量。

尼葛洛庞帝在《数字化生存》中指出："传送信息的传播业者根本不知道传送出去的比特最终会以何种面目——影像、声音，还是印刷品——在接收端出现。这由你决定。比特离开传播源之后，你可以把它们转换成各种不同的形式，用不同的方法来使用，凭借不同的电脑程序使之个人化；可以存档，也可以不存档，一切全都取决于你。"①

2. 融媒体 5G 时代的挑战

如今随着 5G 技术的发展及沉浸传播的普及，有望解决当下通信的技术瓶颈，传感器新闻将会成为新的媒介增长点。借助于遍布人类生存空间的各种传感器的互联互通，城市、交通、社会网络大数据将成为新闻信息的重要来源。加上人工智能技术和虚拟现实技术，无处不在的传感器数据自动收集、处理信息，并将这些信息生成有价值的新闻数据，自动地传播出去。5G 技术与音乐、电影、游戏等领域也在展开深度融合。通过 5G 的高速性能，海量数据和视频可实现无延迟即时传输，极大地提升视频、VR 游戏等的用户体验，有可能带来相关行业的井喷式发展。

与 5G 相结合的区块链技术在新闻生产、信源追踪、内容审核、内容付费、版权保护及传播效果评估等方面有很大的应用潜能。区块链技术与媒体广告、数字营销融合起来，对于广告内容发布、公共信息共享、个人信息保护、信息存储等也会带来新的可能，这将会给融合媒体的内容生产和广告营销带来新的发展机遇。

传媒产业发展进入大众自媒体传播时代，大众媒体、平台化媒体、自媒体等传媒形态并存且相互竞争。传媒产业受全球政治、宏观和微观经济、社会结构、技术、人才等多重因素的影响，在数字经济、网络空间、5G 技术、区块链技术、人工智能的背景下将变得更加复杂，并迎来新的风口期。

① 尼葛洛庞帝．数字化生存［M］．胡泳，范海燕，译．海口：海南出版社，1997：71.

基于网络媒体而发展的融合媒体，整合了传统的报纸、广播、电视、电脑、互联网的优势，实现了文字、图片、声音、图像等传播符号和手段的融合，打破了传统媒体在传播形态和传播时空上的束缚，带来传受双方关系的本质变化，形成全新的媒体产业新模式，开启了媒体融合的沉浸传播新时代。

随着数码产品及应用门槛的不断降低，媒介革新推动互联网进入真正平民化的时代。当儿童老人都可以在社交媒体和短视频工具上轻松操作时，人类进入了人人传播时代，互联网具备了大众化的特点，形成所谓的“众声喧哗”[①]。2018 年微信全球用户数突破 10 亿，但在全球同类应用中仅居第二位。微信占领了全球四分之一人口的中国市场再加上上千万的海外华人，Whats 和 Facebook 则占领了微信没有覆盖到的国外市场。微信基本上是华人在用，但是 Whats 和 Facebook 的使用人数覆盖了全球 168 个国家和地区。Whats 的活跃用户高达 15 亿，Facebook 的活跃用户达 13 亿。而抖音、快手等基于移动互联网的视频直播应用开始占据越来越高的市场份额。

除了原生互联网企业，转型中的传统媒体和传播行业的人才增量几乎全部向新媒体岗位急速倾斜，人才需求岗位全部新媒体化。

（二）以纯文本传播的时代已经成为历史

1. 从广播到数据传播和比特传播

媒介融合及自媒体发展背后，是各种媒介渠道和内容形态通过数字化技术实现的互相转换，是自动化和人工智能技术的发展。原来的广播（broadcasting）发展到数据传播（datacasting）和比特传播（bitcasting）。

互联网发展初期，网页只有文本没有图片，直到多媒体浏览器出现，互联网才进入图片时代。人生来是视觉动物，图像操作直观简易，从而跨越了文字作为精英表达的门槛，使互联网进一步平民化。随着手机智能提升，图像处理、社交媒体软件应用不断简易化和人性化，图片、视频传播显著增加，尤其是随着智能手机功能提升、网络带宽增加，视觉传播系统具备了从图片向视频转向的条件。[②]

比图文更丰富简易的短视频的兴起是必然趋势，因为这种媒介形态适应了移动互联时代碎片化的内容消费需求，形成媒介的社区化现象。短视频在 2016 年进入快速发展阶段，抖音、快手等短视频应用的用户规模达到上亿人。人们在其上构建相互之间的认同方式，定义自己生活瞬间的短视频对受

---

① 胡泳．众声喧哗：网络时代的个人表达与公共讨论［M］．桂林：广西师范大学出版社，2013.

② 刘涛．图像社交的兴起及其“视频转向”［J］．教育传媒研究，2019（2）：8－11.

教育程度较低的人群有亲和力，使他们也能赋予琐碎的生活以意义。[①]

网络直播则进一步推动大众从观看变成主动参与。媒介发展的过程并不是替代式转移，旧媒介形态不断以新的方式重生，各种媒介不断叠加互生，文字、图片、视频、直播、虚拟现实、人工智能技术融合，数字内容呈现不断丰富，用户在接收信息的同时，参与信息的传播和创作，形成泛众传播的生动多元的媒介生态。

媒介融合时代，传统纸媒开通网上视频，传统广播电视台也进军网络。广电系视频兴起，在中国有央视旗下 CNTV、湖南卫视旗下芒果 TV、上海文化广播影视集团有限公司（SMG）旗下风行网、凤凰卫视旗下的凤凰网、浙江广电集团旗下 18 个频道整合而成的融媒体平台等，还有天生带有网络基因的搜狐视频、优酷等等。

2. 网络直播的四个发展阶段

网络直播发展走过四大阶段。网络直播 1.0 时代是单向传播，21 世纪初在全球流行，2005 年在中国兴起，如人民网视频直播、9158 等，形态是网络视频聊天室，有固定的直播室和专业设备，题材以专访、表演为主，属于小众秀场。网络直播 2.0 时代以游戏直播和移动直播为主，以电竞网站为代表，互动性增强，围观者增多。网络直播 3.0 时代，才进入平台式直播时代。艾媒咨询将其分为五大类：移动直播平台、泛娱乐类直播平台、专注秀场类直播平台、社交类直播平台和电商类直播平台。新技术引发巨大商机，催生了秀场、明星、演艺、体育、电竞、教育等各类直播形态，开启了全民直播时代。

对广播业来说，2020 年也是极为重要的一年。全球各大主流媒体纷纷推出各种类型的创新播客活动。英国《泰晤士报》（*The Times*）就是众多在 2020 年推出每日新闻播报的报纸之一。同时，一些播客公司通过投资聊天采访类节目或纪录片的方式与《世界报》（*Le Monde*）达成合作，比如它们 2020 年初就发布了三个改编自《世界报》调查文章的播客系列。据预计，美国播客收入 2021 年将达到 10 亿美元以上，并以每年 30%左右的速度增长。但在其他地方，尽管拥有一定清晰明确的受众群体，但由于收入增长较慢，许多出版商仍会在播客领域退缩。还有一些公司正在考虑在各种语音设备上创建新的服务，或是将文本转化为音频，以此来吸引更多年轻人收听。[②]

网络直播未来会进入 4.0 时代，即虚拟现实的直播时代，也是沉浸式的

---

① 刘星铄，吴靖．从“快手”短视频社交软件中分析城乡文化认同［J］．现代信息科技，2017（3）：111－113，116.

② Reuters Institute for the Study of Journalism. Journalism，media，and technology trends and predictions 2020［EB/OL］．（2020－01－09）［2021－04－25］．https：//reutersinstitute. politics. ox. ac. uk/journalism-media-and-technology-trends-and-predictions－2020.

网络直播时代，此时音视频的播出与人们的参与产生沉浸效应。VR 全景直播，跳出平面视频的视角框定，由用户来决定内容，而不是内容决定用户。2016 年里约奥运会上，虚拟仿真、社交软件、全球泛在网络使直播从现实时空进入虚拟时空，奥林匹克广播服务公司（OBS）首次使用虚拟现实技术制作了 85 小时的直播信息，构建了一个虚拟现实的“直播奥运”。VR 直播、无处不在的监控摄像头、基于位置的服务（LBS）让虚拟和现实交融于互动之中，使人随时随地与虚拟时空无缝对接，沉浸在直播中。

沉浸式的泛在直播，突破虚拟与物理的界限、前台与后台的界限。人们不仅看到化妆间，更看到表演者的所有生活场景，全息影像、人工智能的深度学习功能等让表演者以各种虚拟方式出现，无时不在、无处不在的直播将不断突破时空分割，直到表演者与观众处于同一虚拟时空，无所隐藏，完全沉浸其中。

（三）人工智能重塑传媒版图

人工智能（AI）化正在彻底改写传媒业的版图。国际数据公司（IDC）、浪潮集团公布了《2019—2020 中国人工智能计算力发展评估报告》，报告预计 2023 年，中国人工智能基础架构市场规模将超过 80 亿美元，未来五年复合增长率达到 33.8%，增速是中国整体基础架构市场的三倍以上。计算力的快速发展极大地促进了各行业应用场景的成熟，AI 产业化加速向产业 AI 化迈进。互联网、智慧城市、金融行业产业 AI 化已经走在了前面。未来五年，制造、零售等行业也有望逐步实现 AI 化，传媒业也会不断提升 AI 技术来加强用户体验。图 1－2 是新华社推出的“AI 合成主播”。

图 1－2 新华社推出的“AI 合成主播”

具体来说，传媒产业的智能化有以下几个重点方向：

（1）内容生产智能化：机器人写作正在成为全球主流新闻机构的标配，特别是在突发事件的报道上，如地震发生时第一时间报道突发新闻，机器人写作发挥着越来越重要的作用。腾讯财经推出自动化新闻写作机器人 Dream Writer，搜狐推出智能股市播报系统“智能报盘”。

（2）内容分发智能化：全球各大媒体都计划加强对人工智能的投入使用，以此来进行更为有效的内容分发。路透社新闻研究所（Reuters Institute for the Study of Journalism）发布的年度报告《新闻、媒体与技术趋势和预测 2020》访问了 32 个不同国家和地区的 230 位 CEO，超过一半的受访者表示，在 2020 年为用户提供更好的信息推荐格外重要。为追求人工智能的商业用途，47%的人认为他们能通过人工智能来锁定潜在用户，并进一步优化付费墙。39%的人期待通过人工智能在订阅和标记领域的帮助来提高编辑部的效率。[①] 在中国，今日头条、天天快报等通过智能计算用户的兴趣，将各个端口的内容通过算法精确推送。

（3）内容监测智能化：人工智能进入信息监测领域，发挥无时不在、无处不在的信息搜集与监测作用。Facebook 开发了一套人工智能系统来监测 Facebook Live 和 Messenger 中的不良信息，以帮助用户防止自杀。

（4）内容核实智能化：随着社交媒体和自媒体的兴起，假新闻泛滥，新闻核实成为全球传媒业要面对的艰巨任务。今日头条等互联网技术公司通过人工智能进行假新闻的甄别，人工智能成为新的新闻“把关人”。

三、传统媒体向媒体融合转型中的问题

媒体融合在全球范围内发展，并受各地政治、经济、文化等的结构性影响，呈现出不同形态和发展阶段，但也面临着一些共性问题。

（一）思维传统，媒体融合流于浅表

一些媒体人的认知没有进入互联网思维，媒体融合停留在简单相加，如电视＋、广播＋、报纸＋等。没有打通传统媒体运营的封闭式结构，各部门之间互不往来，重复建设、资源浪费严重。不少地方新闻单位和传统媒体认为开设新媒体部门，上个 App 或者微信公众号就是媒体融合了，新媒体只是面子工程，变革非常表面化。

（二）技术欠缺，新闻采编和运营的新技术运用不够

媒体一味追求“大而全”，却缺乏新媒介技术支撑。如新媒体运作中缺乏

---

① Reuters Institute for the Study of Journalism. Journalism, media, and technology trends and predictions 2020 [EB/OL]. (2020-01-09) [2021-04-25]. https://reutersinstitute.politics.ox.ac.uk/journalism-media-and-technology-trends-and-predictions-2020.

用算法、智能来做传播。一些所谓的新媒体集团看似规模庞大，然而媒体融合形成的机构实用性和实战性都不强，并无传播力和影响力，能形成商业模式和商业竞争力的更少。

（三）千篇一律，缺乏差异化竞争优势

有些传统媒体特色不鲜明，创造性、差异性不足。多数传统媒体缺乏创新意识和创新能力，恨不得一个模式在全球或全国范围内拷贝，忽视当地政治经济和用户的差异性。特别是传统媒体不习互联网“水性”，只好在互联网科技公司后面跟风，引领市场的能力有待提升。

（四）缺乏对媒介发展的前瞻性，缺乏长远布局

虽然各种新战略提法层出不穷，如“数字化战略”“跨媒体战略”“多屏战略”“多终端战略”等，但这些只是从不同视角对媒体融合做的描述，大多局限于传媒产业的垂直产业链，并未有高瞻远瞩的跨界发展方略。究其原因，一方面是资金投入不足，另一方面是对媒介技术及发展趋势认知不足，没有真正的战略布局和长期规划，也缺乏垂直领域的布局，大量的传统媒体没有长远的商业模式，依赖旧媒体养新媒体，新媒体自我生存动力不足，融合媒体平台的整合能力不强。

第三节　融媒体技术工具对新闻工作的影响和新要求

媒介发展的趋势是不断人性化，以满足消费者不断变化的需求和选择，并推动人类的信息和文化的消费需求由单一转为多元，传媒的大众传播时代和分众传播时代正发展为沉浸传播时代。媒介消费者已从“受众”转变为“用户”，人们的信息需求从大众传播时代的广播到如今的个性化点播，从图文、视频到无时不在的直播，新闻、娱乐、工作、游戏融为一体。媒介融合理论已成为一种媒介实务的客观存在，“全媒体”成为传统媒体的集体选择。

技术是媒体融合的基础、驱动力以及媒体融合发展的来源。没有技术做支撑和充分赋能，媒体融合永远不可能实现。融媒体技术工具对新闻工作产生了重要影响，提出了全新要求。

一、战略：做好媒体融合的布局调整

媒体融合，是一种战略布局的转型。管理学家德鲁克（Peter Drucker）

曾提出："正确地做事，不如去做正确的事。"在转型中，要避免一味追求短期效益而忽视大局，首先要找准方向，走对路，否则很可能南辕北辙。

操作解析

如何做好媒体融合的战略布局

化"被动"为"主动"——出击是传统媒体最好的防守。很多主流媒体是在新媒体发展的大潮推动下，被动向媒体融合转型的，意识、思维、行动都滞后。主流媒体必须意识到，新闻工作的主战场已在互联网，与其还在传统媒体上打防守战，不如主动转移战场，尽快换上新工具出击，重构主流媒体主力军在互联网时代的地位和作用。

化"跟风"为"抢先"——另辟蹊径才能立在风口。互联网强调风口，谁都想做风口上的那只幸运的猪。然而只有抢到先机，才能把握住制胜权。媒体在融合发展的路上，正如凯文·凯利所说"与其修修补补，不如另辟蹊径"，要敢于"关停并转升"，敢于率先走出自己的路，让别人跟你走。最厉害的能开辟新领域，如抖音，开出一个新品类，让全球人跟风。

化"补短"为"扬长"——创造新机遇才是正道。互联网媒体灵活多变，用户兴趣千变万化。传统媒体为了跟上风头，需要不断地补短板，解决现存问题，实际上很容易因此丧失新的机遇。补短不如避短，今日的"短"处说不定就是新机遇中的"长"处，没有最好的，只有最适合的，重要的是把握好机遇。

以"不变"来变——坚守新闻业存在的基本价值。媒体作为一个行业，有其固有的坚守和存在的价值，而这些是即使在互联网时代也要坚持的，不能因为强调变革而丢了媒体业的根本，如充当社会的良知、维护公平和正义。随着具有技术基因和渠道优势的新兴媒体逐渐主流化，新兴媒体也应从价值观和原创性角度补齐内容短板。

以"差异"求发展——差异性是融合媒体发展的根本。媒体是一个内容产业，而当今时代数字化内容极易复制，因此差异性是激烈市场竞争中的制胜法宝。媒体融合的发展战略应放在突出重点，强调个性，打造出自己独特的新领域和新模式上。

在"共享"中做大——共享性是融合媒体的基因。互联互通、开放共享是互联网的核心理论与本质特征。使用权共享，能使用比拥有所有权更重要。未来是开放共享的，越开放，与别人共享的越多，就越有做大的机会。共享概念在新闻领域体现为对新闻内容、新闻渠道、新闻模式的"复制"，输出模式，共享平台，做大流量，做强规模。同时，针对 PGC（专业生产内容）和 UGC（用户生产内容）渠道和产品，用开放共享的理念扩展渠道，扩大新闻产品的内容来源和传播平台。

"受众"变"用户"——沉浸共创是新主流。技术推动信息从单向传播向沉浸传播发展，读者、观众等不再是被动的"受众"，而成为积极主动的用户。融合媒体必须要以用户需求为导向，在加大审核功能和力度的同时，吸引用户参与，鼓励 UCG 产品生产，共同创造价值。

“创新”是长效机制——创新是融合媒体的生命。媒体融合正在冲破社会、个人、文化、经济等各种边界和壁垒，不断推陈出新，形成各种新的可能性，在其中生存发展。媒体必须要坚持技术创新、文化创新，以获得长远的发展。

二、路径：做好媒体融合的关键步骤

如何做好媒体融合？除了内容生产的变革，更为重要的是技术、传播渠道和管理理念的变革。在尼曼新闻实验室《2019 新闻预测》报告中，研究者认为未来新闻业发展有四个重点即数据、本地新闻、社交媒体和商业模式，全球很多一线新闻媒体和新闻教育工作者都正在这些领域进行着前瞻性和探索性的课程实验。① 对于新闻传播如何服务于用户不断提升的信息需求，打造自身的生存力和影响力，传媒业和新闻教育界需要紧密合作，通过产学结合克服融合媒体转型中的技术、人才、理念创新等问题，有效实现融合媒体变革。具体可从以下路径进行思考和行动：

（一）主动打破壁垒，实现内容、传播和组织的全面融合

媒体融合代表着打破壁垒、消除差距，带来的是一个挑战与机遇并存的传媒环境。随着新媒体数量的剧增，UGC、MGC（机器生产内容）等新的内容生产和传播方式的普及，信息爆炸式增长，同时新闻传媒业也呈现出良莠不齐的发展状况。尼葛洛庞蒂认为印刷和出版业、广播影视业和计算机三大行业正在趋于融合，事实上这体现的正是各种媒介形式的边界正在消失。媒体要主动打破原有的壁垒。

操作解析

媒体融合如何深化

在内容表达上实现融合，在视频和 VR 领域下功夫。全面整合文字、图像、视频、音频、VR 等各种形式，做到一条新闻，多种媒体形态同时呈现，无缝对接。内容呈现与技术发展相一致，随着网络传输及虚拟现实技术的不断升级，视频和

① 新闻教育的“未来力”：关注数据、本地新闻、社交媒体和商业模式［EB/OL］.（2019-06-04）［2021-04-25］. https://mp.weixin.qq.com/s/JoizUmIjLWTZu9HJRpvYtg.

VR 将越来越占据主角的地位。

在传播渠道上实现融合，特别要在移动传播上下功夫。将报纸、电视等传统媒体与视频网站、社交媒体、自媒体等新媒体进行一体化运作。传统的报纸印刷环节、广播电视的传送和发送形态在 5G 技术的冲击下，将被逐步淘汰。媒体机构在网络硬件和软件上投入升级的同时，会急需网络技术方面的人才。未来的新闻从业者在进行媒体内容采编的同时，还需要了解数据库后面的代码编程与 AI 等新技术，与高校进行需求对接变得非常重要。

在组织机构上实现融合，在内部网络矩阵链接上下功夫。传媒组织结构内部打破壁垒，以扁平化管理实现全媒体制作和运营。网络矩阵和链接对媒体非常重要，打破部门之间“老死不相往来”的现象，以上下左右垂直水平的矩阵系统将原来分散的各部门强链接到一起。如此打通各部门，消除原来沟通的问题，并且打开传统媒体与外界连接的通道，媒体机构与用户、社会大环境时刻互通互联，这样才能真正实现媒体融合。

（二）推动技术迭代，用好“人工智能”成为竞争力的核心

技术迭代是媒体融合成功的关键，也是新媒体和传统媒体的主要区别。媒体机构在进行融合媒体转型时，在新闻采编、传播、运营、反馈等内控系统上需要不断加快系统软硬件及客户端的技术迭代速度。美国的彭博新闻社一年技术迭代达上千次，平均每天技术迭代 3～4 次。

人工智能在新闻媒体上的运用越来越广泛和深入，显著提高了媒体工作效率，除了利用 AI 进行热点搜寻和舆情监测外，还用机器人写稿和剪辑音视频，AI 主播也在中外各大媒体纷纷上岗。用好人工智能，将是未来媒体在融合发展中的核心竞争力。

（三）提升获客数量和日活量，着力于让用户付费成新增长点

用户是媒体融合是否成功的重要指标。没有传播就没有影响力意味着没有用户特别是日活跃用户，媒体融合的产品就没有影响力。媒体客户端的下载量有多少？两微一端的用户量有多少？每条新闻的平均阅读量和转载量有多少？要开发媒体的融合功能，通过互动和沉浸式消费体验，作用于用户的情感。

在社交化媒体平台上，粉丝文化与用户黏性和用户忠诚度相关，平台媒体通过有针对性地作用于用户的情感来力争粉丝的持续支持。融合媒体时代的粉丝文化已不仅仅是青年亚文化的一种，更成为一种超越年龄的社会圈层文化，是媒体产生圈层经济的基础。用户付费已经成为新盈利点。路透社新

闻研究所发布的《新闻、媒体与技术趋势和预测 2020》显示，传媒出版公司继续在来自读者的收入上押上筹码。约一半（50%）的受访者表示读者收入将成为公司主要的收入来源；近三分之一（35%）的受访者认为广告收入和读者收入将变得同样重要；只有约七分之一（14%）的人将所有希望都寄托在广告收入上。英国《金融时报》（*Financial Times*）首席执行官乔恩·斯莱德（Jon Slad）提到，各增长引擎中，读者收入尤为突出，它有着非常广阔的前景，但广告收入仍是一个令人担忧的主要问题。南欧各大媒体在用户订阅上投入更多精力。在西班牙，《21 世纪世界报》（*El Mundo Del Siglo Veintiuno*）已经对优质内容进行收费，《国家报》（*El País*）也于 2020 年初开启读者付费业务。一些较小的出版物也开始通过订阅和会员资格模式探索发展之路。尼克·纽曼（Nic Newman）在这份报告中警示："随着用户订阅模式日渐成熟，对有限的付费读者的争夺将日益激烈，这对各大媒体而言都可能成为一个巨大的挑战。大幅的折扣已经非常普遍，对于那些无法向读者证明自身价值的公司而言，对用户流失率的担忧将日益加剧。"① 报告显示，在前沿浏览器减少对 Cookie 的支持以及欧美收紧隐私法规之后，收集第一方数据将成为各大媒体 2020 年关注的重点。但是付费墙和注册墙的结合，可能会进一步阻碍普通新闻用户的进入。

（四）增强数据"算法"的运用，实现精准传播

算法传播，也可说是量化传播，是新媒体和传统媒体的最大区别。通过大数据下爬虫、算法分析，不仅可以量化每篇文章发出后的点击量、阅读时长等，并且可以通过手机的热力图等获悉用户性别、使用手机的型号、获取信息的偏好等，形成用户画像，分析用户需求，形成有效的阅读收视反馈系统，做到更精准、更个性化的传播。

与算法传播相关的，是大数据分析也被直接用于新闻内容生产中，数据新闻成了一个常规报道形式。不少高校开设了数据新闻课程，如斯坦福大学计算新闻实验室的主要项目在数据新闻方面的高级技能的学习，能够帮助学生有更好的机会完成新闻工作。通过这些课程的开设，学校正在投资学生和这一领域的未来。

（五）立足本土，做好本地新闻

融合媒体推动着信息全球化的步伐，人们可以随时随地看到千里之外的

---

① Reuters Institute for the Study of Journalism. Journalism, media, and technology trends and predictions 2020 [EB/OL]. (2020 - 01 - 09) [2021 - 04 - 25]. https://reutersinstitute.politics.ox.ac.uk/journalism-media-and-technology-trends-and-predictions - 2020.

世界；与此同时，信息复制变得非常容易，身边的真实故事却由于人力资源等问题，反而为新闻机构所忽视。皮尤研究中心对 34 897 名美国成年人进行了问卷调查，试图挖掘数字化时代本地新闻的消费概况、媒介生态和营收情况。这个调研发现，读者在拥抱数字化，却依旧渴望“社区连接感”。服务于本地新闻再次成为新闻界的重要领域。2018 年 11 月 Facebook 出资 450 万英镑用于本地新闻事业发展，其新闻合作部门的负责人尼克·雷恩（Nick Wrenn）表示，社交媒体有责任支持当地新闻媒体，并助其找到可持续发展的商业模式。以 Facebook 为首的社交媒体逐渐成为新闻分发的重要渠道，本地新闻及教育界也正积极地拥抱数字化及社交媒体。①

以美国为例，从历史上来看，美国全国各地的新闻从业人员在减少，尤其是地方层面新闻沙漠的扩张令人恐惧。对新闻媒体而言，大学可以帮助它们弥补因为预算削减和员工流失导致的真空。美国知名新闻教育工作者蒂姆·富兰克林（Tim Franklin）始终关注如何改进本地新闻工作。在辞去美国 Poynter 研究院院长后，他开始在西北大学新闻学院工作，并且提出“本地新闻倡议”（Local News Initiative，LNI）这一对本地新闻事业进行研究资助和投资的项目。他在“本地新闻设计”课堂上鼓励学生提出创造性的本地新闻解决方案。课程中诞生的可行想法将通过 LNI 项目在现实中实施（见图 1-3 和图 1-4）。

图 1-3 “本地新闻倡议”（LNI）项目

另一门课程则汇集了数据科学专业的学生，他们正在致力于开发本地新闻的推荐系统。对学生而言，这帮助他们寻找到职业发展的可能空间。地区媒体正在寻找能够进行读者数据分析的人才，对这类人才有着强烈的渴望和

① Pews Research Center. For local news, Americans embrace digital but still want strong community connection [EB/OL]. (2019-03-26) [2021-04-20]. https://www.journalism.org/2019/03/26/for-local-news-americans-embrace-digital-but-still-want-strong-community-connection/.

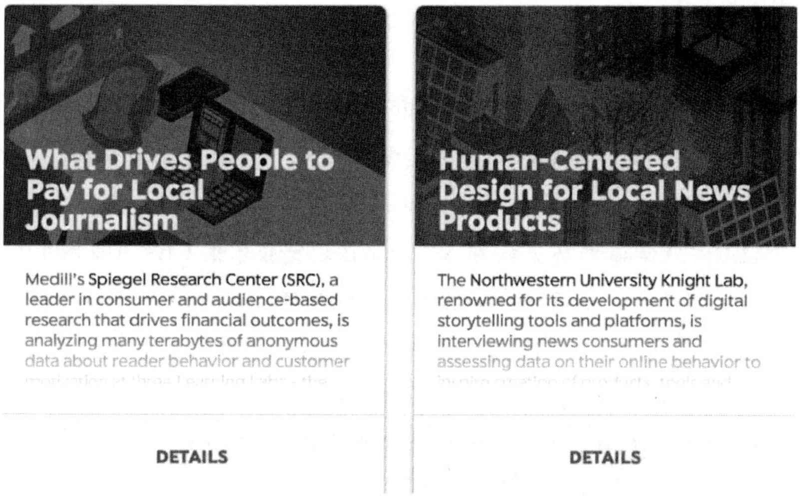

图 1－4　LNI 启动的项目

需求。富兰克林认为，“新闻学院越来越应该借鉴教学医院的传统，将学术和产业连接起来。新闻教育机构可以成为本地新闻媒体的重要支撑”。

（六）产学理念联合，开发新的媒体商业模式

联合国教科文组织在《反思教育：向“全球共同利益”的理念转变?》报告中强调：

> 当今高等教育面临的主要挑战之一是如何满足世界各地对于专业资质的大量需求，同时还要让高等教育在以研究为目的和手段的培养工作中继续起到重要作用。在全球竞争日益激烈的情况下，需要重新界定将高等教育机构与社会联系起来的社会契约。①

教育重构社会契约，强调大学课程要关注实践第一线的变化，大学与媒体业界产学结合，共同来把握融合媒体的发展现状和趋势，联手开发新的媒体商业模式，这也是融合新闻发展的重要特点。

案例分析

密苏里大学新闻学院产学联合的模式

密苏里大学新闻学院的“变化着的商业模式”课程存在多年了，此前该课程主要是学习财务表格和理解媒体的营收情况。2015 年，曾在初创媒体机构担任过高管的吉姆·弗林克（Jim Flink）开始教授这门课程。他认为当时的课程方式没有给学

① 联合国教科文组织．反思教育：向“全球共同利益”的理念转变？[M]．联合国教科文组织总部中文科，译．北京：教育科学出版社，2017：45.

生提供所需的练习，因而做出调整，使课程关注更加具体、细化的内容，比如产品生命周期和适应性等问题。

传统上，新闻编辑室的经营业务和记者们之间存在分歧。弗林克希望通过这门课程弥合这一鸿沟。弗林克说："我们需要了解什么模式是有效的，什么是无效的，以及它们背后的原因。"现如今，一些最具创新性的商业模式往往来自还未建立起声望的小型数字媒体。弗林克认为，立足于区块链技术的Civil（见图1－5）的创新就是一个极好的例子。与这些更小也更灵活的媒体相比，传统媒体适应、改变的速度要更加缓慢，"所以此前侧重分析大型传媒集团商业模式的传统需要改变"。

图1－5 Civil是基于区块链技术诞生的新闻社区

要解决媒体行业面临的问题，不能再用一成不变的研究传统。弗林克认为，"必须让学生们接触到真正发生的事情，让他们认识、了解真实的现实情况，再回到课堂上提出创造性的解决方案"[①]。

第四节　中国融合新闻实务的转型历程

媒体融合正在推动新闻实务的转型，2014年8月18日，习近平总书记主持召开中央全面深化改革领导小组第四次会议，审议通过了《关于推动传统媒体和新兴媒体融合发展的指导意见》[②]，开启了中国全面深化推进媒体融合的进程。

2019年1月25日，中共中央政治局在人民日报社就全媒体时代和媒体融合发展举行第十二次集体学习，习近平总书记发表重要讲话。[③] 在讲话中，

① Nieman Lab. Predictions for journalism 2019 [EB/OL]. [2021－04－25]. https://www.niemanlab.org/collection/predictions－2019/.

② 中央深改小组第四次会议关注媒体融合 [EB/OL]. (2014－08－18)[2021－04－25]. http://media.people.com.cn/GB/22114/387950/.

③ 习近平：推动媒体融合向纵深发展 巩固全党全国人民共同思想基础 [EB/OL]. (2019－01－26)[2021－04－25]. http://cpc.people.com.cn/n1/2019/0126/c64094－30591124.html.

习近平提出“推动媒体融合发展、建设全媒体成为我们面临的一项紧迫课题。要运用信息革命成果，推动媒体融合向纵深发展，做大做强主流舆论”，“党报党刊要加强传播手段建设和创新，发展网站、微博、微信、电子阅报栏、手机报、网络电视等各类新媒体，积极发展各种互动式、服务式、体验式新闻信息服务，实现新闻传播的全方位覆盖、全天候延伸、多领域拓展”。

此次讲话中，习近平还提出了“四全媒体”的概念：“全媒体不断发展，出现了全程媒体、全息媒体、全员媒体、全效媒体，信息无处不在、无所不及、无人不用，导致舆论生态、媒体格局、传播方式发生深刻变化。”这里的“全媒体”主要不是指媒体种类的“全”，而是强调当前人类信息交互的“全程、全息、全员、全效”等特性。习近平还强调主流媒体要发展“四力”：“我们要因势而谋、应势而动、顺势而为，加快推动媒体融合发展，使主流媒体具有强大传播力、引导力、影响力、公信力”。

在具体方略上，习近平提出：“推动媒体融合发展，要坚持一体化发展方向，通过流程优化、平台再造，实现各种媒介资源、生产要素有效整合，实现信息内容、技术应用、平台终端、管理手段共融互通，催化融合质变，放大一体效能，打造一批具有强大影响力、竞争力的新型主流媒体。要坚持移动优先策略，让主流媒体借助移动传播，牢牢占据舆论引导、思想引领、文化传承、服务人民的传播制高点。要探索将人工智能运用在新闻采集、生产、分发、接收、反馈中，全面提高舆论引导能力。要统筹处理好传统媒体和新兴媒体、中央媒体和地方媒体、主流媒体和商业平台、大众化媒体和专业性媒体的关系，形成资源集约、结构合理、差异发展、协同高效的全媒体传播体系。”

一、中国媒体融合转型的三阶段

如今，媒体融合已成为中国和全球传媒业通行的操作模式，新闻机构把报纸、广播电视、互联网等采编作业集合起来处理，资源共享，形成多形态新闻信息产品并通过多种平台传播给用户。

从媒体融合的提出至今，我国主流媒体的转型已经经历了三个主要阶段。

第一阶段为“互联网＋”阶段，即主流媒体利用互联网技术创办新闻网站，主要是照搬纸媒内容到互联网上，新闻信息采编依然各自为战，其创办的新闻网站与市场化网络媒体没法在一个数量级上竞争。

第二阶段为“中央厨房”阶段，即打破传统媒体的壁垒，再造新闻采编流程，形成采集、加工和发布环节专业分工和一体运行，节约采编资源成本，形成协同一体的传播合力。新闻机构拓展融合范围，涵括平台、渠道、终端、机构等方面，传统媒体尝试建立新闻客户端，进军移动信息市场。

第三阶段为“沉浸新闻”阶段，此阶段大数据、云计算、人工智能等技术推动媒体向智媒体发展，实现场景、细分和垂直、个性化服务。[①] 当 VR 新闻、增强现实（augmented reality，AR）叠加新闻、机器人写作、网络直播、360 度全景视频等开始变为主流新闻形态，推动新闻的内容、呈现时空、制作主体、制作过程的变革时，“新闻不再是对事实的直接记录，变成沉浸式体验、参与式创作，变成全民直播的狂欢。第三媒介时代的沉浸传播生态系统，产生的是深度彻底的融合媒介，即把所有过去、现在及未来的媒介形态融为一体，引发新闻体制和社会传播的大变革，使新闻真正变得无时不在、无处不在、无所不能，成为一种新新闻，即‘沉浸新闻’”[②]。但实际的媒介融合进程不会如此分明，并不完全是先后承接的关系，而更多的是在同时发生、各自推进[③]，同一历史阶段也形成多层级发展。

二、“智能＋”立体建构中央、省、市、县各级融媒体平台

中国的媒体融合，旨在建设由中央、省、市、县各级融媒体平台组成的“智能＋”立体结构和传播格局。

（一）中央级媒体融合

在媒体融合方面，中央级媒体从规模到影响力都走在前列，在组织形态、产品形态和传播形态上进行探索，形成了“中央厨房”、全媒体矩阵、内容聚合平台等模式，呈现出各具特色的媒介生态系统。

其中，具代表性的有《人民日报》“中央厨房”，其建立了总编调度中心和采编联动平台，实现移动优先、PC 做全、纸媒做深、多次生成、多元传播的策采编发新流程。新华社主打融媒体国际传播拓展，在全球主流社交平台如 YouTube 上形成了中国文化的品牌。中央广播电视总台针对融媒体发展设置了融合发展中心、新闻新媒体中心、视听新媒体中心等专属机构，将新闻领域的融合作为三台融合的排头兵，利用三台两网融合互动直播的音乐节目则开启了内容融合的新里程。总台成立央视频融媒体发展有限公司，着力将短视频作为媒体融合的突破口，在技术革新和新媒体渠道的基础上，进一步

---

① 石磊，田丹丹．智媒体推动媒体融合向纵深发展［J］．新闻论坛，2019（2）：7－11.

② 李沁．沉浸新闻模式：无界时空的全民狂欢［M］．现代传播，2017（7）：141－147.

③ 许颖．互动·整合·大融合：媒体融合的三个层次［J］．国际新闻界，2006（7）：32－36.

打造品牌，抢占移动传播的至高地。

（二）省市级媒体融合

各地经济发展水平、技术能力和媒体发展基础不一，省市级媒体融合有先行先至者，也有动力不足的行动迟缓者。位于经济社会发达地区的，如长三角地区，总体来说发展领先。中国省市级媒体融合呈现出三大发展态势：第一态势，以旧媒体养新媒体，推动融合演化；第二态势，新媒体破茧重生，旧媒体或成掣肘；第三态势，新媒体平台实现全媒体融合，新旧媒体良性互动。①

省市级媒体开拓融合媒体的产品内容、形式、功能，“互联网＋新闻”“新闻＋服务”“新闻＋政务”等创新模式使传统单一的信息服务向综合性智能服务转型，形成了新的用户群体和信息消费市场。大量省市级媒体通过融合发展，介入“智慧城市”建设和电子政务领域。江苏广电集团旗下的“荔枝新闻”客户端 2013 年 8 月上线，已经历了 6 个大版本和 112 个小版本的升级迭代，共上线 28 个频道，截至 2019 年 10 月下载用户突破 2 350 万。新华报业及其新媒体平台目前已有纸媒、网站、客户端、微博、微信、户外屏等六大传播平台，其旗下“交汇点”新闻客户端下载量逾 2 000 万，建有微信号 91 个，微博号 18 个，《新华日报》官方微博的粉丝量为 1 008 万（2021 年 6 月），在报纸微博百强榜上@新华日报位列省级党报第一。

（三）县级媒体融合

2018 年可被看作中国县级媒体融合的开局之年。在经历了央媒层面和省级媒体层面的媒体融合之后，媒体融合实践已纵深推进到县级媒体层面的媒体资源融合。县级融媒体中心建设成为 2019 年中国媒体融合实践的重点工作。2020 年底基本实现县级融媒体在全国的覆盖。但是中国地域广大，在县级层面上，经济文化基础不同更为明显，因而在媒体融合的条件上，体现出技术、内容、资源、资本等的显著差异。

不过县级媒体有其发展的独特优势，首先在媒体融合的体制和机制改革方面，县级融媒体中心的改革压力相对较小。在信息需求方面，县级融媒体中心是基层地方政府和群众进行信息沟通非常重要的渠道和平台，民众对于“最后一公里”的信息服务需求强烈。在媒体人员方面，县级媒体团队接地气，贴近民众，能在媒体融合过程中激发基层团队的创新活力，拉近与当地

① 李沁，徐诚，赵凡瑜．技术、传播与社会：中国主流媒体融合发展路径：以长三角地区 12 家主流媒体为例［J］．中国人民大学学报，2020（3）：132－141．

用户的距离，产生良好的传播效果。

案例分析

新华社的全媒体融合实践

新华社的媒体融合重视国际视野，在面向全球的新媒体实战上出手快，其“媒体大脑”这个板块开创了我国媒体融合运用大数据和人工智能的先河。新华社以全媒报道平台为龙头，以供稿线路调整为依托，再造采编流程以提高融合报道能力。新闻采编从原来的文字、图片“两翼齐飞”向文字、图片、音视频“三位一体”转变，从单一、单维、单向向全媒、多维、互动转变，从以服务纸媒为主向为各类媒体服务转变，使报道既“可读可听可看”又“可互动可分享可体验”，初步构建起与融合发展相适应、体现通讯社特色的全媒传播体系。

对于如何找准“融什么”的着力点，新华社在实践中总结出以下三个“端”：

（1）做强“高端”。无论媒体形态如何变化，高品质的内容永远是“稀缺品”“硬通货”。新华社作为国家通讯社，最大优势就是着力加强中央新闻、受权发布、权威评论、高端访谈等报道。

（2）升级“云端”。新华社运用大数据、云计算、人工智能技术，推出“媒体大脑”“AI主播”“现场云”等，并承建媒体融合国家重点实验室，不断提升数据处理和人机协作能力，增强新闻信息编辑制作的智能化水平。2018年世界杯期间，“媒体大脑”共制作短视频3万余条，其中最快一条视频报道生成仅耗时6秒。“现场云”入驻机构超过3 700家，日均现场直播超过800场。

（3）用好“终端”。提升传播力有赖于打通“最后一公里”。目前，新华社已经形成了集通讯社多语种发稿线路、报纸刊物集群和网站、客户端、社交平台等各类终端于一体的传播矩阵。在脸书、推特、YouTube等海外社交媒体平台开设New China官方账号，覆盖面和影响力居世界主流媒体第一方阵。[①]

2014年8月18日中国开启媒体融合工作，将媒体融合作为国家战略。媒体的主战场不再是传统媒体板块，而是互联网，主战场一定要投入主力军。

社会环境上，信息的价值与传播的重要性前所未有地凸显。媒介环境上，具有技术基因和渠道优势的新兴媒体逐渐主流化，从价值观和原创性角度补齐内容短板。中国媒体融合涌现了不少成功案例。人民日报社首创的“中央

① 社长总编谈媒体融合｜新华社：从“融”起来到“强”起来［EB/OL］.（2020－03－31）［2021－04－25］. http://www.zgjx.cn/2020-03/31/c_138935245.htm.

厨房”成为媒体融合的一个样板，人民网、《人民日报》微信公众号等是主流新媒体的代表。中央广播电视总台的央视网、央视影音、央视新闻等新媒体平台实力较强，其品牌产品央视快评、国际锐评、V观等网络特点明显。上海报业集团的澎湃新闻、上观新闻以及界面新闻，上海广播电视台的阿基米德、看看新闻等吸引了大量用户。《南方日报》、广东广播电视台的媒体融合比较深入，其中，“南方+”成为广东省政务及新闻传播的一个重大平台。广东广播电视台的触电新闻和粤听重视市场化运作，其旗下的新媒股份成功上市。北京广播电视台的北京时间与长安街知事在新媒体平台产生了较大的影响力。

总之，在网络化社会中，随着媒体融合带来整个社会信息传播格局的重大变革，媒体不再只是社会信息交换的中介机构，更成为社会关系连接和重组的重要结构性力量。

阅读、思考与练习

阅读

1. 詹金斯．融合文化：新旧媒介的冲突地带［M］．杜永明，译．北京：商务印书馆，2006.

2. 丹尼斯，德弗勒．数字时代的媒介：连接传播、社会与文化［M］．傅玉辉，卞清，刘琛，等译．北京：中国人民大学出版社，2019.

3. 施拉姆，波特．传播学概论：第2版［M］．何道宽，译．北京：中国人民大学出版社，2010.

4. 尼葛洛庞帝．数字化生存［M］．胡泳，范海燕，译．海口：海南出版社，1997.

5. 库兹韦尔．奇点临近［M］．李庆诚，董振华，田源，译．北京：机械工业出版社，2016.

6. 李沁．沉浸媒介：重新定义媒介概念的内涵和外延［J］．国际新闻界，2017(8)：115－139.

7. GORDON R. The meanings and implication of convergence［M］// KAWAMOTO K. Digital journalism：emerging media and the changing horizons of journalism. New York：Rowman & Littlefield，2003：57－73.

8. QINNN S. Convergent journalism：the fundamentals of multimedia reporting［M］. New York：Peter Lang Publishing，2005.

思考

1. 请从媒体功能角度思考：主流媒体在深度融合进程中，如何从传媒格局的中坚变为公共传播的枢纽，从信息报道者变为社会连接器，从内容供应商变为社会治理的参与者?

2. 省市级与县级融媒体平台之间是竞争关系、合作关系还是其他关系? 请阐述。

练习

1. 从媒体融合的发展历程，结合你身边的实际案例，分析融合新闻实务变革的关键点和主要难点。

2. 从中国媒体融合的发展历程和路径，分析融合新闻实务变革的核心要求，请至少列出三点。

第二章
融合新闻的特征

公众越来越想要在任何方便的时间都能获得高质量的新闻和信息。他们想要在任何媒介中都能获得自由的体验。

媒体的职责是发现并留住受众，而融合便提供了一种最好的策略来实现它。

——澳大利亚教授斯蒂芬·奎恩《融合新闻报道》

学习要点

相较于传统新闻，融合新闻呈现出明显的变革特征，主要体现在媒介融合时代新闻信息的生产主体、呈现方式、传播渠道、传播主体都在发生深刻变革。新闻信息生产主体多元性，专业记者与公民记者各有担当；新闻信息呈现方式丰富，以融合媒体的形态不断创新；新闻信息传播渠道变得无时不在、无处不在；新闻信息传播主体与生产主体相融相生。

第一节　新闻信息生产主体的多元性

在传统媒介环境下，新闻信息生产的主体是专业传媒机构中的采编人员，由他们进行新闻信息的采集、编辑加工和媒介产品的生产。在融合媒介环境下，很多时候，新闻信息是由专业和非专业人士共同生产完成的。

传统新闻生产，从功能上讲究的是采编分离、职责独立、相互配合、各司其职，从新闻业务流程来看信息的采集和编辑，前后有序、互为犄角、交相为用。① 传统媒介的新闻生产主体是记者和编辑，他们都是受过专业训练或经验丰富的专业技术人员。但融合新闻的信息采编主体发生巨变，新闻信息生产

① 段乐川，路畅．论媒介融合视域下新闻采编工作的变革与对策［J］．河南社会科学，2016（8）：97－101.

的垄断权受到媒介技术赋权的巨大冲击，每个人都可能是传播主体，由此公民记者出现了，并且形成了大量内容质量和影响力不输专业媒体的自媒体。

自媒体和公民记者的崛起，使融合媒介的新闻信息生产主体多元化。在众多突发事件报道中，自媒体都"先声夺人"，成为新闻信息生产传播的首要或重要信息来源。公民记者与专业记者一起，共同构成新闻信息生产与传播的多元主体。

一、专业记者的职责变化

（一）从"首发新闻"到"深挖新闻"

人人记者时代，人人有照相机、摄像机，人人有麦克风。科技使新闻工具的使用门槛大大降低，不管是在硬件上还是在软件上，一部智能手机就是一部移动多媒体采编传播平台，传统媒体的大型转播车、卫星设备等都不及一部智能手机灵活多样。

社交媒体让人人都能够发布新闻，各个部门也有自己的信息采集和发布平台。甚至有人说，记者这个职业已经没有存在的必要了。我们是否还需要专业记者？或者换句话说，记者如何证明自己存在的价值？

传统记者是新闻的发现者，也往往是第一位报道者，传统报纸、广播和电视都是以抢突发新闻（breaking news）的首发权为重中之重的。而现在，越来越多的新闻是由路人甲或路人乙拍摄和上传的，甚至无处不在的监控摄像头也是大量第一手新闻的主要记录者。

那么媒介融合时代新闻记者的价值体现在哪里？体现在对新闻的深入追踪，挖掘到普通老姓只看到表面、只知其然不知其所以然的地方，然后通过媒介融合手段报道和传播出来。

（二）从"发现新闻"到"核实新闻"

媒介融合时代是信息爆炸的时代，新闻层出不穷，鱼龙混杂、真假难辨，以讹传讹的现象时有发生，假作真时真亦假的社会急需有人来发现和澄清真相，这是专业新闻记者的第一个重要职责所在。

专业新闻记者有经过训练的采访能力、辨别真相的技巧，更可以借助专业信息核实机制来完成对重要新闻事实的核实，对关键性细节的查证，对假新闻的纠错。

具体新闻核实工具及路径，请参阅本书第五章"融合新闻的报道模式与信息处理"第三节"融合新闻的信息获取及新闻核实"。

（三）从“报道新闻”到“参与新闻”

传统媒体时代，记者是时代的记录者，是作为“报道新闻”者的角色出现的，用笔用镜头记录刚刚过去的历史。传统记者是一个新闻事件的“局外人”，采用的是一种客观、旁观的视角。

融媒体时代，特别是沉浸传播时代，记者不只是新闻报道者，同时也是新闻参与者，有时还能够对新闻的发生发展产生直接影响，还有些新闻是因为记者的主动策划而“发生”的，记者因而成为新闻的催生者。

融合新闻呈现出“具身性”的特点。所谓“具身性”，来自认知科学对人的身体与世界关系的解析。如果说第一代认知科学是“将人脑电脑化”，那么第二代认知科学则主张人的心身与世界是存在交互作用的，认为人的身体的知觉是行为产生的基础，认知是个体在实时环境中产生的。作为后现象学的奠基者，美国著名技术哲学家唐·伊德（Don Ihde）对“具身性”和“离身性”这两个概念进行思辨。伊德的技术哲学研究集中于用后现象学理念来阐释技术与身体的关系。他指出，网络虚拟空间无论是作为技术中介还是网络身份交往的空间，与人的身体有关的技术给予了身体全新的知觉经验，也即主体所获得的类主体与类他者经验——前者是具身的全知觉经验，后者是离身的知觉经验。

无论是第二代认知科学提出的具身性、情境性、认知发展和动力系统，还是伊德对类他者经验的“离身性”，对于我们理解融合新闻都颇有帮助，因为融合新闻是一种体验式新闻，记者和用户要深入新闻情境中，以具身性来获得认知。对于记者来说，要讲好故事，“离身性”的知觉感知可以是一种思考方式。

二、公民记者与用户参与新闻

上面讲到，融合新闻的“具身性”不只是对记者，也体现在用户上，体现在用户对新闻的参与和体验上。

（一）融媒体时代的公民记者

公民记者，又称民间记者，或自媒体人，指主流传媒机构以外的人或自身为主流传媒的记者但以独立身份发声，做出报道和评论的人。

与公民记者相关联的一个近义词是“用户参与新闻”。融媒体时代我们所说的“用户”，在传统新闻中被称为“受众”。融媒体的“用户”，相较于传统的“受众”，有了更多的自主性和参与性。

传统单向传播的新闻时代，专业记者和编辑部选择报道他们认为有价值以及竞争对手报道的话题，而那时的受众只是被动的信息接收者。所以这种新闻也是一种精英式特权信息的单向传递，受众无权也没有途径参与新闻制作。

20世纪末期，报纸和杂志等纸媒赖以生存的广告收入急剧下降，而互联网新媒体开始抢占信息传播市场。传统媒体在21世纪初尤其是2008年金融危机下开始被迫或主动“触网”，在互联网上办网报、电子报、电子杂志。不少出版商使用在线受众群体测量服务，了解在线受众指标，开始追求受众的点击率。那时的受众参与主要体现在点击和评论上，被动的受众开始转型为主动用户。

随着社交媒体和自媒体的发展，人人都可以发布新闻，公民记者正式亮相。社交媒体让人人可以转发新闻，公民记者与用户通过发布、点赞、评论、转发、打赏等，可以随时进行身份切换。用户参与新闻的能力大大提升。

美国新闻记者协会在《受众如何真正“参与”新闻?》中提出，新闻行业现在已进入由不稳定和混乱所定义的二十年。[①] 出版商不安地意识到，他们不能再假设他们将保持足够强大的读者群以产生收入或影响公共政策。新闻利益相关者和学者提出了许多解决方案，其中最受欢迎的解决方案之一是更积极地追求“受众参与”。这些人认为，记者必须考虑并与受众沟通，以更好地理解和服务他们。这将产生包含更广泛观点的新闻，将使受众更加忠诚，新闻编辑室希望受众因此更有可能支付订阅费。

由此带来的问题是，如果媒体依靠点击量和综合浏览量来创造广告收入，那么大多数记者认为“重要”的新闻显然是无利可图的。这些证据的解释方式存在越来越大的分歧：传统记者倾向于责怪受众，认为受众天生对某些话题不感兴趣；受众参与的倡导者指责新闻业，认为新闻业没有充分考虑用户的经验和观点。

解决这些分歧的一个办法是，在记者与读者、编辑部与用户之间建立更为密切和深度融合的关系。受众参与公司Hearken的专员提出，媒体需要将注意力重新集中在所服务的受众身上，新闻编辑室将建立深层次的、持续的关系，这种关系将开始修复过时的、破碎的商业模式。媒体所产生的内容将在最重要的问题上退后一步进行思考，这个信息将告知受众谁为他们服务以及如何为他们服务。

---

① Nelson J L. How do audiences really “engage” with news? [EB/OL]. (2019-12-17) [2021-04-25]. https://www.cjr.org/tow_center/audience-engagement-journalism.php.

（二）用户参与新闻的模式和做法

“公众越来越想要在任何方便的时间都能获得高质量的新闻和信息。他们想要在任何媒介中都能获得自由的体验。想要获得新闻与信息的受众相比于以前少了些被动，多了些要求。许多人尤其是年轻人，想要创造、回应并与媒体互动。这种期望最终导致了‘市民新闻’这样的重大趋势。”[①] 新闻媒体要接受这种权力的转移并且充分利用它所带来的机会。

如今，越来越多的研究机构、社会调查机构、广告合作商等将用户参与度作为衡量新闻媒体成功与否的一个关键指标。因此，媒体机构对于用户参与度必须予以高度重视。

融合媒体技术及社会政治文化机制的发展，使用户参与新闻的范畴和方式在不断拓展，从用户对已经发布的新闻的反应拓展到用户参与新闻的选题与制作方式。

用户参与新闻可大致分为以用户接受为导向的参与模式和以用户生产为导向的参与模式。

以用户接受为导向的参与模式强调新闻传播的效果，如用户在故事阅读上停留了多少时间？对此发了多少条微博或发表了多少评论？对该新闻的转发量有多少？此模式对将新闻视为商品和将用户视为客户的出版商尤其有用，可以帮助其确定广告商可能购买的数量或与订阅率相关的数量。《纽约时报》（*The New York Times*）在进行在线战略分析时称：广告商渴望用户参与，特别是对那些留恋内容并不断回头的读者。

以用户生产为导向的参与模式侧重于新闻生产，如有多少潜在的用户参与了这个故事的创作？其来源有多少边缘化的声音？最初有多少用户要求做这个报道？这个模式的数据对非营利机构更为重要，因为捐赠者衡量成功的标准是受众对其受益人的报道感到有多大的影响力。以用户生产为导向的参与模式为改善行业对有色人种的服务和包容也提供了一条有益的发展路径。

这里要注意，“用户参与新闻”不等同于“用户生产内容”。“用户生产内容”，英文为 user generated content，简称 UGC；也叫作 user-created content，简称 UCC，是指用户制作产生原创内容。UGC 的概念最早起源于互联网领域，最终指互联网用户将自己原创的内容在网络平台上进行分享和展示。“用户生产内容”标志着用户与新闻之间关系的一种转变，以前用户是读者和观众，是浏览和下载新闻的信息内容消费者，现在变成生产新闻和上传新闻的信息内容创造者。“用户生产内容”可以看作“用户参与新闻”的一种形式。

---

① 奎恩．融合新闻报道［M］．张龙，侯娟，曾嵘，译．北京：北京大学出版社，2015：中文版序言 4－5．

操作解析

如何让用户更好地参与新闻

要让用户更好地参与新闻，需要处理好以下几方面的关系。

（1）区分“用户参与”导向：分析用户的参与是以用户接受为导向还是以用户生产为导向。以用户生产为导向的参与方式是指新闻工作者关注用户的方式，而以用户接受为导向的参与方式是指用户关注新闻的方式。对此，可以进行不同的新闻策划，选择相应的新闻发布与传播的方式。

（2）正确看待和对待“用户视角狭隘”：用户背景千差万别，文化教育程度和工作行业各有不同等，都会影响用户看新闻的视角，特别容易产生视角狭隘的问题。一方面，编辑部和专业记者要对用户参与新闻进行客观分析和引导；另一方面，要充分利用用户的广泛性，让广大用户之间形成自我教育、自我纠错的良性循环。

（3）不同新闻发布者与用户关系的不同处理方式：用户参与模式的区别并不是绝对的。营利性新闻编辑部需要考虑由订阅而不是广告提供资金的收入模式，可能会采用面向生产的策略来追求用户收入。在一个用户指标享有特权的新闻媒体环境中，即使是提倡以用户生产为导向的参与方式的组织也转向了采取以用户接受为导向的措施，以满足对新闻传播的不同要求。

（4）借助专业机构来提升用户参与度：随着用户参与工作在新闻编辑部内部的激增，为之服务的小型工业也由此产生，提供与这些新闻编辑部的用户参与相关的服务。新闻媒体也可以通过与之合作来提升用户参与度。

成功的用户参与新闻应该是什么样的？对此并没有绝对定论或统一模式。各个媒体和融媒体中心等还需要结合自身新闻机构的特点，以及本地的民情和民风等来进行个性化设计和调适。

关于如何通过融合新闻策划与执行提升用户参与度，可参阅本书第六章“融合新闻策划与主要形态”。

第二节　媒介平台再造与多渠道集成

走向融合新闻的过程，对于传统媒体来说，是一个媒介平台再造的过程。而对于新媒体来说，则是一个多渠道集成开发的过程。

一、媒介平台再造

媒介融合，从本质上讲，即从单一媒介转为基于互联网的全媒体信息生产传播平台，从单向线性的信息生产传播模式转向多向交互和沉浸式的信息生产传播模式，这也是媒介平台的再造。

媒介平台首先可以理解为媒体内容生产和分发的集散地，是主流媒体和自媒体共同的舞台。中国当下的媒介平台再造，按照中央的精神，是要统筹处理好传统媒体和新兴媒体、中央媒体和地方媒体、主流媒体和商业平台、大众化媒体和专业性媒体的关系，形成资源集约、结构合理、差异发展、协同高效的全媒体传播体系。

媒介平台再造的背后，是移动优先、算法新闻和人工智能的发展。平台不仅集中了文字、图片、音频、视频和 VR 等各种媒介形态和内容，更要支持平台上的内容与用户、用户与用户之间的互动，提供沉浸式体验。这需要有一个高效、实时运行的数据库来支撑，要能智能分类和管理各种数字化媒介信息，进行信息内容的快速检索，实行新闻内容的核实和查验。

二、信息生产与传播的多渠道集成

与信息生产相对应的是，融合媒介信息集成与发布的渠道也产生了巨变，此前互不相通的媒体转化为互联互通、系统化的集成终端。媒体之间互不连通的状况被以互联网为中心的信息传播模式取代，同一媒体集团的下属媒体、不同媒体集团的媒体机构都可以相互连接，互通信息。一篇重点报道，可以在报纸、电视、网站、微博、微信、客户端上，全时段、多渠道、多体裁地立体集成与发布。

例如，新华全媒头条进行了融合与创新的有益尝试。新华全媒头条 2014 年 12 月 31 日诞生，所谓 1＋N 模式是指新华全媒头条以一个舆论导向为主，配以 N 条新闻报道、N 种报道形式、N 种报道途径，通过“N”篇其他媒介形态的稿件丰富并形成新闻报道的“波纹效应”与“震荡效应”，在新媒体舆论场上同步并扩大影响。①

新华社安徽分社的杨玉华探讨了新华全媒头条中 1＋N 模式具备的四种特征，即话题性、多样性、交互性、连续性，将传统的单媒介内容汇聚到一个平台上，其中包括将文字、图片、视频、动画、图表等多种元素结合，从而使得报道更为全面、立体、深入。她也提出了此模式和平台的不足之处，如 1＋N 模式下的大量信息会给用户在信息接收和处理方面带来困难。同一话题的多条报道因为时间上的滞后或者中间有其他话题新闻的插入，在板块

① 刁毅刚，曹素妨，杜迎春. 新华全媒头条：对话时代的新闻产品：“新华全媒头条”融合产品业态和科技创新综述 [J]. 中国传媒科技，2015 (2)：24-29.

推送上不能连续出现，用户容易遗漏信息。比如 2017 年“两会”前推出的迎接全国“两会”系列评述、国家相册系列，都是同一主题系列，但推送时间不连续，中间穿插了其他报道，影响了整体报道的冲击力。因此，融合报道在推送上应避免简单“整合”，可以借鉴专题板块的形式，将新闻价值高、信息量大、持续时间长的新闻报道集纳开设专题板块，一点进入、多点链接、全方位呈现。①

尤其是随着媒介融合的发展，媒介用户在不断地变迁，进入用户细分和个性化信息需求的新格局，微信、微博等具有强大交互功能的社交媒体成为用户的聚集区。媒介融合进程中信息传播形成了集成性特点，对于传统主流媒体来说，新闻报道的传播既要立足于传统媒体平台，又要用好微博、微信和移动新闻客户端等新媒体平台，如此方能建构出多终端适配的集成式立体报道。

第三节　技术引领的采编播一体化配置

采编是新闻产品生产与传播的中心环节，对产品的形态、性质和质量起关键性的决定作用。传统的采编流程有固定的“采编播”时间模式，并且受到版面或频段等空间维度的限制。在融合新闻中，新闻信息的采编流程可以按照新闻事件本身的发展来进行，采编播一体化配置，从新闻信息的多元集成与呈现到编辑加工的多媒体调配，到大数据的分析排序，再到播发终端的智能适配，显现出技术引领的采编播科学配置。

一、技术引领采编播功能及流程重组

融合新闻强调技术研发的作用，通过采编播流程的创新，从而确立融合新闻的产品概念和形态，并强化新闻产品的集成性、可视性、数据性和动态适应性。有新媒体基因的新型互联网媒体如腾讯、新浪、今日头条等，因其技术优势，在媒介融合的变革进程中容易抢占先机。不过，传统媒体在转型中也有后发优势，以技术为核心推动采编播流程再造，将擅长的优质内容生产与先进媒介技术相融合，比如：在新闻采集环节，利用无人机和 360 度全景摄像，提供直观动态的全景视角；在编辑加工环节，增加生动的视频新闻和数据新闻；在传播分发环节，提高移动终端的视觉吸引力，增加用户的交互体验等。

举例来说，凤凰卫视打造的《全媒体全时空》，不仅融合了传统电视的信

---

① 杨玉华．新华全媒头条：1＋N 模式的探索与实践［J］．中国记者，2017（4）：74－76．

息资源，而且融入了旗下网站、广播、微博、微信等多媒体资源。譬如该节目以传统电视新闻的方式呈现，却在节目的不同板块融合新媒体元素，如将微信平台的讨论内容制作成可视化的电视画面，将网站、微博的留言截图制作成专题页面等，最终呈现给观众的是一档全媒体新闻节目。节目的“全时空”可以理解为该节目在凤凰欧洲台、凤凰美洲台、凤凰中文台、凤凰新媒体、凤凰 URadio 五大平台同步直播，并且延续凤凰卫视一贯“大事看凤凰”的新闻理念，关注国际、国内的重大新闻热点话题，打造一个全媒体参与报道、民众互动讨论的平台。①

二、采编播的全面融合：你中有我，我中有你

融合新闻打破了传统的采编播流程，采、编、播三者不再形成直线式流程，如越来越多的广播使用新闻直播采播合一，同时网络数字新闻可以不断更新，“播”后还可以继续进行“采”和“编”。总之，融合新闻的采编播已经在进行全面融合。

采编播融合，是数字化时代新闻传播发展的必然趋势。融合新闻本质上是无边界新闻，这里的边界既指空间的边界，也指时间的边界；既指物理与虚拟的边界，也指专业与非专业的边界；既指生产的边界，也指传播的边界。由于这些边界的不断消逝，融合新闻实现了采编播的流程再造，形成了融合新闻的全新生态系统。

采编播一体化既是一种媒介人力和物力资源的管理体制，同时也催化了一些新型媒介内容生产的系统。这样的采编播一体化解决方案系统，一般要具备丰富的创意功能、超强的解码能力、灵活的场景选配技巧等，能够与主持人和采编播人员无缝合作，能够为新闻、综艺、体育等不同信息内容和节目形态提供融合创意的无限时空。

采编播的全面融合，也呼唤能实现采编播一体化的复合型主持人，这样的主持人是采编播全面融合的核心和最重要的环节。关于融合新闻主持人的具体要求和训练方法，请参看本书第九章“融合新闻的出镜报道与主持”。

第四节　媒介融合新闻呈现的要点

媒介融合新闻的呈现，就是让不同的媒介符号模式交叉立体地组合，在

① 陈静．新媒体语境下的电视新闻创新：以凤凰卫视《全媒体全时空》为例 [J]. 现代视听，2014（11）：19-23.

动态中发展，形成具有多元交互性、可互相转换生成的新型媒介生态。在媒介融合的环境下，新闻信息的呈现手段已经不再局限于文字、图片、音频或视频等单一符号模式，而是这些符号模式的综合立体化和交叉一体化，适应移动优先、视频优先、故事优先等新的传播需求。融媒传播手段的立体化，有助于内容在实践中创新性地呈现。

一、开放架构：传统新闻正在被摒弃

传统的新闻采集与传播方式已经被我们摒弃。它虽然过去作用很大，但却不再适应如今的信息传播、用户和营收模式了。

在 2020 年尼曼新闻实验室的预测中，Quartz 的研发总监埃米莉·威思罗（Emily Withrow）认为："千篇一律的传统新闻会被淘汰。因为它给读者/观众/听众/用户带来了沉重的负担，他们要对故事进行筛选，并将其联系到其他相关的内容和信息上。"① 传统新闻需要用户自己在浏览旧信息的基础上再识别新信息。为了弄清楚事情的来龙去脉，他们需要了解事情的新发展，或加快速度解决之前的疑问。此外，他们还需要依靠置顶的头条和夺人眼球的文字以尽可能准确地评估一篇文章是否值得他们花时间阅读。

而这一切正在发生变化。未来的新闻将是定制式的、体验式的和参与式的，会通过更丰富的媒体手段来讲述故事。而用户也会以具身性的沉浸体验来经历新闻事件，感知其中的情感内涵及理念传达。

因此，未来的融合新闻是一种开放架构，其叙事方式、内容呈现和最终结果都是可以被再建构的。不过，融合新闻的开放性架构不同于一般意义上的"建设性新闻"的概念。"建设性新闻"更强调以人为的因素来提升新闻的内涵，传达积极正面的理念；而具有开放架构的融合新闻更多关注的是技术可行性，强调用户的自发参与和主客观融合的信息体验。

二、移情链接：将人置于故事和新闻产品的中心

全球范围内，一些前瞻性的媒体机构已经抛弃传统新闻，而倾向于更有活力的形式，更关注人以及人的需求。这种新的形式将个人置于故事和新闻产品的中心。这样的实践认为，融合新闻产品需要了解一个人一天中不断变化的需求，并将故事和故事选择放在产生这些需求的时刻。新闻机构将通过

---

① Nieman Lab. Predictions for journalism 2020 [EB/OL]. [2021-04-25]. https://www.niemanlab.org/collection/predictions-2020/.

这些改进方法来加强与用户的连接，提高声誉，以期获得用户更多信任。这样新形成的核心是媒体默默地为用户服务，并在用户发表意见时倾听他们的心声。

成功的新闻机构将采用更灵活的产品方法，即建立一种快速实验文化，与用户建立不断改进产品的开放式对话渠道，让用户积极参与到新闻的建构中去。这样的形式会让用户觉得自己是新闻改进过程的一部分，而不是产品的一部分。①

“移情”的概念，被隆重地移植到融合新闻的制作与传播过程中。所谓“移情”最早来源于精神分析学说，指在以催眠疗法和自由联想法为主的精神分析过程中，来访者将自己对过去生活中某些重要人物的情感太多地投射到分析者身上，从而对分析者产生的一种强烈情感。

从融合新闻的制作与传播视角来看，移情的功效是要在新闻事件与新闻用户的生活之间建立链接，唤起用户心中固有情感与对新闻事件的共鸣。

融合新闻强调人文视角，将人置于故事和新闻产品的中心，从各个视角挖掘出故事中的人的立体面和多重面，让丰富的故事人物与用户多元的审美情感形成重合。

三、技术赋权：重视社交媒体的力量

社交媒体已成为现代人生活的一部分，专业记者和公民记者都活跃在社交媒体上。几乎每个记者都有自己的社交账号，传统媒体在向社交媒体方向倾注资源，网络新媒体更是在充分发挥社交引发的媒体新能量。

社交媒体的价值并不容易被充分挖掘，并且随着新平台不断涌现，该领域目前还缺乏一以贯之的行业标准。然而，社交媒体已成为大部分人获取信息的首要选择工具，成为一股无法被忽视的重要媒体力量。这股力量事实上可分为正邪两种力量，二者相互较量，但技术赋权，最终邪不压正。

案例分析

大学课堂成为社交媒体实验室

在美国伊萨卡学院，安东尼·阿多尔纳多（Anthony Adornato）教授开设了“移动和社交媒体新闻”课程，将自己的课堂当作实验室，学生几乎可以实时尝试各

① Nieman Lab. Predictions for journalism 2020［EB/OL］.［2021-04-25］. https：//www.niemanlab.org/collection/predictions-2020/.

类最新产品和技术。“如果有新东西出现，我们会立刻把它带到教室里。”

阿多尔纳多教授在教学大纲里列出有关资源以供学生实时掌握社交媒体的新变化（见图2－1），并围绕社交媒体布置作业（见图2－2）。他为这门课程设立了明确的教学目标：让学生为他们将要在新闻编辑室面对的情况做好准备。他表示：“使用移动媒体和社交媒体收集信息、发布新闻、与读者互动，这是新闻现在的样子。”在具体课程学习上，阿多尔纳多告诫学生不要对某种具体工具过于投入，而是要仔细地进行景观监控，比如读者的媒介消费习惯。阿多尔纳多还告诉学生，不要把社交媒体仅仅看作传播工具，“新闻生产并不总能做到透明，借助社交媒体，记者可以向读者展示自己的工作，建立起更多的信任和联系”。

- **MediaShift**
  @MediaShiftOrg and MediaShift Newsletter
- **Poynter**
  @Poynter and Poynter Newsletter
- **Pew Research Center**
  @pewjournalism and Pew Research Newsletter
- **Nieman Lab**
  @NiemanLab and Nieman Newsletter
- **First Draft News**
  @firstdraftnews, *firstdraftnews.com*, and First Draft Newsletter
- **NPR Training**
  @nprtraining, *training.npr.org*, and *medium.com/nprcurios*
- **BBC Academy**
  @BBCAcademy and *www.bbc.co.uk/academy*
- **Verification Handbook**
  verificationhandbook.com

图2－1　阿多尔纳多在教学大纲中为学生列出的资源

Final To-Do List

April 28, 2019　To-Do List

Due by Friday, May 3

- **Social Media Reflection:** Email to me a one-page (single-spaced) memo reflecting on your social media activity (follow these instructions). Your reflection must include a discussion of what you learned from your analytics (see analytics log sheet).
- I'll also do a final review of your social media and website in the coming weeks, so now is the time to give some TLC to those sites. I'll write my feedback in the Gradebook section of Sakai.

图2－2　阿多尔纳多为学生布置的课后作业

在假新闻泛滥的时代，阿多尔纳多还致力于教会学生审查UGC。随着深度伪造内容和其他创造性伪造信息的流行，社交媒体在某种程度上也是记者的雷区。那些离开校园的学生告诉阿多尔纳多，这些课程是有用的。“在现实世界里他们的确遇到了各种问题，幸好他们在课堂上已经有了处理应对的经验。”阿多尔纳多说道。

第五节　融媒体内容的传播与推广

融媒体内容的传播与推广呈现出专业渠道、全民自媒体等共同参与的泛众创造趋势。市场上能不断地产生爆款新闻产品，但在这种趋势下长期使产品保持领先成为一种巨大挑战。

一、传播的社群性与用户参与

传播的社群性成为融媒体时代新闻传播的新特征。专业记者越来越意识到，需要更专注地与用户沟通，以产生更好、更可持续的新闻报道。

电子媒体的平权特征，使新闻越来越有可能实现对社会各个群体的关注。这让传统新闻必须思考一些简单却很核心的问题：新闻为谁服务？新闻业应该主动接触谁？如在美国，以往希望与大众接触的编辑部通常会把焦点放在与自己的团队相近的人身上——白人、中产阶级和男性。然而，用户参与的日益普及给专业记者提出了新问题：他们将优先考虑哪些群体？为什么？

在融媒体时代，什么是“更好”的新闻报道？一般而言，用户参与在用户范围较窄的情况下能更好地发挥作用，这意味着为了追求用户参与，新闻编辑部很可能会更加刻意地关注特定人群。这就同时带来另一个问题：这与将更多地方声音和社区声音纳入新闻议程会不会有矛盾？新闻业应该完成什么？它是否应该为尽可能多的人提供有用的信息？它是否应该为了边缘化社区而提倡社会政策的改变？这在融媒体时代将新闻编辑部置于需要不断调适的状态中。

能否实现广泛服务与用户参与两者的有机结合？学者 C. W. 安德森（C. W. Anderson）在对美国费城当地新闻生态系统的分析中提出，新闻工作者必须重新开始艰难地思考他们是谁，他们在做什么，以及他们的工作到底为谁而做。

从用户参与为新闻编辑部带来冲击，我们可以分析新闻业正在发生的变化，以及这种变化对新闻业未来的发展会带来什么样的预示。

为更广泛的人群服务是电子媒体的特性决定的，但为特定人群做精准服务则是很多市场化媒体在新闻传播的红海中寻求生存与突破的选择。

二、“自上而下”和“自下而上”

融媒时代的新闻工作者需要努力适应变化的媒体环境，并了解这个行业的发展方向、信息有效传播的可能性，以及社会、媒体、用户之间的相互影响。

传统的新闻传播是“自上而下”的、单向的，记者只要写好稿子，编辑只要编辑好稿子，电视台只要拍摄素材、剪辑成故事就可以了。但如今的新闻传播，用户及与用户的沟通和互动成了需要重点考虑的部分，用户的选择往往影响新闻故事的选择与走向，这变成一种“自下而上”的传播。

融媒体记者需要采用新方法和新路径来实现相同的旧目标，并且需要不断思考什么样的新方法会起到什么样的作用，哪些方法能够使新闻得到有效传播。

同时更需要思考：如果为了全新目标采用了新方法，那么这些方法对于新闻理念意味着什么？与原有的观念会不会有冲突？与我们期望新闻在社会中扮演的角色是否一致？这些思考对每一位记者，对每一个编辑部都非常重要。

融媒时代的新闻业正从单一模式发展到多元模式。新闻业与用户之间的关系处于不断的变化之中，从而推动着这个行业不断发展。

关于如何通过策划来进行新闻的传播与推广，请参阅本书第六章“融合新闻策划与主要形态”。

阅读、思考与练习

阅读

1. 奎恩．融合新闻报道［M］．张龙，侯娟，曾嵘，译．北京：北京大学出版社，2015.

2. 霍夫兰，贾尼斯，凯利．传播与劝服：关于态度转变的心理学研究［M］．张建中，李雪晴，曾苑，等译．北京：中国人民大学出版社，2015.

3. 舍基．人人时代：无组织的组织力量［M］．胡泳，沈满琳，译．北京：中国人民大学出版社，2012.

思考

1. 什么是“公民记者”？如何理解公民参与新闻？

2. 用户参与新闻与用户生产内容之间有哪些区别?

3. 在融媒体时代，什么是“更好”的新闻报道? 这种新闻报道需要包含哪些要素?

练习

1. 实地走访你们当地一家融合新闻单位，看看新闻上“云端”是怎样实现的，都有哪些有效路径。

2. 进行一个以加强用户参与为导向的媒体宣传活动。

第三章

融合新闻从业者的专业素质与技能

创造力和在屏幕上真实呈现之间的差距正在被科技慢慢吞噬。

——广告营销巨头 Young & Rubicam 全球执行副总裁

格兰特·西伦（Grant Theron）

那些能够从头到尾看到这个技术过程的人将在未来推动业务发展。

——广告营销巨头 Young & Rubicam 全球人才管理执行副总裁

威廉·曼弗雷迪（William Manfredi）

学习要点

融合新闻记者，也被称为“全能型记者”，需要具备比较全面的专业素质和专业技能。说到融合新闻记者，不能不提 Mojo 这个词。Mojo 的本义指魔力或符咒，但在现代媒介语境中，指随身配备了记事本、摄像机、录音机、移动电话和笔记本电脑的“移动记者”（mobile journalist）。[①] 如今，Mojo 的随身装备趋向集成化和迷你化，曾经的记事本、摄像机、录音机、移动电话和笔记本电脑都可以不带，一部智能手机全部搞定。随着这些新迷你智能设备及功能不断升级，像 VR、全息影像、人工智能等也开始加入记者需要掌握的技术之列。人们对记者的专业素质和技能的要求，从“移动”升级到“全能”，这也正是“全能型记者”概念出现的原因之一。

当然，“全能型记者”的概念不仅是指对媒介新技术的掌握，而且是对融合新闻记者的全面素质要求。全能型记者应根据新闻业态的发展，对各种传播媒介都能熟练掌握，能充分利用社交网络、移动传媒、新闻线人、网络论坛等渠道获得新闻信息，在充分收集与分析信息材料的基础上，决定如何制定报道策略。“新的传播环境下，新闻媒介在信息的采集、加工、存储、发送

① 里奇．新闻写作与报道训练教程：第六版［M］．钟新，王春枝，主译．北京：中国人民大学出版社，2012.

等业务流程上发生重大变化。作为新闻事件的记录报道者和信息传播者，新型‘全能型’记者的概念在学界与业界都受到热议。现阶段的全能型记者在技术层面可以实现融合，但各媒介间秉持的媒介立场与专业理念尚未实现融合。媒介融合是要求记者在理念与技术层面的双面融合而非单单的视觉效果优化与传播技术叠加。”①

同时，新技术让“地球村”成为现实，也把传媒人推到了全球传播的前沿。未来的传媒人必须了解全球传播的规则，善于使用跨文化符号，而绘画、图像、音乐、视频等则是全球通用的视听语言，可以超越国界和地域的限制，脱离文字和语言的禁锢。这些都需要在新闻教育中予以回应。

第一节　传统媒体时代的基本专业素质依然重要

传统媒体时代要求传媒人才具备新闻采访与报道的基本素养和能力，这些在媒介融合时代依然非常重要。因为无论技术如何发展并改变社会形态，新闻传播的目的都是递送信息和知识，从本质上而言就是传播内容。

融媒时代的传媒人才必须能熟练驾驭内容生产。其中，新闻写作能力非常重要，好的新闻写作不仅仅要把新闻事件交代清楚，而且要有技巧地谋篇布局，掌握叙事节奏，使故事生动、吸引人。

同时，他们必须对新闻抱有热情，对外界抱有好奇心，有独立思想、独立人格和公共视角，拥有广阔的视野，具备知识认知的广度及深度，并具有透过现象看本质和规律的洞察力。他们需要对中国及世界具有一定的了解，还要具有在不断变化的媒介环境中工作的创造力、在关键时刻迅速做出决定的决断力。

必须要强调的是，新闻采访能力、获取信息及真相的能力、新闻阐释能力、事实核查能力等，在新闻事件发生的第一时间找到核心当事人等相关素养和技能，以及良好的学科背景和快速学习的能力等，所有这些技术和能力不只是基于传统媒介环境，有些技能需要结合融合媒介的特点进行更新升级。

随着媒介融合的深化发展，传统报纸、电视互联网化，新媒体内容形态越来越多样，也为新闻教育带来深刻的思考和启示。密苏里大学新闻学院向来非常重视基础的新闻报道和写作，该学院媒介融合项目创始人迈克·麦金（Mike McKean）教授认为，不管新闻教育如何变革，新闻报道课程都是基础，新闻教育不能太超前，不能离现在的传媒产业太远。密苏里大学新闻学

---

① 倪震洲．全能型记者：融合报道模式下的新闻生产［J］．传媒评论，2014（2）：55-56.

院媒介融合专业的学生，同时也要学习专业、优质的传统新闻制作准则，至少要精通一门传统新闻技能，比如新闻写作、摄影、摄像、版面设计等，这样他们同样也能为传统媒体机构工作。学院第一学年开设一些通识课程，以便学生了解新闻专业的概况，在未来能更清楚地选择自己的职业方向。同时设置一些项目激发学生对媒介融合的兴趣。第二学年，学生要选择一些初级的媒介融合课程和新闻专业课程，这主要教学生如何在新闻文本中加入照片、视频、音频资料等。第三学年，要求每个学生选择自己的核心专业方向，围绕这个专业方向再选择一些高级的媒介融合课程。这个阶段的媒介融合课程主要是讲一些多媒体制作技术，如网页、播客、Flash 等多媒体产品的设计制作。第四学年，学生要结合自己的就业倾向组成团队来共同完成一个学期的基石项目，这个项目必须是跟传媒相关的特殊产品或者服务。比如，重新设计一个网站，为商业网站制作一个地方经济新闻专题，为一个网站设计营销战略等。学生必须先做受众调研，然后根据受众的需求确定项目应该采用什么报道手段。这个教学过程非常重视学生的参与，同时通过各种方式鼓励学生自学，并通过各种多媒体比赛培养学生的自学能力和团队合作精神。[①]

第二节　媒介融合时代对新闻工作的新要求

融合媒介报道的能力结构，以新闻人文素养和媒介社交能力为核心，以内容（专业知识）为基础，以技术（各种传播方式）为工具。融媒环境下的新闻工作者，需要全面提高综合应用各种媒介的能力，包括对各类媒介的理解及创造性的运用能力，这能够让传播内容与传播技术路径完美融合，并且对传播主体建构和媒介经济管理有一定的了解。

对新闻的热爱，要包括对日新月异的新媒介技术工具的热爱。无传播不技术，传媒业已进入技术主导时代。技术是不可替代的第一生产力，从报纸、广播、电视到互联网及移动互联网，每一次媒介革新都深深地打上了技术进步的烙印。尤其是数字化技术，催生了新媒介，改造了传统媒介，融合了新旧媒介，并可能再创造出新的媒介。

心理学家戴维·麦克利兰（David McClelland）20 世纪 70 年代提出著名的素质冰山模型（见图 3－1），对素质的概念做了很形象化的解释。一个人的素质就像一座冰山，呈现在人们视野中的部分往往只有 1/8，即浮出水面

① 付晓燕．媒介融合下的美国新闻业和新闻教育变革：访美国密苏里新闻学院媒介融合项目创始人迈克·麦金教授［J］．新闻与写作，2009（8）：25－28．

的冰山一角，在水面下的7/8是看不到的。显而易见的1/8是知识、资质和技能行为，较容易观察和测量，被称为显性素质；见不到的7/8则是职业意识、职业道德和职业态度，较难观察和度量，被称为隐性素质。如果一个组织/企业中的每个员工都具备了其所在岗位所需要的显性和隐性素质，而且这两类素质在职业过程中还能得到有效的培育，那么将能推动员工素质不断提升，该组织/企业将具有强大的核心竞争力和长远发展力。

图3-1 素质冰山模型

有调查发现，媒介融合技术发展对于新闻人才的素质和能力提出全新要求。《中国传媒人才能力需求报告（2018）》提出，“一专多能”的全媒体人才备受青睐。另外，由于传统媒体与新媒体向互联网逻辑的大汇流，胜任互联网＋新媒体岗位的人才位于用人序列第一梯队，需求旺盛。除了原生互联网企业，转型中的传统媒体和传播行业的人才增量几乎全部向新媒体岗位急速倾斜，人才需求岗位全部新媒体化。不管传播技术和媒介形式如何变化，传媒市场的明显趋势，就是内容人才的稀缺。不管是传统媒体还是新媒体创业公司或者自媒体，都一直在寻觅优秀的内容人才。[①] 传播人才在有“一技之长”的同时，还需要“多才多艺”（见图3-2）。

很显然，传统的单一能力已无法满足融合新闻对人才的技能需求。如同传统媒体转型一样，传媒人才培养也必须转型，推动能力结构的互联网化、融媒体化。在新闻专业能力的基础上，除了掌握采写编评等基本能力，还需要掌握全媒体、大数据、跨界协作、社交媒体、经营管理等新的能力技巧。

① 刘蒙之，刘战伟．中国传媒人才能力需求报告（2018）［R/OL］．（2018-02-24）［2018-03-12］．https：//baijiahao.baidu.com/s? id=1593286334010694375&wfr=spider&for=pc.

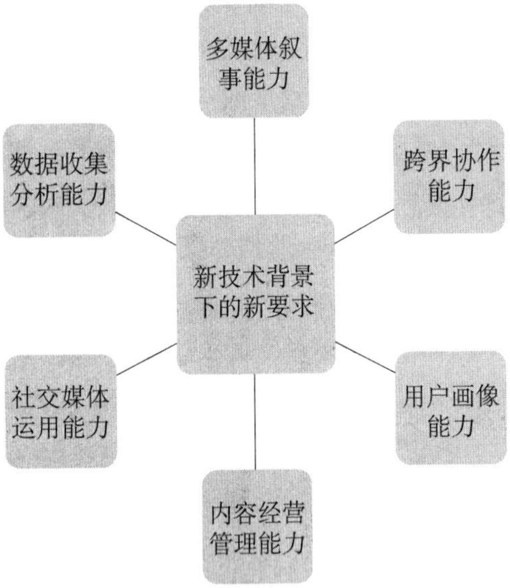

图 3-2　新技术背景下对传播人才的新要求

从知识结构方面看，越全面越有优势，只有具有综合学科知识、良好的传播技术基础，方能适应未来传媒环境的各种变化。

一、多媒体叙事能力

在调查研究、采访写作、摄影、视频拍摄等专业基础上，需要具备多媒体叙事能力，要提高利用各种内容编辑器和计算机软件的动手能力。比如使用富文本编辑器进行视频、图片、音频的制作剪辑，设计网页，进行图表编辑、H5 交互融媒编辑制作，同时要将这些技能和文字表达完美融合。具体到软件应用，掌握如文档处理（Word）、表格制作（Excel）、陈述展示（PPT）、图像处理（PS）、动画制作（Flash）、网页制作（Dreamweaver）、音视频编辑（Premiere）等方面的基本应用，都是融媒体叙事能力中最基础的软件技能。

又如，融合新闻中的出镜主持及制作能力，就是非常重要的技能。正如中央电视台原主持人敬一丹所说，“所有媒体人都会遇到镜头”。“面对镜头”不仅仅是广播电视从业者所需学习的课程，也应该是多媒体环境里所有学习传媒的学生的共同课程。

沉浸新闻模式对于新闻从业者的要求将更为多元和综合，新闻从业者不仅要掌握传统新闻工作的基本要求，而且要学会在大数据算法的工作环境中灵活使用各类技术手段，如虚拟演播、直播、360 度全景视频、VR、环境交互、文本转换语音、无人航拍，并与写作机器人等 AI 媒介和谐高效共处。

二、大数据挖掘和可视化能力

融合新闻的高手一定是一个数据控，有快速采集和分析数据的能力。在最短时间里通过网络获取最翔实准确的信息，是融媒工作者需要掌握的重要技能。媒介即信息，也可以引申为数据、知识的创作与传播服务等，融媒人才的能力结构包括掌握信息组织、数据挖掘、平台服务的基础知识和运用能力。

不管是新媒体还是传统媒体领域，对 IT 技术人才的需求都呈现不断上升的趋势。机器学习、数字营销、大数据分析等技术直接扩大了媒体对开发工程师和全媒体数字采编人才的需求。新闻敏感度强，也体现于对数据的高度敏感；文字功底好，也体现于能熟练运用网络语言。

在大数据时代，具有从数据碎片中还原和挖掘内容的能力成为从业优势。媒体对于能采编和制作数据新闻、可视化新闻的人才需求增量加大，对于能用好 Python 在数据可视化方面强大功能的人才的需求上升明显。

三、社交媒体运用能力

今天的传播人才要与社交媒体融为一体，就应具备移动社交的多种能力，例如：网络共情力，能够洞察和了解社交媒体用户的需求；社交媒体产品的设计力，能够设计打造出好的传播方案和产品；社交合作能力，能够通过与专业团队、自媒体人和用户合作，协作生产和传播新闻内容。

对于新一代新闻记者编辑来说，利用社交媒体收集信息、发布新闻、追踪新闻，吸引和建立粉丝群，是工作中的重要组成部分。同时，利用社交媒体进行带有记者编辑个性化的信息传播，是打造记者编辑个人品牌、形成个性化传播特质的有效途径。

四、内容经营管理能力

人类 80％的信息是通过眼睛获取的，视觉是信息传播的第一形态。从平面媒体、图像媒体到交互媒体莫不如此。

随着互联网、移动互联网、社交媒体、大数据、人工智能等技术在传媒业的应用，全球各类媒体，不管是《纽约时报》《人民日报》等传统纸媒还是脸书、腾讯、今日头条等新兴互联网媒体平台，不仅对 IT 技术人才需求不断增大（如《人民日报》开出月薪 5 万元招聘技术人才），而且对善于媒介内容经营和管理的人才更为渴求。

融媒时代，媒体的内容生产与经营日益融为一体，需要有以内容运营挖掘媒体所蕴藏的巨大商业价值的人才。商业性自媒体人的本质是以内容创业，实现知识付费、内容变现。融媒时代需要传媒人才具备整合传播策划能力，既能够融合各种媒介形态进行高质量内容生产，又能精通各种媒介平台和渠道的融合分发，同时还能具有运营能力。具备综合能力的人才将会大受各类传媒机构的青睐。

五、跨界的复合型能力

传媒技术对新闻传播行业产生的巨大影响，体现在“跨界”成为新趋势上。融合新闻对记者编辑的“跨界能力”提出挑战，需要其掌握全媒体、大数据、跨界协作、社交媒体、经营管理等各种能力技巧。从跨学科、跨行业、跨文化到跨媒介，跨界人才必将成为未来传媒人才需求的趋势。

跨界能力包括以下方面：跨媒介能力，即不是专注于某一媒介领域，而是具备全媒体、大数据等交叉媒介技术素养；跨学科能力，兼容心理学、计算机学、经济学、金融学、法学等其他社会学科或技术科学；跨文化能力，具有全球化思维方式，拥有全球传播、跨文化传播语境下交流与工作的能力；跨行业能力，可以进入更为广阔的工作领域，可以胜任移动全媒体直播记者、全景影像视频的编辑，也可以是新闻游戏设计师、网络主播和经纪人、受众分析师、虚拟现实架构师和编辑、大数据分析师等。跨界复合型传媒人才的培养将成为常态。

六、人与智能机器共处的能力

机器人加入传媒行业，促使记者的职能发生转变。人工智能技术将重构新闻传播专业人才的生态特征。

从全球范围看，在媒介的生产环节，包括信息收集分析、内容加工创作、内容传播分发，均已有人工智能参与其中。写作机器人能对稿件内容进行收集整理与编写，在信息收集的及时性、准确性、全面性上凸显优势；在头条推荐、内容分发等环节，人工智能算法和推荐引擎技术也被广泛采用。原先人们在媒介生产中一些具有重复性、规律性的工作岗位，正为机器人所取代，专业记者在进行内容生产时必将与机器人进行直接或间接合作。人与智能机器共处的能力，是未来新闻从业人员的必备技能。

“一招先”不易，“百招全”更难。很显然，融合新闻对从业者的综合素养要求越来越高，新闻教育要在变与不变中坚守新闻专业原则，并适应新技术的时代要求，培养跨界复合型新闻传播专业人才。

《 阅读、思考与练习 》

阅读

1. 莱特尔，哈里斯，约翰逊．全能记者必备：新闻采集、写作和编辑的基本技能：第七版［M］．宋铁军，译．北京：中国人民大学出版社，2005.

2. 门彻．新闻报道与写作：插图第11版［M］．展江，主译．北京：世界图书出版公司，2014.

思考

1. 融合新闻工作人员的核心素质是什么？

2. 与传统媒体相比，融合媒体中的记者角色发生了哪些变化？

练习

2019年6月，教育部印发《幼儿园责任督学挂牌督导办法》，要求按1人负责5所左右幼儿园的标准配备责任督学。责任督学履行监督指导幼儿园安全管理、规范办园、师德师风建设等情况。该办法要求，各地要结合实际制定本地幼儿园责任督学挂牌督导实施办法，于年底前实现本行政区域内所有经审批注册的幼儿园（含民办）责任督学挂牌督导全覆盖，并及时将有关实施情况报教育部。

要求：

（1）写出进行融合媒体报道的主题。

（2）写出准备采访的相关机构和人员。

（3）写出你认为最需要了解的5个问题。

（4）请列出你需要哪些采访设备。

（5）如果需要团队成员，请列出需要具有什么技能的队友。

第四章

融合新闻的新闻价值与新闻伦理

倘若国家是一条航行在大海上的船，记者就是船头上的守望者。他要在一望无际的海面上观察，审视海上的不测风云和暗礁险滩，并及时发出警告。

——约瑟夫·普利策

学习要点

信息传播技术带来的不只是新闻内容形态的变化，也冲击着传统的新闻价值与新闻伦理。在以融合媒介和沉浸传播为特征的第三媒介时代，信息传播无时不在、无处不在、无所不能，是一种超越时空的泛在体验，基于大众传播和“截稿时间”(deadline) 语境下的传统新闻价值体系出现明显的不适症。本章对传统新闻价值的定义(包括“标准说”“关系说”等)进行重新审视，提出定义之争实质上是定位之争，从现有的多元定义观察新闻价值变迁的历史轨迹，分析定义和定位之争背后看不见的手，探讨新闻价值影响因素的变革，对第三媒介时代的新闻价值进行全新定位和定义。在第三媒介时代无时不在、无处不在、无所不能的沉浸传播的基点上，提出新闻价值是一个以技术进步服务于人的信息需求的过程，并以此“过程说”为基点，建构第三媒介时代的新闻价值要素体系：新闻价值以“人为中心”；“即时性”变为“全时性”；“接近性”升级为“定制性”；“客观性”与“个性化”达到平衡；“必要性”演化为一种私人选择；新兴的“合作性”成了新闻价值的核心呈现；新闻要满足人的资讯、工作、娱乐的需求，“沉浸性”成了新闻价值的内在基因。

新闻伦理方面，融合媒介的新闻伦理是个有待界定的新领域。传统职业记者有诸如《中国新闻工作者职业道德准则》、《职业新闻工作者协会道德规范》(*Society of Professional Journalists Codes of Ethics*) (www. spj. org/ethicscode. asp) 这样的条文来规范自己的职业道德操守，但是融合媒介的新闻伦理却尚不明确。波因特传媒研究所为在线新闻采写推荐了一套行动指南，可提供基本参考。

第一节　融合新闻的新闻价值

从 19 世纪新闻价值理论诞生至今，“新闻价值”一直没有形成稳固恒常的内在建构。这样一个内涵多元、用者各取所需的概念，却又是一个时时不可缺失的存在，决定着新闻的开始与结束。赫伯特·甘斯（Herbert Gans）在《什么在决定新闻》中提出：“新闻中的价值不一定是新闻从业者的价值，这些价值也不一定为新闻所独有。”但是现实却永远不可能完全摆脱价值判断，哪怕是在技术使传播变得无处不在、无时不在的泛在时代，这些价值的存在也决定着新闻的生存。特别是随着以沉浸传播为主导的第三媒介时代的到来，我们强烈感觉到现有新闻价值体系时时在“内爆”，并牵动着新闻业生死存亡的命运之线。因为媒介形态、传播方式和用户模式的不同，融合新闻环境对传统的新闻价值理念进行了深刻的解构与重塑，融合新闻的新闻价值形成了不同于传统媒介的新特征。

研究新闻价值，必须要厘清其相关的影响因素及其关系。杰克·麦克劳德（Jack McLeod）和史蒂夫·查菲（Steve Chaffee）提出的“风筝模式”认为，新闻是上层社会、公众和媒体相互影响的产物。媒体在选择和编辑新闻时要同时考虑上层社会和公众的看法和需求，在新闻加工过程中协调双方的差异。

在融合新闻中，沉浸新闻的制作与传播过程，其新闻的价值不仅基于传统上对事件本身特征的判断，而且是在专业记者编辑与新闻用户的沉浸式体验与合作中共同实现的。“第三媒介时代的新闻价值融合生活、工作、娱乐于一体的价值导向，是一个以技术进步服务于人的信息需求，无时不在、无处不在的动态过程。”[①] 用户体验成为直接影响沉浸新闻价值的产生与变化的关键因素，社会理念和群体想象会影响一个新闻事件传播的最终价值。

媒介融合带来的社会经济形态的变化，也对新闻价值产生直接影响。针对报纸的商业化倾向，美国历史学家伯纳德·韦斯伯格（Bernard A. Weisberger）曾指出，报纸“就像商业的女仆，通过强调贸易和商业新闻为商业服务”[②]。随着消费社会形态在互联网技术推动下的不断发展，虚拟社会消费逻辑正不断深入新闻价值判断体系，左右新闻业务，且有愈演愈烈之势。

---

① 李沁.“第三媒介时代”新闻价值的定位与建构［J］. 当代传播，2015（4）：41－44，48.

② 门彻. 新闻报道与写作：插图第 11 版［M］. 展江，主译. 北京：世界图书出版公司，2014：63.

融合新闻的新闻价值，还受到传播时空的直接影响。比如融合新闻中视频出现的频率越来越高，从视频内容点击量看，“时度效”差异明显。同样是新华全媒头条的新闻，同样是抗洪主题的正面报道，2016 年 8 月 18 日播发的《罕见洪水来袭，有哪些铭记？有哪些反省？》和 2016 年 8 月 19 日播发的《一周下了半年的雨，合肥为啥没被淹？快来看动漫》这两条新闻，都采用了短视频+图文的方式，但点击量前者不到五十万次，后者达百万多次。从“时度效”来看，一个是晚上七点多下班高峰时播发的，一个是晚上近十点刷屏高峰时播发的；一个是传统短视频，一个是创意动漫视频，并写进了标题。由此可见，两者推出的时机和表达方式不同，获得的点击量截然不同。①

一、定义之争乃定位之争：新闻价值变迁的历史

一般而言，新闻价值（news value）被称为新闻的起点和终点，也是新闻业的核心。19 世纪中后期，西方报刊媒体走向商业化，新闻价值理论应运而生。美国威斯康星大学新闻学教授格兰特·赫德（Grand Hyde）最早建立西方新闻价值理论的框架，提出感兴趣的新闻最有价值，其次是时机适当的新闻，再次是发生在本地或附近的事件和市井消息。② 新闻价值理论 1918 年由时任北大教授的徐宝璜介绍到中国，他在中国第一部新闻学著作《新闻学》中指出：“新闻之价值者，即注意人数多寡和注意程度深浅之问题也。”③

徐宝璜所指出的新闻对公众兴趣的关注，一直可以追溯到新闻的源头。现代意义上的新闻报纸，可以从最早的《纽约太阳报》（*New York Sun*）开始溯源。本杰明·H. 戴（Benjamin H. Day）在 1833 年创办《纽约太阳报》，其第一期内容主要包括了火灾、自杀、夜间行窃等。戴认为这些是劳动阶层会关心的事，而报纸就是要给最大量的目标受众的。两年后的 1835 年，《纽约先驱报》（*The Herald*）创刊，创办人詹姆斯·戈登·贝内特（James Gordon Bennet）说：“新闻既为商人、有学问的人服务，也为技工、劳动者服务。”

对于新闻价值的定义，中外学者的研究分为三大学说：一是“标准说”，指选择和衡量新闻事实的客观标准，如德国学者迈克尔·昆齐克提出“新闻价值就是选择新闻的标准”④；二是“关系说”，把价值看作人与客观事物之

---

① 杨玉华．新华全媒头条：1+N 模式的探索与实践［J］．中国记者，2017（4）：74－76.

② 余家宏．新闻文存［M］．北京：中国新闻出版社，1987.

③ 徐宝璜．新闻学［M］．北京：中国传媒大学出版社，2018：18.

④ 昆齐克．新闻概念：北方与南方［M］．波恩：弗雷德雷赤-伊伯特-斯蒂夫顿公司，1988：148.

间的需求关系，如“新闻价值关系指的是新闻价值客体之属性、功能对新闻价值主体的效应关系”①；三是“效用及意义说”，认为现代新闻价值是指新闻满足受众需要所表现出的效用和意义②。

从如此多元的定义中，我们可以看到新闻价值的内在变化及其变迁的历史轨迹。从对新闻标准的追寻到对新闻组成关系的判断，再到以受众角度分析新闻的效果，从而反推新闻的价值和意义，反映出了新闻价值本身所包容的多面意义。

不过，无论上述哪种学说，究其根本，都是关于新闻的“定位”：新闻是为谁服务的？受谁影响？要达到什么目的？这些问题的答案随着不同的社会形态，不同的政治、经济、文化的历史大环境而变化。然而，究其根本，新闻价值都是围绕人的需求并随人的需求而变化的。首先，标准与关系是无法分割、相互依存的，新闻价值以“服务于人”作为它的基本定位，是相对于人的需求而产生的，是为了满足人对信息的需求而订立的标准和形成的关系。其次，无论哪种学说，都认同社会变化带来新闻价值的变化，这是从新闻价值的影响因素来着眼的。

二、定义和定位之争的背后，是一只看不见的手

其一，从社会层面看，新闻价值的演变是在消费需求、市场竞争、政治压力以及社会和技术创新等诸多影响因素交织作用下向前发展的。

新闻价值受与之相关的基础因素的直接影响，如新闻事件发生的时间地点、政治主题诉求等；新闻价值也受其他相关因素的综合影响，如技术的可行性、上层社会对媒介的掌控和支配能力等。综合观之，诸如社会事实、政党立场、商业利益判断等，使新闻价值判断离不开上层社会政治形态的影响。

而社会经济形态对新闻价值的影响早在17世纪也已展露出来，当时报道商业新闻的新闻纸传播到了欧洲商业中心。美国历史学家伯纳德·韦斯伯格就指出，报纸“就像商业的女仆，通过强调贸易和商业新闻为商业服务”。随着消费社会的发展与成熟，消费逻辑不断影响新闻价值判断，左右新闻业务，并且有愈演愈烈之势。

其二，从公众层面看，受众需求影响新闻价值，受众需求的多样化使新闻价值泛化。

在新闻机构的实际运行中，媒体从业人员往往从新闻事件对人的影响判

---

① 杨保军．论新闻价值关系的构成［J］．国际新闻界，2002（2）：55.

② 刘建明．创立现代新闻价值理论［J］．新闻爱好者，2002（12）：10－14.

断其价值，而不是从其独立存在的有用性判断。受众需求直接影响媒体的新闻价值导向，媒体在此过程也不断强化自己，对受众从迎合到教育再到引导。普利策曾这样描述新闻记者："倘若国家是一条航行在大海上的船，记者就是船头上的守望者。他要在一望无际的海面上观察，审视海上的不测风云和暗礁险滩，并及时发出警告。"1917 年起设立的普利策奖也正是以此为价值取向，被称为"新闻界的奥斯卡奖"和"舆论界的诺贝尔奖"。

随着公众需求越来越多样化，媒介世界也因之分解出有不同服务群体偏向的专业媒介，如商业性媒介、科技性媒介、娱乐性媒介等。新闻在满足各种用户需求的同时，也出现了新闻价值的泛化现象。

其三，从媒介层面看，新闻媒介形态的变化影响新闻价值的偏向。

新闻价值背后这只看不见的手，也可从新闻媒介的形态变化中着手寻找。美国媒介学者罗杰·菲德勒（Roger Fidler）在他的经典著作《媒介形态变化：认识新媒介》中曾明确指出，传播媒介的形态变化，通常是由可感知的需要、竞争和政治压力，以及社会和技术革新的复杂相互作用引起的。[①] 从"一对多"的大众传播到"一对少数"的分众传播，再到"一对一"的沉浸传播和泛众传播，不同媒介时代和不同媒介形态对于新闻价值的判断标准有不同偏重。

媒介对新闻价值判断的要义是比较和取舍，基于新闻机构对风险的把握，也基于媒介形态自身的相关因素，如网络媒介无边界的传播能力特征等。

人类传播系统，本身就是一个复杂的有适应性的系统。它的每一步前行，都受到各种作用力的左右。理论界存在着技术决定论、社会决定论、技术和社会的互动建构论，以及人性化论等。作为新闻业核心的新闻价值，是否代表着新闻业存在的价值？新闻价值是否等同于新闻要素？几者之间的关联在第三媒介时代是否会发生变化？会如何变化？

三、新闻价值的影响因素在媒体融合时代的变革

融合媒介形态的发展，让上层社会对媒介的影响力不断受到挑战而弱化。所谓第三媒介时代，是指以泛在网络为物理基础、以沉浸传播为特征的泛众传播时代。包含互联网、物联网和移动互联网在内的泛在网络，对人类的新闻价值的影响力度之大前所未有。第三媒介时代的核心特征，就是传播技术引发的媒介形态的变化，形成一种全新的传播模式——沉浸传播，沉浸即以人为中心连接所有媒介形态，无时不在、无处不在、无所不能，是一种超越

① 菲德勒．媒介形态变化：认识新媒介［M］．明安香，译．北京：华夏出版社，2000.

时空的泛在体验。①

“行动者网络理论”（actor-network theory）研究技术在网络新闻发展中的作用②，在这一理论框架中，行动者（actor）既可以是人，也可以是非人（non-human）。行动者之间相互作用可形成新的网络（network），网络新闻的发展与其社会背景在同一过程中产生，它们相互建构、共同演进。该理论试图整合技术的宏观分析和微观分析，把技术的社会建构向科学、技术与社会关系建构扩展。据此，网络新闻中记者不是唯一的行动者，其他行动者还包括媒体工程师、程序员、网站设计者、媒体机构、新闻用户以及新技术、新观念、文化环境等因素。③

第三媒介时代的沉浸传播，作为一种媒介形态和传播方式出现，也正是在复杂作用的基础上产生的。包含互联网、物联网和移动互联网在内的泛在网络，作为一种技术革新力量，推动媒介融合，人也作为媒介的本体，共同形成包容一切媒介在内的新网络，其信息传播具有无时不在、无处不在、无所不能的特质，使对新闻价值的影响因素因之发生重大变革，并进一步推动新闻价值的生产与传播的全过程发生变革。

（一）内容生产和编辑过程的变革——社会化的挑战

第三媒介时代，新闻内容的生产和编辑过程出现了社会化的趋势。“2013年前100大热点事件的传播中，由网络‘大V’等首发或主导的占了近一半，传统平面媒体首发或主导的不足三成。目前，传统媒体新闻信息的首发率已经不到三成，七成左右为新媒体首发。”④

“传统媒介的内容生产和编辑两大功能受到社会化的挑战。首先，内容生产过程日趋社会化，不再由传统媒体垄断经营。其次，媒体使用者发生了角色转换，从‘受众’变成了用户，即从信息消费者变成内容生产的参与者。”⑤

正如克莱·舍基（Clay Shirky）在《人人时代：无组织的组织力量》中所提出的，从不同的专业阶层转移出来的这些能力到了公众手中，这是一个划时代的事件，它建筑在出版商蒂姆·奥莱利所称的“开放参与的架构”（architecture of participation）之上。“当我们改变了沟通的方式，也就改变

---

① 李沁．沉浸传播：第三媒介时代的传播范式［M］．北京：清华大学出版社，2013.

② PLESNER U. An actor-network perspective on changing work practices：communication technologies as actants in newswork［J］. Journalism，2009，10（5）：604－626.

③ SIAPERA E，VEGLIS A. Introduction：the evolution of online journalism［M］//SIAPERA E，VEGLIS A. The handbook of global online journalism. Malden，MA：Wiley-Blackwell，2012：1－17.

④ 慎海雄．“新闻＋创意”构建主流媒体融合发展“新常态”［J］．中国记者，2014（11）：10.

⑤ 钟布．新媒体时代的网络新闻研究［M］//洪浚浩．传播学新趋势．北京：清华大学出版社，2014：747.

了世界。”[①]

（二）把关人和把关过程的变革——公共把关人的出现

巴斯（Abraham Bass）在其“双重把关模式”（double action model）中提出，新闻机构选择新闻内容和报道角度时一般要经过两个阶段：第一阶段采编新闻的当地记者和编辑更接近新闻本身；第二阶段媒介总部的编辑受到机构自身价值和规则的约束，同时受到来自业界同行的竞争压力。巴斯认为新闻的最终取舍是在双重把关下达成的，是以不同的角度对新闻实行双重把关的结果。[②]

第三媒介时代应加上第三阶段，即公共把关阶段，形成“三重把关模式”。媒介机构的守门人凭着自己对新闻价值的理解对新闻事件进行加工，使读者产生兴趣。他们在理解新闻价值时，会考虑传播效果，反过来，传播效果也会决定新闻选择。以前考虑的是能否成为第二天报刊的头条，现在要判断的是，在网上头条会挂多久？点击量会是多少？被转载量多少？网络的传播效果是个互动的传播，受制于公众对新闻的感受，从这个意义上来说，公众已经成了新闻传播的把关人。

此前，传统媒介把关人的作用先被雅虎、谷歌等削弱了，因为搜索引擎屏蔽了媒介把关人的选择；其后，公众自发制作和传播的新闻，进一步削弱了媒介把关人的作用；现在，专业媒介不得不讨论要不要让公民参与新闻的选择与制作，或许以后这将不是个选择题，而是必需的。此外，还有先出版后过滤的维基模式，编写和把关全由公众自发进行，只不过把关人的作用后置了。

（三）新闻传播过程的变革——二次传播及多次传播

一个新词，或一个普通的事件，通过多级传播，迅速升温，正是沉浸媒介的一个产物，从中可以看到第三媒介时代传播的轨迹和特点。如一条裙子的颜色在全球形成关注点，如成龙的“duang”从一个音符变成一个字符、一个图像，再变成所谓的网络涂鸦，进而被视频化，被网络名人在各种电视节目、网络视频中评说，被微信朋友圈疯狂转发，被广告媒体引用，经过多次传播升级，形成一个传播现象。

正如“行动者网络理论”所认为的，行动者之间相互作用可以形成新的网络。在第三媒介时代，行动者的内涵扩大了，包括人作为媒介本体、媒介

---

① 舍基．人人时代：无组织的组织力量［M］．胡泳，沈满琳，译．北京：中国人民大学出版社，2012：14.

② BASS A Z. Refining the “gatekeeping” concept：a UN radio case study［J］. Journalism Quarterly, 1969, 46（1）：69-72.

的传者与受者于一身，包括人类的生存大环境，包括技术，包括一切虚拟世界与物理世界的存在时空。

这个新的网络拥有了二次传播及多次传播的增强模式，既包括了传统传播模式，即主流媒体首发和引爆新闻，自媒体跟上互动，也包括了主流媒体在自媒体点燃群众后再介入的新模式，而且第二种模式占据的比例越来越大。

（四）新闻的社会权利发生变革——共同创造成为新逻辑

第三媒介时代，不断推陈出新的数字化信息技术和大数据的发展，使越来越多的信息交流变得免费，消费社会的逻辑面临解构的危机，受消费因素影响的新闻价值也在悄悄发生变化。因高成本、高准入而带来的新闻传播壁垒开始坍塌，新的社会权利群体进而崛起。

沉浸传播中，传统的“受者”同时也是“传者”，他们依据自己的兴趣关注点参与新闻报道，即所谓公民新闻。“‘一元传播主体’（职业新闻传播主体）向‘三元传播主体’（职业新闻传播主体，民众个体传播主体以及非职业、非个人的传播主体）变化”；收受主体结构亦出现分化，从一体化的大众到大众、分众、个体的共存；传播内容结构则由政治、经济为核心扩展到整个社会领域；传播收受关系也从主客体关系逐渐向主体间关系转变。①

公民新闻主要始于社区新闻，如今已经蔓延到不少融合媒介平台。名人主动参与爆料，粉丝疯狂地灌水加资讯。“就在不久之前，‘新闻’还只意味着两件不同的事——有新闻价值的事件和新闻媒体所报道的事件。在这种环境中，判定一件事是否为‘新闻’靠的是职业判断。……从现在开始，新闻可以不借助传统媒体而闯入公众意识。新闻媒体反而可能因为某件事已经通过其他途径闯入公众意识，结果只好报道它了。”②

新闻价值的判断在一定程度上交给公民后，对于新闻价值的影响，既有直入真相的即时传递，也有哗众取宠的回旋曲折。新闻是否将会完全免费，不再求卖点？脱离了收视率的电视会不会有更纯粹的新闻价值坐标？新闻会变成一种集体性的制作，或许会像瑞士社会学家埃蒂纳·温格（Etienne Wenger）的“实践社区”（community of practice）概念描述的那样，一群人为了某个共同的爱好或任务进行交流，以期在技能等方面得到提高。

新闻界常说，没有新闻价值判断，就没有新闻，也就没有专业记者。对

① 杨保军，涂凌波．新时期中国新闻系统的结构变迁解析［J］．兰州大学学报（社会科学版），2014（1）：77－84．

② 舍基．人人时代：无组织的组织力量［M］．胡泳，沈满琳，译．北京：中国人民大学出版社，2012：53－54．

新闻价值的判断，一直被称为新闻工作的起点和终点，贯穿于新闻采访、制作、传播的全过程。当这个采编播的过程介入巨大的草根新生力量时，对于新闻价值的定位及定义将发生重大改变。

四、融媒时代新闻价值的定位及定义：以技术进步服务于人的信息需求

新闻价值是标准，是关系，但更是一个过程，是一个以技术进步服务于人的信息需求的过程。

不管价值偏重及影响因素如何变化，新闻价值始终围绕着人的需求，不管是人的信息需求、商业需求还是娱乐需求。人的因素，是新闻价值的核心影响和决定因素。第三媒介时代以技术进步来“服务于人”成为其新闻价值的定位。

（一）以人为中心：新闻价值最初定义的潜在核心在第三媒介时代得到极致强化

“七个铜板就买两份报”，从最早的新闻报刊为了卖出几个便士而迎合人们对世界的好奇心到电视台为了竞争收视率而满足人们的娱乐需求，再到互联网上人们自发传播新闻满足参与的欲望，不管是为了新闻的传播、社会的正义，还是为了宣传自我理念，或为了媒介自身的生存，新闻对公众兴趣的关注从未改变，媒介作为一个“以人为中心”的工具从始至终未曾改变。新闻价值最初定义的核心，在“第三媒介时代”得到了极致强化。

第三媒介时代的新闻价值呈现出强烈的人性化趋势。“人性化趋势”理论是保罗·莱文森（Paul Levinson）1979年在他的博士论文《人类历程回顾：媒介进化理论》中最早提出，其核心是，“媒介以达尔文进化论的方式演进，人创造媒介（显然如此），而且选择媒介（用达尔文的话来说，就是选择环境）”①。第三媒介时代的沉浸传播，是科技按人性化趋势发展的必然结果，是个以人为中心的传播时代，其新闻价值也正是“以人为中心”的系统建构，是一切以人为中心的LBS定位和定制服务。

（二）新闻服务指向的升级：从满足人的信息需求到满足人的工作、生活、娱乐一体的全面需求

新闻价值导向，从最初的迎合受众到教育受众，再到力图引导受众，已

① 莱文森．数字麦克卢汉：信息化新纪元指南［M］．何道宽，译．北京：社会科学文献出版社，2001：73.

经经历了相当漫长的历程。而第三媒介时代的新闻所要满足的受众又发生了质变，是受众、传者一体化，娱乐、信息一体化，人们不再满足于简单获取新闻、接受引导，而要求参与评论，要求参与发现新闻、发布新闻和创造新闻，更要在获取新闻的过程中满足工作、生活、娱乐的要求和欲望。

当所要满足的人群对信息的需求发生由量变到质变的革命时，新闻价值的定位必然要发生相应的变革。最早提出“自媒体”概念的美国 IT 博客专栏作家丹·吉尔默（Dan Gillmor）指出，互联网首次实现了“多对多，少对少”的传播。[①] 移动自媒体的兴盛，正在实现民众引导民众，民众引导自己、娱乐自己。

如此，第三媒介时代新闻价值在“以人为中心”的定位上进一步升级，成为一个融合生活、工作、娱乐的价值导向，尽管我们尚不能确定这个主体会是谁，是专业新闻机构，还是民众自己，或许更有可能是两者的共同体。

（三）以技术提升新闻服务于人的能力：达到无时不在，无处不在，无所不能

新闻价值发展背后是技术进步的轨迹，新闻价值受到传播技术的影响，每一次传播技术革命，都会带来传播方式的变革，相应地也会带来新闻价值观的变革。印刷术带来 18、19 世纪报刊的盛世，电子技术成就了 20 世纪三四十年代的广播、五六十年代的电视；互联网技术则在 21 世纪初就开始了强势攻城略地，抢占新闻阵地。“今天的网络信息技术正在建设的是人类社会与客观世界的全程信息交互系统。不仅个人与个人之间，个人与群体之间，群体与群体之间的新的社会结构正在形成，而且过去看似完全被动的客体也因人的智慧而得到主动表达的智慧机能，从而推进人与客观世界的全程智慧交流。”[②]

第三媒介时代，基于大数据的泛在技术让信息传播变得无时不在、无处不在，让虚拟世界和物理世界完全融合。第三媒介的新闻价值要在这样的技术基础上实现，帮助处于信息严重超载的世界找到哪些信息有存在的价值和意义，帮助人们超越虚拟世界与物理世界的边界实现互联互通。

综上，可以尝试对第三媒介时代的新闻价值做如下定义：第三媒介时代的新闻价值融生活、工作、娱乐于一体的价值导向，是一个以技术进步服务于人的信息需求、无时不在、无处不在的动态过程。这里将新闻价值定义为

---

① GILLMOR D. We the media：grassroots journalism by the people，for the people [EB/OL] . O'Reilly Media，2006.

② 高钢 . 物联网和 Web 3.0：技术革命与社会变革的交叠演进 [J]. 国际新闻界，2010 (2)：68 - 73.

一个过程，也是一个开放性的系统，新闻价值在动态、开放中呈现，并以此作为下面进行新闻要素建构的基点。

五、融媒时代新闻价值核心要素的新体系

中西方对于新闻判断有不同的准则，但有两大基本原则却是公认的：第一，新闻是从正常的事件流程中脱轨而出的信息，是某种预期的中断。这是指新闻的“不同寻常”，即所谓“狗咬人不是新闻，人咬狗才是新闻”。第二，新闻是一种信息，人们需要根据这种信息来对自己的生活做出明智的决定。这是指新闻的“如此必要”。不过，这两个原则是在大众传播和“截稿时间”的新闻运作模式基础上提出来的，由于第三媒介时代新闻价值影响因素的变化，新闻价值核心要素也在发生变革。

15、16 世纪近代报刊的萌芽形态手抄新闻信在意大利流行，17 世纪初西方定期印刷报刊诞生，至今数百年来新闻价值历经经济、文化、地域的变化，其传统核心要素呈现出独特的发展轨迹。赫德教授较早提出辨别新闻价值的四种方法，即死伤者多、有名人出现、稀有珍闻、非常可笑或可悲的事件。一般而言，梅尔文·门彻（Melvin Mencher）在新闻学经典《新闻报道与写作》（*Melvin Mencher's News Reporting and Writing*）一书中提出的新闻价值八大要素，广为新闻界所接纳和采用。这八大要素分别指时效性、冲击性、显赫性、接近性、冲突性、异常性、当下性、必要性。[①] 其他经常被提及的新闻要素还包括重大性、独家性、人情味、趣味性等。

新闻要素是新闻价值的体现，谁重谁轻的取舍，也反映了具体的新闻价值的取向。基于上述对第三媒介时代新闻价值的定位和定义，我们来看第三媒介时代新闻价值要素的独特呈现。

（一）新闻传播无时不在，新闻价值的“即时性”变为“全时性”

当信息无时不在地发生和传播时，作为新闻要素之首的“即时性”反而不那么重要了，或者说，“即时性”失去了存在的语境。互联网和移动互联网的发展，让新闻价值具有了新的指向，既然已经无时不在，那么时效性的意义就变成了一个必然的、恒有的条件，更准确地说，是变成了基本的内在存在，而不再是附加条件。新闻价值的“即时性”变成了“全时性”。

第三媒介时代，新闻传播无时不在，新闻价值不可避免地从“即时”发展到“全时”的同时，倒为一种“延时”的需求提供了新空间。新媒体和自

---

① 门彻．新闻报道与写作：插图第 11 版［M］．展江，主译．北京：世界图书出版公司，2014.

媒体的全时新闻也带来了副效应，“如果不能对新媒体瞬时传播带来的改变和风险进行反思，技术带来的利益也就失去意义。有学者提出，在讲求‘实时’的新媒体时代应该重新思考‘延时’的重要性，媒体机构应该纠正自上而下的‘浮躁’作风，重新审视深度报道和新闻报道策划的重要性”①。

（二）新闻无处不在，“接近性”更为重要，并升级为“定制性”

第三媒介是一个处处是中心、无处是边缘的时代。接近性，包括空间和心理上的“接近性”变成了零距离接近，升级为“私人定制”。基于位置的服务成为一个必然的选择。

“我们在历史上高估了计算机联网的价值，而低估了社会联网的价值，所以我们花了过多的时间用在解决技术问题上，而不是用在解决使用软件的人群的社会问题上。”② 舍基在《人人时代：无组织的组织力量》中展现了主体间性是后现代性的核心。在“行动者网络理论”中，人，作为行动者之一，是改变新闻价值的核心影响因素。但接近性的意义在这里从量变到质变。以前是在各个城市中设立很多通信员，建立很多分支机构，现在这些分支机构都撤了，没有必要了，没有人再需要记者来报道这些琐碎的邻里故事了，他们有了更好的途径。

（三）新闻以“人为中心”，新闻价值的“客观性”与“个性化”达到平衡

不久以前，我们还在讨论新闻记者该不该有自己的判断和观点，第三媒介时代让记者的个人判断成为一种必要的选择。杰里·施瓦茨（Jerry Schwartz）在《美联社新闻报道手册》中指出：“新闻依旧是公平和客观的，虽然今天的记者必须在如实报道事件与发表个人见解之间蹚出一条自己的路。”由于现在很多事件的详细情况任何人都可以在网上看到，新闻报道的级别已与以往大不相同，美联社主席兼首席执行官路易斯·伯卡弟（Louis D. Boccardi）认为，对所报道的内容给出“解释、判断、背景材料”已成为新闻记者的职责，如今的信息量如此之大，“时代要求我们去帮助读者处理这些信息，因为凭借个人的能力任何人都是无法应对的”③。

（四）新闻基于定位传播，“必要性”演化为一种私人选择

第三媒介时代在信息传播过程中，强调不断地重新定位和定制，新闻的

---

① 蔡雯，翁之颢．如何杜绝新闻“烂尾”与“悬疑”?：以“院士讲座上的睡觉学生”事件为例［J］．新闻记者，2015（1）：39－43.

② 舍基．人人时代：无组织的组织力量［M］．胡泳，沈满琳，译．北京：中国人民大学出版社，2012：译者序 8.

③ 施瓦茨．美联社新闻报道手册［M］．曹俊，王蕊，译．北京：中央编译出版社，2014：33.

价值因为用户的需求而产生。从这个意义上看，“接近性”更像是从媒介的角度看新闻，而“必要性”则更多变成用户选择新闻时的标准。

同一个新闻不同的传播，即不同的媒介形态、不同的设备也会影响原本相同的内容。“必要性”在第三媒介时代，还会受到传播设备和传播媒介形态的影响。有些“必要性”必须要通过某个移动设备来呈现，同一个新闻的必要性可以体现在影视和文字的互动上；有些“必要性”则体现为背景链接和图片共同创造新意义上。

（五）新闻要满足资讯、工作、娱乐需求，“沉浸性”成了新闻价值的内在基因

第三媒介时代人们的工作、生活、娱乐之间的界限消失了，第三媒介的新闻传播是一种沉浸传播，新闻要素中新增了“沉浸性”，即无时不在、无处不在、无所不能的传播，超越时空，虚拟世界与物理世界融为一体，全面满足人们对于资讯、工作、生活、娱乐的需求。

体现在新闻价值上，就是新闻要可以融入一切之中，融入周围环境，融入人们的工作任务，融入游戏软件，融入网络社交。如由成龙的洗发水广告引发的“duang”，经传统媒体和社交媒体一夜传遍全球，一个本来毫无意义的词变成网络热词，其新闻价值正体现了“沉浸性”的一个侧面，是资讯需求、娱乐需求、自媒体的催化、“社会无聊症”等诸多元素综合作用的结果。

（六）传者受者合二为一，又一分为二，“合作性”成了新闻价值的核心呈现

美国哥伦比亚大学新媒体学者安德鲁·利赫（Andrew Lih）较早研究维基百科现象，他在《维基的革命》一书中描述了一群普通人创造世界上最大的百科全书的过程。[①] 第三媒介时代，改变了知识的创造和管理过程，同样也改变了新闻的采编和传播过程。新闻的“维基结构”是其中的一个形式，即大家共同来参与，包括提供新闻线索，编写新闻故事，补充新闻事实，共同来纠错。每一篇新闻都是一个共同协作的过程。

新闻的传者是受者，受者也是传者，新闻的“合作性”不仅可以使传者获得受众反馈，同时也可以获取新闻二次加工的素材。沉浸传播中传者与受众合二为一、相互影响，成为第三媒介时代新闻价值的外在核心呈现。

新闻价值的判断与实现，是一个开放性的重新建构过程，第三媒介时代

---

① LIH A. The Wikipedia revolution：how a bunch of nobodies created the world's greatest encyclopedia [M]. New York：Hyperion，2009.

新闻价值除了前面提到的六大核心要素外，还有其他要素，如“首发性”“独家性”的意义也在发生变革，泛在网络的传播和复制速度之快已使“首发”和“独家”变得难以辨识和验证。新旧价值要素会在发展中发生增长和消减。另外，新闻价值也不等于其商品价值。第三媒介时代，广告与新闻互相渗透。一个可见的趋势是，新闻免费，跟着广告走，变成广告的附带品。这不仅是新闻业自诞生以来就面临的尴尬，而且是关乎新闻业生死存亡的大命题。

第二节 融合新闻的新闻伦理

基于数字媒介逻辑的新闻传播，在新闻伦理上出现了一些未明确的新领域和灰色地带。中国和世界其他地方都在进行相关实践探索。

一、新闻传播中的基本原则、伦理和品质

《新闻的基本原则：新闻从业者须知和公众的期待》（*The Elements of Journalism: What Newspeople Should Know and the Public Should Expect*），是美国高校新闻专业学生必读的基本教材。这本书如今也被认为是所有人都应该阅读的，尤其是在融合媒介时代，自媒体和公民新闻盛行，人人都是记者。

此书第一版出版于2001年，作者是比尔·科瓦齐（Bill Kovach）和汤姆·罗森斯蒂尔（Tom Rosenstiel），他们分别创建了“热心新闻工作者委员会”（Committee of Concerned Journalists，CCJ）和“卓越新闻项目”。比尔·科瓦齐是“热心新闻工作者委员会”的主席，曾任《亚特兰大宪章报》（*Atlanta Journal-Constitution*）的编辑和《纽约时报》华盛顿分社的社长。汤姆·罗森斯蒂尔是“卓越新闻项目”的负责人，曾任《洛杉矶时报》（*Los Angeles Times*）的媒体评论员和《新闻周刊》（*Newsweek*）国会记者团团长。

“热心新闻工作者委员会”把美国一些最具影响力的新闻人召集在一起讨论一个问题：“新闻工作的目的是什么?”通过详尽的文献搜索、抽样调查、访谈和公共论坛研讨，他们确定了定义新闻工作及其社会角色的核心要素，并将研究结果呈现在《新闻的基本原则：新闻从业者须知和公众的期待》这本书里。此书出版后曾获哈佛古尔德斯密斯图书奖、新闻专业委员会奖、宾夕法尼亚州立大学巴特·理查德奖，被认为是探讨媒体的最重要的图书之一。

《新闻的基本原则：新闻从业者须知和公众的期待》在调研全美新闻工作

者的基础上，总结归纳出新闻界公认的符合时代要求的职业标准，2007年出第二版时新加入第十个标准，强调了互联网时代公民的角色，并且增补了在线媒体的兴起、过去五年间的丑闻以及更多新材料。2014年该书出了最新修订版（见图4-1），增加了对融合媒介下的民众、信息过载时代下真相模糊等问题的进一步探讨。

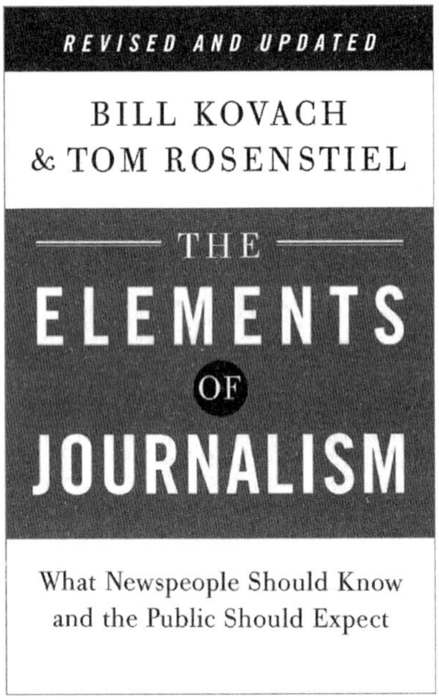

图4-1　《新闻的基本原则：新闻从业者须知和公众的期待》第三版封面

以下是该书中主张的新闻十大基本原则：

（1）新闻工作首先必须做到对真相负责。

（2）新闻工作首先必须忠于公民。

（3）新闻工作的本质是用核实加以约束。

（4）新闻从业人员必须独立于报道对象。

（5）新闻必须成为权力的独立监督者。

（6）新闻必须成为公众批评和妥协的论坛。

（7）新闻必须努力使重要的信息有趣并且和公众息息相关。

（8）新闻必须做到全面均衡。

（9）新闻从业人员有义务根据个人良心行事。

（10）公民对新闻也享有权利和承担义务。

（一）真实性

在《新闻的基本原则：新闻从业者须知和公众的期待》中，作者把新闻从业者必备的素质归纳为十个基本原则并分章节论述，其中包括确保新闻的真实性、保持中立的态度、遵守新闻伦理等方面，并且结合了作者作为新闻从业者的体会和真实案例。其中，真实被认为是“首要，也最令人困惑的原则”，新闻工作首先必须做到对真相负责。

2019 年新修订的《中国新闻工作者职业道德准则》公布，其中第三条就是关于新闻真实的，准则强调，“坚持新闻真实性原则。把真实作为新闻的生命，努力到一线、到现场采访核实，坚持深入调查研究，报道做到真实、准确、全面、客观”，“坚持网上网下‘一个标准、一把尺子、一条底线’”①。

美国《职业新闻工作者协会道德规范》中的重要一条是“追寻并报道真相”(seek truth and report it)，具体指“符合新闻伦理的报道应该准确公正。新闻工作者在收集、报道和解读信息时，应当诚实和勇敢”②。

在中外各国制定的新闻工作者职业道德守则里，对于新闻真实都有明确要求，有的还提供了关于真实的指标和保障系统，包括以下方面：检验核实信息源；在新闻报道中提供事件背景；将真实与公正结合，必须给各个报道方以公平说话机会，对不同信息的呈现要保持平衡。

融合新闻往往涉及多个平台和多种媒介形态，转载转发多，更容易发生真实性的偏差。结合中外实践，对于融合新闻在保证新闻真实性上可参照如下操作解析中的操作要点。

操作解析

如何保证融合新闻报道的真实性

- 融合新闻的发布有个不断更新的过程，要在新闻故事的整个生命周期中收集、更新和更正信息。
- 坚持网上网下“一个标准、一把尺子、一条底线”，统一导向要求、管理要求。
- 记者要对新闻的准确性负责。在发布信息之前先核实信息，确保新闻要素及情节准确。
- 认真核实新闻信息来源，尽可能使用原始来源。
- 请记住，发布速度和媒体格式都不能成为新闻不准确的借口。
- 提供上下文。在宣传、预览或总结一个故事时要特别注意不要歪曲或过于简单。

---

① 新修订的《中国新闻工作者职业道德准则》公布［EB/OL］.（2019－12－15）［2021－04－30］. https://baijiahao.baidu.com/s?id=1652953586030878987&wfr=spider&for=pc.

② Society of professional journalists codes of ethics［EB/OL］.［2021－04－30］. https://www.spj.org/ethicscode.asp.

- 不摆布采访报道对象，禁止虚构或制造新闻，刊播新闻报道要署记者的真名。
- 明确信息来源。公众有权获得尽可能多的信息来判断消息来源的可靠性和动机。
- 绝不抄袭。总是标明转载方。摘转其他媒体的报道要把好事实关、导向关，不刊播违背科学精神、伦理道德、生活常识的内容。
- 刊播了失实报道要勇于承担责任，及时更正致歉，消除不良影响。
- 在承诺匿名之前，先考虑消息来源的动机。对于可能面临危险、报复或其他伤害，并且拥有其他地方无法获得的信息的消息来源，保留匿名，并解释为什么匿名被获准。

（二）客观性和公正性

要确保新闻的真实性，必须同时实现新闻的客观性和公正性，这三者之间是互相关联、相辅相成的关系。

客观性原则要求新闻报道必须提供事实，而不是宣扬观点。美联社于1900年提出“报道事实而不报道观点”的报道原则，成为世界上第一家将客观报道作为宗旨的新闻机构。徐宝璜1919年出版的《新闻学》[①] 中也谈道：“切不可将意见加杂于新闻之中迷惑读者。”要保证新闻的客观性，新闻记者需要通过深入采访调查、分析探索不断接近新闻事件的深层真实，从而揭示新闻的本质与意义。

公正性原则要求新闻报道不能有偏见，要本着对社会负责的精神，采用多元信息渠道，平等对待冲突各方的人和机构，让新闻涉及的各方都有发声的机会，全面真实地反映新闻事实。

真实性、客观性和公正性作为新闻报道三个重要原则，共同形成了新闻工作的专业立场，以及媒体新闻报道为社会提供真实信息的职业形象。

在融合新闻报道中，面对的是主流媒体、专业媒体、自媒体共存，传播平台多元化的现状，新闻报道的客观性和公正性面临新的挑战。

操作解析

如何提升融合新闻的客观性和公正性

- 努力寻找新闻报道的对象，让他们能够回应对不当行为的批评或指控。
- 避免秘密或其他秘密收集信息的方法，除非传统的、公开的方法不会产生对

① 《新闻学》完稿于1918年暑假，是徐宝璜在北大讲授新闻学的讲稿的基础上增补而成的。蔡元培为《新闻学》1919年初版作序。1930年，徐宝璜去世后，在黄天鹏的主持下，增补了徐宝璜所写的有关新闻学的几篇文章和陈大齐所写的《徐伯轩先生行状》，改名为《新闻学纲要》，重新出版。

公众至关重要的信息。

- 要警惕和勇敢地追究有权者的责任，给无声者发声的机会。
- 支持公开、文明地交换意见，即使是令对方觉得不愉快的意见。
- 认识到新闻工作机构作为公共事务和政府监督机构的特殊义务。力求确保公共事务公开进行，公共记录向所有人开放。
- 在相关和适当的情况下提供对原始材料的访问。
- 大胆讲述人类经历的多样性和广度。寻找那些我们很少听到的声音的来源。
- 避免成见。新闻工作者应该研究他们的价值观和经验如何影响自己的报道。
- 如果是宣传、评论和广告，要清楚地标注出来。
- 切勿故意歪曲事实或背景，包括视觉信息。清楚地标注插图和重演。

（三）尊重人性

媒介融合涉及“人与媒介”“内容与关系”等维度的融合。在这些融合中，人是一切的中心，对人的尊重是新闻伦理价值的核心。新闻伦理规范要求将消息来源、报道对象、同事和公众都视为值得尊重的人。

媒介融合时代的新闻价值和新闻伦理的变化，不可避免会受到其主导传播特征的影响。沉浸传播的媒介形态，是一个包容所有媒介形态的“集大成者”，即一个一切以人为中心的、开放的媒介形态，包含所有的新旧媒介，包含所有可以产生、传播、展示和接收信息的、有形的与无形的媒介形态，包括环境本身，更包括人作为媒介形态的一种。相较于以往的媒介形态，沉浸传播中“人”的因素的变化，是最大的变化，人既是主体也是客体，既是传者也是受者，更是媒介本体，人是沉浸传播的中心，也是媒介新闻价值的中心。

人性的真善美是新闻报道所呈现的重要主题，最优秀的报道正是要报道我们现在是如何生存和生活的。美国《纽约客》（*The New Yorker*）杂志编辑威廉·马克斯韦尔（William Maxwell）曾说：“在从事媒体工作 40 年后，我最关心的不是风格，而是生命的呼吸。”

（四）减少伤害

互联网在为新闻传播带来极大便利的同时，也具有利剑效应。受众对新闻人物所进行的网络霸凌、人肉搜索等会对当事人造成不同程度的伤害。

“减少伤害”（minimize harm）也是美国《职业新闻工作者协会道德规范》中提出的一个重要原则。该原则是建构在对所有人尊重的基础上提出的，其主张的记者的行为要点如下：

● 平衡公众对资讯的需求和潜在的危害或不适。对新闻的追求不是傲慢或过分干涉的许可证。

● 对那些可能会受到新闻报道影响的人表示同情。在与未成年人、性犯罪的受害者、没有经验的消息来源或新闻主体打交道时，要提高敏感性。考虑传播方法和传播对象可能涉及的心理治疗上的文化差异。

● 承认合法获取信息不同于出版或广播的道德正当性。

● 要意识到，与公众人物和其他寻求权力、影响或关注的人相比，普通人有更大的权利控制关于自己的信息。权衡发布或传播个人信息的后果。

● 避免迎合耸人听闻的好奇心，即使别人这样做。

● 平衡嫌疑人获得公正审判的权利和公众知情权。考虑在犯罪嫌疑人面临法律指控之前确定其身份所造成的影响。

● 考虑出版物的广泛影响和长期影响。提供更新和更完整的信息。

二、后真相时代：融合新闻价值与伦理踏入未界定区域

融媒时代也被称作“后真相时代”。2016 年牛津字典公布的“年度英文词汇”为“post-truth”（后真相），将其定义为“诉诸情感及个人信念，较客观事实更能影响民意”，意思是“相对于情感及个人信念，客观事实对形成民意只有相对小的影响”。

“后真相”的初始含义是指“当真相被披露后”。最初是美国《国家》（*The Nation*）杂志在 1992 年的一篇针对海湾战争的文章中使用该词，并赋予了其“情绪的影响力超过事实”的语义，此后这一含义成为对“后真相”的主流理解。

如今，在后真相的融合新闻时代，“情绪新闻”“建构新闻”等新兴新闻学概念在作为新词汇不断被发明出来的同时，也推动着融合新闻不断踏入未界定的全新领域。

其实，早前电视开始入侵人类生活领域时，尼尔·波兹曼在 1985 年出版的《娱乐至死》中就已经意识到数字媒体对真实性带来的变革，提出电视为真实性提供了一种新的定义，即讲述者的可信度决定了事件的真实性。这里的“可信度”指的并不是讲述者曾经发表过的议论是否经得起事实的检验，它只是指演员/报道者表现出来的真诚、真实或吸引力（需要具备其中一个或一个以上的特点）。[①]

本书前面的章节已就传统新闻伦理有所阐述，传统职业记者有诸如《中

① 波兹曼．娱乐至死［M］．章艳，译．桂林：广西师范大学出版社，2004：132.

国新闻工作者职业道德准则》、美国《职业新闻工作者协会道德规范》这样的条文来规范自己的职业道德操守，但是融合媒介的新闻伦理却尚有不明确的区域。

中华全国新闻工作者协会《中国新闻工作者职业道德准则》于 2019 年 12 月 15 日公布的修订版，对记者在互联网融合媒介环境中的行为，明确提出了要坚持网上网下“一个标准、一把尺子、一条底线”，但对于网络环境特殊性带来的新领域尚未有更详细的界定。

在美国，职业新闻工作者协会的第一套道德规范是 1926 年从美国报纸编辑协会（American Society of Newspaper Editors）借鉴而来的。1973 年，该协会编写了自己的规范，并在 1984 年、1987 年、1996 年和 2014 年进行了多次修改。总体而言，美国《职业新闻工作者协会道德规范》是一份关于遵守原则的声明，并有其他解释性和立场性文件作为支撑，以应对不断变化的新闻实践。它不是一套规则，而是一份指南，鼓励所有从事新闻工作的人对他们所提供的信息负责，无论这些信息发布于何种媒体。守则应作为一个整体来阅读，个别原则不应被断章取义。美国《职业新闻工作者协会道德规范》不是也不可能根据美国宪法第一修正案在法律上强制执行。对于新媒体发展带来的变化，需要有新的解释性文件来支持。

操作解析

在线新闻采写行动指南

波因特传媒研究所推荐了一套在线新闻采写行动指南，可供参考：

- 记者应避免卷入利益冲突。
- 新闻机构应明确区分新闻和言论。
- 供职于媒体的记者可以撰写个人博客，但是应该事先和编辑讨论以避免可能发生的冲突。
- 职业记者不应该撰写匿名博客或在别人的博客上匿名发表评论。人们对记者的期待是他们要对新闻工作有责任感。匿名发表博客或评论有悖于这一核心原则。①

在媒介融合环境下开展差异化竞争，新闻工作者可能会不断面临新的道德规范问题。在面对难以做出判断的情况时，要意识到新闻职业道德的最高和首要责任是为公众服务，新闻道德意味着新闻工作者对自己的工作负责，并向公众解释自己的

① 里奇．新闻写作与报道训练教程：第六版［M］．钟新，王春枝，主译．北京：中国人民大学出版社，2012.

决定。

此外，还可以参照“负责和透明”（be accountable and transparent）原则：

- 向观众解释道德选择和程序。鼓励与公众就新闻实践、报道和新闻内容进行公民对话。
- 迅速回答关于新闻报道的准确性、清晰度和公平性的问题。
- 承认错误，及时改正，并对所做的纠正和澄清给予仔细清晰的解释。
- 揭露新闻业的不道德行为，包括自身组织内部的不道德行为。
- 如你对别人有这样的高标准要求，那就先从自己做起。

三、媒介社交化：身兼“专业记者”与“自媒体人”的困惑

随着媒介社交化的发展，融合新闻记者常常身兼“专业记者”与“自媒体人”双重角色，既为了融合用户参与文化，也为了扩大所任职媒体或记者自身的影响。谷歌提供的流量分析工具进行的调查显示，不论是 BuzzFeed 这样的新兴网络新闻机构还是《纽约时报》这样的传统新闻机构，其网站访问流量的大部分来自脸书等社交媒体，正因如此，任何机构都将社交媒体作为非常重要的传播平台。

中外新闻传媒机构如今会让供职其中的记者，利用社交媒体来推广新闻产品、寻找资源和打造专业品牌。对于专业记者使用社交媒体的行为而言，这到底会产生什么影响？美国学者埃弗里・E. 霍尔顿（Avery E. Holton）和洛根・莫利纽克斯（Logan Molyneux）进行了一项新闻职业品牌塑造对个人的影响的研究，分析当下新闻记者身份迷失的问题。研究者采访了 41 位美国传媒机构的记者编辑，探究他们在社交媒体上融合个人身份和职业身份时所面临的挑战。这项研究发现，社交媒体给予记者的个人空间很少，如家庭、朋友关系等都会在网上曝光。记者在努力平衡社交媒体的职业身份与个人身份，但对于要不停地以记者身份发表言论、成为报道领域的专家和随时作为媒体的代表，仍感到压力很大。

媒介融合时代的新闻价值和新闻伦理，探讨的是一种趋势，一种不断变化中的开放结构。互联网、物联网、移动互联网使新闻的采编和传播过程不断地满足一个社会了解自己的需要，实现了从共享到合作，再到集体行动的递进过程。在这个递进过程和开放性建构中，基于社会政治、经济、文化的变革，技术进步、人的自我发展升级等因素共同作用，不断推动新闻价值和新闻伦理的演进和变革。

操作解析

记者如何运用个人社交媒体

- 注意所供职的传媒机构的专业性与记者本人个性化的平衡。
- 注意不匿名发表评论。
- 可设置和增加社交媒体上的互动，如借助问与答、点评等方式。增设选项，让用户可忽略已知信息，选择阅读自己感兴趣的信息板块。
- 针对不同的受众，可提供不同的内容，以图片和音像等强化重点信息，保持用户的注意力，并吸引用户共同参与内容的生产与传播。

阅读、思考与练习

阅读

1. 科瓦齐，罗森斯蒂尔．新闻的十大基本原则：新闻从业者须知和公众的期待［M］. 刘海龙，连晓东，译．北京：北京大学出版社，2011.

2. 施瓦茨．美联社新闻报道手册［M］. 曹俊，王蕊，译．北京：中央编译出版社，2014.

3. 甘斯．什么在决定新闻［M］. 石琳，李红涛，译．北京：北京大学出版社，2009.

4. 李沁．“第三媒介时代”新闻价值的定位与建构［J］. 当代传播，2015（4）：41－44，48.

思考

1. 新闻价值是如何被定义的？

2. 如果确如赫伯特·甘斯所说，“新闻中的价值不一定是新闻从业者的价值”，那么，新闻价值是如何形成的？所要调和的是哪些因素？新闻价值的判断标准在媒介融合时代有哪些变化？变化的原因是什么？

3. 如何理解融合媒介内容的时效性？

4. 如何理解融合媒介内容的接近性？

5. 凯文·凯利在《失控：全人类的最终命运和结局》中写了这么两句话：“数据一旦流动，就创造出透明。社会一旦联网，就可以了解自己。”请结合这两句话，来理解新闻价值在媒介融合时代的变化。

练习

请列举出下列新闻的新闻价值，并进行具体分析：

1. 老太街边违规摆摊 城管变身“菜贩”帮吆喝。

四川新闻网泸州 12 月 31 日讯 （记者岳东）12 月 29 日下午，泸州古蔺街头一个角落，一位九旬老人坐在地上，摆着折耳根、野葱等野菜售卖，但行人匆匆没能引起大家注意，老人一分钱也没卖出去。突然，城管来了，大家顿时为老人捏一把汗，心想老人肯定会被撵开。可这名城管并没有驱赶老人，而是现场帮老人叫卖起来，并陪老人半小时，帮老人把菜卖完后，叮嘱老人安全回家。

2. 高校毕业生人数再创历史新高。

7 月就业高峰期来临。今年高校毕业生人数达到 820 万，再创历史新高。一方面，新动能新产业的快速增长以及创新创业活力的不断提升，正在吸纳大量劳动力就业创业；另一方面，就业压力持续加大，形势依旧严峻，“慢就业”等新问题值得关注，就业质量仍待提高。

《经济参考报》记者获悉，促进高质量就业一揽子政策正酝酿出台，包括研究建立更高质量的就业评价体系，制定培育新动能促进就业政策，推动设立重点群体就业创业基金，完善适应新就业形态的劳动用工和社保政策等方面。

第五章

融合新闻的报道模式与信息处理

随着新闻来源和信息渠道的剧增，在多种媒介融合的新闻编辑部中，记者编辑的主要职能已不是采集新闻，而是对浩如烟海的新闻和信息进行筛选和重新组合，使这些杂乱的信息呈现出相互联系和深刻意义，并使其转化为知识。新闻从业者的工作也因此在某种意义上成为知识生产与管理的工作。

——澳大利亚教授斯蒂芬·奎恩

学习要点

数字化技术的发展，推动媒介形态的转型、升级和融合，进而对新闻工作者提出全新挑战。本章针对融合媒介报道即融合新闻的新变化、新要求而设计，结合课堂讲授与实操练习，让大家熟悉融合新闻的基本模式和特征，培养从事融合新闻必备的专业素质，掌握融合新闻的基本方法，并且对融合媒介的未来发展趋势有一定的了解。

需要掌握的知识点主要包括以下几个：

熟悉融合新闻报道的基本模式。了解融合新闻报道模式的发展历程，掌握“互联网+”模式、“中央厨房”模式和“沉浸新闻”模式的主要特征和操作解析。

掌握融合新闻报道的主要方法。了解融合新闻的新闻价值与新闻伦理的变化，掌握全能型记者的专业素质和专业技能，熟悉融合新闻的信息获取和集成方式。

了解融合媒介发展的未来趋势。了解媒介技术（包括机器人写稿、“VR+”新闻及人工智能等）发展给新闻传播领域带来的深刻变革，了解融合媒介及全球传媒版图的未来发展趋势。

“媒介融合”是进入 21 世纪以来全球新闻传播界实践探索的重要方向。对于媒介融合新闻与传统新闻形态的区别，美国西北大学教授里奇·戈登较早归纳出了五种“融合新闻”的类型。一是所有权融合，指大型传媒集团拥有不同类型的媒体，因此能够实现这些媒体之间的相互推销和资源共享；二是策略性融合，指不同所有权的媒体在内容和新闻资源上的共享；三是结构性融合，即在新闻采集和分配方式上的融合；四是信息采集融合，即新闻报道层面上新闻从业者以媒介融合技能完成信息采集工作；五是新闻表达融合，指记者编辑综合运用多媒体互动工具，与公众互动，从而完成对新闻事实的表达。①

关于媒介融合的新闻实践，有不少词可指称，如上述的“媒介融合”“融合新闻”以及“融合媒介”“融合媒介新闻报道”等。为方便行文，本章使用“融合新闻”来统一指代基于融合媒介的新闻报道。

全球资讯需求大潮使媒介融合势在必行，越来越多的人通过网站、移动App和各类社交媒体随时随地获取新闻资讯，各种媒介融合产品已推动用户消费习惯的形成。皮尤调查显示，几乎每五个美国人中有一人在听电子书。②

媒介融合也已迅速发展成为全球传媒大融合背景下的通行作业模式，新闻机构把报纸、电视、广播和互联网站等的采编作业有效结合起来，资源共享，集中处理，衍生出不同形态的新闻信息产品，然后通过多种平台传播给用户。

随着媒介融合的深入，新闻价值判断、新闻生产流程、新闻头条的选择、新闻生产工具等都发生着深刻变革。“当VR新闻、AR叠加新闻、机器人写作、网络直播、360度全景视频等开始走向主流新闻制作的中心，传统新闻的形态、内容、呈现时空、制作主体、制作过程等都发生着巨变。新闻不再是对事实的直接记录，而是变成沉浸式体验、参与式创作，变成全民直播的狂欢。第三媒介时代的沉浸传播生态系统，产生的是深度彻底的融合媒介，即把所有过去、现在及未来的媒介形态融为一体，引发新闻体制和社会传播的大变革，使新闻真正变得无时不在、无处不在、无所不能，成为一种新新闻，即‘沉浸新闻’。”③

在融合新闻的工具、传播途径发生变革的同时，新闻传播人才培养也需要融入更多的技术成分，以提高学生们的融媒技术素养，如网络编辑、VR及全景影像的拍摄与制作等。然而技术发展可以是无止境的，但是新闻资讯的核心价值依然存在。媒介融合使新闻工作的部分专业价值被消解，记者编辑的职能从重视动态信息转向信息整合和对信息的深度解释，以保持其核心

---

① GORDON R. The meanings and implication of convergence［M］//KAWAMOTO K. Digital journalism: emerging media and the changing horizons of journalism. New York: Rowman & Littlefield, 2003: 57-73.

② PERRIN A. Nearly one-in-five Americans now listen to audiobooks［EB/OL］.（2018-03-08）［2018-05-01］. http://www.pewresearch.org/fact-tank/2018/03/08/nearly-one-in-five-americans-now-listen-to-audiobooks/.

③ 李沁．沉浸新闻模式：无界时空的全民狂欢［J］．现代传播，2017（7）：141-147.

竞争力。正如斯蒂芬·奎恩所指出的，随着新闻来源和信息渠道的剧增，在多种媒介融合的新闻编辑部中，记者编辑的主要职能已不是采集新闻，而是对浩如烟海的新闻和信息进行筛选和重新组合，使这些杂乱的信息呈现出相互联系和深刻意义，并使其转化为知识。新闻从业者的工作也因此在某种意义上成为知识生产与管理的工作。①

第一节　媒介融合推动新闻报道模式的变革

媒介融合带来了信息传播模式的变革，使新闻信息的生产由传统的单一形态向多元互动的全媒体信息生产形态转变，进而重构新闻采编人员结构及工作流程，在采编主体及地位、信息流通机制、媒介产品生产方式等方面产生深刻变化，形成了全新的新闻报道模式。这个发展过程主要经历了三大阶段，形成了三种主要的融合新闻模式即“互联网＋”模式、“中央厨房”模式和“沉浸新闻”模式，也在一定程度上体现了媒介融合不断深入发展的过程。

一、“互联网＋”模式：传统媒介的网络化转型

“互联网＋”模式是融合新闻的最基本形态。利用互联网这个载体，传统的纸媒、广播、电视与新媒介形态有效结合起来，相互借力，形成信息生产与传输多元化的新模式。

“互联网＋”模式实现线下线上的采编内容和资源共享，信息处理较为集中，衍生出不同形式的信息产品，然后通过传统平台和互联网平台传播给受众。这样融合后的媒介能以传统纸媒的深度，加上互联网的速度，搭建起较为立体的传播平台，使新闻信息能够更好地被发布和接受，初步达到融合媒介的传播目的。

这一阶段主要开始于 20 世纪末，世界各大传统报纸如美国的《纽约时报》、《华尔街日报》（*The Wall Street Journal*）等纷纷推出网络版、电子报，也被称作“报纸上网”，起先利用互联网传播传统媒体的内容，进而发展到开发制作专门用于网络传播的信息内容。如中国的人民网，就经历了从单纯的党报内容上网到全面生产丰富多样的互联网信息内容的发展过程。

“互联网＋”模式在帮助传统媒体向新媒体过渡的阶段起到了非常重要的

① QUINN S. Convergent journalism：the fundamentals of multimedia reporting［M］. New York：Peter Lang Publishing，2005.

作用，让传统媒体依托原先的内容优势，试水网络新媒体，并不断地提高网络“水性”，从而最终可以破茧重生，摆脱后来逐渐掣肘的传统媒体母体，或者带着母体一起向全新形态的融合媒介转型。

二、“互联网＋”报道模式的技术思考

“互联网＋”报道模式是比较初始阶段的融合新闻形态，它由于是一个过渡期形态，所以处于新旧媒体合围的夹缝中，容易出现不少技术及认知问题。

操作解析

“互联网＋”报道模式中的常见问题

“互联网＋”报道模式容易出现以下问题，应着力避免：

- 成为表面化的“＋互联网”。传统媒体在变革过程中只是将互联网作为新噱头，没有从根本上结合自身情况将业务搭载到互联网上来，采取了所谓的“＋互联网”而不是“互联网＋”。①
- 仅仅以技术视角看待新媒体，未能认识到新媒体不只是平台与渠道，也是媒介内容形态。
- “互联网＋”模式往往是简单片面的“内容”和“渠道”相加，传统媒体与新兴媒体之间缺乏深入融合，传统媒体部门和新媒体部门之间是分开的两个系统，平行发展。遇到新闻事件，往往是一个集团下属多个传媒机构各自派去记者，造成人力重复投入，资源极度浪费，内容生产同质化。

媒介融合，应该是传统媒体和新媒体从相“加”到相“融”的过程，肤浅的“融合”只能算是媒体相加，不能称为媒介融合。

第二节　融合新闻的基本操作模式

随着数字媒介技术和传播技术的发展，媒介融合在新闻实践中形成了一些基本操作模式，其中有前期比较通行的“中央厨房”模式，以及如今受到越来越多追捧的“沉浸新闻”模式。

---

① 赖小兵．传统媒体和新媒体融合发展态势研究：以新华全媒头条的融合和创新为例［J］．出版广角，2016（17）：28－31.

一、“中央厨房”模式：再造新闻采编播流程

随着媒介融合的继续深入发展，融合新闻在新闻信息传播上产生集成型“中央厨房”模式。相对于传统媒体的新闻信息采编各自为战，“中央厨房”模式再造新闻信息采编流程，打破传统媒体环境下的媒介介质壁垒，形成采集、加工和发布三个环节专业分工、环环相扣、一体运行的流程布局，不仅节约了采编资源成本，而且容易产生协同一体的传播合力。“中央厨房”模式有利于内容生产主体包括记者编辑、技术人员、营销人员等协同作战，提升媒介产品的质量和生产效率，形成覆盖各种媒介产品形态的集成化传播局面。在这方面，国内外的媒体都进行过很多有益的探索和创新。

《纽约时报》于2014年成立超级编辑部，重构采编流程，确立编辑主体的指挥协调地位，从而使报纸和网站的编辑、社交媒体的编辑、制片人、设计师、开发人员等在报道协作中发挥更为核心的作用。《人民日报》于2015年成立全媒体平台，打造“中央厨房”，实际上也是采编业务流程的再造。全媒体平台由三大平台构成，分别是采编业务平台、技术支撑平台和全媒体新闻空间平台。在采编业务平台中又对传统采编人员进行机构划分，即指挥部门、信息收集部门、编辑加工部门、产品推销部门等。而这些部门又以指挥员为中心，形成超级编辑部，履行一体化报道策划指挥调度职能。①

媒介融合的“中央厨房”模式，是对整个新闻信息生产传播流程的重构，不仅带来新闻信息采编工作流程的再造与机构的重组，更带来整个新闻信息生产传播模式的变革。传统媒体环境下，采编播（发行）组织形态以专业领域分工，按新闻信息行业属性设置各个部门，各不干涉；而且组织架构从采编、经营到行政，形成一套层级多、部门细、职能杂的组织形态，在一定程度上制约了新闻生产力的提升。“中央厨房”模式是在媒介融合环境中运作的，适应新闻信息传播的集成性、立体化需求。

媒介融合对采编播的流程重构和机制创新，重点体现在“融合”二字：

（1）平台的融合。融合新闻首先在于平台的融合，技术发展让平台融合成为可能，各种媒介形态通过互联网连接在一起，形成新闻信息采集、产品创意策划、集成发布和技术支撑等多位一体、协同创新和高效运行的组织形态，打破了各部门、各平台间的壁垒，促进了资源共享和协同运行。

（2）产品的融合。产品的融合，不是新闻信息表现手法的简单叠加，而

① 何炜，张旸．“中央厨房”烹制新闻美味：人民日报全媒体平台创新融合发展途径的实践［J］．中国报业，2016（7）：16－18.

是通过创新性的融媒呈现方式，给用户前所未有的信息体验。在媒介组织和信息平台的融合的基础上，强化融媒形态的多元表现，提高新闻产品的生产效率和多平台适用性。

（3）采编播的融合。包括采编人员在内的新闻信息生产主体需要加强彼此间的交流、沟通和协调，真正建立一种新的开放、即时、自由的交流机制。如进行数据新闻产品的生产，要整合媒介信息资源中的图片、文字、视频、音频、图表等各类资源，协调发挥各方作用。如要增强动画表现，就要请美工参与创意加工，请传播人员选择合适的播放格式和渠道。

即时通畅的协调沟通机制，是“中央厨房”式融媒运作的关键。在媒介融合环境下，新闻信息生产主体的交流沟通机制已经成为新闻采编运行机制改革中的重要环节。从融合新闻实践看，新闻信息采编播的交流机制已从“实体定时交流”逐渐转向“虚拟即时交流”，从“单向部门交流”转向“跨界协同交流”。

操作解析

“中央厨房”模式的关键点

● 组建“虚拟即时编辑部”。传统媒体围绕“截稿时间”形成的编前会机制，已不适应媒介融合的信息传播环境，尤其是突发新闻事件报道。当下需要组建“虚拟即时编辑部”，如中国一些主流媒体的新闻报道团队开设“微信群”和“微博群”，打通前方和后方，增强即时互动交流，增强新闻信息生产的即时性和准确性。

● 组建“跨界团队”。在传统媒体环境下，采编播环节多，且各个生产环节相对独立封闭，缺乏有效联系，尤其缺乏编辑主体之间、编辑与用户之间、编辑与记者之间的即时互动。而在融合新闻流程中，围绕新闻事件组建报道组，形成包括记者、编辑、技术、营销、创意、设计、传播等部门在内的跨界团队，使采编播主体之间可以更顺畅及时沟通，高效合作，促进媒介产品形态的创新。同时，“跨界团队”形式并不阻碍一人多能，记者既可以独自进行新闻采写，也可以在共同的技术平台支持下进行或参与新闻稿件的采编、加工和传播。

● 用好“云”和大数据。大数据、云计算成为关键技术支撑。以湖北省为例，湖北媒体借助长江云的融媒内容生产体系，实现了广播、电视媒介的融合生产，按需面向省市县提供传媒产品的生产服务，促进了全省传媒行业的转型发展。这样的省级融媒协作，是以云技术为核心打造区域性生态级媒介融合云平台，可以统一为区域性的各类传媒主体提供融媒业务平台服务，为区域民众提供无时不在、无处不在的融媒信息服务。

二、"沉浸新闻"模式：基于互联网和大数据的新闻体验

这些融合新闻的创新，改变了传统媒体环境下的工作方式，无论在机制构成、运行时效、表现形态上还是在传播主体和方式上都形成了新的形态，甚至发生了巨变，更好地实现了从融合新闻的"实体定时交流"向"虚拟即时交流"的转变，并开始向"沉浸新闻"模式转化。

正是随着融合媒介的不断深入演进，一种全新的新闻传播模式——"沉浸新闻"开始出现，并迅速在全球各大主流新闻机构形成新的发展前沿。当VR新闻、AR叠加新闻、机器人写作、网络直播、360度全景视频等开始走向主流新闻制作的中心，传统新闻的形态、内容、呈现时空、制作主体、制作过程等都发生着巨变。新闻不再是对事实的直接记录，而变成沉浸式体验、参与式创作，变成全民直播的狂欢。[①] 第三媒介时代的沉浸传播生态系统，产生的是深度彻底的融合媒介，即把所有过去、现在及未来的媒介形态融为一体，引发新闻体制和社会传播的大变革，使新闻真正变得无时不在、无处不在、无所不能，成为一种新新闻，笔者将之命名为"沉浸新闻"。

沉浸新闻无时不在、无处不在，进入人们生活的各个时空，也推动着融合媒介平台直播的火爆收视，如越来越多的传媒机构利用Facebook Live平台进行网络直播。美国国家航空航天局（NASA）2016年水星凌日直播，吸引了21.2万次观看。美国新闻资讯整合平台BuzzFeed报道，亚特兰大电视台WSB-TV气象预报员布拉德·尼茨（Brad Nitz）的气象直播，收获7.7万次观看，"比电视台通常的网络观众多很多"。英国广播公司（BBC）进行欧洲杯和英国脱欧的直播；路透社2016年下半年的直播比上半年猛增十倍；仅2016年3—6月间，BBC和《纽约时报》在脸书上的直播就超过99次。

用于沉浸新闻的技术不断更新，相应设备层出不穷。智能手机、穿戴式设备、VR摄像机等，都可用于完成写作、摄影、摄像、定位、发送、即时通信等工作。未来，设备会变得更为时尚，功能更为强大。随着新技术的不断发展，移动直播、全息影像、虚拟现实、人工智能等内容制作正在成为新增长点，越来越多的融合媒介制作团队进入移动虚拟现实内容的制作领域，5分钟短视频和新闻游戏开始进入人们的日常信息生活，体育赛事、现场音乐、文化活动的360度全息影像直播，成为融合媒介内容制作与传播的新模式。全球最大视频网站网飞（Netflix）推出虚拟现实视频手机客户端Netflix VR，迪士尼与Oculus联手打造全新系列卡通VR形象，谷歌向全球招募优秀视频

---

① 李沁．沉浸新闻模式：无界时空的全民狂欢［J］．现代传播，2017（7）：141-147.

创作者为其独家虚拟现实平台 Daydream 制作内容。中国 VR 业界也在融合媒介内容生产、网络分发、社交互动等环节打造开放合作的全产业链，如爱奇艺推出 VR 一体机和融合虚拟现实前沿技术的影视新作，第一视频与全景相机制造商合作开发虚拟现实图像。

沉浸新闻的主要诉求就是最大限度地吸引用户参与新闻信息的创作与传播，无界时空的网络传播超越国界、种族、地域地“吸粉”，成为最适合“虚拟世界”与“现实世界”融合沉浸的传播方式。借助虚拟现实技术，新闻信息生产者创造出可以使用户进入并参与、共同创造的虚拟空间。

了解更多关于沉浸新闻产生的原因、特征，以及沉浸新闻的基本模式，请参阅本书第八章。

第三节　融合新闻的信息获取及新闻核实

融合媒介新闻报道的信息获取与集成方式，与传统新闻报道相比，在信息传播的主体、信息传播的渠道方式、信息生产过程等新闻生产的全过程中体现出明显不同的特征，尤其是技术因素的作用，给其在信息获取和集成方式上带来巨大变化。尽管 Facebook、YouTube、Twitter 和其他公司一直以来宣称，人工智能和算法将在未来取代人类监管高风险内容、进行事实核实，但近来它们也承认，人类仍是保护新闻内容真实安全的最重要的防线。

一、融合新闻的信息获取与集成

基于网络融合媒介的新闻报道，一个关键技能是在网络上搜索资料和数据，比如如何用网络搜索查出人物和事件线索？有哪些技巧？可以借用哪些工具？

全球深度报道网（GIJN）是一家扶持深度报道发展的非营利性国际机构，致力于整合并分享深度报道资源，包括报道手册和书籍、国内外公开数据库、数据新闻工具包和深度报道的前沿探索。GIJN 成立于 2003 年，在全球 68 个国家和地区有 155 个会员组织。该网向全球记者分享用于深度报道的工具与方法。

（一）网络搜索原理＋技巧：查网页、人名和域名

搜索引擎是记者常用的“开源”搜索工具中最重要的组成部分之一。结合社交网络、域名查找，以及更传统的搜索方式比如报纸和通讯录查找等，

有效的网页搜索将会帮你找到调查过程中至关重要的信息。

BBC 的互联网研究专家保罗·迈尔斯（Paul Myers）在《调查报道信息核实手册》（*Verification Handbook for Investigative Reporting*）上分享了自己使用谷歌搜索的一些妙招，其中一些也适用于百度搜索。比如高级检索语法，大部分搜索引擎有这类“隐蔽功能”，助你锁定搜索范围，改善搜索结果。

- 技巧 1：非必需关键词（optional keywords）。

你如果没有一个特别确定的关键词，可以嵌入一些可能的关键词，并使它们不损坏结果的完整性。可以用大写的“OR”将要搜索的各个关键词分开，使它们成为检索词中的“非必需关键词”。

- 技巧 2：利用域名搜索（search by domain）。

你如果想集中查找一个特定网站上的相关内容，可以使用的高级搜索语法是在“site:”后面输入网站域名。你如果只想查找推特上的相关结果，那么在关键词后输入“site：twitter. com”即可。

- 技巧 3：搜索文件类型（searching for file types）。

有些信息会以特定的文件格式类型出现。比如，数据出现的格式通常是 Excel 电子表格。专业制作的报告常以 PDF 文件的形式出现。在“file type:”后面加上目标文件类型的拓展名（如 Excel 表格的 . xls，Word 文档的 . docx，幻灯片的 . pptx 等），就可以在搜索过程中锁定某一特定格式的资料了。①

（二）“人肉”搜索十大工具

保罗·迈尔斯同时还运营网站“互联网搜索诊所”（The Internet Research Clinic），致力于引导记者找到最好的网络搜索平台、应用工具和其他资源。他在 BBC 学院（BBC Academy）负责网上调查、数据新闻、社交媒体、统计学以及网页设计等培训课程，也曾为《卫报》（*The Guardian*）、《每日电讯报》（*The Daily Telegraph*）、《泰晤士报》、美国有线电视新闻网（CNN）、世界银行、联合国开发计划署等机构的工作人员做过培训。他为记者推荐了十款强力的“人肉”搜索工具。

1. 搜索电话 IP：Aql. com

谁在发送大量垃圾短信？骚扰电话是从哪里打过来的？Aql. com 可以帮

---

① STAFF G. 报道亚洲｜ BBC 专家：网络搜索，大有可为［EB/OL］.（2016 - 07 - 07）［2017 - 01 - 23］. https：//cn. gijn. org/2016/07/07/%E8%81%9A%E7%84%A6%E5%B0%BC%E6%B3%8A%E5%B0%94 - bbc%E4%B8%93%E5%AE%B6%EF%BC%9A%E7%BD%91%E7%BB%9C%E6%90%9C%E7%B4%A2%EF%BC%8C%E5%A4%A7%E6%9C%89%E5%8F%AF%E4%B8%BA/.

你忙。该网站专供搜索电话 IP 所属地、供应商信息和目前位置、地区编号、连接网络的名称，甚至还有最近改变网络的日期等。只要按格式输入电话号码，获取以上信息一键搞定。此外，如果想查找与 Skype 相关的信息，利用 SkypeGrab 能得到打出 Skype 电话的 IP 地址。

2. 查找相似域名：TCPIPUTILS. com

TCPIPUTILS. com 主要用于查找与目标网址相似的域名。不光是域名，IPv4、IPv6、网络供应商 IP 和所在地的信息也一查俱全，还可以单独点开域名，看看它有没有包含在 DMOZ 这样的公共网页目录里面。这样有助于帮你找到那些借着大网站名头行诈骗之实的钓鱼网站。

3. 搜索网站域名：DomainTools

DomainTools 是一款功能强大的域名搜索工具。它同时还能查询 IP、Whois 更换、服务器更换等历史信息，功能强大。迈尔斯推荐的其他类似 IP 神器还包括 WhatIsMyIP. com，该网站能马上检索出目标 IP 所处的国家、城市、城区、邮政编码、网络供应商、时区和经纬度等信息，定位相当准确。

4. 抓取网站信息：Black Widow

想从网站抓取信息但不懂编程怎么办？Black Widow 是一个好选择，其有强大的抓取能力，能抓取网站上的信息，下载 YouTube 视频以及 . pdf、. php、. ggi 和其他格式的文件，对加密保护网页也适用。

5. 获取网站后台文件：Pentest-Tools

这个工具分为信息收集（information gathering）、网站应用检测（web application testing）和基础设施检测（infrastructure testing）三部分。键入要查询的网站域名，就能找到其子域名（subdomains），或者下载关于网站服务器、链接漏洞信息（URL Fuzzer）的 PDF 报告等，甚至还可以找到网站背后的文件目录，可以知道网站更详细的内容信息。

6. 搜索相似图片：Fuskr

Fuskr 是一个谷歌浏览器插件，安装之后，用鼠标右键点击图片，可以找到图片链接背后隐藏的一系列相似图片，支持下载、排除受损照片和重新调整图片大小以适应网页等。

7. 搜索社交媒体信息：Echosec 和 Geofeedia

和荷兰网络搜索专家亨克·范·埃斯（Henk Van Ess）一样，保罗·迈尔斯也强烈推荐能提供社交媒体信息搜索功能的 Echosec 和 Geofeedia。

Geofeedia 是社交媒体监控网站，其特殊之处在于，除主流英文媒体外，它还监控了新浪微博。微博的高级搜索定位只能精确到市，而登录 Geofeedia

后，会出现地图界面。Geofeedia 还有一些功能，如日期选择、关键词存储、用户名存储等。其他值得发掘的应用功能还包括搜索突发事件目击者、获取丰富实时信息、联系遥远国家特定地区的公民、分析特定地区社交媒体发布趋势等。不过，它是一个收费网站，但可以申请免费试用。

Echosec 与 Geofeedia 类似，均采用地图和搜索。它的优势在于地图语言可显示为中文，更便于确定地点。目前其免费版本可追踪推特和 Flickr，追踪新浪微博则需要注册。

8. 查看图片元数据：Jeffrey's Exif & Metadata Viewer

在网上看到了超炫的摄影作品但不知道是在哪里拍摄的、使用了什么参数，这款工具可以帮助记者依据关键图片线索锁定时间地点。只需粘贴图片地址或上传图片，图片基本信息如大小、像素、拍摄地点和时间、具体参数（快门、光圈、镜头型号等等）都能查出。你还能了解到谷歌地图图像以及当时的定位，并可以放大缩小看。同类型的平台还有 Gbimg. org。

9. 搜索脸书图片：Graph. tips

想专门挖掘脸书上图片的信息？试试亨克·范·埃斯建的网站 Graph. tips 吧。这个网站虽然界面简单，但功能强大：登录脸书，语言设为美国英语，在脸书上键入人物名字找到用户名，粘贴用户名并点击“Get FB ID”，想查哪项相关信息都可以，比如个人评论过的帖子、喜欢的照片、拍的照片等。还能点击按钮查到这个人去过的国家和地区，甚至具体到去过哪家书店、咖啡店，当然都靠检索该用户在脸书上公开的信息。

10. 下载视频利器：Snagit

Snagit 是捕捉图像乃至视频的最佳神器。想演示网站操作、记录网站视频内容，只要选中想录制的区域，自己设定时间就可以了，轻松易得。该软件目前暂时只提供 . mp4 格式文件的存储，想选取其他格式文件，就需要转换格式的软件帮忙。①

二、新闻核实的方法和工具

截稿时间迫在眉睫，又必须要形成准确严谨的报道，可以借助 Africa

① 周炜乐 . BBC 搜索专家：十款强力“人肉”搜索工具［EB/OL］.（2015-10-15）［2017-01-23］. https：//cn. gijn. org/2015/10/15/bbc%e6%90%9c%e7%b4%a2%e4%b8%93%e5%ae%b6%ef%bc%9a%e5%8d%81%e6%ac%be%e5%bc%ba%e5%8a%9b%e4%ba%ba%e8%82%89%e6%90%9c%e7%b4%a2%e5%b7%a5%e5%85%b7/.

Check 的五步事实核查指南，帮助你快速理清思路，做好事实核查工作。①

该指南最初于 2015 年 11 月 16 日发表于 Africa Check 网站。Africa Check 是建立于 2012 年的一家独立非营利机构，致力于促进公共讨论与非洲媒体报道的准确性，提高非洲社会开放信息的质量。Africa Check 在南非约翰内斯堡、塞内加尔首都达喀尔，以及英国伦敦均设有分部。Africa Check 专注于运用实际证据核查公众人物、机构和媒体所发表的主张，并以英法双语进行报道。

图 5-1 是五步事实核查指南的中文版本，来自全球深度报道网的翻译。

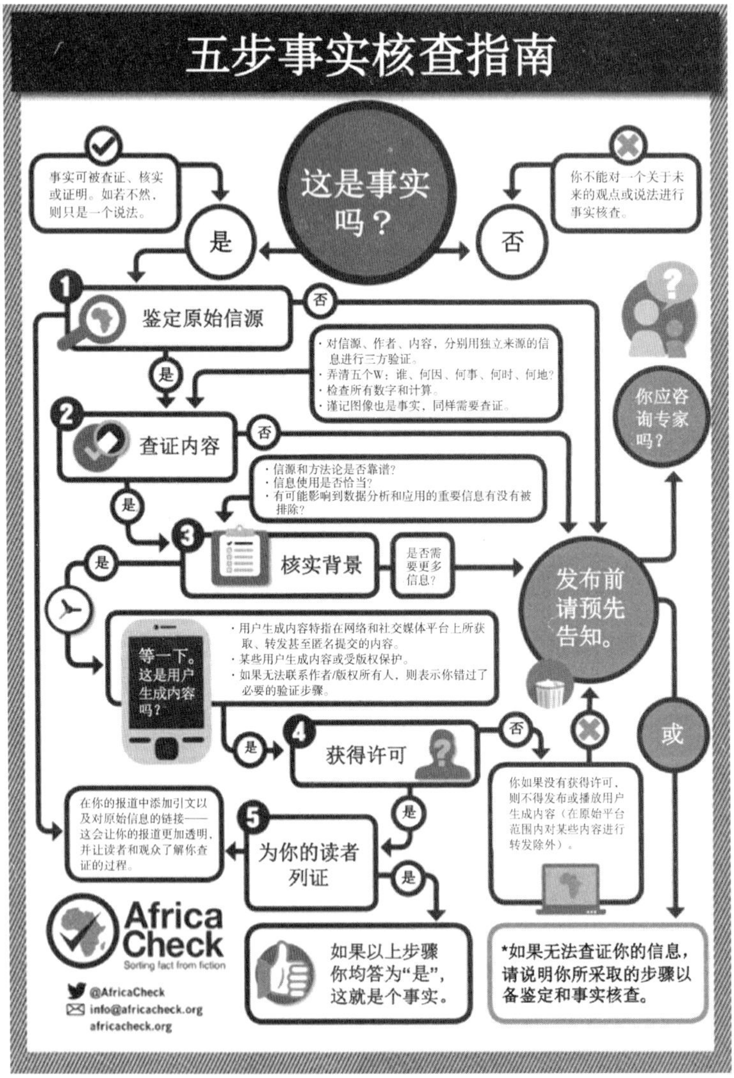

图 5-1 五步事实核查指南

① Guide：the five-step-fact-check [EB/OL]. (2015-11-16) [2021-04-25]. https://africacheck.org/fact-sheets/guide-the-five-step-fact-check/.

融媒时代信息爆炸式增长，媒介内容及生产形式不断创新，虚假新闻和诽谤内容也层出不穷。为了应对虚假新闻带来的危害，国外一些传媒机构创立事实核查机制和新闻核查项目，以提高新闻报道的可信度和公信力。

事实核查工作在很多情况下无法完全用计算机解决，像菲律宾、印度等国已经成为全球审核的主要外包中心，很大程度上是因为当地已经有呼叫中心站点等基础设施，同时也因为这些国家的人英语水平高，进行内容审核时语言是重要技能。Facebook 和 Google 这些大公司同时还在全球建立区域内容审核站，聘用当地人工作。但它们并不是在每个运营地区都建立内容审核站，而是招聘那些有其他语言优势的人，如会说海湾阿拉伯语的人到菲律宾来工作。

较为普遍使用的事实核查机构和网站有美国的 PolitiFact、Fact Checker 和 FactCheck. org，还有果壳网的“谣言粉碎机”及其子站“流言百科”等。详情可参阅杜克大学的 Reporters'Lab 的数据库，该数据库囊括了全球事实核查的主要站点。

阅读、思考与练习

阅读

1. 格雷克．信息简史［M］．高博，译．北京：人民邮电出版社，2013.

2. BASS A Z. Refining the “gatekeeping” concept：a UN radio case study［J］. Journalism Quarterly，1969，46（1）：69－72.

思考

1. 融合新闻模式有哪些常见形式？

2. 进行新闻核实有哪些主要步骤？你认为主要难点在哪里？原因是什么？

练习

对下面这条网络信息，如何进行新闻核实？请列出主要步骤。

武汉一送菜员一个月瘦 18 斤：
已在面包车过夜 14 天，租住小区不让进

03－04 13：24｜青蜂侠　　来源：中国青年报客户端

2 月 29 日晚，武汉某平台送菜员马增辰结束 20.5 个小时的送菜工作，在车里躺着睡着了。截至昨天，他已在送菜的面包车里住了 14 天。2 月 18 日，社区以多种理由拒绝他进小区回家。同属于武汉市官方认可的民生保障人员，同事在别的小区测温正常可以回家。马增辰不明白为什么不让他回家。

第六章
融合新闻策划与主要形态

在从事媒体工作40年后，我最关心的不是风格，而是生命的呼吸。

——《纽约客》杂志编辑威廉·马克斯韦尔

学习要点

融合新闻常见的报道平台除了传统报纸、电视之外，新增了诸多选项，包括网站、微博、微信、客户端、VR。平台有其适应的报道形式，将合适的报道形式运用在适合的平台上，这是融合新闻策划中比较关键的一步。而更为重要的，是要寻找一些通用形式能适用于最多的平台。本章对融合新闻策划及常见报道形式进行分解。

第一节　融合新闻策划：怎么做出“爆款”产品

任何一个从事融合新闻策划工作的人，都想做出“爆款”产品，那么一个“爆款”产品是如何产生的呢？

从10万+，到100万+，“爆款”新闻产品常常是可遇不可求的，那么有没有规律可循？

网络视频走红，英文用“go viral”这个词。凯文·阿洛卡（Kevin Allocca）是全球最大的视频网站之一YouTube的文化与趋势部门主管（Head of Culture & Trends），他以《为什么视频会火爆》（Why Videos Go Viral）为题，在TED Talks上分享了YouTube走红视频的特点（见图6-1）。在他2018年出版的著作《视频统治：YouTube如何改变世界》（*VIDEOCRACY*：*How YouTube Is Changing the World*）中，还提到了一些走红的视频，如《双彩虹》（Double Rainbows）、《狐狸歌唱》（Singing Foxes）和《我们不能停止观看的其他趋势》（Other Trends We Can't Stop Watching），

探讨了 YouTube 最有趣的趋势以及视频对我们文化的影响。为什么一些看似愚蠢的视频能够走红，阿洛卡认为关键在于，这些视频从一个可能是愚蠢的笑话发展到每个人都能参与的东西。①

图 6－1　YouTube 文化与趋势部门主管凯文·阿洛卡在进行 TED 演讲《为什么视频会火爆》

资料来源：TED Talks 官网。

成功的融合新闻作品，总的说来，策划先行是关键。下面我们来看看融合新闻作品是如何策划的，以及有哪些常用的媒体形式和报道形态。

一、融合新闻策划的宗旨与流程

新闻策划，指新闻编辑部通过对新闻资源的开发与配置，实现最佳传播效果的创造性活动。

（一）融合新闻策划的宗旨

融合新闻策划的宗旨，是将新闻编辑部产出的各种新闻产品组成一个有机联系的整体，合理规范新闻内容在不同产品形态上的分配与呈现，包括新闻报道的选题及视角、新闻信息量、新闻发布的渠道和平台、新闻发布的时间和频率、新闻表现形态等，使不同新闻产品之间在形态和功能上具有差异性、互补性，同时关注到内容分配要符合不同媒介的受众需求。

成功的融合新闻策划，要能使不同媒介之间的新闻内容无缝衔接，打通不同平台的产品之间的界限，通过不同媒介形态产品的协同生产与传播，使产品之间形成关联和互动，提升融合新闻传播的效能，扩大新闻媒体的社会影响力。

① ALLOCCA K. Why videos go viral [EB/OL] . (2012-02)[2021-04-25]. https://www. ted. com/speakers/kevin _ allocca.

（二）融合新闻策划的核心要素与流程

融合新闻策划的具体流程包括选题决策、媒介形态选择、传播平台选择、传播模式选择、实时传播中的反馈与更新（见图 6－2）。

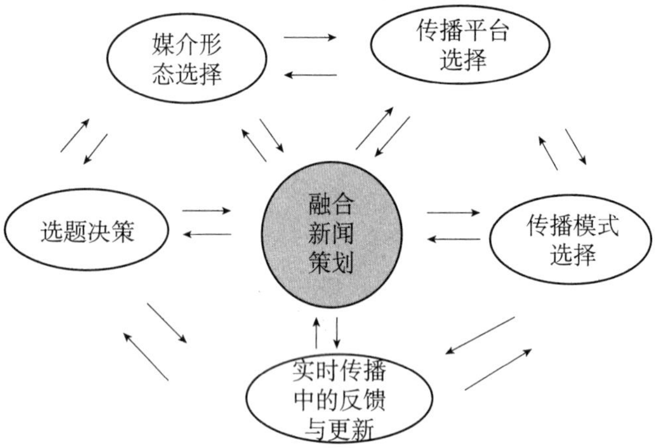

图 6－2　融合新闻策划的核心要素与流程

1. 选题决策

选题决策，即从新闻价值判断出发，决定报道选题。要紧扣时代性、文化正当性、价值正当性来构建新型的传播话语。在报道宏观形势及社会民生议题方面，在正能量主导的前提下，要注意到客观性和公正性，可以使用多元化和复杂性的报道框架，超越正反对立的单一思维和简单的道德判断，强化理性思辨。

选题决策具体包括：(1) 报道范围，即报道对象是哪些人和事，报道面有多大。(2) 报道重点，即报道的核心人物、核心事件、核心问题。(3) 选题呈现，即结合媒体的人力物力资源，本新闻报道如何突出表现主题。

2. 媒介形态选择

媒体形态选择，即根据报道主题、自身媒体的特点、传播效果设定、影响对象等来决定具体以什么样的媒介形态进行报道。其中包括文字、图片、音频、视频等如何分配；呈现出的具体形态是什么，是 H5、VR 新闻还是综合性的呈现。

3. 传播平台选择

传播平台选择，指新闻报道的呈现平台，是纸媒、电视、客户端，还是微信公众号等。好的平台选择要尽量实现平台间的协同，特别是主流媒体与平台媒体之间的合作共赢，打通报纸的出版流程与微博、微信、客户端等新媒体部门和平台，提升新闻的到达率和影响力，重构主流媒体的新闻生产流程和资源配置方式。

4. 传播模式选择

融合媒介打破了传统大众媒介的单向传播，拥有了更多元和更强大的传播模式以供选择。策划需要确定主导的传播模式是互动传播，还是沉浸式的传播。良好的融媒体传播，一般是以移动传播优先，形成以网络为核心的沉浸式的生产机制和传播机制。

5. 实时传播中的反馈与更新

实时传播过程中，要根据新闻的发展态势及时进行反馈和更新，实时掌握新闻传播过程中的信息变化，了解不同媒介用户的评论，并针对用户不断进行话语创新和传播路径创新，以增强信息的接受度和认同效果，实现从“入眼、入耳”到“入脑、入心”的升华。

操作解析

避免融合新闻策划的认知误区

- 融合新闻策划并不是一个线性过程，而是一个多级互动、循环往复的过程。
- 融合新闻报道也并不是一劳永逸的静态事件，而是一个动态的实时发展过程，有些报道可以持续数日、数月甚至数年。
- 实时性、动态性、长期性是融合新闻策划的特点，也是其挑战与机遇并存的原因。动态运作相对困难，但也最容易创新出彩。

二、融合新闻策划的内容形式及传播平台

融合新闻策划中常见的报道体裁有消息、通讯、特写、评论、专访、新闻专题、一张图新闻等。

比较常见的报道形式除了单纯的文字报道外，还有图片（包括九宫格图）、短视频、直播、H5、动新闻等。音视频类的还有现场报道、视频连线、用户在线互动、VR 沉浸报道等。

操作解析

如何选择最适宜的内容形式及传播平台

- 不同的新媒体形式以其相应特性对应着不同的媒介平台，要为内容找到最适合该平台的表现手法和风格，才能达到最佳传播效果。如抖音平台上的短视频，不

同于微博中的短视频。

- 同样的报道形态如文字报道，在不同的媒介平台会有不同的篇幅要求和不同的呈现方式。
- 做好融合新闻策划的关键，首先是对各种媒介形态的特征要熟悉，能够灵活运用，让媒介形态与报道内容相得益彰。进而，能让各种媒介形态打好配合战，形成一个生动完整的立体报道。
- 传统的新闻策划中，新闻专题主要是指将所有稿件集合在一起，一般出现在纸媒、网站上。媒介融合时代的新闻专题，则要求打破媒介的时空界限，充分调动各种媒介元素和媒介平台。

（一）文字报道：最基础的报道形式和媒介形态

文字报道是最基础的报道形式和媒介形态，但要注意到，在不同媒介平台中，文字报道也有不同的表现形式。

新闻报道策划中，对报纸需要标明相应的体裁和篇幅，还可将其他新媒体平台上的内容以二维码形式附在版面中。

网站、微信公众号和新闻客户端与报纸基本一致，但由于不受版面和时间的限制，体裁和篇幅可更为多样和随机，更适合突发事件的及时报道，在微博上可以用＃××××＃的讨论话题形式。在微博上要注意以＃××××＃的形式带上讨论话题，以及140字的字数限制。当然，现在人们常常将文字转化为长图来突破140字的字数限制。

一般而言，微博适合话题征集、短消息速报，虽然也可以发表长文章。网站文字报道可以与报纸报道相同，客户端的文字报道建议根据移动传播及碎片化阅读习惯，将标题和正文做得更短小精练。

微信公众号一般发布突发新闻、较长评论和深度报道，重要通告和突发性短消息在微信公众号发布时，要尽可能链接到该新闻的相关背景及相关报道，并留下进一步更新和追踪报道的空间。

（二）图片：融合新闻平台的标配元素

除了传统报道中以文字报道配图的基本形式外，图片也是融合新闻报道中运用特别广泛的一种基本报道元素，在各个平台可通用。

报纸上的图片，一般是为消息、深度报道、特写所配，评论通常不配图，消息配图一般以现场图为最佳，配图时要注意人文关怀和保护隐私。

客户端、网页和微信的配图基本要求是准确、清晰、合适。在微博中，九宫格图是常见形式。

一张图新闻是较常用的一种报道形式。“一图读懂×××”的报道，大部分以类似漫画的形式，用一张图讲述一个完整的故事，相比于多张图来说一个故事，一张图的形式在内在逻辑上更清晰，往往也更有趣味性。

需要特别注意的是，无论是现场报道照片还是其他形式的图片，要与报道主题相关，并关注呈现是否存在人文伦理方面的细节问题。一定要避免不正确的配图和无关的配图，以免形成“有图未必有真相”的虚假新闻。

此外，图片新闻、图片专题已作为一种独立的报道形式存在，日益完善的修图技术和现代传播技术不断对图片新闻进行解构，人们也在对图片新闻进行重新解读和建构，倾向于象征性地阅读新闻。对此，本章后面会有专门的更详细的介绍。

（三）短视频：时长一般为 1～5 分钟

短视频如今也广泛应用在融媒体网络平台上，如网站、微博、微信公众号平台，以及各种短视频平台如抖音等。

短视频在移动网络平台上出现时，时长一般为 1～5 分钟。网站上的短视频可以略长一些。另外短视频也可以通过二维码的形式出现在报纸上，如《新京报》旗下的“我们视频”以提供最新鲜、最热门、最有价值的新闻直播和短视频为宗旨。

（四）动新闻：3D 视频模拟新闻场景

动新闻，是一种以三维视频（动画）方式呈现突发新闻、焦点新闻的报道形式，主要以网络、电视为传播载体，以 3D 新闻模拟场景为主体，融合现场照片、动画、旁白、音效等多媒体元素，模拟再现整个新闻事件过程或关键点。

动新闻总体来说是一种短视频，最适合出现在灾难新闻中，对事发时场景的模拟例如地震、海啸等，能够还原出事发当时的场景。2019 年 10 月的“无锡高架桥侧翻事故”，就有媒体使用动新闻形式还原了事发当时的场景。但是要注意，犯罪案件并不一定适合用动新闻模拟案发场景，依然要注意人文关怀。

（五）直播：在微博和移动客户端实行新闻报道

在新闻报道策划中，直播在微博和各种移动客户端比较普遍，一般用于突发新闻、会议新闻、灾难新闻等。在直播时可以采用无人机直播的形式，尤其是在灾难报道中，可以让无人机和机器人发挥更大的作用。

直播还可以与 VR 技术结合，例如中国 2019 年国庆阅兵式中的 VR 直播，为用户带来了身临其境的真切感受。

（六）H5：注重互动体验的新闻集成

“H5”，是 HTML5 的简称，全称是“Hyper Text Markup Language 5”（超文本标记语言第 5 版），指描述网页的标准语言“HTML”的第 5 个版本，是国际中立性技术标准 W3C（机构万维网联盟）制定的网页技术标准。H5 是为了适应移动端的发展而推出的，通常把信息做成一个场景，其中可包括图片、视频、音频、直播、地图、导航、VR、网页、动画、AI、会议报名、产品链接等多个模块，再通过二维码或转发链接，用户能更直观地体验与内容的互动。

H5 一般用于微信和客户端，其形式多样，可以是内容展示，也可以是游戏的形式等，进行报道设计时需清晰写明 H5 的具体设置。

H5 由于其多媒体融合特性，设计小测试和小游戏的效果较好，趣味性较强，要结合选题进行巧妙设计。如 2019 年国庆期间《人民日报》推出的“换民族服饰”H5。

作品赏析

苏州市广播电视总台《H5 | 夜·姑苏繁华图》：古今交融的动感生活

《H5 | 夜·姑苏繁华图》（设计：丁樾玥、王晏洁、王芬芬）（见图 6－3）就是 H5 互动呈现的一个精彩案例。该作品 2020 年 4 月 26 日在“看苏州”新闻客户端上线，短时间内就在全网获得了 300 万次的播放。

图 6－3 《H5 | 夜·姑苏繁华图》开篇场景

2020 年随着新冠肺炎疫情得到有效控制，为了助力经济消费复苏，体现苏州在疫情之后不断释放的经济活力，凸显夜苏州的消费热潮，苏州市广播电视总台的主创人员在深入了解了《姑苏繁华图》原画后，选取部分进行了创意改编手绘并构建 H5 框架，将疫情过后苏州大街小巷重新热闹起来的生活场景分为 7 个主题进行头脑风暴及创意设计，最后搭建整个 H5 场景并且测试互动。整个创作共历时 1 个月，经过主创团队的反复打磨，其间不断突破传统的思维框架，引入全新的思考维度。

最后的成品《H5 | 夜·姑苏繁华图》，采用古画新创的手法，绘制出古城新面貌，将厚重绚丽的古典画风与轻盈灵动的现代气息巧妙融合（见图6-4），通过多媒体互动的巧思和动画特效，把古城的生产、生活、生态协调起来，将疫情压抑不了城市活力生动展现了出来，不仅体现了疫情过后人们迅速恢复生产生活的人间烟火味，也塑造出了一个极具特色和活力的“网红”多彩苏州。

图6-4　《H5 | 夜·姑苏繁华图》内的生活场景之一

作品构思融入了沉浸传播的理念，浓墨重彩的生活场景，底层配上香暖的姑苏乐风，图中有“手”形图标的地方都是可以点击进去的。如“滑动云游夜姑苏”（见图6-5），指尖动下即跳出新画面，看到各种潮流信息。通过趣味互动，用户以玩游戏的方式在手指滑动之间了解苏州经济复苏中的宿、文、吃、健、游、娱、购，唤起情感萌动，情不自禁想要参与其中。

图6-5　《H5 | 夜·姑苏繁华图》“滑动云游夜姑苏”的内场景呈现

整个 H5 作品以网红化、年轻化的元素与《姑苏繁华图》碰撞，将原本静态严谨的画卷，通过亲切而灵动的表达，让人眼前一亮，形式和角度新颖，场景风格绚丽多姿，给受众强烈的冲击感和沉浸感，有一种和时空对话的感觉。通过动静结合、古今交融，碰撞出了不一样的“姑苏城”（见图 6－6）。

图 6－6 《H5 ｜ 夜·姑苏繁华图》的二维码

三、融合新闻策划方案的基本结构

在明确了融合新闻策划的原则、报道形式和平台后，在上述融合新闻策划核心要素和流程的基础上，下面来看如何形成一个完整的融合新闻报道策划方案。

一个好的策划案要清楚思考如下方面：报道主题、报道思路、内容安排、多媒体形态的使用和分布、多平台分发的安排、发布和推送的时间安排、用户互动安排、反馈处理及更新等。

操作解析

如何做融合新闻策划方案

1. 概要

简要阐明报道策划的整体思路和目标定位，说明拟采用的媒介形态和平台，以及报道形式、规模进程。说明报道形式风格与媒体整体定位的一致性。

2. 报道范围与选题重点

这部分是对选题决策的表述：

明确报道对象是哪些人和事，报道面有多大。

明确报道的核心人物、核心事件、核心问题。

3. 报道规模和进程

报道规模指报道的时间、空间与人力三方面因素，持续时长是多少，占据多大版面或频道栏目配置，动用多少采编力量和技术力量。

报道进程是对报道全过程中各时段的分割，以及相应时段的具体任务安排。

4. 多媒介形态运用及组合呈现

根据报道主题、自身媒体的特点、传播效果设定等，决定用哪些媒介形态来进行报道，并列出这些具体的形态如文字、图片、视频、H5 等如何运用。

组合呈现指将这些不同的媒介形态巧妙组合起来，作为一个完整的融合新闻推出。

5. 报道结构

报道结构是指整体报道的各组成部分间的关系及其组合排列所呈现的外在形式。即在每一个可以独立存在的融合新闻之间，通过排列组合形成生动有趣的互动关系，做到承前启后、相映成趣，让用户得到更多和更好的信息体验，实现 1＋1＞2 的传播效果。报道结构因不同的主题而不同。

突发新闻：线型＋连续式（先在第一时间抛出第一条短新闻，然后进行连续性报道，不断更新事态进程）。

重大主题宣传报道：收束型＋系列式（从中心主题向外发散，形成系列报道）、收束型＋集中式（聚焦中心主题，报道火力集中）。

社会新闻：收束型＋集中式（聚焦事件，集中发力）、收束型＋连续式（聚焦事件，进行连续性报道）。

6. 发布平台和发稿传播计划

确定平台，具体列出本次新闻报道的呈现平台是纸媒、电视、客户端还是微信公众号等。选择原则是要尽量让各个平台间产生良好的协同效应。

发稿传播计划是报道进程中各阶段刊出新闻稿件的统筹规划，包括确定每个稿件（包括文字稿和视频稿）的题目、内容、体裁和篇幅，确定稿件发布的先后顺序、具体时间及发布的媒介/平台，以及稿件在媒介中的具体位置（版面、时段）等。

传播计划一般可以按照时空来架构，即按时间进程和平台分类两种方式来进行设计规划。

时间进程：

第一天：报纸×××，微信×××……第二天：××× ……

平台分类：

报纸：第一天×××，第二天×××……抖音：第一天×××……

这就是本次报道的任务清单，要具体到各个时间节点，具体到每个媒介形式的详细要求。

这个任务清单，是下面进行报道力量配置及具体工作分配的基础。

7. 报道力量配置与运行机制

报道力量配置，指对参与报道的人力（采、编、技术、后勤）、设备、资金等的调配。一个报道越重大，则其报道规模越大，方式越多样，涉及平台越多，投入的报道力量也就越大，组织结构和运行机制也就越复杂。

在进行报道策划时，要注意运行机制和组织结构中各项要素的合理配置，人员分工、设备配置都要具体合理，包括但不限于组织架构、岗位设置、工作分配、权责分配、小组成员、整体协调等等。

8. 效果预估、反馈与调整

策划需要对整个报道做一个效果预估。在报道实施过程中，从上到下各部门、各采编人员都要及时搜集和报告最新动态，根据实际情况变化对报道策划方案进行及时调整，包括报道思路、内容呈现、规模大小、发布时空等等。

操作解析

不同类型报道策划的注意事项

1. 突发新闻类

突发新闻类即对地震、事故等各种突发事件的报道。对这类新闻要把握事件的突发性，注重时效性，更要体现报道中的人文关怀和避免出现新闻伦理问题。

2. 重大主题类

重大主题类即对类似“改革开放成就”“两会”等具有一定可预测性和重大宣传性质的事件的报道。进行此类报道策划时要突出主题和主线，策划要尽可能具体详细，切忌说过于宏大、缺乏可操作性的空话套话，要注意挖掘重大事件里的故事性和人情味。

3. 社会新闻类

这类报道策划要挖掘事件的深层次内容，解释事件的社会意义。如“幼儿园虐童事件”的报道，不能只停留在报道这一事件本身，还可从幼儿园的运营机制、社会监督、公共治理、儿童身心健康等多角度深入全面地策划报道内容和媒介形态。

4. 国际关系类

这类报道策划要注意当下的国内国际大背景、相关国家政策、不同国家的文化差异以及相关问题的历史渊源。

作品赏析

《岁月留痕——档案走进家庭》直播

有些人一想到策划，就要调动大量的人力、技术、资金等资源，其实只要从老百姓关注的事件出发，巧用媒体，市县级融媒体中心一样也可以进行精妙的策划。

《岁月留痕——档案走进家庭》（活动海报见图 6-7），是江苏省如皋市融媒体中心进行的一起成功的直播策划，直播当天仅数小时就赢得8万多点击量。

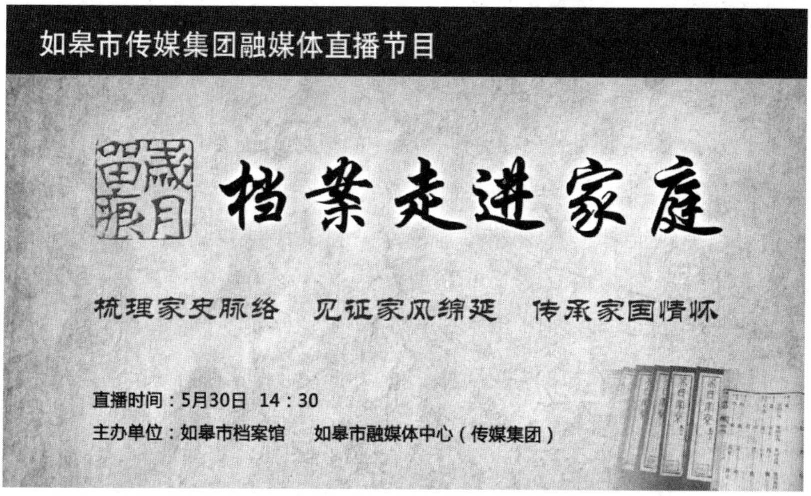

图6-7　《岁月留痕——档案走进家庭》直播活动海报

在2019年“6·9”国际档案日即将到来之际，江苏省如皋市融媒体中心、如皋市档案馆于5月30日下午举办了《岁月留痕——档案走进家庭》直播活动。此次融媒体直播活动，采取档案馆与档案室相结合、采访个人与集中访谈相结合，讲政策、谈体会、教制作、重展示，内容丰富、形式新颖，旨在让广大网友了解家庭档案，认识到家庭档案的巨大作用，引领和号召大家做一个家庭记忆的保护者、家庭历史的探寻者、家庭文化的传承者。

从定下方案到直播日只有短短的两周时间，如皋市融媒体中心的编辑记者走出编辑部，兵分几路，锤炼“脚力”，深入市档案馆、市公安局综合档案室、当地家庭档案收藏达人家中，了解第一手资料，计算每个直播环节需要的时间。独到的“眼力”，是直播活动取得成功的基础。编辑记者们在各采访点与被采访人交流，寻找最佳的直播出镜资料，寻找最佳的拍摄地点和拍摄角度，寻找能吸引观众的动人细节。

为了直播成功，融媒体中心的编辑记者去每个直播点做前期沟通都不少于两次。正是这样的反复锻炼了记者发现与洞察的“眼力”，同时也激发了其“脑力”的火花。开动脑筋深入思考，如何让《岁月留痕——档案走进家庭》融媒体直播活动吸引观众，扩大传播范围，编辑记者们边采访边思考。过去对家庭档案不够重视的记者，通过采访也有了全新的认识，采访的过程也是学习的过程，融媒体编辑记者们收获满满。脚力、眼力、脑力的成果，最终都将反映在“笔力”上。大家分头根据采访写文案，前期的脚到、眼到、心到了，文案写起来就得心应手了，经过几轮修改，一份完整的活动文案形成，为直播活动做好了充足的准备。新时代的“笔力”，不仅要求编辑记者写得好，还需要熟练运用融媒体直播的各种新“笔”，如自拍杆、对讲机、照相机、摄像机、直播转换设备、视频剪辑编辑软件等等。大家直播前仔细检查装备，保证了直播活动的顺利进行。

此次《岁月留痕——档案走进家庭》融媒体直播活动是如皋市融媒体中心的一次练兵，“脚力、眼力、脑力、笔力”得到了很好的锤炼。两个小时的直播活动引发广大网友普遍关注，观看网友遍及世界各地。至当日 19 时，共有聊天互动 80 条，赞美爱心 3.6 万，点击量高达 8.36 万，取得了很好的社会效应。

整个直播作品体现了如下这些特质，是对地方融合新闻直播的量身定制：

（1）策划点并不大，但有情感深度，是一种情绪传播。照片、视频、日记、物件等都是家庭成员的集体记忆，往事如烟，岁月留痕，唯有档案永存。

（2）以小入大。家是最小国，国是最大的家。家风家训，家国情怀，尽在家庭档案。

（3）多媒体呈现。网友跟随融媒体记者的镜头，走进如皋市档案馆和公安局综合档案室，同时走进一些家庭听当地居民讲述收藏故事。明、清、民国时期的县志、家谱及民国时期的小学毕业证等都是首次与网友见面。

四、融合新闻的整体视觉呈现

融合新闻是对视频、文字、VR 等各种新闻内容方式、技术方式和传播路径的整体呈现，需要对所有这些要素进行完美融汇，实现精准且精彩的呈现。

操作解析

融合新闻如何呈现

1. 以各种媒介形态有效地把各类信息巧妙地呈现出来

融合新闻信息极度丰富、传播形式多样，传统媒介“图像＋文字”的展示方式可谓最早的融合方式之一，如西方传媒在图解政治人物时，使用漫画大头贴甚至头像表情包消解选战紧张气氛，也有助于塑造政治人物的亲民形象。Flash 动画、视频、图像等各种具有视觉冲击力的符号形态，还有新技术催生的 VR、AR，也在不断地应用到新闻信息产品中，使融合新闻产品的呈现形态无限丰富。

2. 将信息可视化运用于融合新闻中

所谓信息可视化，即创建各类图形、图像或动画便于直观交流信息的技术和方法。在报道中运用形象思维，制作有用的数据新闻图表和图示，尽可能把信息绘成能够说明问题的图表来表达。

3. 善于运用各级大小标题

将要点列成提纲，分块拟出小标题。以简洁生动的标题，吸引用户眼球。

4. 善于运用边框增加用户需要的信息

将信息列出清单，便于用户选择。网页或移动端界面上，可以多层次使用短小精练的简介、拉出式引文、技巧提示等，来吸引和引导用户。

5. 增强新闻客户端的搜索功能

增强新闻客户端的搜索功能，使用户能迅速找到所需信息，并以每个搜索为节点，进一步引导用户深入发现新闻。

6. 善用超链接

以重点词语为切入点，组成层次清晰的超链接项，使用户可以轻松发现有趣信息。尽量不使用“点击此处”，而代以清晰简洁的具体描述。

7. 统筹用好社交媒体、网站链接和视频

《华盛顿邮报》（*The Washington Post*）专题“溺水视频”（drowning video）的融合新闻，发端于社交网站上的用户生成内容——几名佛罗里达州少年上传了一男子落水视频。视频中少年们不仅不施以援手，还对落水者大加嘲讽，从而在网络上引发热议。《华盛顿邮报》先在网站首页导航栏中播出这一视频，在新闻报道中同时插入《今日佛罗里达》（*Florida Today*）的报道链接以及推特账号，帮助用户参考地方传媒的采访视角与立场。

8. 报道风格：与读者或用户“交谈”

不同于传统媒介的从容铺垫，融合新闻的写作强调紧凑直接，要有与读者或用户“交谈”的风格，设想是在面对面给朋友讲故事。让用户感受到你的情感，使用与新闻主题相符的语言和情感表达。

9. 大声朗读新闻

大声读新闻，听语句的节奏，以适应融合媒介特别是视频、音频传播的需要。

10. 以最强有力的一句话来结束新闻报道

建议用总结性的句子，或对未来的展望。也可以重复前面的要点或讲述另一个重要事实来结束报道，从而引导用户去观看或点击下一个相关新闻。

总之，各种媒介呈现形式和技术手段，最终目标都是要服务于融合新闻报道元素的整合性需求。

作品赏析

融合新闻经典：《纽约时报》的《雪崩：特纳尔溪事故》

点开报道首页（见图 6－8），这样一整幅雪山动态画面映入眼帘，寒风刮过，雪花飘飘。画面右上空白处打出报道标题“Snow Fall：The Avalanche at Tunnel Creek——By John Branch”。如电影大幕拉开，当光标拖拽页面，故事以章回体风格（chapter-style stages）① 展开，图像、视频、地图、动画与行文融为一体，顺流而下，在滑雪者逃生的场景中，一个全真模拟雪崩发生的动画，带着大雪球滚下山坡时的咆哮声，令你如入现场，凝神屏息，全然沉浸于其中。

图 6-8　《雪崩：特纳尔溪事故》报道首页

这就是 2013 年普利策新闻特稿奖作品《雪崩：特纳尔溪事故》（以下简称《雪崩》）的融媒呈现。这是以《纽约时报》体育记者约翰·布兰奇（John Branch）为主进行的报道，主题是 2012 年 2 月 19 日美国史蒂文斯·帕斯滑雪场的一场灾难，工作团队用媒介融合手法直观重现了 16 名滑雪爱好者遭遇雪崩的经过。整个报道在技术和呈现上颠覆了传统报纸的新闻模式，汇集了文字、音视频、动漫、数字化模型（DEM）、卫星模型等多媒体形态，发表在《纽约时报》的网站上从而带来了 350 万的高阅读量，成为媒介融合的典型成功案例，被称为"多媒体新闻报道的奇观"②。

普利策奖评审委员会的颁奖词，体现了对其融媒技术上创造性运用的赞赏："《雪崩》对遇难者经历的记叙和对灾难的科学解释使事件呼之欲出，灵活的多媒体元素的运用更使报道如虎添翼。"

从融媒呈现的视角，对作品可做如下具体分析：

《雪崩》的内容制作模式打破了网络媒介对文字、图片、视频的拼盘叠加模式，不再是简单地复制纸媒信息，而是真正实现了媒介"融合"。报道呈现中将文字、音频、视频、照片等多种符号模式精心进行了交互转换，将以往基于文字的线性叙事转化成流畅而有深度的立体式叙事，从而给用户带来了颠覆性体验。用户不必逐条、逐项阅读，而是随心所欲地浏览点击，《雪崩》网页还会根据用户鼠标动作的快慢，自动调整视频的播放速度和对应内容，实现实时互动，让用户跟着故事走，跟着心境走。

沉浸式体验是这部作品最吸引人的地方。作品提供了多媒体交互的数字化现场

① MCATHY R. Pulitzer goes to New York Times "snow fall" journalist [EB/OL]. (2013-04-16) [2018-04-01]. https://www.journalism.co.uk/news/new-york-times-digital-snowfall-feature-wins-pulitzer/s2/a552683/.

② Nieman Storyboard. Inside "snow fall," the New York Times multimedia storytelling sensation [EB/OL]. (2013-03-29) [2018-04-01]. http://niemanstoryboard.org/stories/inside-snow-fall-the-new-york-times-multimedia-storytel.

感体验[①]，包括六个部分中惊心动魄的现场故事，并且集成了新闻事件回顾、滑雪者的罹难口述、雪崩的科学原理等多个观察视角。雪崩事件的融合媒介报道中有大量数据可视化呈现，吸引用户的观看兴趣。滑雪场的3D版地图、第一手的采访音视频、知名滑雪者的传记、幻灯片式的滑雪运动历史介绍、现场的各种交互图片等，融合成整个作品中的一个个有机成分，产生一个个视听高潮。

新闻信息与网页设计的精确融合。《雪崩》结合了视频与网页的认知逻辑，如报道中当每位采访对象出现时，网页右边会相应出现有该人物头像的背景信息框，点击即可了解此人的所有具体信息，从而体现了新闻报道的事实准确性原则，可以说是新闻专业理念和新闻报道原则在融合媒介环境下的创造性呈现。

报道内容嵌入中体现了技术逻辑与叙事逻辑的统一。媒介融合不是不同媒介形态和平台的简单叠加，更深层的融合在于内容报道中的叙事逻辑与文字、图像、视频、虚拟现实等不同传播形式的技术逻辑形成合力。在碎片化阅读模式下，新闻报道的信息量大、线索复杂、阅读耗时的特点会让一些读者望而却步；而在情境式阅读中，新颖的内容组织和展示方式则可能让读者体验到剥茧抽丝般的阅读快感。[②]

报道体现了明确的用户中心观。报道在技术呈现上是用户至上的。在媒介融合环境下，受众已经变为用户，是新闻信息的主动接受者、参与者与传播者。《雪崩》鼓励用户参与，如果喜爱这个作品，可以通过网站顶端的社交媒体链接分享给朋友。

《雪崩》的报道灵感源于约翰·布兰奇对滑雪场上高死亡率的关注，整个团队耗时六个月精心打磨，用融合媒介技术全方位拓展了新闻内容的时空维度，展示了优秀融合新闻的魅力和影响力。

五、融合新闻策划中的常见错误

在进行融合新闻策划时，需要把握好媒介定位和报道主题，策划设计要具体详细，具有可操作性，不要讲空话套话。可充分利用融合媒介跨越时空的特点，在尊重新闻事实的基础上，充分发挥文化创意的想象力和创造力。

然而，与此同时我们要避免下面这些常见错误：

（一）选题特性与报道形式不匹配

选题特性不只是关于选题是否重大、是什么类型，还包括其中所涉及的人性、隐私等要素。如果注意不到这些要素，就会让我们在进行报道形式策

① MCATHY R. Pulitzer goes to New York Times "snow fall" journalist [EB/OL] (2013-04-16) [2018-04-01]. https://www.journalism.co.uk/news/new-york-times-digital-snowfall-feature-wins-pulitzer/s2/a552683/.

② 付蕾．国外深度报道的融合发展之路［J］．青年记者，2017（22）：20-21.

划时犯错。

比如，对动新闻形式的使用上，一般而言，动新闻用来还原自然灾害事件的形成过程效果很好。用动新闻还原案发现场，这在技术上是可以的，但在伦理上有可能会有问题，如性侵案就不适合用动新闻来还原现场，这可能会对受害人造成进一步的心理伤害。新闻报道需要有人文关怀。

（二）报道形式与发布平台不匹配

不同的平台一般而言有其比较相宜的报道形态，如报纸适合进行新闻专题报道，微信适合展现 H5 等。不过，融合新闻策划重在打破传统媒体的边界，并鼓励进行媒介间的创新或转接，只是在策划案中对此要给予清晰说明，如微博上贴 H5 的链接，报纸上放视频二维码等。

融合媒介发展的前景，是最终实现各种媒介之间的无缝对接，让报道形式适应于任何平台。传输的都是比特，但最终的媒介呈现由终端和用户决定。

（三）多媒体形态与报道要求不匹配

虽然我们讲的是融合新闻，但并不是一个报道所使用的媒介种类越多就越好，具体的媒介形态要依报道要求来定，依目标的传播效果来定。

不要为了形成融合媒介报道而生硬地增加多媒体形式，如硬给消息配上不准确或不合适的图片。所有媒介形态的使用，都要符合新闻价值和新闻伦理的要求。

第二节　常见融合新闻报道形态

本节我们选取几种常见的融合新闻报道形态，如图片新闻、数据新闻、H5 新闻、播客新闻，一一进行具体分析。

一、新闻图片的新准则

媒介融合时代，对于图片的操控已不是什么新鲜事，图片的客观性与主观性变得越来越难以区分，传统的以新闻图片的外延性来判断新闻图片价值的标准已经被淘汰，融合新闻图片的准则更为灵活多样，象征性、体验性、任务化成为其中的新标准。

（一）以图片外延性来判断新闻图片价值的标准被淘汰

长期以来，人们把图片作为信息的主要来源，受制于“无图无真相”的思维，认为文章中缺失图片就很可疑，特别是如今摄像头无孔不入，事件的发展都很容易用视觉来呈现。

然而随着P图软件越来越大众化，美颜相机成为标配，对图片信息的主观加工已经成为常态。主观操控图片不但盛行，其影响也是不可逆的。全球各地的各种新闻作品大赛中，不断爆出图片“失实”的新闻，因为现在不少参与新闻大赛的作品已经过主观加工。

以图片外延性来判断新闻图片价值的标准正在被淘汰。新闻图片十分需要建立新的评判标准。相较于过去把新闻图片看作事实的依据，现在对于什么样的图片可以被称为“新闻图片”，客观与失实的界限是什么，业界确实采取了更为灵活的准则。

（二）未来读者将倾向于象征性地阅读新闻

在美国尼曼新闻实验室2020年行业预测中，卡尔加里大学助理教授安妮·拉德（Annie Rudd）提出：“这并不是说新闻图片不讲真话，或者不具备信息价值，只是说它们的真实性和信息价值不是绝对存在的。”她认为，在新闻图片真实性饱受争议的时代，未来读者将越来越倾向于象征性地阅读新闻。

下面作品赏析中的案例也将表明，新闻摄影作品或新闻图片的观看具有了一种象征性的功能，可以被任务化，也可以允许所有人各抒己见，让用户多角度理解一张新闻图片。新闻图片具有真实性、暗示性，同样也具有象征性和信息性。①

作品赏析

一张照片引发的视觉政治危机

《墨美边境哭泣的女孩》（见图6-9）是获得2019年“荷赛”摄影比赛年度大奖的一张照片。照片中两岁的雅尼拉·桑切斯（Yanela Sanchez）和她的母亲刚抵达美墨边境。她正痛苦地号啕大哭，身后是一辆执法车辆，身前是她母亲穿着牛仔裤的双腿。而她的母亲正被穿制服的边境巡逻队队员搜身。

该照片由Getty Images的摄影师约翰·穆尔（John Moore）拍摄，一经发表便广为传播，很快引发一场大范围的视觉政治危机。

【赏析】

1. 中心人物突出，夺人眼球

画面中，小桑切斯是唯一被完整呈现的人物。且人物情绪非常饱满，具有强烈

① Nieman Lab. Predictions for journalism 2020［EB/OL］.［2021-04-25］. https：//www. niemanlab. org/collection/predictions-2020/.

图 6-9　墨美边境哭泣的女孩

的感染力。

2. 视角独特，戏剧性的视觉充满震撼力

画面从小孩的角度来呈现这一瞬间——相机高度正好与孩子眼睛平齐。在这一视角下，她显得无比渺小，而大人们却如此庞大，难以接近——照片将处于中心的孩子孤立于她面前的大人，凸显出她正处于被孤立的恐惧当中。

3. 视觉政治意义强烈

对于受众来说，这张照片无疑让他们真切地感受到与家人分离的痛苦。随着广泛传播，这张照片在受众心中产生了双重意义：一方面，他们把照片看成美墨边境问题的标志；另一方面，通过照片他们自身也感同身受，对边境问题的观念和情绪受到一定影响。

4. 该照片的传播也体现了融合媒介的新特点

首先，该照片由传统纸媒和电子媒体共同传播，出现在无数社交媒体上，占领头版，经常被拿来抵制特朗普政府的边境政策。其次，该照片被当作素材进行再加工，形成第二轮传播。例如《时代》杂志曾将这张照片改造为新图片，作为封面使用（见图 6-10）。在这期《时代》杂志的封面上，哭泣的桑切斯形象被 PS 出来，与特朗普面对面站立，而特朗普正低头看着她。

【作品引发的争议】如今的读者如何感受和评价新闻配图?

尽管《时代》杂志没有明确表明这个被报道的家庭已经分离的事实，但画风直指特朗普边境政策下的家庭分离问题。当有报道称桑切斯实际上并没有因为边境巡逻队而与她的母亲分开时，强烈的反对声袭来。中立派媒体立刻发布声明更正，称这张照片具有误导性，《时代》使用它是一个“重大错误”，而一些右翼媒体则把这张照片的传播描述为故意欺骗，进一步证明了反特朗普媒体的阴谋，而之后的更正和所谓的“揭穿”照片，很快又成为新的报道由头。

图 6-10 《时代》周刊的封面“让”美国总统特朗普与哭泣的移民小女孩“面对面”

新闻摄影学者罗伯特·哈里曼（Robert Hariman）和约翰·路易斯·卢凯特斯（John Louis Lucaites）借用政治理论家阿雷拉·阿祖莱（Ariella Azoulay）的话，描述了新闻照片引发的这场“政治灾难”所涉及问题的代表性，即 21 世纪普遍存在的一种暴力模式，“它通常以非暴力的”方式持续影响民众，通过新闻图片的“视觉呈现全面引发舆论讨论”。

为了回应争议，《时代》杂志主编爱德华·费尔森塔尔（Edward Felsenthal）发表声明，声称穆尔的照片是“在当时移民争论中最具有代表性的象征”，《时代》杂志的封面“足以反映当下的美国”。尽管他的话可能让有些人认为是含糊其词的，但也将关于存在争议的新闻图片功能问题引向一个更富有成效的讨论。

费尔森塔尔的这番话也为新闻摄影规定了一种象征性的功能，即新闻摄影可以被任务化，可以封装或视觉化地表现镜头前的重大事件。这样的解读似乎带着令人不安的主观色彩，并不是每个人都能就某个问题的广泛利害关系达成一致看法。但是，他认为这样的象征性功能很好地描述了新闻图片在当今实践中是如何被运用的。这并不是说新闻图片不讲真话，或者不包含信息价值，只是说它们的真实性和信息价值不是绝对存在的。①

人们无法否定这张照片及其传播的影响力，但需要正视一个更为重要的问题，即如今的读者是如何感受和评价新闻配图的。在泛在时代摄像头无时无处不在，用户依赖于这些摄像头提供的信息，但是主观操控却使人类许多紧迫的大问题无法令

① Nieman Lab. Predictions for journalism 2020［EB/OL］.［2021-04-25］. https://www.niemanlab.org/collection/predictions-2020/.

人信服地呈现在视觉上，这是未来读者要面对的新闻真实，而且社交媒体也会继续通过自我纠错机制来不断地还原事实。

二、数据新闻和 H5 新闻的创新

（一）数据新闻的常态化运用

所谓数据新闻，简而言之，即用数据尤其是大数据来展示新闻事实。随着大数据和云计算的发展，数据新闻和计算新闻已成为融合新闻报道的常态化运作模式。

彻丽·菲利普斯（Cheryl Phillips）在《西雅图时报》（*The Seattle Times*）有着 12 年从事数据新闻工作的经历。2014 年她离开采编一线后，加入了斯坦福大学新闻学院。“在斯坦福，他们工作的重点是降低新闻报道的成本，开发数据新闻的能力。比起我曾经的工作，我觉得这些更具创新和影响力。”菲利普斯表示，“在数据新闻方面的高级技能的学习，能够帮助学生有更好的机会去完成伟大的新闻工作。通过这些课程的开设，学校正在投资学生和这一领域的未来。”①图 6 - 11展示了斯坦福大学计算新闻实验室的主要项目。

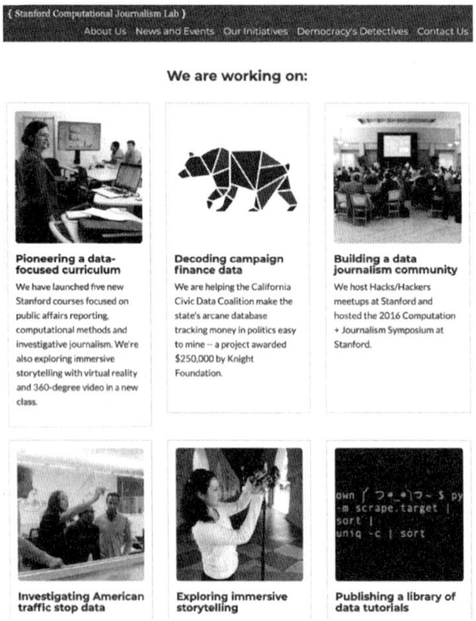

图 6 - 11　斯坦福大学计算新闻实验室的主要项目

① 新闻教育的“未来力”：关注数据、本地新闻、社交媒体和商业模式［EB/OL］.（2019 - 06 - 04）［2021 - 04 - 25］. https：//mp. weixin. qq. com/s/JoizUmIjLWTZu9HJRpvYtg.

案例分析

在斯坦福大学计算新闻实验室，菲利普斯创建了开放警务数据项目（见图 6－12），帮助学生为数据驱动型的新闻报道做好准备。

传统而言，警察系统的业务数据可以供记者自由使用。但在现实中，记者如果需要比较不同时间、城市的此类数据，就需要面对跨越不同系统处理复杂数据的困难。菲利普斯希望通过数据收集和整理，使开放警务数据项目成为一个可做比较的、全局性的开放数据库。菲利普斯说，在和警察、官方对话时，准确的数据十分重要却又难以获得，“如果我们让这一部分变得容易，就能促进更多的新闻工作”。为了实现这一目标，菲利普斯组织学生收集整理全国的公共警务数据，目前已积累了1.3亿条数据可供记者使用。①

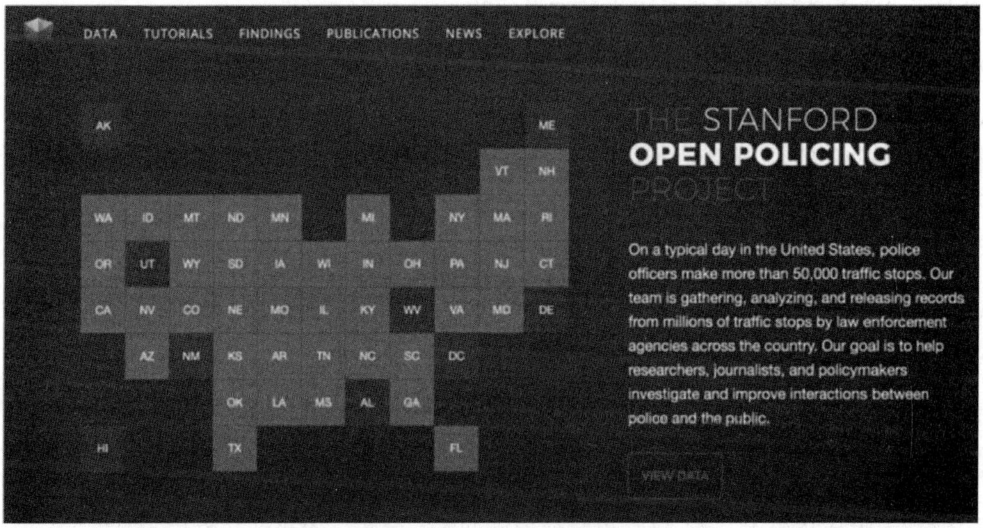

图 6－12　开放警务数据项目

（二）创新使用 H5 的各项功能

融合媒介的内容创作中，利用 H5 技术框架生产新闻内容非常普遍，但不少 H5 产品并没有充分利用 H5 的新功能来丰富内容策划和制作。一般而言，新闻采编人员不一定要精通 H5 的技术细节，但应该熟知 H5 能给内容创作带来哪些可能性，从而利用新技术来进行新闻报道的创新，形成优秀作品。

① 新闻教育的“未来力”：关注数据、本地新闻、社交媒体和商业模式［EB/OL］.（2019－06－04）［2021－04－25］. https：//mp. weixin. qq. com/s/JoizUmIjLWTZu9HJRpvYtg.

2018 年中国新闻奖评选将基于 H5 的融媒互动新闻单独列为一类参评作品，全国中文新闻信息标准化技术委员会也正式推出了《基于 HTML5 的融合新闻技术规范》，这说明基于 H5 技术的交互融媒体类内容将逐渐成为像文字新闻、图片新闻和视频新闻一样的常规新闻形式。①

H5 是为移动传播而生的，新技术使移动端上的新媒体内容形式更丰富，交互方式更深入，为新闻内容呈现带来巨大变革和无限创意空间。

前面已经介绍了 H5 的内容融合呈现的主要方式，除了可以容纳传统的文字、图片、音视频，更有交互（包括交互图表）、VR、直播、网页、动画和 AI 智能呈现。如何根据报道要求选择合适的媒介形式和组合呈现方式，以创意手法打造新颖的讲故事方式，是对新闻工作者的新挑战。

下面来讨论 H5 中比较能出创意的几个媒介形态和呈现方式。

1. 用交互性提升用户的沉浸体验

H5 的交互性一种是纯技术性赋权式的。如通过手指触屏、微信通话、基于陀螺仪的摇一摇、基于位置的服务、拨打预置的手机号码报名等，这种技术性互动能够免去用户记录和输入电话号码等人工步骤，较大幅度地提高了互动效率和用户体验。

另一种是用户积极参与式的，邀请用户参与媒体的内容创作，产生一种沉浸式的体验。H5 打破了传统媒体单向传播的局限，赋予了用户打造定制内容的可能性。用户可以通过在 H5 内输入文字、录入声音、上传图片和视频等，让自己成为媒介内容呈现的一部分，如用户的图片会成为某家杂志的封面，用户可以生成自己读诗的录音，还可以导出自己的定制图片或视频。这种深度交互方式让用户有强烈的参与感，而生成的作品大家也愿意通过社交媒体晒出来。《人民日报》的军装照 H5 就是一个成功的案例。

作品赏析

《人民日报》“军装照”H5 的沉浸传播

2017 年的建军节，除了铺天盖地的阅兵典礼宣传，最火的当数《人民日报》和腾讯天天 P 图深度合作的“军装照”H5（见图 6－13），上线才两天访问量就超过了 2 亿。配合明星、热门 IP 的转发分享，“军装照”H5 累积浏览次数超 8 亿，成为一种现象级营销事件，《人民日报》甚至为“军装照”H5 申报吉尼斯世界纪录。

更多沉浸新闻和沉浸传播案例，请参看本书第八章。

---

① 王志．基于 H5 技术的移动融媒新闻创新［J］．新闻记者，2019（3）：10－12.

图 6-13　《人民日报》"军装照" H5

2. 用动画引导用户阅读

H5 动画是能够在移动端播放的动画短视频，用于增加 H5 的动感，消除静态数据新闻的审美疲劳，提升 H5 的整体视觉体验。同时，H5 动画还能起到引导用户的阅读顺序的作用，让 H5 的内容更容易分段展示。

优秀的动画设计，可以将这些功能巧妙结合起来，增强用户阅读的愉悦感，甚至有玩游戏的快感。不过，动画设计一定注意不要考验读者的耐性，太大或太繁复的动画很可能会让用户因为运行时间过长而放弃等待，毕竟移动阅读对应的是碎片时间和碎片阅读习惯。

3. H5 连接智能平台为用户带来新鲜认知

通过创意思维，将 H5 技术与 AI 平台连接后，可以生产出用户感兴趣的新内容。如上面案例中的《人民日报》"军装照" H5，就使用了图像识别与面部融合 AI 技术，从而形成了用户穿上军装照的融合效果。也可以通过语音识别 AI 软件为用户的英语朗读打分，让用户与 AI 软件进行英语对话等等。

成功的 H5 传播，往往是在报道内容、媒介形态、用户交互上形成了较完美的融合，并能够通过分析用户数据了解用户喜好，跟踪舆情变化，不断尝试媒介、技术等的新组合，从而形成自己媒体有吸引力和感召力的品牌。

作品赏析

长幅互动连环画 H5《天渠》再现历史纵横

2018 年度中国新闻奖 H5 新闻的一等奖作品是澎湃新闻的《长幅互动连环画｜天渠：遵义老村支书黄大发 36 年引水修渠记》（简称《天渠》），刊发于澎湃新闻 2017 年 4 月 23 日。这件作品用 17 页 H5 还原了老支书黄大发带领村民修通万米水渠、脱贫致富的故事（见图 6－14 和图 6－15），用动画和音效等多媒体形态展示了主人公从 20 多岁的毛头小伙到花甲老人，青春耗尽，“拿命换”来了水渠通水。

图 6－14 《天渠》开机屏海报

图 6－15 《天渠》H5 页面节选

该作品的组织策划过程如下：澎湃新闻为此作品成立了专门的报道项目组，由一名副总编牵头，政治新闻部、视频新闻部、视觉设计部、交互体验部等派出精兵强将，前方派出三名记者，后方全力进行资料的梳理和分析，采访期间通过微信群远程开了多次报道协调会，以确定用哪些采访内容和何种话语方式开展报道。由于制作时间紧张，前方的采访、拍摄与后方的绘制同时进行，除了一线记者提供的影像素材外，插画编辑搜集了很多黄大发的照片来仔细琢磨，将他的形象融入脑中，从而才能生动地从多角度进人物描绘，包括情绪与肢体语言的表现，也才能准确地给人物除皱磨皮，重现青年样貌。①

H5适合手机移动传播，在设计上如何体现故事主题和人物特点？什么样的媒介话语方式适合作为故事载体？

● **画面及画风紧扣"水"的主题**：整个H5设计是一种竖向滑动的观看方式，以故事的核心"渠水"为主线，给读者一种如"水"一般自上而下流淌式的阅读体验，从开始的渠水出现到裂纹、树枝，再到马路等，都是向下晕染，无缝衔接的。

● **以交互式插画激发阅读兴趣**：除了文字、图片和视频以外，选用什么样的话语方式来作为故事主要载体？设计团队选择以交互式插画的方式贯穿始终，既弥补了现实影像资料不足的缺陷，也可让读者能更轻松、更直观地了解主人公的故事，以一种更平易近人的手段到达受众，激发阅读兴趣，而不是灌输教导。

● **17页H5每一页都充满细节刻画**：如何确定H5的内容分层和每一页的故事细节？在反复修改并征求对黄大发比较熟悉的采访对象意见后，设计团队将H5划分为7个主题章节来讲述，每个章节约2页。第一次修渠失败、一个字一个字认《新华字典》学习水利知识、挨家挨户走遍7个村民组、带头在腰间绑上绳索吊上悬崖、"为了水，我愿拿命来换"、在卡车下过夜等细节无不令人感动，而最后4名"80后"和"90后"的口述，更是体现了"天渠精神"的传承。

● **色彩与画面的提炼重组**：这个H5的创作中，最难的是人物过去的样貌以及开渠过程的表现，由于历史素材稀缺，只能参照现有素材来融合替换，尽可能营造原有的场景感觉。H5采用了黑白装饰画风格，配以金色点缀，与画面元素重组，在满足艺术合理和美感要求的基础上，兼顾故事表达的合理流畅。

● **立体音效还原现场**：除背景音乐外，加入开渠炸石的爆炸声、鸟鸣声，还有主人公黄大发清唱的当地歌谣，让声音的世界立体而丰富。

● **传播特点**：

预热铺垫：2017年4月22日至23日，澎湃新闻先是连续两天每天一早推出开机屏海报——巨大的"天渠"二字为题，背景以动画展现村民带着劳动工具行走于悬崖之上水渠边的画面，渠旁就是千米绝壁，场景震撼，山水鸟鸣之声空灵而有"大片"气质，为即将推出的典型报道烘托气氛。

飞流直下：4月23日下午，这一H5产品刊发，沿用大气磅礴的海报封面，以水为主线，用下拉式长幅连环画、渐进式动画、360度全景照片、图集、音频、视频、交互式体验等多种报道形式，全景地展现了黄大发带领老一代修渠脱贫、带动新一代致富的故事。发布后大约24小时，仅在澎湃平台，黄大发系列报道总点击阅读数已突破300万，网友纷纷赞其为"新时代的愚公移山""真实、平凡而伟大"。

---

① 澎湃的这个H5，怎么就拿回了中国新闻奖一等奖？[EB/OL].(2019-01-09)[2021-04-25]. https://www.sohu.com/a/287741439_644338.

流传海外：《天渠》的英文报道被世界经济论坛官网转载，并被法国国家电视二台购买落地播放。这个用心用力用专业去做的主旋律报道，挖掘出了符合新闻规律和人性的中国故事，也获得了西方主流媒体的认可和传播。

三、播客：口语传播回归

麦克卢汉认为，在媒介形态发展过程中，旧的、消失的媒介形态会在新的媒介形态中重生。媒介融合时代让我们看到了口语传播的强势回归，音频、视频都再次成为重要的媒介形态。

2020年的普利策奖在原来14个奖项的基础上新增“音频报道奖”（Audio Reporting），为广播（radio news）和播客（podcast）新闻开设新奖项，用来表彰年度表现最佳的广播信息节目，这也代表了普利策奖对这一媒介发展趋势的认可，对播客在新闻传播领域积极探索的正视和肯定。普利策奖评选委员会负责人表示，“近年来广播新闻和播客的重生为非虚拟叙事类信息带来了非同寻常的变化。那些服务于披露性报道及启发性叙事信息的公众广播节目，可以通过这一新奖项获得认可”。

播客在2010年后10年内发展得比较快，此前有iTunes，但没有苹果播客（iPod＋broadcasting），《美国生活》（This American Life）的播客节目也还处于萌芽阶段。如今《今日美国》（*USA Today*）都开始好奇这些“自由业余的聊天爱好者”——自媒体人是如何把自己的声音播客变成RSS Feed订阅里的东西的。听多了电影明星、总统候选人的播客，人们可以听到业余播客爱好者们的各种类型的声音、观点和故事。

播客已成为一个很重要的媒介，苹果播客上有超过50万的活跃节目，在全球各地的城市和地区都有无数的个人和组织在播客中与你分享信息，共同成长。播客门槛低，不需要昂贵的录音设备或编辑软件，也不需要遵守广播时间或者固定的录制时间，因而成为一个人人都可以创作和发表音频作品的平台。

作品赏析

普利策奖首届音频报道奖获奖作品：播客《出局的人群》

2020年，普利策奖首次颁出的音频报道奖的获奖者是一档由艾拉·格拉斯（Ira Glass）主持、长期连播的公共电台节目——《美国生活》第688集《出局的人群》（The Out Crowd）（网页截图见图6-16）。这档电台节目由芝加哥公共广播电台参与制作，每周播出一集，每集时长约一小时，涉及的形式多种多样，包括非虚拟新闻、随笔、回忆录和短篇小说。

获奖的这期名为《出局的人群》的播客，是由《美国生活》与两位媒体人合作的音频作品，报道特朗普“留在墨西哥”的移民政策，普利策奖评委们表示这是“具有启发性且详尽的新闻报道”。

图 6－16　《出局的人群》截图

“听听特朗普政府的‘留在墨西哥’政策在墨西哥边境的实际意义。”

资料来源：The out crowd［EB/OL］.（2019－11－15）［2021－04－25］. https：//www. thisamerican-life. org/688/the-out-crowd.

艾拉·格拉斯（见图 6－17）1978 年开始在美国国家公共电台（National Public

Radio，NPR）工作，当时他19岁，在NPR位于华盛顿哥伦比亚特区的总部实习。在接下来的17年里，他几乎参与了NPR的每一个新闻节目，几乎完成了它们所有的制作工作：音频剪辑、前台助理、新闻播报员、编辑、制片人、记者和替代主持人。他在1989年搬到芝加哥，并于1995年出品《美国生活》。

图6-17 《美国生活》主持人和执行制片人艾拉·格拉斯

艾拉·格拉斯说："当我试图向一个不了解我们节目的人解释我们的节目时，我结结巴巴地说了一大堆诸如'娱乐''搞笑''令人惊讶的情节转折''真实的故事但不无聊，我发誓'……然后我就给了他们这个单子。"

下面是《美国生活》栏目报道中的部分代表作品（见图6-18至图6-21）：

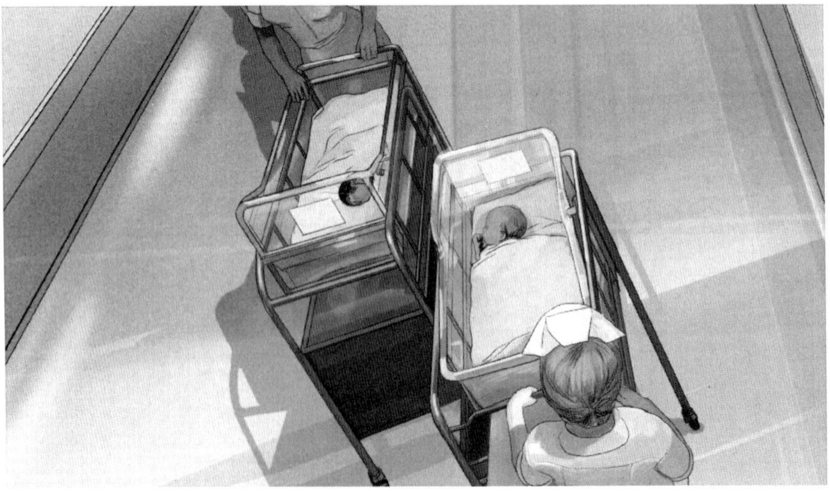

图6-18 《出生时被调换》截图

"其中一个故事的细节是如此惊人，很难相信这是真的。我喜欢妈妈在故事里看起来像个坏人，然后在最后一幕里，你终于听到她了，一切都颠倒了。"

资料来源：Switched at birth [EB/OL].（2008-07-25）[2021-04-25]. https://www.thisamerican-life.org/360/switched-at-birth.

图 6-19　《营地笔记》截图

"这个故事把你放在一个地方，让你如此迅速和愉快地沉浸在那里。这是一次非常愉快的童年夏日之旅。"

资料来源：Notes on camp [EB/OL].（1998-08-28）[2021-04-25]. https://www.thisamericanlife.org/109/notes-on-camp.

图 6-20　《129 辆车》截图

"当我们决定用一个月时间来录制汽车销售人员如何试图完成他们的每月配额时，我们没想到我们的磁带会记录下这么多的混乱和戏剧性情节。"

资料来源：129 cars [EB/OL].（2013-12-13）[2021-04-25]. https://www.thisamericanlife.org/513/129-cars.

与此同时，播客也开始向视频化发展。像《美国生活》，虽然是个电台栏目，但是也有视频。动画、音乐视频、演讲、栏目的现场舞台表演等，形成了融媒体的报道组合。

从播客到视频博客（Vlog）正在形成潮流。正如《美国生活》的播客开始向 Vlog 方向融合，全球从专业新闻人到自媒体人都参与进来。在中国不少卫视主持人也做起了带货直播（见图 6-22），不少主持人如央视新闻主播康辉等还玩起了短视频日志 Vlog（见图 6-23）。

关于更多短视频和视频直播的具体案例，请参见第七章和第九章。

图 6－21 《分手》截图

“浑身湿透的感觉，真的很有趣，而且——如果你现在正在经历一次分手——能有奇怪的安慰效果。”

资料来源：Break-up [EB/OL]. (2007－08－24) [2021－04－25]. https://www.thisamericanlife.org/339/break-up.

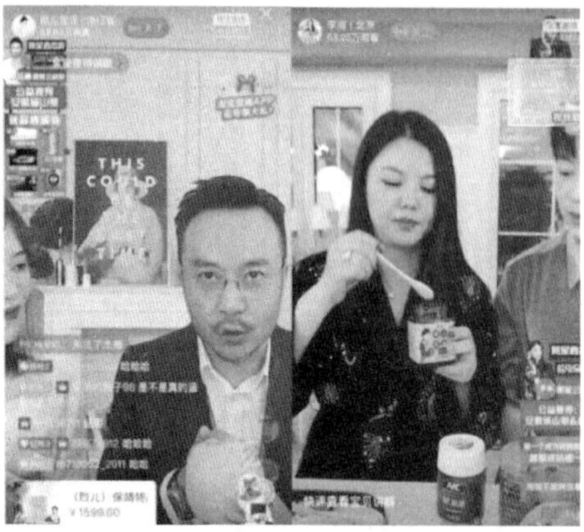

图 6－22 卫视主持人带货直播

图 6－23 主流电视台主播纷纷玩起 Vlog

阅读、思考与练习

阅读

1. 里斯，特劳特．定位 [M]. 北京：机械工业出版社，2002.

2. 多米尼克．大众传播动力学：转型中的媒介：第 12 版 [M]. 北京：中国人民大学出版社，2015.

3. 推荐网站：

2020 年普利策奖首届音频报道奖的获奖者美国公共电台节目——《美国生活》栏目：https：//www. thisamericanlife. org/

思考

1. 怎么做出“爆款”新闻？具体有哪些重要步骤和关键要素？

2. 你如何看待“有图有真相”？请举例说明。

3. 你认为融合媒介中的图片和视频是否有“象征性”？

练习

1. 请结合自己所在市县的新闻热点，做一份完整的融合媒介新闻的策划案，媒介内容的形态要包括文字、图片、视频和数据新闻呈现。

融合新闻策划方案主要内容包括以下方面：

（1）报道范围与重点。

（2）报道规模、进程与媒介形态运用。

（3）发稿计划。

（4）报道结构与报道方式。

（5）报道力量配置与报道运行机制。

需要注意报道主题、报道思路、内容安排、多媒体的使用、多出口分发的安排、发布和推送的时间安排、互动安排以及分布式产品等几个方面。

2. 请进行一个融媒体的栏目策划。

假设你是总编辑，主持进行一个融媒体栏目策划。

要求：能把握好媒介定位和主题，策划设计要具体详细，且有实操性强的操作措施，注意不要写空话套话。可以充分发挥想象力，采用多形式、多渠道联动的创意设计。

提示：栏目策划主要有栏目定位、内容和媒介定位、流程规划、内容规划、传播规划五个维度。可以从内容定位、风格定位、超级链接、互动设置、栏目容量、人员安排等方面展开思考。要合理安排人力（包括记者、编辑、摄像人员、新媒体形式的制作者等）和物力（拍摄设施、报道时间、版面等），以使栏目运转高效，使栏目报道产生好的效果。

3. 针对当地一个品牌产品，策划一场覆盖全媒体的报道。

要求：策划内容包括定位、主题、核心问题、核心人物、报道形式、投放渠道、日程安排、版面视频等。

4. 根据材料，列出 1 分钟动画新闻的视觉要素以及撰写策划案。

5. 从融媒体角度，为你所在地的省报做一份关于“两会”新闻报道的策划案。

提示：要做到能使主流媒体与平台媒体合作共赢，除了内容生产，还可以从渠道运用、技术吸纳、资本融合等维度来进行思考。

第七章

融合新闻深度报道

如果说我们在过去二十年学到了什么的话，那就是我们可以用来讲故事的工具在不断变化和演进。但这些工具只是手段，目的永远是新闻——真相和正义。

——网络新闻协会（ONA）创始人

里奇·雅罗斯洛夫斯基（Rich Jaroslovsky）

学习要点

融合媒介不仅提供了适合快速浏览的信息，对于希望获取深度而全面信息的用户，它还提供了非常强大的资源平台，并且通过超链接一层层导入，在一定程度上让用户自己决定对信息了解的广度和深度。

传统媒体与新媒体的深度融合已成常态，西方大报的传统媒体、新闻网站、手机客户端一般都实现了与多个新媒体平台的内容共享。如《华盛顿邮报》网站实现了与脸书、推特、领英（LinkedIn）、Tumblr、Pinterest 等新媒体的内容共享。需要关注的是，由于社交媒体的发展与繁荣，上述新媒体平台虽然实现了在线社交功能，却依托于不同的网站前端分别发展出了图片流、在线简历、轻博客、微博等内容向度。在媒介融合的背景下，传统媒体所提供的新闻内容，在标题、图片、话题度等方面需要满足不同新媒体平台用户的苛刻要求，在深度报道中，网站编辑则需要理解不同媒介平台的用户需求，进而做出调整。①

第一节　融合新闻深度报道的要点

媒介融合已成为媒介发展的主导趋势。从传统纸媒的数字化到报网互动，

① 付蕾．国外深度报道的融合发展之路［J］．青年记者，2017（22）：20-21.

再到融合媒介传播，不仅整个新闻信息产品形态发生了变革，推动新闻传播观念的创新，整个新闻信息生产传播模式也发生了颠覆性变革，而融合新闻的深度报道也经历了从技术到内容呈现的变革。

一、融合新闻深度报道产生的背景

“深度报道”的概念诞生于20世纪30年代，是报纸为应对电子传媒竞争发展而来的。溯其源头，可回到20世纪初（1902—1918年）美国的“黑幕揭发运动”。当时美国以新闻记者和作家为主要代表的一群知识分子，发动了一场专门揭露社会弊端的文化运动。他们发现并揭露社会问题，通过媒体监督功能，督促政府解决这些问题。“黑幕揭发运动”唤醒了社会良知，对美国的社会价值转型起到了一定的催化作用，因此也被认为是一场新文化运动。

融合新闻深度报道，也是媒介融合时代专业媒体生存发展的必然选择。融合新闻深度报道是对主体新闻从时间和空间维度进行拓展的报道，通过对主体新闻的生成背景、波及影响及发展趋势进行全面展示与剖析，从而深刻地反映客观环境的最新变动状态。

作为国际主流报道形式，具体而言，融合新闻深度报道是通过音视频、文字、图片等媒介形态，系统反映重大新闻事件和社会问题，深入挖掘和阐明事件的因果关系，以揭示事件实质和意义、追踪和探索其发展趋向的一种报道方式。

二、如何进行融合新闻深度报道

操作解析

如何进行融合新闻深度报道

- 倒金字塔结构对融合新闻最为实用，适合网络融合新闻深度报道的新闻更新。
- 随着事态的进展，不断更新导语，把最新和最重要的信息添加进去，就可以将新信息与原有新闻信息衔接起来，形成新的完整报道，并不断地将故事讲述向深处推进。
- 通过超链接，为用户提供通往各方面信息库的门径。

在具有广泛关注度的社会性议题上，全国性大报与地方媒体借由融合媒介新传播技术实现的内容交互，产生了良好的传播效果。自2014年《纽约时报》的融合新闻《雪崩》获奖以来，《华盛顿邮报》《卫报》等各大报也纷纷将媒介融合应用到深度报道中，而且互联网与移动客户端如手机App之间的

融合运用也越来越顺畅。在政治议题上，以 2017 年美国总统大选为例，《卫报》等展示了融合新闻实力，借助它遍布全美的记者站和专业报道团队，在选举进程的关键节点如投票、计票阶段实现了各州、各选区的跟踪式立体报道，在纸媒上展开系列报道的同时，在移动客户端呈现了直播式图解与选情实时更新，使各方各派的复杂信息变得直观易懂、一目了然。《卫报》此前曾在 2017 年法国总统选举、英国内阁选举等选举报道中，采用了融合媒介的报道手法，此次在美国总统大选上不仅轻车熟路，更在手机客户端收获了大量粉丝。

美国调查记者与编辑协会大奖（IRE Awards）是一个系列奖项，每年颁发一次，旨在嘉奖"最出色的调查报道"，被视为行业标杆。IRE 大奖按媒体规模与媒体类型分成 16 个组别，包括最佳纸媒报道、广播电视报道、多媒体报道、犯罪报道特别奖、信息自由促进奖及学生奖项等。2016 年的获奖作品中，出现了关于美国体操教练与医生行业的性侵丑闻，特殊儿童与其他弱势群体的教育、住房、医疗问题，化学品爆炸及游乐场事故等的调查报道。从颁奖评语中明显可以看出，获奖作品无不展示出新媒体技术与传统的新闻专业理念的成功结合，包括对公开记录的争取与挖掘、对大数据的分析整理，以及运用融合媒介进行内容呈现发布的创新尝试。

作品赏析

《纽约每日新闻报》系列融媒深度报道揭开纽约警察执法黑幕

2017 年普利策奖的最佳公共服务奖（所有奖项中分量最重）颁给了《纽约每日新闻报》（*New York Daily News*）和非营利新闻网站 ProPublica 联合进行的系列报道，报道揭露了纽约市警察局在驱逐租客过程中滥用职权，扭曲执法，先后驱赶数百名无辜弱势者（大部分是少数族裔），迫使他们关闭生意、失去家园，生存陷入窘境。

系列报道在《纽约每日新闻报》和 ProPublica 网站上同时播出（见图 7－1 和图 7－2），采用多种媒介形态来报道和展示主题。在报道过程中专门制作了展示人物、事件与背景的交互专题页面，具有视觉冲击力的网页设计融合了图片、图表、视频等表现形式。此外，通过网页导航和超链接运用，引导读者进入二级页面或相关分区，阅读调查小组搜集到的 297 个具体案例。

以下是此系列报道中发表于 2016 年 2 月 4 日的一篇题为《纽约警察将无罪市民赶出他们的家》的报道。与整个系列的发布传播方式一样，这篇报道同时在《纽约每日新闻报》和 ProPublica 网站上发布。① 报道的主人公名叫杰米拉・埃尔-沙巴兹

① RYLEY S. The NYPD is kicking people out of their homes，even if they haven't committed a crime. And it's happening almost exclusively in minority neighborhoods [EB/OL]．(2016－02－04) [2018－01－03]. https：//www. propublica. org/article/nypd-nuisaNce-abatement-evictions.

图 7-1 获奖系列报道登载于《纽约每日新闻报》网站的部分截图

(Jameelah El-Shabazz)。

下面我们来看报道的翻译节选：

2011 年 5 月 4 日的清晨，杰米拉·埃尔-沙巴兹从位于纽约布朗克斯区的家中窗户望出去，正好看到一支警察队伍快速穿过巴纳纳凯利高中（Banana Kelly High School）的屋顶。这位 43 岁的五个孩子的母亲说她当时没有多想，因为缉毒行动在他们小区很正常。

像往常一样，埃尔-沙巴兹先去卧室照顾刚出生不久的小儿子，并准备用她最珍视的物品——父亲从尼日利亚带给她的木托盘，进行晨间祷告。就在这时，突然间自家的大门被一支缉毒警察队伍踹开，他们进来到处寻找所谓致幻类毒品 PCP。她的小儿子看到持枪警察冲进来吓得尖叫起来。警察命令房间里所有人都趴在地上，并且盘问她的大儿子埃金·沙科尔（Akin Shakoor）是否贩毒。埃尔-沙巴兹说，我很担心“他们会带走我所有的孩子，并且将我赶出公寓”。

当天警方不仅逮捕了埃尔-沙巴兹、埃尔-沙巴兹的妹妹纳贾（Najah）、埃

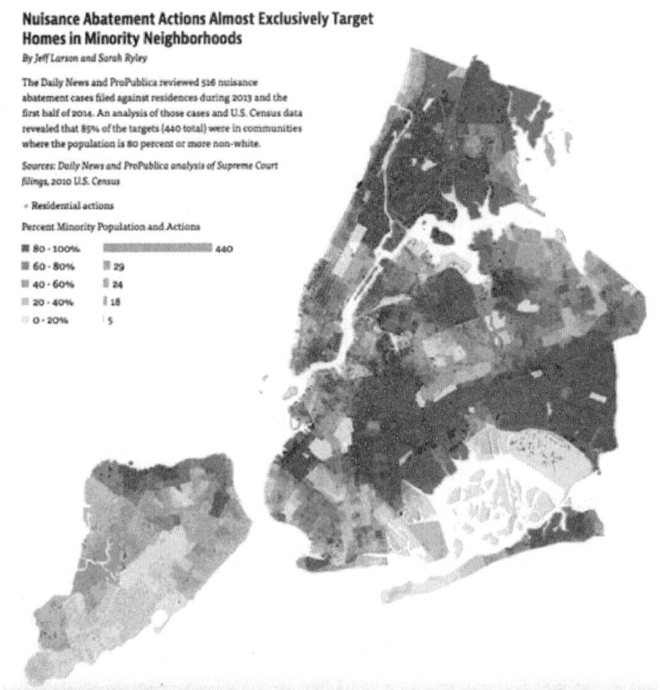

图 7 - 2　获奖系列报道登载于 ProPublica 的部分截图

尔-沙巴兹已成年的大儿子（当时 21 岁），还从她的公寓里没收了 45 个装有蛋壳粉的纸杯、她的神圣的木托盘，以及非常少量的大麻。警察把他们带出去时，路过其他戴着手铐的居民，他们是那天早上也遭到缉毒检查的其他四个公寓里的居民。

之后纳贾先被释放，埃尔-沙巴兹和她的大儿子在监狱里被关押了一个星期，等待从她家没收物品的验毒报告，最后测试结果显示所有被没收的物品中没有检测到任何毒品，于是埃尔-沙巴兹和儿子被无罪释放，此案也被撤销。

但这仅仅是埃尔-沙巴兹一家噩梦的开始。同年九月，警察带着一名律师和法庭文件又敲开了埃尔-沙巴兹的家门，要求埃尔-沙巴兹一家立即离开，他们的公寓也被警察的封条封住了。

执法人员的所谓执法依据是产生于 20 世纪 70 年代的《有害消除法案》(Nuisance Abatement Law)。这部少有人知的法律，赋予执法人员权力来关闭被认为用作非法用途的场所。

而导致埃尔-沙巴兹被《有害消除法案》“执法”的，居然就是几个月前已经结案的所谓销售毒品调查。更令人难以置信的是，在一封由纽约警察局律师签字的文件上赫然写道：警方在上次执法行动中，在埃尔-沙巴兹家中搜到了 45 杯毒品可卡因。明明是已经通过警方化验的 45 杯蛋壳粉，怎么摇身一变成了 45 杯可卡因了呢？

萨拉·莱利（Sarah Ryley）是这部系列报道的创始人和报道团队负责记者。2014年莱利在阅读一些纽约市存档案件的卷宗时发现，纽约警察在罪名已经撤销的情况下驱逐了很多无辜市民，迫使这些市民不得不离开自己拥有的或租赁的住所或商铺。莱利敏感地发现这里的问题：到底是纽约执法系统的漏洞，还是人为恶意造成的错误？她和非营利新闻网站ProPublica的一支团队历经两年深入调查，追踪了大量案例，并且从2016年2月开始在《纽约每日新闻报》和ProPublica上同时发表系列调查文章。

此系列报道揭露了纽约警察执法黑幕，整个调查结果触目惊心。当年纽约市最著名的红灯区时报广场如今已变成当地著名的游览景点之一，但是几十年前为了清除红灯区而制定的《有害消除法案》却从未被撤销或修改，反而成为纽约警察滥用执法权力的帮凶。调查发现，尽管纽约市犯罪率已处于历史最低，但纽约警方每年却提交约1 000例针对民宅公寓、小商店、杂货店的《有害消除法案》的执行申请。四分之三受此法案影响的人都收到了一份秘密法庭文件，在案件解决前不能进入自己的家门。这个规定对受影响对象的保护力几乎为零，受影响的居民没有机会向法官做任何辩解，而且这属于民事诉讼，受影响的居民甚至不能聘用律师来为自己伸张权益。因此，受影响的居民很可能在没有被起诉、没有被定罪的情况下永远地被赶出自己的房门。更令人震惊的发现是，80%的受影响人口为非白人少数族裔。

为了清晰直观地呈现调查结果，系列报道调用各种融媒手法，包括数据新闻报道手法。

而整个调查的过程和结果也同步反映在报道的发布过程中，体现了融合媒介报道中专业新闻人士与社会大众、新闻用户共同制作的特点。

比如，这部系列报道的发表震动了很多经验丰富的政客，他们呼吁对警察如此滥用权力的行为进行改革。而政客们的反馈也作为系列报道中的一篇，见诸报端和网页上。[①] 此篇报道如此开篇："纽约官员在看了我们关于警察将无罪市民赶出家门的报道后，表示必须对此进行改革。"

令人振奋的是，通过融合媒介的社会互动功能，该系列报道发挥了巨大的影响，促使纽约市政府做出检讨及修改相关法案的承诺和行动。纽约市议会已经于2017年2月15日通过了13项针对《有害消除法案》改革的法案，确保警方不得滥用该法案扭曲执法。

新闻从业者们以获得普利策奖为职业生涯的最高荣誉，而最佳公共服务奖更是整个普利策奖中最具影响力的奖项，颁给以新闻改变社会的重大报道。

---

① RYLEY S. Officials outraged after "shocking" report on NYPD kicking people out of homes [EB/OL].(2016-02-08)[2018-01-03]. https://www.propublica.org/article/officials-outraged-after-shocking-report-nypd-kicking-people-out-of-homes.

通过分析这个获奖系列报道作品，我们看到，除了题材重大、调查采访深入之外，融合媒介的呈现与传播力量也起了重要作用。精良的融合媒介设计和呈现与文章结构和叙事相得益彰。

成功的融合新闻离不开强大、专业的新闻内容支撑，反之，内容也可借助媒介融合得到提升和强化。

第二节　融合新闻深度报道的呈现方式

融合新闻是多媒体内容在多传播平台上的呈现，融合新闻深度报道是在一个多媒体内容和多传播平台的综合体上进行连续性有效工作的过程。在媒介融合的工作环境下，记者需要提升新闻传播的数字化综合技能，能够利用互联网迅速找到有效信息，在新闻报道时思考多媒体的内容形态与呈现方式，并善于利用各种社交媒体与他人展开信息交流和合作，创造性地使用文字、画面、视频等多种结构元素来挖掘和呈现新闻信息，并在实践中不断提升融合媒介的报道能力。

下面来重点看几种进行融合新闻深度报道的有效方式：

一、互联网图片新闻：用系列图片进行深度报道

图片新闻，顾名思义，即以图片来报道新闻，是对新闻的视觉性呈现。图片新闻并不是新事物，但网络图片新闻加上多渠道传播则是媒介融合时代的产物和新宠。

操作解析

如何用好互联网图片新闻

- 一图胜过千言万语，一张好的新闻图片讲究视角和内容的浓缩。
- 相较于纸媒的图片，互联网图片突破了版面的限制，可以有更大的容量，但依然要以精取胜，避免滥用图片。
- 系列图片进行深度报道时要注意图片与图片之间的起承转合，注意叙事的逻辑性。
- 好的图片新闻常常是“有温度的新闻”，要善用视觉传达文化与情感内涵，唤起读者内心的共鸣。

作品赏析

网约车司机“逆行”护送一线医护①

2020.03.21 22：10：20

图 7-3

图 7-3 胡建斌是武汉网约车“医护保障车队”的一名司机。2020 年 1 月 23 日上午，他接到自己所在车队的消息，平台需要征集首批 100 名队员组成应急服务车队接送医护人员上下班。作为小队长的胡建斌立即就报名了。很快，他接到了培训通知，并领到防疫用的防护服、口罩、护目镜等装备。

图 7-4

---

① 新浪图片：网约车司机“逆行”护送一线医护［EB/OL］.（2020-03-21）［2021-04-25］. http://slide.news.sina.com.cn/slide_1_86980_444620.html#p=1. 新浪图片别名“有温度的视觉”，反映了其报道所追求的新闻理念，这就是一例。

图 7－4　记者问他："你害怕吗？"胡师傅停顿了一下："说句真心话，哪有不怕的？可我是武汉人。我也不会干别的，只能通过义务接送一线医护人员，来表一份心意吧。希望我的城市快点好起来！"

图 7－5

图 7－5　封城后，胡建斌第一天上岗，接送了 4 名医护人员。那天，也不知道是因为紧张手有点抖还是因为戴着胶皮手套，点手机的屏幕，老会点错。1 月 23 日凌晨，武汉的城市公交、地铁、轮渡、长途客运暂停营运，整个城市的运力直接停摆。为了缓解需求压力，在武汉市交通运输局的安排下，多家网约车和武汉当地出租车公司临时组建了 6 000 人的支援车队。

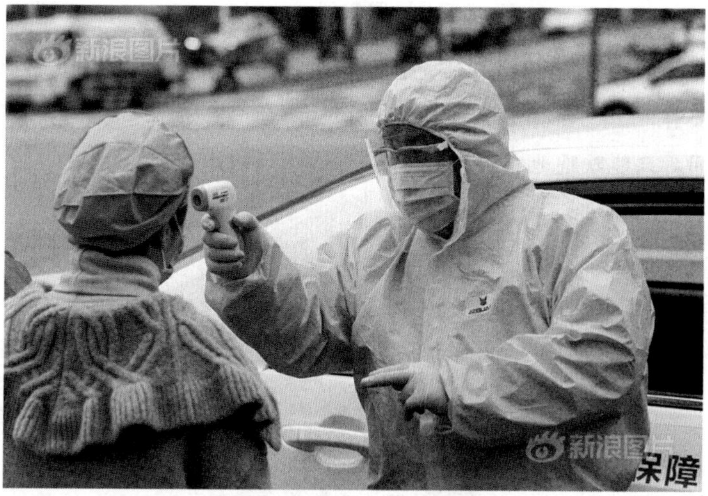

图 7－6

图 7－6　胡建斌说，那些医护人员的素质特别高，他们从医院里出来，带着浓浓的消毒水的味道，也不多说话，让他帮他们测一下体温，然后静静坐上车。

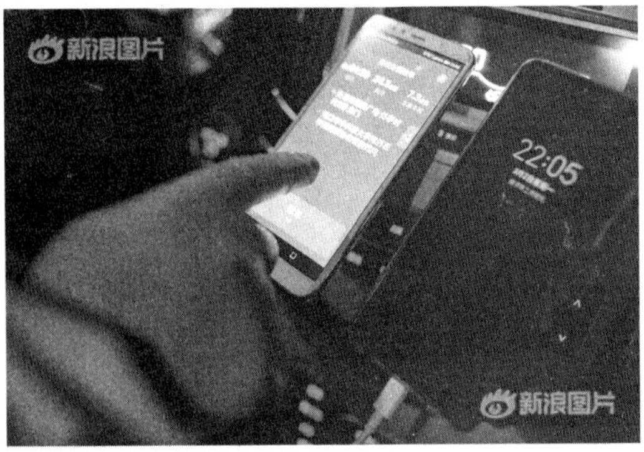

图 7-7

图 7-7 平时，我们开车看到出发地或者目的地是医院，是没什么感觉的。可这段时间看到接送地是医院，会有一种不一样的情感，比较复杂，“像送英雄上战场，或者接英雄回家，有点感动，有点心痛……”

图 7-8

图 7-8 “我有时会在反光镜里偷偷地瞄一眼后排的乘客。他们中大多数，一直很安静，但也会有偶尔的意外。有个年轻的小女孩，我听到了抽泣声……我也不敢问，只能默默地指了指，车里有纸巾。”胡建斌说。

图 7-9

图7-9 “口罩、消毒水、护目镜、体温计……”胡建斌每天出车前，第一件事就是检查车上所有防护装备是否完好和齐全。

图7-10

图7-10 武汉长江一桥上，车很少，因为穿着防护服和护目镜，视线会受到影响，胡建斌的车速很慢，车很稳。“时间长了，我就安心下来了，也没开始那么紧张了，大胆心细就好。”胡建斌说。

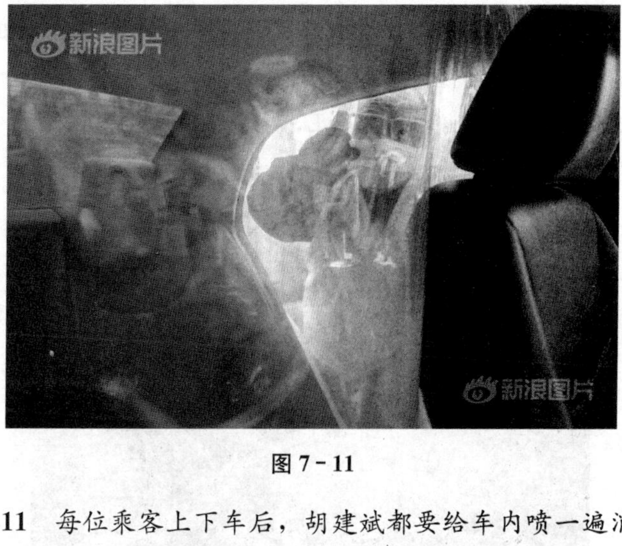

图7-11

图7-11 每位乘客上下车后，胡建斌都要给车内喷一遍消毒水，以确保安全，“这个时间可马虎不得！”

图 7-12

图 7-12 小瓶的消毒水，用不了多久就没有了。胡建斌专门找了个公共卫生间打了一大瓶水，放在车里备用，用于稀释消毒液。

图 7-13

图 7-13 下午 2 点左右，是相对空一点的时间。胡建斌在黄鹤楼附近找了个没人的地方，脱下手套，用消毒凝胶洗手。他是个乐观的人，一边动手，一边用武汉话小声嘟囔着："过细点儿，才能保命撒……"

图 7-14

图7-14　这是中午领的盒饭。因为太忙，来不及吃，都过去两个多小时了，饭也冷了。

图7-15

图7-15　春节期间，武汉又下雨，又下雪，也没地方去专门洗车。胡建斌每天再忙都要把车子搞得干干净净的。他说："医护人员，会特别爱干净的吧，况且，又是在这种疫情，我更得注意些……"

图7-16

图7-16　夜已经很深了，胡建斌接到一个订单，到达接客点，却没看到人。他电话打过去，对方好像也很急，不知道什么原因，信号又不好，断断续续。老胡没有挂掉电话，一直在说："别着急！别着急，我等你，我等你。"

图7-17

图 7－17 那个护士最后终于接到了，并且顺利到达目的地。之前，她因为临时有急诊病人，所以迟了一会儿。

图 7－18

图 7－18 快收工时，又接连有单子进来，老胡决定再加一会儿班。老胡说，这段时间也难为家里人了，他们其实还是很担心的。“我觉得现在自己更像后勤部队，每天给前线送子弹。”他所说的“前线”是武汉市可以收治新型冠状病毒肺炎患者的定点医院，而“子弹”则是上千名医护人员。

图 7－19

图 7－19 这几天，武汉的状况已经越来越向好的方向发展了。老胡特别高兴，早早就出车了，在医院附近等候着。他说：“你知道吗？其实，我是医院之外最能感受到疫情变化的人。每天接送那些医生、护士，他们沉默着、哭泣着，现在开始笑了……不一样的！”

（责任编辑：王怡 SN065）

【赏析】一个故事 五个视角

有人物，有故事，故事通过图片展现，人物通过动态的事件而鲜活起来。普通人的故事，除了头戴的口罩外，一切看似普通的画面，在大的时代事件背景下，平凡中显出惊心动魄的力量，透出了人性中不显山露水的高贵和勇敢。

这个图画故事里至少有两个视角，一是记者镜头对着故事主人公老胡的视角，二是老胡的眼睛看身边事、看疫情变化的视角。这些画面记录了一段有温度的历史。

这个报道还有第三个视角，即新闻文字视角，文字写出了画面不能展现的内容，与画面起到相互说明和展示的作用。

这篇新闻评论区用户的留言是图片新闻进入融合媒介的重要路径，用户的参与进一步丰富了报道内容，提供了第四个视角。如用户 6875871251（浙江衢州）直点主题："您也是英雄，应当受到尊重。谢谢您师傅！"用户 7364791558（北京）说得一语中的，含蓄隽永："致敬默默中展现善良的您！"

广大用户还用对新闻画面本身和对评论的点赞，集体揭开了第五个视角，即对画面的解读与再解读的认可，也是这篇新闻良好传播效果的直接反映。

二、短视频新闻：用系列微视频进行深度报道

视频新闻，是以视频作为媒介形态来呈现新闻内容的新闻形式。视频新闻之所以不同于电视新闻，不只在于其传播途径的网络化、移动化和平台化，还因为这样的传播途径反过来作用于视频新闻的内容、结构和形态本身，使视频新闻尤其是系列视频新闻成为进行深度报道的利器。

操作解析

9 种移动视频故事的叙述方式

BBC 互联网研究与未来服务的首席制片人特里斯坦·费妮（Tristan Ferne）列表指出，数字新闻中使用了 12 种不同的报道方式。该列表于 2017 年 9 月发布，至少看来还相当全面。

芬兰全国最大的日报《赫尔辛基日报》（*Helsingin Sanomat*）的视觉记者埃玛-利娜·奥瓦斯凯宁（Emma-Leena Ovaskainen）2017—2018 年在牛津路透社新闻研究所记者奖学金的项目做研究时，探索了移动视觉思维在新闻编辑室的地位以及应用的最佳实践、技能和工具。她注意到会不断出现新的方式，并且被采用和进一步发展，因此对费妮列表进行了修改，加入了自己的视觉叙事方式，提出 9 种移动视频故事的叙述方式。[①] 具体如下：

---

① 9 types of visual storytelling on mobile［EB/OL］．［2021－04－25］．http：//mobvis. gtc. ox. ac. uk/storytypes/.

1. 短片、纪录片、解说员

由 AJ+和 NowThis 首创，现在大部分新闻编辑室都在广泛使用。使用视频、静像和动画或是这些的组合。主要是标题和副标题。

2. 故事、AMP 故事、易读卡

带有标题和文本横幅的卡片式可视化效果。从 Snapchat Stories 和 Instagram 等社交平台中的讲故事工具演变而来。

3. 长格式“滚动滚动”

叙述性的线性视觉故事主要用于故事情节。视差滚动用于在故事的不同部分之间创建平滑的过渡。由澳大利亚数字叙事工具 Shorthand 开发的流行工具，在英国广播公司（BBC）使用。

4. 数据可视化、可视化评论、可视化故事、混合媒体故事

图表、信息图表、互动或高度视觉化的故事，没有主要的文本叙事元素，但文本和排版是视觉效果的一部分，并与其他内容融合在一起。

5. 结构化文章、列表、新闻通讯和简报

列表通常是在一个主题或标题下编号或以其他方式组织起来的，有明确的主题结构与强大的排版或视觉效果。列表在 BuzzFeed 和《赫芬顿邮报》（Huffington Post）中很流行，在移动新闻媒体中也被广泛采用。卫报移动实验室（Guardian Mobile Lab）研究了用智能手机“原子化”故事的概念。

6. 个性化讲故事、改编故事

用于根据个人选择筛选故事，最终生成个性化文章。有个发现非常吸引人：人们会花更多的时间在一个他们认为对他们的生活有意义的故事上。

7. 实时博客

主要用于重大事件，如突发新闻、体育和文化事件，并通过频繁更新照片、视频和社交媒体用户生成内容的短文本片段来实现可视化。

8. 机器人、自动讲故事

创建自动讲故事的应用程序，在新闻编辑室进行了大量的实验。他们寻求更有效的方式来制作体育报道和选举报道等文章。

9. 360 度可视、虚拟和增强现实

很多关于虚拟现实和增强现实的测试和期望。《卫报》和《纽约时报》为自己的应用程序做了一系列虚拟现实故事。谷歌与美国全国广播公司（National Broadcasting Company，NBC）合作创造 VR 体验，但这最初并不是新闻。

操作解析

视频新闻要点

- 内容呈现“短、频、快”，讲究简练、迅捷、动感等显著特征。

- 相较于电视新闻，视频新闻更强调内容呈现的个性化表达。
- 内容表现形态和传播方式要适合移动收视。
- 路线亲民，诉诸情感，吸引用户参与传播。

作品赏析

中国新闻奖媒体融合奖项获奖作品《中国一分钟》系列微视频

中国记协主办的第二十九届中国新闻奖评选结果2019年11月揭晓，《人民日报》新媒体中心的《中国一分钟》系列微视频（见图7-20和图7-21）获“短视频新闻”特别奖。

国家形象系列宣传片：中国一分钟

人民日报 2018-03-05

2018年全国两会来了
人民日报推出系列宣传片
《中国一分钟》
今天推出第一集
《瞬息万象》

一分钟，33个新生儿诞生
一分钟，20个新的家庭组建
一分钟，26人走上工作岗位
一分钟，35217名旅客出行

图7-20 《中国一分钟》系列微视频介绍截图

图7-21 《中国一分钟》系列微视频截图

《中国一分钟》系列微视频共42集，包括2018年全国“两会”期间推出的国家形象系列宣传片《中国一分钟》3集、2018年10月推出的《中国一分钟·地方篇》31集、重要时间节点推出的主题单篇8集，系列架构起中国改革开放40年成就的整体风貌，为解读中国发展提供了全新视角。系列微视频线上播放量超过24亿，线下覆盖用户数超过2.5亿；《人民日报》微信公众号所有推文阅读量均为10万+；微博话题阅读量超9.4亿，参与讨论达46.9万。①

《中国一分钟》系列微视频之所以能成为2018年标杆性爆款融媒体产品，其原因正如《人民日报》新媒体中心主编张意轩所说，每一个产品都有它的生命路径，但是媒体融合创新永远在路上。为了做《中国一分钟》系列微视频，《人民日报》新媒体中心建了五六十个工作群，每个文案最少都修改了十几次。

【赏析】

● **有温度：以小见大，从生活视角促进价值认同。**《中国一分钟》系列微视频跳出历史性叙事的传统宏大视角，将宏大的叙事按照时间刻度进行微缩，从每个人身边可感的小事切入，呈现一个个普通人为了美好梦想奋斗拼搏的生活画面。它拍摄的是生活百态，不管是制造、旅游，还是环保，都是从人们的日常心态出发，能够调动用户观看的兴趣，形成情绪共鸣，从而潜移默化地进行文化价值的传递。

● **有深度：由面及里，深入乡土人情。**《中国一分钟》最初推出的是3集国家形象系列宣传片，此后延续自身势能，结合各重要节点，相继推出《中国一分钟·地方篇》和各主题篇（见图7-22），系列架构起中国改革开放40年成就的整体风貌，一方面为解读中国发展提供了全新视角②，另一方面也把视角直接拓展到每个地区，接近每一寸土地上的人。微视频内容深挖各行各业的发展成就，展现每个地区的风土人情。具体细微的画面、直观可感的数据、好看有趣的故事，通过深度整合形成镜头语言合力和情感冲击力，冲破了传统主旋律说教与受众之间的“隔离墙”。

● **有广度：打造新媒体现象级IP，传播全方位覆盖、全天候延伸与多领域拓展。**《中国一分钟》系列微视频在保持特色的同时，也建立起了统一的标准，形成了“一分钟”的品牌效应。该系列同时创新传播模式，打破线上和线下、全国和地方、传统媒体和新媒体的界限。之后《人民日报》又先后推出了《军人一分钟》《采访一分钟》等系列微视频，网友可以从不同媒介平台轻松追看，甚至可以让网友觉得看“一分钟”就像追剧一样，这样就打破了新媒体产品“爆款容易，长期火难”的困境，让好的创意和制作发挥出长效，形成品牌综合影响力。

---

① 袁舒婕．这样做，下届中国新闻奖或许有你[EB/OL].(2019-12-03)[2021-04-25]. http://data.chinaxwcb.com/epaper2019/epaper/d7129/d5b/201912/102920.html.

② “中国一分钟”系列微视频[EB/OL].(2019-05-23)[2021-04-25]. http://www.xinhuanet.com/zgjx/2019-05/23/c_138080601_3.htm.

图 7－22　《中国一分钟》地方篇和主题篇截图

三、“移动直播”新闻：跨时空将新闻报道向纵深推进

随着信息技术软件和硬件的快速发展，尤其是5G时代的到来，巨大的泛在网络信息流将可以高速、轻松地到达每个人。网络环境持续的技术优化降低了视频内容生产的成本，手机等移动端技术的不断革新使移动直播正在成为融合新闻的主流。

传统的电视直播作为一种节目形式，往往是经过编导团队精心组织和结构的形态，尽管不断地进行形式和方式创新，但“点对面”的传播模式决定了其较难实现用户互动和情感反馈。移动直播则由于依托巨大的虚拟平台，给用户提供了自由交流的可能。

操作解析

如何做好移动直播

- **保证基本性**：从新闻报道的角度，移动直播相对于传统电视直播，追求的是更快捷、更直接、更开放、更个性。
- **保持灵活性**：移动直播在内容和形式上要相对灵活，要保持节目框架和结构具有可塑性和机动性。
- **注意适用性**：注意直播视频对大小屏幕的适用性，可多用近景和特写。

● **坚持对话性**：强化主持人与用户的对话性，深挖与用户互动的运用，这是直播节目成功的关键因素之一。

● **用好营销性**：发挥移动直播具有的互动直接的营销特质，做好新闻节目自身的品牌打造与传播。

● **应对不确定性**：对直播中各种可能的意外和不确定性，包括网络情况，要尽可能提前做好多个预案。

作品赏析

直击"7·5"泰国普吉游船倾覆事故现场 救援仍在进行

第二十九届中国新闻奖"移动直播"一等奖颁给了浙江日报报业集团《直击7·5泰国普吉游船倾覆事故现场 救援仍在进行》。

两艘载有中国游客的游船在泰国普吉岛附近海域突遇特大暴风雨，发生倾覆事故，落水游客中37人来自浙江海宁，其中18人失踪。浙江日报报业集团记者得知该情况，立即组成突发小组飞往泰国普吉岛，第一时间赶赴现场发起移动直播，连续推出了《直击普吉游船倾覆事故现场 救援仍在进行》（见图7-23）、《普吉游船倾覆事故｜泰国总理巴育慰问遇难者家属》两场滚动直播及《浙视频独家跟拍泰国总理巴育慰问遇难者家属》等10余条视频、图片新闻报道。直播同时被《人民日报》、中央广播电视总台等20余家媒体转载，全网直播观看量超过3 000万，评论数千条。

作为典型的重大突发事件现场移动视频直播，该作品被中国新闻奖初评评委们认为是最好的一个。初评评语写道："泰国普吉游船倾覆事故救援现场，直播遇到信号传输、语言等实际困难，但该媒体前后方密切配合，克服困难，主播主持自然流畅，还独家拍摄到了一些现场画面，在国内媒体中对这一重大突发事件的报道最及时、最全面。社会影响比较大，被央视、《人民日报》等转载。"①

【赏析】

● **直播常态化、最大化**：融合新闻中，视频承担着越来越重要的角色。《浙江日报》、浙江在线全媒体视频影像部直播室主任周莎莎表示，我们有一个口号叫作"新闻视频化、视频专业化，能直播的就一定要直播"，在事故发生后立即请命赴泰国采访，组建三人小组。

● **突出现场感、真实感**：用生动、近距离的视频，最大限度地满足受众第一时间了解该突发事件最新动向的需求。抢独家新闻和独家视角，如记者独家拍摄到泰国总理巴育慰问中国遇难者家属画面，成为节目的一个亮点。

---

① 直击7·5泰国普吉游船倾覆事故现场 救援仍在进行［EB/OL］.（2019-05-23）［2021-04-25］. http://www.xinhuanet.com/zgjx/2019-05/23/c_138079461.htm.

图 7－23　报道的移动端呈现

- **用户至上、注重与用户互动：**记者在前方密切关注救援动向，直播过程中与网友实时互动，积极引导舆论，并为自己所代表的媒体用户发声，如在泰方新闻发布会现场用中英文提问关注浙江遇难者的救援及家属安顿情况。
- **现场灵活调整报道框架：**在整个事件的追踪报道中，前方的事情多发，现场团队根据不同的新闻现场及时调整报道模式。这次报道不仅仅是移动直播，还发回了图文报道 19 组，短视频 17 条。“不管下一个风口在哪里，直播记者都会用我们特殊的笔力去置身于每一个现场。”①

第三节　华尔街日报体在融合新闻中的延展

“华尔街日报体”（Wall Street Journal formula），原本是美国《华尔街日报》惯用的一种新闻写作方法，后来演变为一种较为普遍接受的新闻叙事结构和风格，主要适用于非事件类题材的叙述，在解释性深度报道中的运用也非常广泛。

“华尔街日报体”的基本特征如下：以具体的事例（小故事、小场景、小人物、小细节）开头，经过自然过渡段落，再进入新闻主体部分，集中而有

① 袁舒婕．这样做，下届中国新闻奖或许有你［EB/OL］．（2019－12－03）［2021－04－25］．http：//data. chinaxwcb. com/epaper2019/epaper/d7129/d5b/201912/102920. html.

层次地展开故事，将新闻大主题、大背景清晰展开，力求深化主题，结尾再次呼应开头，回归到开头人物身上，进行主题升华，意味深长，留下余音。

“华尔街日报体”写法重点关注“哪些元素让一个故事从本质上变得有趣”，谋篇布局上注重点面结合、虚实结合，从小处落笔、向大处扩展，较一般的新闻叙事更加感性和生动，符合读者认识事物从具体到抽象的过程。因而，该写法呈现出故事性强、有贴近性、富有人文关怀等特点。

“华尔街日报体”在融合新闻报道中也非常具有可适性，在融合新闻解释性深度报道中还可以结合多媒体的特征和叙事要求，对其结构和叙事手法进行延伸和发展，使其更加丰富多彩，真正做到有声有色。

操作解析

“华尔街日报体”如何运用于融合新闻

- 人性化的开头，引入与新闻主题有关的人物故事，强调先声夺人、以情动人的开场效果，并注意埋伏笔、设悬念，引导用户想继续往下看故事。多人物音视频叙事可采用蒙太奇手法。
- 第二部分，自然过渡，从人物与新闻主题的交叉点切入，将真正的新闻内容和主题推到用户眼前。这部分一定要注意用由小入大、由实入虚的笔法。视频手法是从特写进入中景和远景。
- 中间主体展开部分，要集中而有层次地讲述故事和阐述新闻主题，强调层次感和逻辑性。主题部分的叙述要浓墨重彩。融合新闻在这部分要注意客观叙事与情感交流的交互使用，可多用数据图表、互动地图等。
- 结尾，回归人物，将开篇人物再次引入新闻，交代此人与新闻主题的深层关系，回答前面设的悬念，或留下未解之谜，为下一个继续深入的报道做铺垫。
- 总体而言，要重点关注融合新闻报道中的DEE：description（描写）、explanation（解释）、evaluation（评价）。

作品赏析

2020年普利策奖解释性报道奖获奖作品：《2℃：超越极限》

《2℃：超越极限》由《华盛顿邮报》记者史蒂文·穆夫森（Steven Mufson）、克里斯·穆尼（Chris Mooney）、朱丽叶·艾尔佩林（Juliet Eilperin）和约翰·穆伊斯肯斯（John Muyskens），摄影萨尔万·乔治斯（Salwan Georges）于2019年8月

13日推出。[①]

《2℃：超越极限》是一组开创性的融媒体系列报道，《华盛顿邮报》的记者们收集了大量的资料、数据和真实故事，以一系列的文章、照片、视频和图表的方式，科学而清晰地呈现出极端气候给地球带来的可怕影响（见图7－24）。

图7－24 《2℃：超越极限》系列报道的手机端呈现

2018年底，《华盛顿邮报》环境新闻记者克里斯·穆尼留意到，有一个看似很小的主题反复在气候变化相关科学研究中出现，即和20世纪相比，地球上大部分地区都变热了，有些地区变热的幅度非常大，并且持续变暖让那些地方的生态系统变得更糟糕。穆尼意识到这些现象正在提醒人们，气候变化不仅是一个抽象的未来威胁，更已经成为正在发生的现实危机。在气象研究领域，气温上升2摄氏度被视作一种“上限”，这个项目被取名为《2℃：超越极限》也正来源于此。

当时，穆尼将构想与编辑讨论，很快，一系列的文章、图表、照片、视频就先后发表出来（部分图片见图7－25至图7－31）。在《华盛顿邮报》的新闻编辑室里，最终共有53人参与了这个项目，共同记录了全球范围内曾经历超平均水平变暖的地区。

普利策奖对《2℃：超越极限》报道给出的获奖理由如下：“这组系列报道具有

① MUFSON S，MOONEY C，EILPERIN J，et al. 2℃：beyond the limit extreme climate change has arrived in America［EB/OL］．（2019－08－13）［2021－04－25］．www.washingtonpost.com/graphics/2019/national/climate-environment/climate-change-america/.

突破性，提供的数据科学有条理。”

我们来看其中的一篇报道。

● 故事开篇是一个具有延展性的华尔街日报体风格——从小处着笔的复合型导语，整个故事从一个小场景（新泽西州的霍帕特康湖）展开。

新泽西州霍帕特康湖——在气候变化使新泽西州的冬天解冻之前，这个湖举办了热闹的冬季嘉年华。多达 1.5 万名滑冰者参加了比赛，而车主们则会将车直接开到厚厚的冰面上。数千人观看了当地曲棍球俱乐部大赛和美国滑冰帆船协会举办的比赛，其中包括 1926 年的一场比赛，比赛中有 21 艘冰船在三英里长的航线上航行。

在冰箱冷藏普及之前的那些日子里，工人们成群结队地来这里采冰。他们会凿出两英尺厚的冰块，让它们漂浮移动到巨大的冰屋里，撒上锯末，然后把它们装上轨道车，运往纽约市及更远地区。

“这种冬天已经不复存在了。”马蒂·凯恩说。他是一名律师，也是霍帕特康湖基金会的负责人。

这是因为一个世纪的气候变暖已经改变了这个花园州原本的特色。曾经巨大的冰产业和滑冰帆船协会的繁盛，如今只不过是当地博物馆里黑白照片上的记忆。即使是那些仍试图参加冰钓比赛的顽强家伙们，也不得不取消过去十几场比赛中的 11 场，因为他们害怕误上危险的薄冰，跌入冰冷的水中。

图 7-25 中的两张图片分别是同一图片在网站和手机端的不同呈现。

图 7-25 霍帕特康湖上的冰钓者

20 世纪 20 年代初，Fred Crater 以“霍帕特康湖上的一只大梭鱼”开启了冰钓季节。在该湖的鼎盛时期，各种捕鱼比赛和冬季节日活动中，成千上万的梭子鱼聚集在冰面上。

资料来源：乔治·林哈特/科尔比斯/盖蒂图片社。

● 过渡部分——由小入大（从新泽西州的小视角切入全球），插入背景资料。

新泽西州似乎不太可能是测量气候变化的地方，但它是美国气候变暖最快的州之一。自1895年以来，它的平均气温已经上升了近2摄氏度，是48个州平均上升气温的两倍。

在过去的20年里，2摄氏度已经成为全球变暖的一个关键门槛。在2015年的巴黎协议中，国际领导人一致认为，世界应采取紧急行动，在2100年前将地球平均气温上升控制在"远低于"2摄氏度，以避免一系列灾难性变化的发生。

潜在后果令人望而生畏。联合国政府间气候变化专门委员会警告说，如果地球平均升温2摄氏度，那么几乎世界上所有的珊瑚礁都将死亡；格陵兰岛和南极洲的冰原退缩可能导致海平面大幅度上升；夏季北极海冰是防止进一步变暖的屏障，也会开始消失。

● 主体部分——虚实结合，辅之以数据新闻手法、地图的运用。

延续过度部分提到的"气候变暖的幅度在全球各地是不均衡的"，在发现美国少有的不变暖的地方的同时，《华盛顿邮报》的记者团队试图发现并在地图上呈现出美国所有"热点"的分布图。

为了找到全球2摄氏度的"热点"，即全球变暖最快的地方，《华盛顿邮报》分析了温度数据库，包括美国国家航空航天局和美国国家海洋和大气管理局（NOAA）保存的数据库、同行评议的科学研究以及当地气候学家的报告。全球数据集利用了数千个陆基气象站和其他测量数据，如配备传感器的海洋浮标和久远到1850年的船舶日志。

主体部分接着展示记者在美国范围内寻找变暖最快的各个"热点"，发现"气候变化在不同地方造成的破坏是不同的"。

这部分还包括以文字和图片展示气候变暖使海平面上升，"每年失去三英尺的海滩"，一些地方的居民被迫向内陆迁移。

图7-26 海平面上升正在侵蚀罗德岛的罗伊·卡彭特海滩

图 7－27 有几所房屋成为被水侵蚀的牺牲品，迫使其住户迁往更远的内陆地区

图 7－28 一位受海平面上升困扰的当地居民

托尼·卢拉（Tony Loura）大约 15 年前买下了他的小屋。它以前离水 1 000 英尺，现在只有 150 英尺左右。

报道同时用生动的图片和音视频，展示和解释气候变暖给地球上的生物带来的触目惊心的变化，以及对人类生存安全的影响。

● 结尾处，由大及小，回到开篇的小场景，落到日常生活场景，凸显主题意义。

报道延续前面，推测因为气候变暖，地球生存环境在不远的未来要发生的巨大破坏性变化，引出结尾部分——“完全死了”（completely dead）。

作为典型的华尔街日报体的写法，故事结尾回归到全文开篇的新泽西州霍帕特康湖边。

六月底，灾难降临。

图 7－29　肥料径流与暖冬相结合助推水生杂草疯狂生长

图 7－30　在夏天杂草会对船只和游泳者造成危害

新泽西州环境保护部检测到一种有毒细菌，称为蓝绿藻。航拍照片显示，湖对岸有大量的“豌豆汤”条纹。该部门敦促人们避免游泳、涉水和水上运动，如水上电单车、皮划艇、风帆冲浪和划船。

“这几乎让我们停业了。”约翰·克拉克说。他是小尼基意大利餐厅的共同老板，这家餐厅面向湖面。一般来说，7 月份的头两个周末几乎占到小尼克餐厅生意的十分之一，通常在 7 月 4 日前一天下午店里就挤满了人。但那天只有三个人。克拉克估计生意下降了一半。

“完全死了。每个人都曾有一个丰年。然后你就撞到墙了。”

事实上，优秀报道需要批判性思维。与《华盛顿邮报》的《2℃：超越极限》同年获普利策奖的众多新闻机构中，《纽约时报》是最大赢家，一举拿下三项普利策奖。这三个获奖作品分别是揭露纽约市出租车行业剥削性金融贷款的报道（获调查

图 7-31 小尼基意大利餐馆

小尼基意大利餐馆在霍帕特康湖对面的街道上，夏天通常客人满满，但是今年新泽西州警告人们远离水源，这让餐馆的生意受到了影响。

报道奖)，曝光俄罗斯情报部门指使暗杀行动的系列报道（获国际报道奖），作家妮可·汉娜-琼斯（Nikole Hannah-Jones）对民主原初构想及奴隶制的历史性评述（获评论奖）。这三个作品虽然题材和体裁有所不同，但一个鲜明共性是都带有深刻的揭露、批判与反思的精神。

阅读、思考与练习

阅读

1. 布隆代尔．《华尔街日报》是如何讲故事的［M］．徐扬，译．北京：华夏出版社，2006.

2. 延森．媒介融合：网络传播、大众传播和人际传播的三重维度［M］．刘君，译．上海：复旦大学出版社，2012.

3. 休斯顿．调查记者手册：文件数据及技巧指南［M］．张威，许海滨，译．广州：南方日报出版社，2005.

4. 施瓦茨．美联社新闻报道手册［M］．曹俊，王蕊，译．北京：中央编译出版社，2014.

5. 推荐网站：

纽约警察滥用职权驱逐少数族裔系列报道：https://www.propublica.org/series/nuisance-abatement

《华盛顿邮报》2020 年普利策新闻奖获奖作品《2℃：超越极限》报道：www.washingtonpost.com/graphics/2019/national/climate-environment/climate-change-america/

思考

融合媒介报道中，有没有一种内容形态能够适应任何媒介形态的需要？如果有，这样的内容形态应该具备什么样的特征？

练习

1. 进行一次融合新闻深度报道的练习，要求至少融合三种以上媒介表现形式，包括文字、图片和超链接。

2. 请选择一个你所在地存在的生活环保问题，设计一个融合新闻深度报道方案。

第八章

融合新闻与沉浸新闻

沉浸传播是以人为中心、以连接了所有媒介形态的人类大环境为媒介而实现的无时不在、无处不在、无所不能的传播。它所实现的理想传播效果是让人看不到、摸不到、觉不到的超越时空的泛在体验。

——李沁《沉浸传播：第三媒介时代的传播范式》

学习要点

融合新闻走入的泛在传播时代，也称为"后互联网时代"，伴随着移动互联、社交网络和虚拟现实等技术的使用，特别是以虚拟社群为基础的移动互联的普及，融合新闻强调虚拟世界社群的概念，重视用户连接和新闻体验，以最终实现全新的沉浸传播体验。

沉浸新闻已开始走向主流新闻制作的中心，VR新闻、AR叠加新闻、机器人写作、网络直播、360度全景视频等这些新形态，让传统新闻的形态、内容、呈现时空、制作主体、制作过程发生着巨变。第三媒介时代的沉浸传播生态系统，把所有过去、现在及未来的媒介形态融为一体，产生深度彻底的融合媒介，进而引发新闻体制和社会传播的深刻变革，使新闻真正变得无时不在、无处不在、无所不能，成为一种新新闻，笔者将之命名为"沉浸新闻"。

沉浸新闻不再是对事实的直接记录，而是变成沉浸式体验、参与式创作，变成全民直播的狂欢。最大限度地吸引用户参与新闻信息的创作与传播，是沉浸新闻的主要诉求之一。无界时空的网络传播超越国界、种族、地域地"吸粉"，成为最适合"虚拟世界"与"现实世界"融合沉浸的传播方式。[①] 借助虚拟现实全息影像、移动直播、人工智能等技术，沉浸新闻创造出可以让用户可以进入并共同创造的虚拟空间，用户可以自行选择参与的角色或方

① 李沁．沉浸新闻模式：无界时空的全民狂欢［J］．现代传播，2017（7）：141－147.

式，可以是新闻事件的当事人、报道者或目击者，可以用第一视角完成新闻叙事。沉浸新闻的创作重在还原真实的场景和影像音效，让用户获得“人在现场”的真实体验，从而感同身受，在情绪及心理上受到新闻事件的影响，获得“超真实”的传播效果。

本章我们将在泛在沉浸传播语境下，分析沉浸新闻出现的原因、特征以及基本模式。

第一节　沉浸新闻的定义及特点

“沉浸新闻”，也称作“沉浸式新闻”，既是近年来数字新闻业内出现的一种新的新闻类型，也是全球新闻生产的新趋势。

本节在分析沉浸媒介形态的基础上，指出沉浸新闻的定义及总体特征。

一、沉浸新闻的定义

2010年，被誉为“VR教母”[①] 的诺尼·德拉·佩娜（Nonny de la Peña）和几位学者，从虚拟现实的视角对沉浸式新闻进行了初步界定，即一种能让受众以第一人称视角体验新闻事件的新闻报道模式。研究提出以假乱真的场景、可信的故事、切实的身体感受，这三种因素的结合能够给用户创造出强烈的“身临其境”的体验。[②] 在对新闻事件还原的虚拟空间中，用户可以拥有特定的实体化身份，真切地经历新闻。

然而沉浸新闻其实不只是VR新闻，第三媒介时代的沉浸传播技术，除了VR还有IT等，正是这些技术及社会更深层的变革，引发了新闻体制和社会传播的大变革。克莱·舍基在《人人时代：无组织的组织力量》中已经发现了新闻正在开始的深层变革。“新闻的定义发生了改变：它从一种机构特权转变为信息传播生态系统的一部分，种种正式的组织、非正式的组织和众多的个人都杂处在这个生态系统中。”[③] 然而，这还只是道出了新闻参与的泛众性，而泛在时代沉浸传播的出现，将人人参与的生态推向更深层次的进化。

---

① ROGERS S. Is immersive technology the future of journalism? [EB/OL]. (2020-02-06) [2020-03-27]. https://www.forbes.com/sites/solrogers/2020/02/06/is-immersive-technology-the-future-of-journalism/#e169c957e306.

② DE LA PEÑA N, WEIL P, LLOBERA J, et al. Immersive journalism: immersive virtual reality for the first-person experience of news [J]. Presence: Teleoperators and Virtual Environments, 2010, 19 (4): 291-301.

③ 舍基．人人时代：无组织的组织力量 [M]. 胡泳，沈满琳，译．北京：中国人民大学出版社，2012：46.

在沉浸媒介的系统中，各种媒介从浅层融合变成深度彻底的你中有我、我中有你；媒介与人、与环境融合为一。沉浸新闻跨越融合了物理世界和虚拟世界的时空，新闻的生产过程与传播过程同步进行，互为沉浸。

这样的沉浸生态系统，是融合媒介的最高形态。笔者基于之前所做的沉浸传播研究，将沉浸媒介相应产生的新闻命名为“沉浸新闻”，将“沉浸新闻”定义为基于泛在连接和沉浸传播、无时不在、无处不在、无所不能的新新闻，是一种用户能以第一人称视角体验甚至能参与新闻事件发展进程的新闻报道与传播模式。

二、沉浸新闻的总体特征：新闻即体验，所见即所发生

“沉浸新闻”是基于沉浸传播的一种新闻模式。所谓“沉浸传播（Immersive Communication）是一种全新的信息传播方式，它是以人为中心、以连接了所有媒介形态的人类大环境为媒介而实现的无时不在、无处不在、无所不能的传播。它是使一个人完全专注的也完全专注于个人的动态定制的传播过程。它所实现的理想传播效果是让人看不到、摸不到、觉不到的超越时空的泛在体验”[①]。

传统新闻主要是记录事实、复原现场，强调客观性、真实性。沉浸新闻则像是一个在客观事实基础上的主观创作过程。沉浸新闻的发生像有个画师或摄影师，画出或拍出所见所闻，而此所见所闻，即所发生。

我们每个人都可以是这个画师或摄影师。沉浸新闻的主要特征就在于沉浸。你沉浸其中，进行体验。而所有技术工具都是为了帮助你进行体验的：VR 全景视频呈现给你新闻的各个角度，见你所见；人工智能根据你的兴趣，帮你选出呈现在你眼前的领域、细节。所谓读新闻、看新闻，其实是进入一个虚拟现实的世界，仿佛身临事件的发生地。

新闻的时效性为即时性所取代，一切都在直播中，传统围绕“截稿时间”建构的整个新闻运作机制发生了根本性变革。

（一）记录与创造同时进行，传播与接受过程相互沉浸

新闻一般指对事实的记录，但沉浸新闻的呈现却是一个创造的过程。

沉浸新闻之所以可以创造，主要由于信息在时空中的变化。360 度 VR 全景视频将一切都记录下来，以待呈现。但这原有的记录，因为不同人的参与，会出现不同的呈现内容和呈现方式。每个人的观看过程不同，体验

---

① 李沁．沉浸传播：第三媒介时代的传播范式［M］．北京：清华大学出版社，2013：43．

也不同。有人从左边看起，有人从上面看起，有人转着圆圈看。你观看的过程，是你解读新闻的过程；而你观看中的互动，则是一种对新闻的再创造。

记录下来的新闻，在实际传播过程中已经发生了变化。这并不是只在沉浸新闻中才有的。媒介环境中存在着至少三种现实：客观现实——我们生活在其中的现实世界；媒介现实——媒介所呈现出的情景；受众现实——受众通过媒介获得的对客观现实的认识。媒介现实具有双重性："对于传播者而言，媒介现实是传播主体对客观现实的认识……对于受众而言，传播中经过符号化的媒介现实，是相对于受众主体的客观现实。"①

如果说上帝创造了第一个世界，大众传媒创造了第二个世界，那么沉浸传播则创造了第三个世界——一个融通第一世界和第二世界的无界时空。与以往新闻再解读过程不同，由于沉浸新闻是动态的、多可能性的呈现，每个人所接触到的"同一条新闻"实际上是不同的。而且，每个新闻最终呈现出来的内容形态也不同。

美国传播学者托尼·施瓦茨（Tony Schwartz）将电视喻为"第二个上帝"，沉浸媒介与传统电视所呈现的世界有何不同？传统电视是先制作再播出的，观众在收看过程中重新还原现实。而沉浸媒介则是制作与播出同时进行的，节目的制作与被解读也是同时进行的，甚至可以相互影响。如果还以电视为例，那么沉浸新闻包含有电视的进化版——网络直播，而且是网络直播4.0版本，即记录与创造同时进行。

"沉浸新闻"模式，是一个传者与受者共同创造的过程。传播与接受不再是一前一后的两个过程，而是变成一个过程的两个方面，而且是由传者与受者双方共同来营造的。

沉浸新闻在自媒体公民新闻的基础上，强化媒介的社交功能，传播与接受的过程全面融合，成为一个创造与交流的过程。伴随着网络2.0兴起的公民新闻，已经让传统的"受者"变成"传者"，这种"受者"可以依据自己的关注点参与新闻报道策划。从最初始于社区新闻到现在强势"入侵"各报道领域，特别在抢现场突发新闻上，他们往往胜过专业记者。与此同时，专业守门人和社会守门人也凭着自己对新闻价值的理解，将自媒体中最具新闻价值的部分再加工，重新推送给用户。用户在转发收到的新闻的同时，会加上自己的情感表达，或进行摘要、编辑、评论，这个过程的各个环节可同时进行，或不按次序出牌。

---

① 张克旭，臧海群，韩纲，等. 从媒介现实到受众现实：从框架理论看电视报道我驻南使馆被炸事件[J]. 新闻与传播研究，1999（2）：2-11.

（二）感性与主观占据要位，人性与个性相互沉浸

你如何想象，新闻就呈现出什么样的形态；你如何观看，沉浸新闻就呈现出相应的形态。传统新闻的理性和客观性受到挑战。以前，只是通过媒介想象或传播效果对心理产生影响，来实现对现实的改变；现在不仅可以通过想象再塑媒介，还可以进而塑造和再塑现实，然后反过来影响人们对真实世界的认知。这种可能性，让人类的客观现实面临着机遇与危机的并存。

沉浸新闻是偏重体验、偏重描述性的新闻。它的媒介形态是无形无相的电子形态。电子媒介改变了人类大脑的经验。“一方面，印刷机有利于左脑，以及左脑处理信息的线性、序列方式；另一方面，新媒介及其伴生的信息爆炸又要求大脑有描绘信息的能力，这又是右脑的特征。”① 沉浸媒介具有与生俱来的感性气质。

由于沉浸新闻是记录与创造同步进行的，客观与主观也因而交织在一起，形成了一个包含主、客观的虚拟环境。托马斯公理指出：“如果人将某种状态作为现实把握，那状态作为结果就是现实。”② 如此下去，就符合默顿（Robert Merton）所说的“预言的自我实现”。默顿借用曼海姆（Karl Mannheim）和索罗金（Pitirim Sorokin）的研究方法，形成功能主义分析模式，“预言的自我实现”可以看作一种社会失范。

“人们习惯于把媒介折射的现实当成现实本身，而对实际存在中的现实却默然不知”③，并且根据媒介期待来行事，沉浸式的社交媒体更容易起到如此功效。2016 年英国脱欧公投，可看作被媒体预言引导的一次集体行为。在媒体渲染的脱欧前景蛊惑下，51.9%的选民投票支持脱欧。谷歌数据显示，投票截至结果出来前的 7 小时内，英国用户在谷歌搜索量大增，问得最多的是“离开欧盟意味着什么？”“欧盟是什么？”“哪些国家在欧盟？”。大批英国人投了脱欧却不知何为“欧盟”，然而心态却早被无处不在的新闻环境给掌控了。感性冲动所形成的最终事实，就变成一个从主观到客观的结果。

沉浸新闻，是以人为中心的信息传播，是人性与个性的交融。以前的媒介报道尊崇“内容为王”，沉浸新闻则强调“以人为中心”，用户为王，在新闻生产与传播中强调个性与人性的融入。

传统新闻讲究客观性，沉浸新闻却无法忽视传播者个性化的主观表达。

---

① 麦克卢汉．指向未来的麦克卢汉：媒介论集［M］．何道宽，译．北京：机械工业出版社，2016：X.

② 竹内郁郎．大众传播社会学［M］．张国良，译．上海：复旦大学出版社，1989：213.

③ 石磊．“我靠虚像生活”：媒介环境的影像阐释［J］．思想战线，2006（3）：75－79.

当然，不管人与人、事与事有多少差异，有些共性和品质永远存在。如网络直播视频，此类节目因主持人不同、围观者不同，对同一主题的表达会呈现不同的个性化、人格化、人际化等基本人性特征。沉浸新闻从传统媒介注重宏大叙事转向微观人生，更注重人性的融入、真情的传递，也更会自觉或不自觉地寻求人类共同的兴趣点和关注重心。

同样，围观者通过点赞、打赏、评论，来表达情感好恶；通过转发中只言片语的点评，来表达对某条新闻的主观看法。由于类似微信朋友圈这样的平台被人当成交流和展示自我形象的平台，对转发新闻的选择、评点，也都是对个性的塑造与表达。

（三）信息制作与社交定位彼此渗透，虚拟与现实相互沉浸

沉浸新闻是定位传播导向的内容制作，是以每个个人为中心的传播，因此在决定新闻内容和相应媒介形态时，以定向定制为主要特征。

沉浸传播是一对一精准定位传播，在这个动态的传播过程中，需要不断对所传播的对象进行定位，即时调整信息内容。沉浸新闻的定位，不只是基于位置的定位，更是基于社交媒体和社交圈用户所做的信息定位，其影响因素包括购买能力、消费习惯、家人爱好等。这个过程在云计算电子大脑中只是一瞬，且在常人不知觉中发生，因为沉浸传播的媒介功能隐藏在周围环境中，像空气一样。沉浸新闻突破了传统“在场”的概念，从“遥在”发展到“泛在”，即无处不在。人们随时随地连接在一起，传统媒介让人们面对面的直接经验为中介化或媒介化的间接经验所取代，但沉浸技术解决了虚拟面对面的问题，全景摄像、全息影像，让天涯若比邻。

正因如此，沉浸新闻是虚拟世界与现实世界彻底打通、融合的产物。虚拟现实传播逻辑中的媒介价值从媒介本身向受众转移，沉浸新闻以基于位置的服务（LBS）等技术手段，在大数据分析的基础上精准把握每个受众的信息需求，将个性化定制融入新闻的采编制作全过程，时时调整，使受众价值与媒体价值充分融合，实现价值叠加升级效应。

网络直播，是这个定位社交在虚拟和现实两个世界融合的表现形态，新闻与社交功能合为一体，尤其形成移动社交网络新闻直播客户端。2015 年美联社推出视频直播平台 AP Live Choice，调动世界各地记者，每月提供上千个全球或地区事件的直播视频，被采用率增长至 60%，全球共 16 亿人次通过各种平台观看了其生产的直播内容。①

---

① 陈绍伟．解读美联社 2015 年年报：从现在看未来［EB/OL］．(2016-05-10)［2021-04-25］．http://toutiao.com/i6283025340172337666/.

（四）产品与工具合二为一，新闻与娱乐相互沉浸

新闻产品与新闻工具在沉浸新闻中常常不分彼此，依据媒介产品内容来选择工具，媒介产品的工具形式又反过来决定产品内容。

沉浸新闻，是基于多种传播工具和媒介形态的可塑性报道。当一切都可能自动进行时，未来新闻业者的主要工作是选择合适的工具，组织合适的人工智能团队。

可用于沉浸新闻的技术不断更新，相应设备层出不穷。智能手机、穿戴式设备、VR 摄像机等，都用于完成写作、摄影、摄像、定位、发送、即时通信等工作。未来，设备会变得更为时尚和强大。2017 年拉斯维加斯国际消费类电子产品展览会上，新亮相的 AR 手机采用类肤质材质，安置有 Project Tango AR 所需的摄像头与传感器，适配 AR 头戴设备。观看 AR 新闻，更像在玩 VR/AR 游戏。制作新闻就是用各种工具创造出最有趣、最震撼的呈现，如充分用好各类出镜及传播工具，以形成相融合的媒介产品，写作、拍摄、制作、播出的过程与媒介工具同步升级。

对于不同的媒介平台的适用性，以前总是强调重新定位和定制。但是沉浸新闻解决了这个多次“改包装”的问题，其新闻制作与形成的过程，本质上就是对不同媒介设备和平台的适应，基于制作与观看同时创造的新特征，沉浸新闻内容形态因而具有自然延展性和收缩适配性。

沉浸新闻，正是将新闻融入人们娱乐需求的无处不在的动态即时报道。泛在时代生活、工作、娱乐融为一体，人们看电视、看手机，更多是为了休闲娱乐的需求，资讯与娱乐的界限正快速消失。在新闻 App 中加入游戏成分，在娱乐节目中添上资讯推广，在娱乐社交中产生新闻性评论，像弹幕视频的盛行就是一例，人们在观影时通过弹幕互动。另外，新闻以免费赠送的形式出现，如变成手游的赠送品，变成社交 App 的附属品，这是个趋势，尽管专业新闻人士讳莫如深，甚至感叹全球人民将无聊当有趣。

然而，当 Pokemon 游戏像病毒传播般漫延，当人们在游戏中完成全部新闻信息的获取和传送时，沉浸新闻需要研究对“无聊”的利用，就像研究对碎片时间的利用一样。沉浸新闻就是要将信息渗透进一切时空之中，形成无处不在、无时不在的报道。

（五）新闻“即时”传播，“虚拟时间”取代“媒介时间”

传统新闻所强调的时效性为即时性所取代，所有的新闻发生过程都是直播的形式，人人都可以参与。数百年来基于“截稿时间”来组织的新闻运作体制，发生了变革。

统治了数十年甚至上百年的“媒介时间”，曾经重新定义了“社会时间”，但其前提是在现存社会的基础上，而不是媒介造出的一个社会。

沉浸媒介的时间是“虚拟时间”，沉浸传播中的信息没有预设时间，传播与接受都即时进行，如不删除，信息会永远在那里。所谓新旧媒介的区别，就在于时间维度在传播中的角色和意义，按约定时间运行的媒介(media by appointment)至今是一切旧媒介的特征。[①] 沉浸传播，既有过去形态，也有现在形态；既有虚拟形态，也有现实形态。沉浸媒介以其“无时不在”，将自己与伊尼斯在《传播的偏向》中所研究的印刷、广播等旧媒介区分开来。

沉浸新闻时代，“虚拟时间”开始取代传统的“媒介时间”。虚拟时间是对过去空间的重复与再造。当然，虚拟时间也不是凭空造出来的，是 AR 的创造者基于过去经验的虚拟性呈现。虚拟想象也是基于我们记忆的再现，现实影像都有其“镜像”，即潜在影像。生活的每一时刻都有两面：既是现实的，又是潜在的；一面是感知，一面是回忆……能意识到其现在感知和回忆连续分解的人类似于自动扮演角色，倾听或观看自己表演的演员。[②] 沉浸新闻对世界的创造是基于已有认知的创造。

人们在 AR 新闻中只有沉浸感，失去了对时间的意识，因为现在、过去、未来都可随意穿越。

三、沉浸新闻主体的特征：媒体与用户的泛众生产与传播

在沉浸新闻中，专业媒体人与自媒体人、打赏者和吃瓜群体这几类人一起，形成了一个合作生产群体。“受者”与“传者”的界限消失，人们超越时空地参与新闻报道，在“传”的同时也在“受”。“新闻的社会权利发生变革——共同创造成为新逻辑。”[③]

CNN 实施“移动先行、数字第一”新媒体发展战略，一举拿下全美市场单月表现 6 个第一，包括多平台独立访问量第一、视频播放次数第一、社交媒体总量第一等，其中多平台总浏览量达 16 亿。CNN 将取消传统的电视岗位，人们成为既为电视又为新媒体提供内容的全媒体记者。[④] 而全球更多的自媒体人、各类非专业人士也都在忙着视频直播。“未来媒体将成为连接新闻叙述者和新闻制作者的桥梁。媒体工作者要组织人工智能、大数据、增强现

① 莱文森．新新媒介：第 2 版［M］．何道宽，译．上海：复旦大学出版社，2014：7.
② 德勒兹．电影 2：时间-影像［M］．谢强，蔡若明，马月，译．长沙：湖南美术出版社，2004：124.
③ 李沁．“第三媒介时代”新闻价值的定位与建构［J］．当代传播，2015（4）：41－44，48.
④ 杜毓斌．美国有线电视新闻网（CNN）的新媒体转型之路［J］．南方电视学刊，2016（4）：23－26.

实等技术的‘应用’，新闻工作者应具备的技能是，选择最好的设备”[①]，让机器来干活，让全社会来干活。

传统媒体人群结构会转为以“全媒体人”为主，并有越来越多的传统媒体人成为自媒体人；当自媒体人成为主体时，“自媒体人”的概念将取代“媒体人”，进而“自媒体人”这个概念会消失，重新变回“媒体人”。然而，此“媒体人”非彼“媒体人”了，就如同媒介形态的轮回进化，每次重新回来的旧媒介已不完全是以前那个旧媒介，而是用着原来名字的新生事物。

沉浸数字技术的混合升级，传播模式的变化，改变了新闻的生产、传播与把关流程。全民参与的“泛众生产”，成为沉浸新闻的主体特征。

（一）帮你打仗的，不一定是你雇的兵

帮你打仗的，不一定是你雇的兵。帮你生产的，不一定是你请的员工。帮你打仗的，还有自带干粮的，更有赔了夫人又折兵还乐此不疲的。为了打赏主播，缺钱的粉丝竟以身试法。

沉浸新闻时代，是个非职业选手时代，也是信息渠道多元多层次的时代。用户帮助媒体生产内容，帮助企业生产数据。传统媒体的内容生产和编辑两大功能，受到严重的社会化挑战。内容生产过程日趋社会化，不再由传统媒体垄断经营。媒体使用者发生了角色转换。传统的新闻消费者变成内容生产的参与者，甚至主导者。

Web 1.0 时代，网站强调所有东西都自己生产，各大门户网站的新闻都是编辑苦干出来的。Web 2.0 时代，Google、百度、腾讯都不自己生产内容，内容全由数以万计的网站和用户创造。沉浸传播时代，是全平台挑战时代，企业实现从生产者到平台的转变，Facebook、Google、百度、腾讯、淘宝等都是媒介平台。企业与用户突破生产者与消费者的界限，形成一种“娱乐与共”的关系，你让我玩爽了，我让你平台火。生产，隐藏在消费中。消费，也是生产。娱乐既是生产，也是消费。

而且生产大部分由别人做了，由机器人做了。人工智能和机器人写作，机器人通过大数据推算出未来趋势，思考比人快得多，写稿也比人快。机器还会赚钱，会最大限度地利用现有数据获得经济利润。

当机器人学会人干的活，人能干什么？人类可以做社交、娱乐。微博、微信以及其他各种社交 App，织起网络状社交关系。随着社交网络尤其是移动社交的发展，“粉丝经济”经历了用户生产内容的众包、用户消费产品的众

---

① 新浪联合硅谷布道师：未来媒体趋势报告［R/OL］.（2016－10－24）［2021－04－25］. http://news. sina. com. cn/2016－10－24/doc-ifxwztrt0308410. shtml.

消，又发展到用户募集资金的众筹。这是个万众同欢的时代，人们在同一个时空中沉浸。

（二）吃瓜围观，也是新闻生产力

沉浸传播时代，新闻内容的产生、制作和再加工过程出现了明显的社会化趋势。就算看似围观的人群，也在消费信息的同时生产信息，或“哄抬”信息的价格。

沉浸新闻是一种泛众生产与传播，每个人都形成一个中心，各个中心又与其他中心发生千丝万缕的连接。从不同的专业阶层转移出来的能力到了公众手中，有了划时代意义，它建筑在出版商蒂姆·奥莱利所称“开放参与的架构”之上。“当我们改变了沟通的方式，也就改变了社会。”①

网络直播也可称作社交流媒体直播，是明显的例证。仅 Facebook Live 用户已创作了 67.5 万段直播视频，观看次数超过 85 亿次。一发不可收拾的“泛众生产”机制，使网络直播成为全新的新闻媒体报道形式；而且，无时不在、无处不在的网络直播，将成为未来“沉浸人”的生活常态。Facebook 创始人扎克伯格表示，当你在直播中互动时，感觉用了更人性的方式与人进行连接，这是在沟通上的重大进步，也创造了人们相聚的机会。

越来越多的媒体和机构利用 Facebook Live 平台进行网络直播。美国国家航空航天局 2016 年水星凌日直播，吸引了 21.2 万次观看。美国新闻资讯整合平台 BuzzFeed 报道，亚特兰大电视台 WSB-TV 气象预报员布拉德·尼茨的气象直播收获 7.7 万次浏览，“比电视台通常的网络观众多很多”。BBC 进行欧洲杯和英国脱欧的直播；路透社 2016 年下半年比上半年的直播猛增十倍；仅 2016 年 3—6 月间，BBC 和《纽约时报》在 Facebook 上直播就超过 99 次。

2016 年也被称为中国网络直播元年，除了自媒体平台的热闹景观，主流媒体也纷纷将网络直播引入新闻报道。新华社 2012 年起在 Facebook、YouTube、Twitter 上开设账号，2016 年全力主攻海外社交媒体网络直播，不到一年 Facebook 上 New China 主页粉丝量就升至 1 400 万。截至 2016 年 6 月，中国网络直播用户规模达 3.25 亿，占网民总体的 45.8%。② “网络直播平台对‘日常生活’前所未有的观照和呈现，以及对传播主体和内容宽广的包容性，使之有望再现微博平台曾经的辉煌。”③ 无界时空的网络传播，超越国界、种族、地域地吸粉，成为最适合“虚拟世界”与“现实世界”融合沉浸的传播方式。

---

① 舍基．人人时代：无组织的组织力量［M］．胡泳，沈满琳，译．北京：中国人民大学出版社，2012：14.

② CNNIC. 第 38 次中国互联网络发展状况统计报告［R/OL］.（2016-07）［2021-04-25］. http://www.cac.gov.cn/2016-08/03/c_1119326372.htm.

③ 李黎丹．网络直播可持续发展路径分析［J］．南方电视学刊，2016（4）：47-49.

在“沉浸新闻”模式中，专业新闻在理解新闻价值时，也要综合考虑传播效果；反过来，传播效果也会决定新闻选择。以前进行新闻选题时，更多关注能否成为第二天报纸或电视的头条，或在网络新闻平台重点推荐能挂多久。而“沉浸新闻”模式会更多考虑能吸引多少大众共同参与和共同创作？社交媒体转发量多少？社交评论热度如何？全媒体延展性是否强大？各媒介的融合度如何？并据此来不断调整传播内容和方向，推动大众沉浸其中，共同打造新闻热点和新闻景观。

第二节　沉浸新闻的内容及形态模式

沉浸新闻的内容与形式紧密相关，乃至形式即内容。当然，不是说专业媒体人在安排制作与传播工具外，就无所作为。皮埃罗·斯加鲁菲（Piero Scaruffi）对未来媒体的内容生产模式作了猜想，即多元新闻流来自人或机器，通过人工智能和算法来判断是否为新闻，随后上传到所有人都可以访问的云端；记者对信息进行组合，人工智能写手对新闻进行报道，同时社交媒体也会生成新闻；信息组合在一起得到“文章模板”，并依据平台需求、变现需求等因素对文章进行个性化处理。

未来有没有一种新闻形式既适用于所有的媒介形态，又适应于所有人的个性化需求？这正是“沉浸新闻”模式的核心特征，即以人为中心、无时不在、无处不在的报道。就算全是机器人生成，也是以“你”为中心，人工智能和算法会算出你的需求。你可以享受袁世凯天下独此一份报的待遇，人人都可以。你获得个性内容、发表评论后，经社交媒体在云端生成更多内容，再让记者去分析是否就话题做后续报道。

沉浸新闻是一种定位传播导向的内容采集、制作与传播的模式，其内容生产和传播过程具有沉浸性，在信息形态、语言形态、数据形态、视觉形态、全媒体形态和背景形态上具有如下具体模式：

一、信息形态：物理与虚拟叠加，信息呈现简短精准

新闻形态会越来越多，360 度全景视频、全息影像、社交＋直播…… 新闻变得无处不在。将 AR 图片动态性叠加到现实场景中，可以增强整体信息。AR 技术可以将无限的数字化信息“叠加”到有限的浅层叙事上。当受众通过移动终端 App“扫描”或“识别”后，海量的背景信息、深度内容便会以

文字、图像、音视频等多种形式被“唤起”。① VR/AR 沉浸新闻延伸用户感官功能和认知空间，增强用户感知信息的身心体验。

“沉浸新闻”模式要求核心内容精简，用词精准，关键词突出，这样易于让不同媒介快速分解出有用的信息，新闻传播从原来的广播发展到数据传播和比特传播。正如尼葛洛庞帝所说，要探讨数字化的大未来，一个方法是看媒介的本质能不能相互转换，看我们能否开发出能过滤、分拣、排列和管理多媒体的电脑。这种智慧可以存在于传输者和接收者两端。②

沉浸报道的信息呈现，应该是适应人脑与电脑共同学习的信息，增强人机互动、机器与机器的互动。皮埃罗·斯加鲁非预测说，未来，机器人为读报道的机器人和将报道变现的机器人写作。

虚拟信息与现实物理景物相映衬，一起呈现。未来，随着 LBS 和 AR 技术的应用，过去的景物会精准叠加到现实的场景中，你会在今日长城上看到明长城当年的风貌，看到古人是如何一砖砖垒起长城城垛的。你也会看到今人加上去的文字说明，像印在城墙上，仿佛有生命般会自己生长，消失，再生长。

二、语言形态：回归口语时代，生动易传播

声觉空间取代视觉空间，口语文化回归，越来越像久远的口语时代。微信中的语音对话和广播的回归，代表着听力空间的回归。

旧的媒介不会消失，在新的媒介的外壳中又回来了，如口语文化占据广播的声觉空间。在人们将广播看作衰落的传统媒介时，由真实新闻事件改编的广播剧《太平洋大逃杀》收听点击率超过 500 万。泛在融合给了旧媒介重新回归的机会，广播以新电子媒介姿态，被重新包装上阵。

以日常语言，生动讲述。传统平面媒体的书面语气将根据广播电视的需求而调整，以短句子组成，朗朗上口为佳。口语化的表述，也适应网络原住民的交流习惯，促进信息在不同媒介间的自然传递，形成网络热词。与传统电视新闻报道相比，网络直播适应社交网络的生产传播特点，自由报道方式代替了具体固定的编辑计划，也适应了用户的个性化信息需求。专业新闻机构需要在促进内容创意和监管创新上下功夫，以平易生动带动大众参与。

① 史安斌，张耀中．虚拟/增强现实技术的兴起与传统新闻业的转向［J］．新闻记者，2016（1）：34-41.

② 尼葛洛庞帝．数字化生存［M］．胡泳，范海燕，译．海口：海南出版社，1997：31.

沉浸新闻是一种实时的对话，一切新闻都在进行网络直播，不管是以什么形态，文字、图片、视频，还是现场秀，抑或是人与机器的对话或机器与机器的对话。人工智能，也在工作中不断“人性化”自己。

三、数据形态：信息自我选择加载，AR 标题引人入胜

由于沉浸新闻的信息以叠加方式组成，深层信息由用户自我选择加载，所以信息标题就成了一种标签，与用户的阅读习惯、兴趣的信息预设吻合就会立即被自动程序选中，传送给用户。

碎片化阅读依然是未来的主流信息接收方式，小信息有了机会，出现标题党是必然的。调查表明，多数网络新闻用户只是不时浏览新闻标题和略读新闻报道，而传统媒体受众常选择一个固定时间读新闻。[①] 碎片浏览的人，根据标题迅速做出是否点击看细节的决定，因之标题是新闻的眼睛。能否一目传神，VR/AR 来帮忙。

未来的数据新闻会 AR 化，在现实环境的基础上，利用数字化手段捕获、再生或合成各种来自外部世界的感官输入，强化一种身临其境的极致沉浸感。数据是新闻中不可缺少的元素，但数据常让文章枯燥难读，可视化 AR 数据新闻是对数据的生动呈现。AR 数据新闻，如海量图片、视频等都在云端等待着被激活。用户用手机或穿戴设备扫描突发新闻图片，即可在移动终端看到新闻现场视频，跟该新闻相关的各类数据、背景、社交圈点评等也会一一跳出。2017 年春节在中国兴起的 AR 实景红包，采用的也正是“LBS＋AR＋红包”的方式，抢红包需同时满足地理位置和 AR 实景扫描两个条件。

四、视觉形态：动态画面感、全景式视频一览无余

全景视频，全息影像，全程直播，全无边界，全部时空……沉浸新闻是在一个无边界的时空中的信息传播，视觉形态也是全无边界，无形无相。

大量的沉浸式内容，如各种 VR 视频，全景式的视频可以将一切都收入镜头中，将所报道的全部细节照单全收，供用户自由选择观看。呈现出的视觉在各人眼中不尽相同，不过因为人的主动参与，一切都在动态中，从而显出极强的鲜活性，最直观的体现是新闻语言的画面沉浸感。

而这些内容呈现是以用户的需求来决定的，并随时进行调整。BBC 资深

---

① SIAPERA E，VEGLIS A. Introduction：the evolution of online journalism［M］//SIAPERA E，VEGLIS A. The handbook of global online journalism. Malden，MA：Wiley-Blackwell，2012：1－17.

主持人罗斯·阿特金斯（Ros Atkins）认为，把传统电视报道的思路用在网络直播上是致命的错误："最好不要提前制定翔实的、理想的编辑计划，在直播中最重要的是关注观众的想法，保证直播内容由受众主导。"①

五、全媒体形态：从多屏到无屏，优化图文音视频组合

沉浸新闻无处不在，所有环境都是它所呈现的地方，从占领一切屏幕到无处不是屏幕，没有边框的时空是沉浸新闻的"无屏"之屏。

印刷媒介属于机械文化，"随着机械文化的终结，新的电子文化开始逆转印刷机开启的分割和抽象过程，并用电子媒介的深刻效应取而代之"②。如今的年轻一代远离甚至完全抛弃传统媒体，不再看报，只从手机 App 中看新闻，甚至不再"看"新闻，只在需要时主动"搜"新闻。曾经有调查说，最受欢迎的新闻形式是图片＋文字。③ 而未来，新闻更不是用来"看"的，是"体验"新闻、"沉浸"新闻，所以必须提供丰富逼真的图文视听感受和虚拟环境。

沉浸新闻将适应并轻松占据所有环境空间。对于无处不在的视频传播，最大的挑战还有寻找到适合所有媒介形态的镜头表达，不仅适合于大屏，也适合于小屏，更适合于无屏；不仅适合于大众传媒，更要适合于社交媒体。沉浸新闻以动态的画面感贯穿始终，并在传播过程中体现自然融入性。英国 BBC 和新闻平台 Reported. ly 进行 Live Blog（直播博客）新闻直播，多屏同时呈现。相信未来沉浸技术可以让文字、图片与视频都在无界时空中动起来，让受众将自己的形象植入新闻动态画面，无时无处不参与交流。

六、背景形态：随手点击跳转，虚拟与物理无缝对接

纸媒介不再是电子媒介的背景形态，虚拟世界也不一定是物理世界的再现，都只是整个沉浸新闻的呈现方式之一。

美国哥伦比亚大学 1999 年开发 AR 系统"情境纪录片"（situated documentary），开始探索"沉浸式"的新闻叙事系统。AR 情境纪录片基于图层叠加（VAI）理论和地理信息系统（GIS），可以让用户通过"透视型"头戴设备，沉浸到 360 度虚拟环境中体验新闻事件。

---

① 汤宇时．社交直播开启视频报道新阶段［J］．中国传媒科技，2016（7）：62-63.

② 麦克卢汉．指向未来的麦克卢汉：媒介论集［M］．何道宽，译．北京：机械工业出版社，2016：X.

③ 竺承苑．媒介融合时代电视新闻的变化：美国媒体给我们的启发［J］．视听纵横，2014（6）：128-129.

呈现在虚拟世界与物理世界融合时空的AR沉浸新闻，其无限延展的立体背景里将布满感应器，如一个个虚拟超链接精准植入。用户“扫一扫”或用带着感应器的手指点一下，就可以跳转到另一个时空，了解到新闻事件的前因后果。

所有事实、正在发生的新闻，都可以被连接成另一条新闻的背景。由于这是个泛在连接的世界，所有的人、物、事件都相连，都有传感器传送信息。在任何一处随手一点，跳转过去的可以是一个直播现场，一个虚拟场景，一个正在创造中的新闻。一个新元素进入，将再次改变一个新闻事件。从虚拟世界的变化，再反馈成物理世界的变化，事实上，很多事物已很难明确区分出哪个是虚拟的，哪个是物理的。

从本质上说，新媒介是融合了多媒体内容和多传播平台的综合体，具有人际传播和大众传播的双重功能。① 成功实现媒介融合的关键在于，人们不应该把新媒介技术当成另外一种新闻工具，而应是一种能够为新闻业创造更大行业空间和更多职业机会的全新的新闻概念。② 沉浸媒介包容一切新旧媒介，“沉浸新闻”模式是开放性的系统，带来的是在无界时空中的全民狂欢。

操作解析

“沉浸新闻”模式的叙事方式

- 沉浸新闻不只是沉浸技术的简单运用和呈现，更是一种新的新闻叙事方式，是基于沉浸技术实现的参与式、体验式新闻报道与编辑理念的革命性产品。
- 沉浸新闻是专业新闻工作者与用户共同价值融合的形态，双方的参与形成新闻作品的最终形态。
- 沉浸新闻方兴未艾，其新闻的叙事结构、呈现方式和传播逻辑都有待通过实践来进一步探索、完善和规范。

第三节 沉浸新闻的呈现方法

沉浸新闻的呈现方式很多，“VR+”新闻、“AR+”新闻以及新闻游戏

① BAYM N, CAMPBELL SW, HORST H, et al. Communication theory and research in the age of new media: a conversation from the CM Café [J]. Communication Monographs, 2012, 79 (2): 256-267.

② ROBINSON S. Convergence crises: news work and news space in the digitally transforming newsroom [J]. Journal of Communication, 2011, 61 (6): 1122-1141.

是近几年开始兴起并进入新闻实践的新形式，未来随着泛在网络和人工智能的发展，沉浸新闻还会有更多形态。

一、“VR+”新闻和“AR+”新闻

VR 不仅是新的新闻传播技术，更是一种新的传播媒介，可提高读者与新闻故事的接近性。未来的数据新闻将 VR 化和 AR 化，即在物理现实的基础上，利用数字手段制作虚拟影像，并与物理现实进行合成。《新闻编辑部趋势 2015》报告把虚拟现实列为全球新闻业九大趋势之一，沉浸技术的发展正改变着新闻生产的方式。

作为已有 170 年历史的世界著名媒体集团，《纽约时报》的一举一动是全球媒体一个风向标。《纽约时报》1851 年 9 月 18 日于纽约市成立，虽然在 145 周年的时候才有了自己的官方网站，但在 VR 新闻领域却走在各大主流媒体的最前头，是全球最早开设 VR 频道的媒体，还与谷歌合作打造了一系列高品质的 VR 新闻产品。2015 年 10 月，《纽约时报》投资 100 多万美元研发了自己的 VR 内容发布平台——一款叫作 NYT VR 的 App，同时在安卓和苹果平台发布，标志着新闻行业对 VR 技术的正式应用。此后两年《纽约时报》生产了 20 部 VR 影片，造就了《纽约时报》史上下载量最高的 App。

2015 年 11 月，《纽约时报》100 万用户开心地在家收到了谷歌纸板眼镜。该报高级编辑格雷厄姆·罗伯茨（Graham Roberts）表示，VR 能爆发的机会就在于人们的口袋里已经有了 VR 技术，人们只要将收到的硬纸板折叠下就可以变成 VR 眼镜。

VR 新闻作为一种新的新闻产品形态，是用一种全新的讲述方法来展现事实的。《纽约时报》产品经理托尼·克鲁瑟茨（Toni Cruthirds）认为，VR 是很好的工具，让我们大家接触更好的故事，更加接近于故事。[①]

为了让技术给予用户更好的体验，《纽约时报》这些 VR 视频的制作周期都比较短，在技术上限制视频的尺寸，进行压缩；使用定位技术，让视频的声音能根据用户的头部动作做出调整；使用音乐效果，配合视频内容主线等。

2020 年初本书作者访问《纽约时报》时（见图 8-1），《纽约时报》采编和技术部门正在就 VR 与 5G 结合在移动屏和家居大屏的适用性上进行论证，进一步尝试 VR 新闻在电视节目上的展示。《纽约时报》的 VR 平台也在继续扩大规模，更积极地引进第三方内容，并鼓励用户制作作品。《纽约时报》设

① 葱葱．两年 20 部 VR 影片，他们造就了《纽约时报》史上下载量最高的 App［EB/OL］．（2016-05-23）［2021-04-25］．https：//www. tmtpost. com/1712735. html.

定的VR记者的目标，是把读者带到虚拟所在的远方，了解这些地方发生的故事，充分用好文字、图片、视频尤其是VR视频，让故事更逼真地展现出来，让用户和新闻故事更加贴近，和新闻中的人物产生交织。

图8-1　本书作者2020年初访问《纽约时报》（摄影 Jason Wu）

VR新闻要发展，离不开5G技术的支撑。《纽约时报》与电信运营商Verizon合作建立了5G新闻实验室，共同探索如何利用数字科技变革新闻的呈现方式和传播方式，以提升用户体验。双方的探索主要在两大方面：一方面是利用5G无延迟的即时传输，为《纽约时报》融合新闻采编部门提供更为安全快捷的数据连接；另一方面是借助于VR/AR技术为新闻用户提供更为优质便捷的沉浸式体验。

不断发展中的VR到底能够为新闻报道带来哪些变化，我们来看看具体的VR新闻案例。

作品赏析

《纽约时报》第一部VR纪录片《无家可归的孩子》

《纽约时报》2015年11月推出的第一部VR纪录片是关于难民的报道，片名叫《无家可归的孩子》（*The Displaced*）（见图8-2），讲述战争让超过3 000万儿童流离失所的故事。

这部VR片子从叙利亚、乌克兰东部、南苏丹的三位流浪儿童的视角出发，全面“再现”战乱的残酷。

打开视频，观众仿佛已站在被战火摧毁的教室，滑动手机屏，或用VR眼镜可观看全景，还可点击特定位置放大细节，或展开地毯式搜索。

通过用户主动参与，VR 纪录片可以呈现出视距内所有触目惊心的细节，这对传统媒介而言是不可想象的。

图 8-2 《无家可归的孩子》截图

中国传媒界也积极进行 VR 新闻尝试。财新传媒在深圳市山体滑坡事故报道中尝试使用 VR 技术；《人民日报》、网易新闻等相继展开 VR 全景报道模式；2016 年全国“两会”，记者纷纷亮出了 360 度全景相机；新华全媒头条采用了全景视频和 VR 视频，如《独家：VR 约你炫酷临场感知“中国天眼”》《独家全景 VR：一条天路，一个梦想》等，带给用户身临其境的感受。

VR 全景影视内容，可分为 UPGC（用户与专家生成内容）、影视剧、综艺节目、直播等四大类。多屏视频、VR 融合媒介的观赏，已开始成为中国用户的消费习惯。数据显示，在中国 VR 用户中，超过七成观看视频。目前中国 VR 影视行业最活跃的是 UPGC 与综艺节目。王菲“幻乐一场”演唱会，在中国演艺市场首次采用 VR 在线直播，可谓具有 VR 直播产业的里程碑意义。

VR 全息音频、视频节目，开启了新闻传播的新领域。虚拟现实技术不仅可用于即时新闻，还可用于旅游、美食等领域。比如主持人绘声绘色地描述一路风景，用户可以在虚拟世界同步而行，景随声至如一起翻山越岭或进入海底世界，还可以自行选择线路，设定个性出行。《纽约时报》以此技术推出“漫步纽约”（Walking New York）（见图 8-3）的虚拟体验产品，用户戴上虚拟现实设备，就可以随心所欲地在纽约街头到处闲逛。沉浸新闻体验节目可以应用于各种场景、各种主题。

沉浸、想象、虚拟在场，是虚拟现实应用的关键词。本雅明（Walter Benjamin）在《机械复制时代的艺术作品》中指出，技术逻辑将不可避免地影响受众感官，进而主导甚至左右传播效果。2016 年 2 月扎克伯格宣布脸书与三星合作建立团队，专门开发虚拟现实设备的新一代社交应用。而在 Oculus 环境里创建与朋友畅聊的 VR 房间，可以约 8 位好友一起玩迷你游戏，一起听音乐看电视，VR 社交已经开始进入生活。

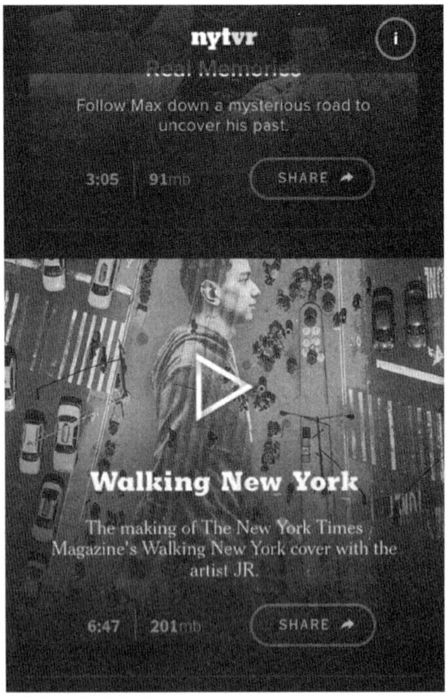

图 8-3 《纽约时报》虚拟体验产品“漫步纽约”

VR 新闻，作为一种新的媒体形态，有待于实践中不断地进行定义及修正。VR 新闻给用户提供的是全景，不能像传统视频那样进行编辑和剪裁，新闻摄影师能做的主要是整体构图上的取舍。VR 新闻抓取全部新闻画面，用户通过新闻消费式的参与，来进行新闻画面的选取和裁剪。VR 新闻是否应该呈现全部事实，用户可以在多大程度上参与新闻进程，这些都需要在不断丰富的实践过程中寻求答案，也将推动新闻伦理和新闻法规的进一步发展。

作品赏析

让用户身临其境——VR 融合新闻《海拔四千米之上》

第二十九届中国新闻奖“融合创新”的一等奖，花落上海报业集团三江源国家公园全媒体报道专题《海拔四千米之上》(见图 8-4)。

这个专题报道中最重磅的产品是《海拔四千米之上｜极致体验·三江源国家公园重磅实景互动 H5》。该产品内容极为丰富，使用了视频（普通拍摄+航拍+延时拍摄)、360 度全景图片、定点 VR 视频、漫游 VR 视频、互动热点等方式，包含了 4 段精美的视频、9 个全景视频、9 个小环境展示视频，移动端封面采用了随机打开可变技术，实现了多种技术和表现形式的大融合，能让用户身临其境地感受三江源国家公园的每个角落、每处细节。

这件新闻作品因为 360 度可见的细节和可互动的贴近性，获得了广泛关注、体

图 8-4　全媒体报道专题《海拔四千米之上》

验，点击量高达 1 896 万次。

拍摄制作这个作品的过程非常艰辛。2018 年 7 月中旬开始至 10 月中下旬，澎湃新闻陆续派出直播、视频、文字三类记者，累计 25 人次，分别在澜沧江源园区的昂赛大峡谷、长江源园区的玉珠峰和治多县索加乡、格尔木市的唐古拉山镇，以及黄河源的玛多县、玛沁县、达日县、甘德县等地进行了采访、拍摄工作，总共采访 79 天。因为三江源国家公园地域广泛，环境比较恶劣，工作人员经历了失聪等各种困难。[①]

除了融合 VR 的 H5 作品，澎湃新闻团队还从大量的视频素材中剪辑制作了 4 部微纪录片，每部的时长在 4～6 分钟。此外，还生产出 3 篇深度文字报道和 4 场大型直播。这些作品，让用户如临现场，亲身“触摸”到了位于青藏高原腹地的三江源国家公园的原真之美，感知到国家公园体制试点探索工作筚路蓝缕的艰辛。

操作解析

如何制作 VR 新闻精品

● 题材——选择有现场感、有画面性、关注度高的题材。并不是所有故事都值得和适合被 VR 呈现。如《纽约时报》的第一个 VR 新闻，特意选择了当年最重要也最有争议的难民题材，观众可以身临其境，亲历难民被迫流离失所的辛酸。

---

① 袁舒婕．这样做，下届中国新闻奖或许有你［EB/OL］．(2019-12-03)［2021-04-25］．http：//data.chinaxwcb.com/epaper2019/epaper/d7129/d5b/201912/102920.html.

● 报道主线——故事设计和VR构图设计要吸引用户自己主动去探索新闻。VR不是让用户观看预先剪辑过的视频，VR摄像师和编辑不能像对传统视频那样裁剪编辑，不可能有后期对每一帧视频进行剪接，事实上，VR是全部画面都被捕捉，由读者来选择观看哪个，报道主线和构图就是要能引导用户进入这个故事现场，更充分地展开亲身体验。

● 音视频运用——利用好VR视频定位的音频和视频会话，根据用户移动头部声音的变化，来准确捕捉用户动态。丰富音符表现，可以由低音、中音等多部分音组成，把音乐融入VR媒体环境，鼓励用户创新思维，在故事情境中做更多探索。

● 视频技术——VR视频尺寸要合适，需要对视频进行合理压缩，使用户在非Wi-Fi环境下也愿意下载，并且能流畅地观看视频。随着5G到来，VR视频运用会更为便捷，尺寸也可以稍微放大。

● 引入游戏思维——VR新闻类似一种真人真事秀，或真人VR游戏，赋予用户定制内容的可能，用户可以通过选择，深入VR的全景现场的某些领域，使自己成为VR视频内容呈现的一部分。这种交互让用户有极强的参与感，以第一人称的叙事方式营造的沉浸式代入感给用户带来全新的认知体验。

二、新闻游戏：沉浸新闻的娱乐化拓展形态

新闻游戏，作为一种新兴融合新闻形式，随着沉浸传播的发展，开始获得新闻界的青睐。2015年6月，世界编辑论坛（World Editors Forum）发布《新闻编辑部趋势2015》报告，将"新闻游戏化"列为全球新闻编辑部发展大趋势的第一位。

所谓"新闻游戏"，简言之，是以游戏的方式向用户传播新闻信息，是对信息传播方式的一次变革。新闻游戏借"游戏之壳"来呈现新闻，但不能简单看作对传统新闻的游戏化处理。新闻游戏能够帮助用户更全面和彻底地理解新闻事件的内涵，通过大数据和虚拟现实技术，根据对新闻事件的还原来设计游戏框架和步骤，引导用户在互动过程中加深对新闻信息的理解。

新闻游戏脱胎于严肃游戏（serious game），如20世纪初期就已出现在报纸上的填字游戏，其电子形态可追溯至电子游戏。20世纪50年代末期，世界首个电子游戏在美国布鲁克海文国家实验室诞生。虽然一路背负争议与骂名，但电子游戏却以不可阻挡之势快速发展成为全球规模巨大的娱乐产业。与此同时，新闻传播业也在技术催生下形成融合媒介新形态，并且与娱乐产业发生越来越深的互动，沉浸传播其核心本质就是让"娱乐、工作和生活边

界消失，云计算整合一切”①，因而形成了一系列具有新闻与娱乐交织性的新产物，新闻游戏就是其中之一。

泛在网络和媒介融合的发展，为新闻游戏开辟了新的发展空间，但新闻游戏尚未发展成一种成熟的新闻报道模式，其概念边界有待进一步界定。不过，从世界各国这些年兴起的有代表性的新闻游戏作品，可以看到它们在报道主题、内容、叙事方式和传播等方面已呈现出一些明显的共同特征。

（一）“新闻游戏”与“新闻游戏化”

新闻游戏的属性历来是一个充满争议的问题。传统认知中，新闻与游戏泾渭分明：新闻是反映现实、针砭时事的严肃作品，游戏则是创造虚拟世界的娱乐产物。虽然曾经与各类社会问题直接相互联系的电子游戏逐渐摆脱了污名化、获得公众认可，但是“将严肃议题以游戏形式表现出来”的理念还是会引发质疑。2015 年，BBC 新闻（BBC News）发布以叙利亚难民为主题的新闻游戏《叙利亚之旅》（Syrian Journey），受到了《每日邮报》（*Daily Mail*）和《太阳报》（*The Sun*）的严厉批评，指责其将他人的真实苦痛转换为简单的娱乐。

要了解新闻游戏的产生，首先要从新闻游戏化的历史说起。《新闻游戏：游戏中的新闻》一书中提到，1913 年美国报纸《纽约周日世界》（*New York Sunday World*）上出现了第一个纵横字谜（crossword），代表着西方现代新闻游戏化的开端。② 中国清末民初报刊上的时政漫画和游戏文章，也可看作中国新闻游戏化的起源。

要分辨“新闻游戏”与“新闻游戏化”不太容易，特别是在实践层面上。新闻游戏化是新闻业发展过程中出现的一种长期存在的现象，新闻游戏则是伴随这种现象而出现的特定成品。新闻游戏化研究领域的专家科尼尔（Raul Ferrer Conill）较早提出研究者应当对“新闻游戏”与“新闻游戏化”这两个概念进行更明确的区分。他和卡尔森（Michael Karlsson）提出，新闻游戏是以游戏形式对当前新闻进行分析或评论，新闻游戏化则是在传统报道中加入游戏元素。两者目标相似，都是用游戏这种具有沉浸式特征的传播方式来吸引读者接触以至于接受新闻中的信息。无论是在理论上还是在实践中，新闻游戏化都能比纯粹的新闻游戏获得更大的效益。③

20 世纪七八十年代，有学者提出“严肃游戏”的概念，我国也有将其译

---

① 李沁．沉浸传播：第三媒介时代的传播范式［M］．北京：清华大学出版社，2013：56.

② BOGOST I，FERRARI S，SCHWEIZER B. Newsgames：journalism at play［M］. MIT Press，2012.

③ CONILL R F，KARLSSON M. The gamification of journalism［M］//Emerging research and trends in gamification. Hershey，PA：IGI Global，2016：356－383.

为“功能游戏”的。严肃游戏被定义为不以娱乐为主要目标的游戏，或以应用为目的的游戏。严肃游戏一般是以教授专业知识技能、提供专业模拟训练为主要内容的电子游戏，被广泛运用于科研、教学、军事、医学等领域。当严肃游戏的概念运用到新闻领域，就诞生了现代的新闻游戏，即一种具有明确现实应用性功能的游戏。

乌拉圭游戏设计师弗拉斯卡（Gonzalo Frasca）被公认为“新闻游戏”概念最早的提出者。他本人原本就是一位严肃游戏设计师。弗拉斯卡于2003年打造了新闻游戏网站 newsgaming. com，在网站导语中将新闻游戏定义为“以新闻事件作为蓝本的视频游戏”（videogames based on news events）。弗拉斯卡认为，新闻游戏是新闻与政治漫画（political cartoon）的融合产品，其重点在于制作者的观点表达常常具有较明确的立场偏向。

学者从新闻学本身、游戏的社会功能、新闻游戏的传播特质等不同视角，挑战和丰富弗拉斯卡的新闻游戏定义。如米格尔·斯卡特（Miguel Sicart）指出，比起一种个性化的意见表达，新闻游戏更应作为培养公共意见、服务于公共利益的开放讨论空间（open space for discussion）而存在。① 另有学者提出，新闻游戏不同于社论游戏（editorial game），前者是以一种符合新闻理论的方式传播信息，如追求客观性和时效性，后者则具有明显的编辑特征以及态度倾向。

近些年，拥有严肃游戏形态的新闻游戏从学术界走进更广泛的应用，逐渐获得新闻实践领域的关注。随着融合新闻实践的不断推进，新闻游戏就这样在游戏界和新闻界的交叉领域确立了自己的独特地位。

（二）将严肃议题以游戏形式表现出来

“严肃游戏”概念的提出在推动专业游戏发展的同时，也对新闻传播业带来新的思路，并提出两个技术性新问题，即如何将严肃议题以游戏形式表现出来？如何做好？

曾几何时，“将严肃议题以游戏形式表现”这一提法只是操作的一个选项，或是一个引起争议的学术话题。现如今，严肃游戏成了一种常态。人类生活中信息传播与娱乐间的边界不断地模糊和消逝，人们在碎片时代的新闻消费与游戏消费越来越交织在一起，越来越多学者和新闻从业者关注到游戏对媒介融合时代新闻传播的意义，开始重新思考新闻游戏。

出版于2012年的《新闻游戏：游戏中的新闻》被视作新闻游戏领域的第

① SICART M. Newsgames：theory and design［C］. International Conference on Entertainment Computing，2008：27－33.

一本研究专著。作者博格斯特（I. Bogost）等认为，全球性的新闻业发展危机和对新商业模式的渴求催生了新闻游戏。书中介绍了四种最常见的新闻游戏类型：时事新闻游戏、信息图表、纪实新闻游戏、智力游戏/纵横字谜。[①]

近年来，新闻游戏在不同国家和地区都在不同程度地发展，美欧发展领先，将游戏用于表达严肃议题方面的形态很丰富，市场开拓比较快。南美洲巴西的新闻游戏市场直追美国[②]，中国的新闻游戏起步相对较晚。

新闻游戏在融媒体中的分类也越来越细致，根据新闻游戏在报道主题、媒介形态、功能、生产主体和发布平台的不同，可大致将其分成两大类别：根据新闻事件还原和改编而成的严肃游戏；作为互动新闻的程序性叙事，用户以一种自我参与的方式主动体验新闻。

新闻游戏还可以根据不同报道领域、不同报道主题、不同用户群体等做更多细分，如美国体育新闻的游戏化倾向非常显著[③]，体育题材的新闻游戏很受追捧。

电子游戏中的 VR 游戏也开始与新闻融合。首个将调查报道以游戏化方式呈现的交互作品《偷渔》(Pirate Fishing)，2017 年发布时为半岛电视台网站带来了 80%的新增用户，并斩获多项大奖。

（三）作为沉浸新闻的游戏叙事策略

在新闻传播研究领域，新闻游戏往往被归类为沉浸新闻。麦克卢汉提出“媒介即讯息”，在沉浸新闻中还可以延伸到“受众即讯息”：沉浸新闻的信息总量包括新闻原初信息和用户体验产生的新信息，用户与媒介之间形成的关系决定着沉浸新闻的质量，也正因此，新闻游戏作为沉浸新闻的一个新形态，具有独特价值。相比于传播新闻，新闻游戏更易于提升用户的参与度与体验度，形成沉浸感。

1. 以第一人称的代入感创造沉浸感

传播游戏理论的主要提出者斯蒂芬森（William Stephenson）认为，传播乐趣与游戏相伴而生，人们出于游戏目的使用媒介。斯蒂芬森在传播游戏理论中提出作为“主观性游戏”的新闻模式，用户以一种自我参与的方式主动体验新闻。

新闻游戏是对新闻叙事模式的开拓变革，由传统的媒介单向的独立叙事

① BOGOST I，FERRARI S，SCHWEIZER B. Newsgames：journalism at play［M］. MIT Press，2012.

② TEIXEIRA C，CARVALHO B，AGRA J，et al. Newsgames：gameplay and usability in simulation games［C］. International Conference of Design，User Experience，and Usability，2015：292－302.

③ ROJAS-TORRIJOS J L. Gamification of sports media coverage：an infotainment approach to Olympics and Football World Cups［J］. Communication & Society，2020，33（1）：29－44.

到用户主动的参与式叙事，由受众被动接触新闻信息到个体进行沉浸式新闻体验。

沉浸传播和电子游戏内在有着本质而深刻的联系：一方面，沉浸传播作为超越虚拟世界与现实世界的传播，其本身体现出游戏性特征；另一方面，沉浸传播本身就是一种全身心投入的传播，而“代入感”的强弱正是评判一个游戏质量高低的重要标准。

新闻游戏是通过文本建构、系统设计和情感传播等来制造临场感，增加玩家的沉浸感的。不过，在 VR 领域中，临场感与沉浸感常被混为一谈。社会临场感理论在 1976 年提出时主要指在特定媒体中的个人被视为“真实的人”的程度，即主体对客体在物理层面“真实与否”的判断。在新闻游戏中，玩家不再去分辨真与假，而更倾向于将假当作真，而事实上新闻游戏中的虚拟设定是以真实情况为蓝本的。

与德拉·佩娜所提倡的运用 VR 技术还原事件场景以供受众自由探索的“强沉浸式新闻”相比，当下的 2D 甚至 3D 的新闻游戏还只能算作沉浸新闻的初级阶段，实际上属于“互动式新闻”或“弱沉浸式新闻”。和使用 VR、AR 及 360 度全景视频这些呈现形态的典型沉浸式新闻相比，在技术方面，如今主流的新闻游戏往往还局限于简单的网页作品或移动 H5 作品。

2. 利用情绪传播制造强烈的沉浸感

新闻游戏的本质是“情感媒介”，为了吸引和留住用户，游戏需要不断向玩家提供足够强的挑战，既不会太难而让玩家失去信心，也不会太容易而使玩家失去兴趣。好的新闻游戏正是要确保玩家能够通过投入精力来克服挑战、影响结果。此外，游戏需要与玩家在情感层面达成共鸣，让他们相信自己的付出是有意义的。

情感是传播的重要动力机制，所谓情感传播或情绪传播，正是通过调动情绪来更好地达到信息的传播效果，新闻游戏也因此能够制造出强烈的沉浸感。新闻游戏的代入性媒介属性，让其在情感传播方面表现出色。

从沉浸传播视角看，新闻游戏作为一种特殊的融合媒介表现形态，对传统新闻叙事模式、表现形式与传受关系等带来本质性冲击，借助游戏强大的系统建构能力，以符号巧妙重建历史真实、还原创作者的意识形态，也在文本解读层面给予用户更多的权利，甚至赋予了用户参与和影响新闻事件发展历程的潜力。

这也带来了新闻游戏一个需要解决的问题，即用户与新闻游戏的关系设定，会对游戏中的新闻要素真实性产生影响。在游戏中玩家是新闻叙事的主角，为了服务于作为主角的玩家，提高人物设定的贴近性，新闻游戏的场景和故事会与现实产生偏差，这对于新闻的真实性、客观性原则提出挑战。这也是关于新闻游戏最大的争议之一。

新闻游戏是一种沉浸传播的过程，传统的信息传受关系发生了颠覆性改变。新闻属性和游戏属性的冲突不可避免，但若运用得当，新闻游戏能够充分激发用户的共情，同时促进新闻信息更好地传递与接纳。正因如此，经典的新闻游戏案例，也具有了特别的研究价值。

作品赏析

重构历史与情感——新闻游戏《我的孩子：生命之泉》

由挪威独立游戏工作室 Sarepta 和影视制作公司 Teknopilot 联合开发的《我的孩子：生命之泉》(My Child Lcbensborn)（见图 8-5），将背景设定在第二次世界大战刚结束时的挪威，让玩家抚养在德国“生命之泉”计划中诞生的孩子。

1. 第一人称代入感产生沉浸感

作为新闻游戏的特征，这个游戏运用了第一人称视角，玩家眼睁睁地看着“自己”收养的活泼可爱的孩子，因为“纳粹崽子”的血统饱受欺凌，一天一天地消沉下去，却无力拉其一把，深感悲痛。当游戏结束时字幕告诉玩家，该剧情取材于现实世界中“生命之泉”孩子们的真实遭遇，游戏获得了极强的新闻信息传播效果，大批用户通过邮件和社交平台留言，玩家的强烈反响甚至超出了创作团队的预料。①

图 8-5 新闻游戏《我的孩子：生命之泉》

2. 游戏是情绪传播的高手

这样一款 2D 手游，用近乎简陋的画面讲述了一个灰暗而绝望的故事，许多玩家在应用商店和社交平台上表示“玩哭了”“难过了好几天”，尽管那段历史并非发生在他们的国土上。② 正是通过情绪传播，游戏与玩家在情感层面达成共鸣，让用户超越虚拟与真实的界限，产生了全身心的沉浸感。

---

① 用游戏讲述历史：《我的孩子：生命之泉》[EB/OL]．(2018-12-22)[2021-04-25]. https://finance. sina. com. cn/roll/2018-12-22/doc-ihmutuee1668240. shtml.

② 同①.

作品赏析

经典新闻游戏的沉浸传播：英国《金融时报》的《优步游戏》

英国《金融时报》作为老牌的国际性金融媒体，在互联网时代也以不断推出创新型融合媒介产品而令人瞩目。其旗下新闻游戏《优步游戏》(The Uber Game) 被称为《金融时报》“2017 年度大作”(见图 8-6)。[①]

图 8-6 新闻游戏《优步游戏》

2017 年 10 月 5 日，《金融时报》数字交付业务主管邝其志 (Robin Kwong) 带领八人小组发布了《优步游戏》。游戏中玩家扮演一名有两个孩子的全职优步司机，必须在一周时间攒 1 000 美元还房贷。玩家需要通过鼠标，在一系列选项中点击出自己的选择。游戏结束时会展示玩家在一周内的净收入数额、是否达成 1 000 美元的目标，以及该成绩在所有玩家中的水平。许多玩家选择点击屏幕右上方的分享按钮，将游戏和自己的成绩一键分享到脸书、推特或 Instagram 等社交网站平台。

《优步游戏》作品发布仅两天后的 10 月 7 日，就获得了流行推荐网站 Product Hunt 的“当日作品第一名”称号，此后还斩获了 2018 年美国网络新闻奖“杰出创新视觉与数字辅助报道奖 (大型编辑室)”等一系列奖项。

新闻游戏化的实质在于内容选择权的转移。游戏玩家通过对内容进行选择，生成带有个人特色的文本作品。《优步游戏》的制作组从新闻视角入手进行实地采访、资料收集，完成配套报道后再确立游戏框架，选取合适的片段进行游戏化处理，在尽可能保证新闻真实的前提下营造出沉浸效果。

1. 游戏推广：创新传播三部曲

《优步游戏》的传播形式创新，也体现了这家历史悠久的国际媒体一向树立的改

① 作品详见 https://ig.ft.com/uber-game/。

革形象。

《优步游戏》的发行和推广实行了三部曲。

第一个步骤，市场预热：游戏正式推出前，《金融时报》先刊登了三篇有关优步司机的新闻报道，进行市场预热和情感传播。

第二个步骤，同步造势：游戏发布的同时，制作小组推出其关联报道《优步：驾驶座上的不适体验》，用采访案例和官方数据还原旧金山优步司机的职工权利受损问题，他们受平台所控，经常要忍受不合理的时间安排和工作待遇。报道助推了舆论浪潮。

第三个步骤，游戏反哺：这前面两个步骤的报道作品都分别插入了相关的链接，而游戏中也植入了报道的链接。在这些作品发布后的五天内，《优步游戏》通过内部链接为关联报道吸引了逾 12 000 次点击。

这样的游戏内外的沉浸传播，使《优步游戏》在推出后短时间内即获得超 36 万次的点击量，成为《金融时报》当年最受欢迎的互动新闻作品。大约有2/3的玩家至少完成了一局完整的游戏，人均耗时 10 分钟，平均点击 67 次；热度远超《金融时报》的大部分互动新闻作品。

《优步游戏》所打造的超凡传播速度与传播效果，引来同行媒体的艳羡和夸奖，包括英国《太阳报》、短新闻平台 Axios、设计类期刊 *It's Nice That* 和商业游戏网站 Kotaku UK 都关注和推介了《优步游戏》，非营利机构 Next Gen Personal Finance 夸赞该游戏起到了向年轻人科普理财知识的作用。

2. 游戏的元素设置：复原生活，细节逼真

作为一款新闻游戏，《优步游戏》的背景和剧情设置是对生活的还原。游戏设计建立在大量真实人物故事和数据资料的基础上，包括《金融时报》记者实地走访美国旧金山地区十多位优步司机的一手资料，制作组获取的大量优步官方数据资料，力求实现游戏的细节拟真效果。

正因为有实际真人案例支撑，游戏中的故事很生动，并且有出色的细节描写。如游戏开头玩家面临采购选项，其中列有“健身馆会员卡”一项，似乎与司机工作不相干，但故事后面，司机长期驾驶疲累后可以去健身馆锻炼或淋浴放松，这体现了生活中优步司机的实用“小心机”。

在地点设计上，游戏巧妙地将玩家的难度限定了级别。游戏开始，玩家选择难易程度：“简单”级别的玩家住在旧金山市内，租车和通勤费都相对便宜；“困难”级别的玩家住在离旧金山路程两小时的萨克拉门托，需要支付更高的租车费用和通勤费。游戏中将分别呈现这两个城市不同的街景风光。

在时间设计上，游戏以一周时间设定，其中又按照实际生活中优步的运营策略分成两个阶段：第一阶段，周一起到周五凌晨四点前，如完成 75 趟行程，将获得奖金 180 美元；第二阶段，周五起到下周一凌晨四点前，如完成 65 趟行程，将获得奖金 150 美元。这样的时间设定保证有一定的紧凑性和挑战性，不会让玩家因游戏拖沓而在游戏过程中失去兴趣。

《优步游戏》在设计上让时空安排尽可能符合现实逻辑，同时又通过压缩时空来保证游戏的可玩性，通过一定的紧张节奏产生刺激性，满足玩家的沉浸感需求。

3. 游戏叙事视角：第一人称代入的沉浸叙事

沉浸游戏的一个最显著特点，就是第一人称的叙事，玩家有极强的代入感，感觉自己就是一个优步司机，时时在处理与驾驶相关的各种事务，要做出很多选择。

为保持新闻客观性，《优步游戏》不会在玩家做出选择前提供参考建议，也不会对玩家的任何选择做出评判。例如，挡风玻璃忽然被石子砸中，系统提醒玩家修理需要 30 美元。这时玩家可以选择修或不修，如果不修，三天后裂痕扩大、整块挡风玻璃报废，玩家必须花 250 美元和一下午的停业时间为之前的选择补过。游戏中安排的各种类似的“试错”（trial and error）设计让整个过程富有挑战性，也让玩家获得很真实的体验。

还有很多细节设计也取材自《金融时报》记者采访中获取的真实故事，如：要用手机支架，否则会被乘客投诉开车低头看手机；手机要选择办理流量套餐，否则很可能会支付高额流量费；等等。游戏文本中频繁出现第二人称——“你”（you），与玩家对话，强化玩家作为故事主人公的主观体验和沉浸感受。

4. 人性化设计：情感传播和价值输出

沉浸游戏是以玩家的选择来推动剧情发展和反转的。《优步游戏》中，玩家总是会面临两难抉择。例如，答应孩子晚上七点前回家陪他写作业，快到七点时收到消息称“再接三名乘客能获得奖金”。假如选择“继续开车”，就会出现这样的文字：“你打电话说你不回家，你的儿子失望了，但奖金更重要……”（见图 8－7）你到家时，你的儿子已经入睡，他没能完成作业。

图 8－7 《优步游戏》截图

游戏设计中加入了情感传播，充满人性化的选择题有助于增强玩家对角色身份的认同感。例如，乘客要求在不可停靠区下车，你是否要为拿到小费铤而走险？有乘客想携带快餐上车，你要不要冒着降低评价的风险提出意见？

《优步游戏》不对玩家的选择做出道德评判，由玩家自己来赋予这些选项以情感价值和经济价值。最终，玩家会为自己的选择买单，因为选择结果会直接反映到角色的收入金额上，并影响游戏的最终成绩。

游戏在选择设计中有不少触及人性深层的东西，推动玩家在一个个挑战的欢喜与沮丧中不断走进优步司机的真实生活，从而达到新闻信息传播的目的，也在潜移默化中传达媒体的价值思考。

阅读、思考与练习

阅读

1. 李沁．媒介化生存：沉浸传播的理论与实践［M］．北京：中国人民大学出版社，2019.

2. 李沁．沉浸新闻模式：无界时空的全民狂欢［J］．现代传播，2017（7）：141－147.

3. 菲德勒．媒介形态变化：认识新媒介［M］．明安香，译．北京：华夏出版社，2000.

4. 舍基．人人时代：无组织的组织力量［M］．胡泳，沈满琳，译．北京：中国人民大学出版社，2012.

5. BOGOST I，FERRARI S，SCHWEIZER B. Newsgames：journalism at play［M］. MIT Press，2012.

思考

1. 沉浸新闻需要建立一种什么样的新闻生产者与新闻消费者之间的关系？沉浸新闻的主流化对于新闻业的未来意味着什么？

2. 请思考：新闻游戏中的新闻性与游戏性有没有可能区分？需不需要区分？

练习

1. 请设计一个沉浸新闻报道，要求从报道主题、叙事视角、用户参与等方面进行细化。

2. 你有没有参与过新闻游戏？如果有，请分享你在游戏过程中的感受。游戏中哪些信息你记忆最深刻，为什么？

第九章
融合新闻的出镜报道与主持

"面对镜头"不仅仅是广播电视所需学习的课程，更是全媒体环境里所有学习传媒的同学的共同课程。

——中央电视台新闻中心原主持人敬一丹

学习要点

所有媒体人都会遇到镜头。其实，不只是媒体人，在融媒时代所有人都会遇到镜头。不管是与家人视频通话还是参与单位的视频会议，是领导主持视频宣讲还是教师进行网络授课，甚至学生通过视频上课回答问题和展示作业，都在出镜。只是不同的出镜，对于出镜技巧的要求高低有所不同罢了。当然，技能越高，你对于各种出镜场合越能驾驭自如。

本书所提出的融合媒体出镜主持，是"媒体融合+播音主持"的新产物。这一章以影视传播学和播音主持学的基础理论为依据，介绍中外融合媒体出镜主持的发展历程，讨论其发展动因、特征和趋势，并对融合媒体出镜主持创作过程的语言使用及出镜技巧等进行深入探讨。

本章主要不是关于技术，而是着眼于媒介技术发展中的人的问题，从创作主体和用户体验的多重视角，探讨作为媒体的人，包括短视频平台的主播，在出镜中如何体现专业性，并同时展现个人魅力。本章目标在于帮助学习者树立镜头前的自信，提升镜头前的语言及非语言表达能力，打造在虚拟世界中更为丰富精彩的自我形象。

本章的学习中需要了解融合新闻出镜主持的概念、主要特征和基本原理，明确出镜主持的工作原则和主要任务，掌握融媒出镜主持的必备素质和能力，熟悉融合新闻的基本形态和相应准备，学会用融媒音视频的独特语言进行写作和表达，并掌握出镜采访的基本技巧。

本章还会帮助学习者把握融媒体主持的发展趋势，体会融媒体主持的魅力养成，进行融媒环境中自我出镜形象及个人风格的塑造，并提供关于出镜主持的思维和语言能力的一些训练技巧。

第一节　融合新闻出镜主持的基本概念及主要特征

本书所提出的融合媒体出镜主持，是“媒体融合+播音主持”的新产物。本节首先梳理中外融合媒体出镜主持的发展历程，继而讨论其发展动因、特征和趋势。

一、融合新闻出镜主持的概念

主持人这个信息传播角色，主要是从广播节目开始出现的，发展到后来出现了电视主持人和网络主持人等。

“主持人”作为一个媒体职位的词语，最早出现在电视节目中，电视节目主持人起源于美国。美国哥伦比亚广播公司（Columbia Broadcasting System，CBS）的制片人唐·休伊特（Don Hewitt）在《60分钟》（*60 Minutes*）一书中写道：“在1952年，总统大选来临之际，电视新闻已日趋成熟，但我们仍在摸索自己的方法，并在行进中不断弥补其不足之处。许多我们今天认为是专门属于电视的基本工具的术语，都来自那次选举报道。记得在那个夏季，共和党大会开始之前，我们开了一次会。我们摄制组和大会报道的制片人保罗·莱维坦围坐在芝加哥斯托克雅兹酒吧里的一个餐桌旁，讨论着该如何报道马上就要开始的大会。负责大会报道的主角将是刚进台的沃尔特·克朗凯特，在此之前，他曾在华盛顿做过一小段时间的地方播音员。我记得二战期间我在伦敦的时候，克朗凯特已经是一名非常优秀的报刊新闻记者了。我还知道弗兰克·斯坦顿把克朗凯特看成道格拉斯·爱德华兹的继承人、《晚间新闻》的前台人物。没有人预料到，从那个夏天起，任何从事沃尔特·克朗凯特所从事的工作的人都被称为‘锚人主持人’。我们的老板西格·米尔克森后来宣称他是这个词的原创者。他说他创造了‘锚人（主持人）’这个词，很有可能，尽管我认为是我在他之前就创造了。不管怎么说，这个词与船毫无关系，但与一个接力小组密不可分。”① 西格·米尔克森当时出任哥伦比亚广播公司电视新闻的第一任总裁，也许是出于对自己前辈和上司的尊重，休伊特并没有确认“anchor”这个单词就是自己创造的。

---

① 休伊特．60分钟：黄金档电视栏目的50年历程［M］．马诗远，林洲英，译．北京：清华大学出版社，2004：30.

不过，可以肯定的是，第一个被冠以“anchorman”（锚人，主持人）头衔的主持人是哥伦比亚广播公司的沃尔特·克朗凯特（Walter Cronkite）（见图 9-1）。“Anchor”一词，作名词指“锚，抛锚停泊”，作形容词时意为“末棒的，最后一棒的”，这也正是这个名字最初被启用的原因，因为把克朗凯特称作为“anchorman”之际，正是他被安排为整个报道“接力赛的最后一棒”的时候。休伊特回忆当时的情景时说：“我们计划用 4 个播音员约翰·戴利、昆西·豪和我的哥们道格拉斯·爱德华兹以及新人沃尔特·克朗凯特。我们的想法是让他们一个接一个地把此次报道传递下去，有点像接力比赛传递接力棒。同时，犹如跑得最快的要跑‘锚腿（末棒）’一样，克朗凯特将为我们压阵。从那一天起，他不仅成为了一名‘锚人主持人’，而且是‘头号的锚人（主持人）’。”①

克朗凯特 1950 年加入哥伦比亚广播公司，1962 年至 1981 年间担任美国哥伦比亚广播公司《晚间新闻》节目主持人，以清晰沉稳的声音主持新闻节目，报道并评论美国各地发生的重要事件，如前总统肯尼迪被杀、国内动荡、越战、冷战、太空人登月等。他开创了新闻报道的新形式，由传声筒式的播音员变成调配力量的主持者，而他主持的黄金时段节目《晚间新闻》收视率始终在美国电视新闻节目中首屈一指。经他主持，无数“专题”产生，专题这一新闻形式成为如今的媒体常态。在克朗凯特领衔下，哥伦比亚广播公司居全美电视新闻收视率榜首长达 21 年之久。

图 9-1　全球第一个被冠以“anchorman”头衔的主持人沃尔特·克朗凯特

“Anchorman”（锚人）一词，指的是跑得最快的人，后来引申为新闻节目主持人，即节目中最为优秀、最有组织力的人。将主持人称为“anchorman”，

---

① 休伊特. 60 分钟：黄金档电视栏目的 50 年历程［M］. 马诗远，林洲英，译. 北京：清华大学出版社，2004：30.

至少有两个含义：一是指主持人是整个接力赛的一个有机组成部分，不是节目的全部，只是其中的一棒；二是指主持人是整个接力赛中最具有冲刺力的那个人，是直接驾驭节目进程，直接面对受众，并完成接力赛最后冲刺环节的人。

在融合媒介环境中，与“主持人”一词更匹配的英文是“host”。在英语语境中，“anchorman”主要指新闻节目的主播，在英文中还是要用其近义词“newscaster”来替换的。而电视节目主持人，尤其是谈话节目（脱口秀）主持人，主要用的是英文“host”，该词有“主人”的意思，因为谈话节目的主持人有些像一家之主招待来客的意思。电视节目的主播/主持人在英文中有时还可以用“presenter”（展示人）、“announcer”（宣读人）、“moderator”（调解人，仲裁人，多用于游戏、竞技节目中）表示，或者也可直接说是在镜头前（on camera）的人，这类似于我们这里所说的“出镜”。

总之，主持人是广播电视或融合媒介的视频中出场为听众、观众主持各种节目的人。主持人处于节目的主导地位，起组织串联和传播信息等作用。主持人是以个体行为出现，但代表着群体观念，用有声语言、形体姿态来把控节目进程，以其个性化方式直接、平等地进行交流传播的媒体人。

融合新闻出镜主持，顾名思义，即指在融合媒介环境中进行出镜报道与主持、直接面对用户进行交流的人。融媒主持人的出镜，特别是直播，往往代表着整个融媒节目最后冲刺的高光时刻。

电视节目的信息传递和价值实现主要靠的是主持人，所以主持人也代表着一个电视台和电视栏目的品牌。有“美国第一名嘴”之称的电视节目主持人奥普拉·温弗瑞（Oprah Winfrey）主持的脱口秀节目连续 20 年稳居美国日间电视脱口秀节目的首位，她还以 14.2 亿美元高居世界品牌实验室品牌价值榜首，超过了中国前十位最具价值主持人的品牌价值总和。

二、节目主持人的发展历史

主持人这个信息传播角色，是从广播节目主持人发展到后来的电视节目主持人和现在的网络主持人的。

（一）早期：广播-电视新闻转型期

早期广播电视新闻史上诞生了一些经典节目，其中广播节目有 1928 年荷兰艾迪·勒达兹（Eddie Starz）主持的《快乐的电台》，1937—1940 年美国爱德华·默罗（Edward R. Murrow）（见图 9-2 和图 9-3）主持的《这里是伦敦》等；电视节目有爱德华·默罗 1951 年主持的电视新闻节目《现在请看真相》和 1953 年主持的访问节目《面对面》，1948 年弥尔顿·伯尔勒（Milton Berle）主持的 NBC《明星剧场》、埃德・沙利文（Ed Sullivan）主持的 CBS《城中大受欢迎的人》，以及 1963 年沃尔特・克朗凯特主持的 CBS《晚间新闻》等。

美国著名记者兼播音员爱德华・默罗可以说是最早跨越了电台和电视两界的主持人，是融合媒介主持人的先驱。在二战期间，默罗第一次以一系列广播新闻而声名鹊起，他主持的《这里是伦敦》节目在美国赢得了数百万听众。在职业生涯的第一个现场新闻报道中，他是这样开始的："我是爱德华・默罗，在维也纳现场报道……现在已经是凌晨两点半了，希特勒先生还没到。"这个广播在当时是革命性的。它以现代科技出现之前的多点、实时报道为特色（而且各方都不一定能听到对方的声音），几乎完美无缺。

图 9－2　爱德华・默罗

图 9－3　1957 年在哥伦比亚广播公司工作的默罗

20 世纪 50 年代，电视开始兴起。获得 2006 年奥斯卡最佳电影提名的《晚安，好运》（*Good Night, and Good Luck*）（见图 9－4 和图 9－5）正是以此阶段的爱德华・默罗为主角展开的。乔治・克鲁尼（George Clooney）执导的这部电影反映的是 20 世纪 50 年代的美国，当时许多人担心逐渐崛起的苏联，更多人在麦卡锡主义幽灵下胆战心惊地生活。声名狼藉的参议员约瑟夫・麦卡锡坚信宁错杀一百不放过一个，在全美范围内大肆逮捕共产党人和亲共人士，弄得人人绝口不敢提政治，告密、背叛之风盛行。当时的电视新闻业还在蹒跚学步，媒体与政府勾结，没人敢报道真相。极度不满麦卡锡主义的新闻广播业先锋爱德华·默罗（大卫·斯特雷泽恩饰），秉着报道真相、诚实面对大众的原则，在电视节目制作人弗雷德·弗兰德利和 CBS 同事的支持下，决定历史性地在自己的节目《现在请看真相》中报道麦卡锡主义背后的真相。面对参议员的威胁、政府的压力、电视公司执行长官的打击、赞助公司的压制，面对着可能会毁灭自己乃至同事的职业生涯甚至锒铛入狱的危险，默罗坚持在自己主持的新闻节目中进行了长达五年的抗争，产生了很多具有历史意义的新闻节目，最终改变了当时美国政治和电视新闻界的面貌，在新闻史上留下了不可磨灭的足迹。

图 9-4　电影《晚安，好运》海报

图 9-5　电影《晚安，好运》剧照

作为跨越了广播和电视新闻的媒体开创者，爱德华·默罗还积极提携后辈，他一直关注着一个年轻的通讯社记者——沃尔特·克朗凯特，并且有意扶持他。后来，克朗凯特成为第一个被冠以“anchorman”头衔的主持人，并在默罗奠定的良好基础上，把 CBS 带上了荣誉顶峰，使其成为全美最受欢迎的电视新闻网。1972 年的一个民意调查称克朗凯特是“全美最受信任的人”（the most trusted man in America）。事实上，在 20 世纪 60 年代和 70 年代所做的很多次问卷调查中，他的信誉度都超过了美国总统、副总统、参众议员和民主党总统候选人等，也居所有记者之首。在那些风云变幻、真假难辨的时代，美国人坚信，沃尔特·克朗凯特绝不会欺骗他们。这就是主持人信誉的最好体现。

（二）电视主播的黄金期：掌控话语权，成为收视王牌

其后，新闻主播在欧美确定了在新闻界的主导性地位，逐渐进入了主播主导节目和电视话语权的时代。以美国为例，20 世纪后期到 21 世纪初，美国主播的黄金时代号称“三大主播时代”，即全美三大商业广播电视公司的三大主播，分别指 NBC 的主播汤姆·布罗考（Tom Brokaw）、CBS 的主播丹·拉瑟（Dan Rather）和美国广播公司（American Broadcasting Company，ABC）的主播彼得·詹宁斯（Peter Jennings），他们都在各自的主播岗位上工作长达数十年，成为这三家广播电视公司的标志性面孔和收视王牌，对美国民众了解社会、了解世界起到了非常重要的作用。

崛起的女性新闻主播中，凯蒂·库里克（Katie Couric）（见图 9－6）是杰出代表。库里克出身记者，后担任 NBC 早间新闻主持人，因其爽朗诙谐的主持风格曾被称为“美国甜心”。后来她加盟 CBS，2006 年成为 CBS 晚间新闻主播，也是美国主流电视台晚间新闻的第一位独立女主播。

图 9－6　美国主流电视台晚间新闻第一位独立女主播凯蒂·库里克

电视谈话节目最具代表性的人物，当数美国“脱口秀女王”奥普拉·温弗瑞（见图 9－7）。她制作并主持的《奥普拉脱口秀》（The Oprah Winfrey Show），是美国历史上收视率最高的脱口秀节目，也是美国历史上播出时间最长的日间电视脱口秀节目。从 1986 年 12 月 8 日开播到 2011 年 9 月 9 日结束，25 年间共播出 3 000 多集。《奥普拉脱口秀》一般每期都围绕话题展开，尤其关注与普通民众息息相关的现实生活和社会问题，如儿童虐待、女性性别歧视、肥胖人受到不公待遇等，通过在屏幕上采访当事人，探讨典型案例，试图为人们提供指导性建议。1996 年温弗瑞推出《奥普拉书友会》，成为节目的一部分，每期推荐一本优秀图书，鼓励大众从书中吸取智慧和力量，带动了社会读书气氛，也间接推动了美国图书读者数量的增长。

图 9－7　美国“脱口秀女王”奥普拉·温弗瑞

（三）中国：电视播音员和主持人的出现

中国的电视主持人最早出现于 20 世纪 80 年代初。1980 年 7 月 12 日，中央电视台《观察与思考》栏目开播，资深记者庞啸出场时首次打出“主持人”字幕，他在节目中出镜采访并面对观众说话。不过此节目播出时间不固定，后来也没有再沿用“主持人”的称呼。

1981 年 7 月到 11 月，中央电视台推出每周一场共 13 场的《北京中学生智力竞赛》，中国第一位男电视播音员赵忠祥现场主持。不过这是个临时节目，主持也属客串性质。

1983 年元旦，中央电视台推出改版后的《为您服务》，年届 50 岁的沈力（见图 9－8 和图 9－9）作为节目主持人，成为中国电视史上的第一位节目主持人。这是中国电视史上首次出现固定栏目主持人。节目播出深受欢迎，开播当年的六月，中央电视台共收到观众来信 7 248 封，其中 3 300 多封是寄给沈力的。沈力是何人？1958 年，25 岁的沈力调入正组建的北京电视台（中央电视台前身），成为中国第一位电视播音员。在电视台成立之初的两年，沈力是唯一的播音员，播新闻、社教、文艺、体育节目，还有节日庆祝实况、大型文艺晚会的转播等所有节目。

图 9－8　沈力

图 9-9　沈力在采访（右一）

主持人体现着时代的印记。主持人的出镜着装和整体风格体现着其所代表的时代特征，是时代的技术、审美和社会价值的集中呈现（见图 9-10）。

图 9-10　不同时期的中国中央电视台新闻节目主持人

1993 年 5 月 1 日，中国中央电视台新闻杂志栏目《东方时空》开播，成为新闻评论类节目采用主持人的开端。2000 年 11 月，《东方时空》全新改版后的新主持人在节目中亮相。

（四）融媒体主持人的兴起

进入 21 世纪，随着数字技术及网络应用的快速发展，出现了博客、微博、播客、网络社区、邮件、即时通信等网络社会化媒体，视频网站在 21 世纪初呈现激烈竞合状态，包括电信网、广播电视网、互联网的三网融合，为融合媒体节目的发展带来机遇。另外，网络消费方式日趋多元化，用户广泛参与成为常态，传统电视秀场和网络很好地融合起来，融媒体主持人也应运而生。

融媒体主持人，以网络主持人为代表，是一种基于网络融合媒体而形成的特殊主持群体。相对于传统媒体主持的官方性和工作单一性，融媒体主持人的工作内容和方法更为丰富多样，更具个人色彩。不仅是主持人的工作时空从传统媒体扩展到融合媒体，而且主持人的风格和作用发生了改变。

媒介融合是目前世界媒体发展的大趋势。在中国推进的三网融合背景下，传统电视业与网络业实现了竞争与合作的并存。媒介融合的环境下，互联网提供的各种资源为视频节目的发展提供了新机遇。在媒介融合时代的视频节目生产与营销的创新中，主持人起到了核心作用。

融媒体主持人常常跨越网络和传统媒体，可以既是传统电视媒体的主持人，也是网络主持人，如电视与网络联合制作播出的真人秀节目主持人。互联网也催生了原生态的网络主持人，他们以网络主持为主，自然衍生到其他融合媒体，具体有网络游戏主播、电子竞技主持人等。

还有自媒体主持人，像被称作网络知识型主持人的罗振宇，他主持的《罗辑思维》在内容生产和传播营销上跨越了网页、移动端及线下面对面交流。越来越多的人成为 UP 主（uploader），在视频网站、论坛、FTP 站点上定期不定期地上传视频音频内容，如现在很多年轻人都是 bilibili（B 站）的 UP 主。

融媒体主持人面对的是一个更为多元的观众和用户群体，需要来争夺年轻用户、广告商与投资商。如 2020 年在新冠肺炎疫情之下，网络变成人们的主要生存空间，包括移动互联网在内的泛在网络提供了无时不在、无处不在的便捷性、即时性和交互性，融媒体主持人“直播带货”已经成为一种潮流。

三、主持人的类型

卡尔·豪斯曼（Carl Hausman）在《美国播音技艺教程》中说道："当一位表演者的外貌成为他所扮演的角色的一部分时，这种外貌上的吸引力就变成了一种风格因素。"主持人的风格是如何形成的？主持人都有哪些类型？主持人的风格与其类型之间有哪些关联？

主持人的类型，与其所主持的节目息息相关。因此，在了解主持人类型之前，得先对主要的节目类别和节目形态有基础性了解。

节目类别主要有以下几种：

（1）普通新闻。

（2）娱乐性新闻，如 CBS 的《60 分钟》和 ABC 的《20/20》。

（3）非虚构娱乐节目：脱口秀（talk shows），如《奥普拉脱口秀》、《拉里·金直播秀》（Larry King Live）；益智问答（game shows），如《谁想成为百万富翁》（Who Wants to Be a Millionaire）、《我们做个交易吧》（Let's Make a Deal）、《幸运之轮》（Wheel of Fortune）和《价格竞猜》（The Price Is Right）；真人秀（reality shows）。

（4）电视剧（drama），如《急诊室的故事》（ER）和《X 档案》（The X-Files）；肥皂剧（soap operas）；情景喜剧（sitcom-situation comedy），如《老友记》（Friends）和《欲望都市》（Sex and the City）；喜剧（comedy）；动作/冒险剧（action/adventure）。

（5）儿童节目（children shows）。

全天节目形态有以下几种：

（1）晨间节目（morning shows），如美国广播公司的《早安美国》（Good Morning America）、《视野》（The View）、《瑞吉斯和凯利直播秀》（Live with Regis and Kelly）、《艾伦·德杰尼勒斯秀》（Helen Degeneres Show）曾常年在晨间播出。

（2）午后节目（afternoon shows），一般是脱口秀节目和肥皂剧等。

（3）晚间节目（late night shows），如《吉米·肥伦深夜秀》（Late Night with Jimmy Fallon）。

简言之，主持人的分类有助于节目类别和节目形态的清晰定位，也有助于主持人个人风格的形成。下面来看看主持人有哪些类型。

（一）主持人有多种分类法

主持人，按照媒体类型、节目类型、主持人自身的特点、主持人的社会地位、主持人的工作形态等，可以分成很多类型。

按照媒体类型，可以分为电台节目主持人、电视节目主持人、网络主持人、融媒体主持人等。

按照播音主持的内容，可分为音乐主持人（也称 DJ 即 Disc Jockey，唱片骑士）、新闻主持人、体育主持人、特殊主持人等。

按照工作形态和组织结构，可以分为独立型主持人和工种型主持人。独立型主持人独立承担节目的采编播全流程，工种型主持人主要负责做好出镜主持这一环节的工作。

按照主持人在节目中承担的角色，可以分为主导型主持人、单一主持人、共同主持人、参与主持人、嘉宾主持人等。

按照主持人通过节目呈现的个性特质和风格，可以分为知识渊博型主持人、娱乐幽默型主持人、温暖亲和型主持人、咄咄逼人型主持人、卖萌可爱型主持人……主持人需要根据自己的知识领域、性格和长相特点、节目需求等，来综合分析自己，确立自己作为主持人的职业形象特征。

按照主持人的学识和社会地位，可以分为名人主持人、专家主持人、明星主持人、网友主持人和形象主持人等。

按照节目类型，可以分为新闻节目主持人、谈话节目（脱口秀）主持人、综艺节目主持人、体育节目主持人、儿童节目主持人、真人秀节目主持人等。

即使列举了这么多分类，也并不能穷尽主持人这个职业的多样性。而主持人的各种独特性，也需要从不同角度来展示和理解。如“拍手最多型”主持人，指的是美国真人秀节目《幸运之轮》的女主持人温娜·怀特（Wanna White）（见图 9－11）。她 1992 年被吉尼斯世界纪录机构认定为“世界上拍手最多的人”，因为她每一季节目要为参赛者鼓掌 14.04 万次，平均每期节目 720 次。作为一个填字游戏，《幸运之轮》诞生于 1975 年，这幸运之轮滚动了 30 年，成为美国播出时间最长最成功的游戏之一，长期居美国辛迪加节目收视率第一位。

图 9－11　“拍手最多型”主持人温娜·怀特

注意，不要成为下面这些类型的出镜记者和主持人：只问不听型、长篇大论型、机械背稿型、镜前亢奋型和平淡无味型。

（二）媒介融合时代主持人分类的新变化

媒介融合时代，媒介形态的融合也形成了很多创新节目，人们在网络上发起和参与各种节目相关的话题讨论，通过电脑、手机等电子设备与节目互动，多屏娱乐成为一种趋势。节目形态的变化也带来了主持人类型的变化，并对主持人提出了新的职业技能要求。

如传统真人秀向融媒体真人秀发展，从而塑造了融媒体真人秀主持人。21 世纪的前十年是电视真人秀在全球快速发展的阶段，1999 年的《老大哥》出现后带动真人秀节目迅速兴起，形成了诸如《美国偶像》等超级真人秀节目。在中国，以 2000 年的《生存大挑战》和 2001 年的《走入香格里拉》节目的播出为代表，电视真人秀节目开始迅速发展，并很快发展到利用网络技术，如湖南卫视的《超级女声》采用互联网整合营销手段，通过网络报名、网络投票、网络报道、网络评论等将节目炒出超高人气，形成巨大的品牌效应。如今的网络真人秀，更是充分利用互联网的生产与传播手段，并且从多人竞技变为一人独秀。演变为视频博主的个人展示，并不是真正意义上的纪录片，而更像是真人秀场。如美食博主李子柒的网络视频实际上运用的也是一种真人秀的表现手法，从这个意义上说，李子柒就是一个融媒体真人秀主播。

随着电子游戏和电子竞技的发展，新增加了网络游戏和电子竞技主持人，这类主持人需要具有相关专业的知识，最好要有实际竞技经验。当下的电竞主持人和传统的体育竞技解说还存在不同。现有的很多电竞主持人主要是做赛事活动、流程等的介绍，以及一些串场和控场工作，能对赛事做详细预判、即时解释和评论的，就可称为行业里的专业级主持人；如果还能妙语生花，那就是可以向高手级主持人发展了。

网络还催生了不少新型主持人，他们很多与自己节目所在的媒介平台和媒介形态息息相关。如抖音体主持人，抖音应用内在固有的快节奏风格锻造出了一批抖音体主持人。他们随着音乐节奏左右摇摆，脸上表情丰富，语言简短尖锐，一改传统电视媒体主持人板着面孔的严肃之风。

这些也体现了媒介环境和传播方式的不同，正对主持人带来具有变革性的影响。

四、出镜记者、主播和主持人的区别

为了便于解释和理解融合新闻出镜主持的工作原则、任务和流程，这里先就出镜记者、主播和主持人的区别做一下辨析。

（一）主播与主持人的区别

在前面提到主持人角色时已经讲到，主播一般专指新闻类节目的主持人，以播报突发新闻和消息为主，播报风格可根据节目定位呈现多种样态，如常规播报、说新闻、播说结合等。新闻主播的工作职责还包括与前方记者连线采访，与嘉宾讨论，以及对新闻事件进行简要的点评。有重大新闻事件发生时，主播有时也会直接到达新闻现场进行采访和直播。

主持人使用的领域更宽，适用于各种类型的节目以及在现场事件中起主要沟通作用和控场的人。主持人是一个重要的串联者，需要有良好的沟通意识，在现场节目中还需要关注和调动现场观众的反应。

（二）主持人与出镜记者的区别与关系

出镜记者（on-camera reporter）是指新闻现场在镜头中从事信息传达、人物采访、事件评论的电视记者和新闻节目主持人（新闻主播）的总称。

1. 在新闻报道流程中的分工不同

出镜记者主要指在新闻现场进行报道的记者，其主要职责是从事新闻采访，与新闻事件相关的被采访者进行面对面交流，采集新闻信息，发现进一步的新闻线索。出镜记者的工作形态包括镜头前的采访、报道、追踪调查等。出镜记者从现场采访回来后自己编辑或将素材交由视频编辑剪辑出新闻视频，再经编辑部门进行审核和发布。出镜记者也在事发现场与主持人进行连线，通常这处于直播状态。

主持人指在一个相对固定的节目中出现在镜头/话筒前直接面对观众/听众的人，一般具有采、编、播、控等多种业务能力。特别是融媒体主持人常常一人承担采访、编辑、播音所有工作。在融媒体节目中，出场为观众/听众主持固定节目的人，叫作节目主持人。由相对固定的人主持的固定节目，叫作主持人节目。

2. 主持人一般需要有记者经历

国外电视台的主持人一般都是记者出身，有较长期的新闻一线的采访经验，具有较全面的新闻素质，而且语言写作与表达能力超群，有良好的社会责任、人格健全。

在外形上，主持人一般具有亲和的形象气质和比较好的镜头感，并且具有清晰悦耳的音色，具有良好的语言和非语言沟通能力。

第二节　融媒环境下出镜报道与主持的变革

融合媒介，这四个字反映的是当下及未来的一种媒介发展趋势，媒介在不断地融合升级迭代，我们每个人都将会无时不在、无处不在地出镜主持。而且我们会不断地面对技术变革和社会创新产生出来的新媒介。在融合媒介中出镜主持，不就是我们很多人经常做的事吗？那么从专业视角，如何来看待和做好融媒出镜主持？

在本章节中，也再次面临或延续前面已经讨论过的一些问题。我们会发现融媒体出镜主持与相对传统的电视主持，有显著不同。比如，作为更强调个性化表达的新媒体主持人，其所报道的新闻更加挑战了新闻的客观性；人作为更具自主性的新闻主体，对自我的认识会直接关系到新闻报道及评述取向和质量；同时，不同的媒介环境和传播方式也会影响出镜采访者与被采访者之间的关系，影响用户的参与体验。不管是否以记者或主持人为职业，出镜主持的训练都会使你终身受益。本章训练所强化的镜头前交流的能力、写作的能力、清醒思考的能力、独立评判和行动的能力，会有助于塑造一个屏幕前后具有独立个性精神的“我”。

一、融媒出镜环境和传播方式的变化

出镜环境，在融合新闻中代表着语境和语体的重要一部分。出镜环境由传播技术、社会环境、人文观念、媒介与人的关系等来决定，而技术是其中的一个重要驱动力，并影响着其他要素的发展。

（一）融媒出镜环境的独特性

1. 融媒视频平台的兴起

中国的融媒视频平台在 2010 年前后得到快速发展，2013 年至 2014 年，以美拍、秒拍、小咖秀等为代表的短视频应用走红。从 2015 年斗鱼、熊猫等新兴游戏直播平台纷纷亮相到 2016 年映客、花椒等移动全民直播 App 受到追捧，网络直播席卷全国。2015 年，全国网络直播平台数量有 200 多家，用户规模达 3.25 亿，大型直播平台每日高峰时段同时在线人数接近 200 万，同时进行直播的房间数量超过 3 000 个。2016 年被称为“中国网络直播元年”，人人都能当主播，人人都有麦克风，越来越多的人愿意参与其中，直播并分享自己的生活，全民直播渐成趋势。艾媒咨询发布的数据显示，2016 年平均每三天就有一家直播平台成立，接近 50%的网民看过在线直播，娱乐化的直播内容最受欢迎。从优酷、土豆等视频网站上传个人小视频的直播 1.0 时代到六间房、花椒直播、YY 直播等网页端的“秀场”直播 2.0 时代，如今，已经进入了“随走、随看、随播”的移动视频直播 3.0 时代，移动化和垂直化的特征越来越明显。

直播已积累了大量用户。网络直播热的直接原因是互联网用户数量的不断增加。2016 年全球有 100 万人收看了 BuzzFeed 上的西瓜爆炸直播。在 30 多分钟的时间里，BuzzFeed 的两名员工将橡皮筋一根根套在一个西瓜上，并通过 Facebook 视频直播平台向全世界同步直播。究竟需要多少根橡皮筋绑西瓜，它才会爆炸——差不多 670 条。Facebook Live 用户已创作了 67.5 万段直播视频，观看次数超过 85 亿次，脸书与约 140 家媒体和名人签订了价值五千万美元的合同，以满足它新推出的视频直播产品 Facebook Live 的内容需求。

社交网络直播正在成为媒体传播今后发展的主流方向。新华社、中央电视台、《中国日报》等已经在 Facebook 和 Twitter 等海外社交网站上进行了直播。①

随着网络直播的技术不断丰富，VR、AR 和 360 度全景影像、人工智能都进入了直播领域。VR 直播，是由用户来决定看到的内容，而不是内容决定用户。2016 年里约奥运会上，虚拟仿真技术、社交软件、全球泛在网络构建了一个虚拟现实的“直播奥运”，制造了增强现实的视觉效果。

2. 视频网站平台的分类

当下的视频网站平台，作为融媒体出镜主持的主要载体和平台，大致可分为以下几大类：

（1）主流媒体型视频网站平台。

主流媒体型视频网站，其内容传播的特征体现为以重大新闻报道、国际文化传播、政策解读与传播为主。如中国网络电视台（CNTV），在内容与渠道、电视与网络、体制与市场等方面整合融通，同时加强技术平台建设，实行“移动优先”战略、不断升级舆情数据服务功能。人民网视频，依托《人民日报》，在融合新闻上形成影响力。新华网视频，作为网上国家通讯社，不断在内容、技术和经营上创新，以新闻信息为主，多种信息并存。

（2）综合性原生视频网站平台。

综合性原生视频网站是流量思维导向下市场竞争的产物。其主要特征体现在其互联网原生基因，遵循技术、用户、内容的互动逻辑，生产具有广谱

① 李沁，史越．中国文化海外沉浸传播模式：以 Facebook Live 为例［J］．现代传播，2019（1）：146－151．

影响力的视频产品。我国的综合性原生视频网站一般都背靠 BAT（百度、阿里巴巴、腾讯）资源，强化独家内容，重视渠道分布，拓展全产业链业务、在线广告、付费会员等，如在线视频网站第一梯队优酷的“泛文娱生态系统”布局优势，阿里巴巴支持下的大数据和全链路营销体系。爱奇艺的超级网综以及网剧出海，其挂牌上市后呈现出更趋成熟的商业架构。腾讯视频则依托其母体公司腾讯天然的文娱流量优势，强调个性化的用户体验和差异化的用户服务。

（3）兼容型视频网站平台。

兼容型视频网站平台，是视听媒介的融合转型与市场反哺共同作用的产物。作为首家盈利的视频网站，芒果 TV 具有台网一体两翼的特点，双引擎驱动，形成“独播＋自制”模式，自有力量和传统广电力量共同加持，形成更高维度的生态和体系融合，包括全终端和全产业的融合。

（4）垂直型视频网站平台。

垂直型视频网站平台，具有细分内容服务和 UGC 化的 PGC 生产机制，以小众传播构筑大众影响力。如 bilibili，提供细分内容服务，对年轻社群展开精准传播。以 ACG 为主体的内容布局，下放生产权限给普通用户，充分观照社交属性，形成泛众生产和传播的形态。

总体而言，我国的媒体融合在视频领域发展很快，中央广播电视总台、《人民日报》、新华社等主流媒体机构和市场化网络原生媒体均取得了较明显的成果。但在媒体融合实践中，不可避免地也出现了一些问题。没有长足的技术支撑和充分赋能，“媒体融合”只能是一个假融合，尤其是传统媒体必须在运营“获客”、数据“算法”、系统“迭代”等方面下足功夫，在激烈的视频市场竞争中或主动出击，或另辟蹊径，不断放大自己的发展动能。

（二）出镜及传播工具的变化

融媒体出镜及传播工具日新月异，这里仅做简单介绍。

1. 从镜头来划分

光是镜头就可以分为专业摄像机、电脑镜头、手机前置摄像头、VR 全景摄像……

全景相机又称全方位摄像机（omnidirectional camera），指在水平方向上拥有 360 度视角的摄像机，或者视角可以覆盖（近似于）全部球面的摄像机。

普通相机的视角范围一般不超过 180 度，也就是说最多可以捕捉到通过半球落在相机焦点上的光线。相比之下，全方位摄像机可以捕捉到覆盖整个球体，从任意角度进入焦距的光线。不过，事实上，大部分全方位摄像机只能近似地覆盖整个球面，在水平方向上实现 360 度全覆盖但顶部和底部却无法覆盖。真正可以覆盖全部球面的相机，则是利用多个不相交的单独焦点来捕获光线。

全景相机按照镜头类别，可基本分为鱼眼镜头全景摄像机（见图 9－12）、多镜头全景摄像机（见图 9－13）两类。鱼眼镜头全景摄像机是由单传感器配套特殊的超广角鱼眼镜头，并依赖图像校正技术还原图像为工作原理的。这种摄像机性价比较高，但画面边缘畸变部分难以达到高清晰度。

图 9－12　鱼眼镜头全景摄像机

多镜头全景摄像机是通过多个传感器配合特制镜头组合实现全景功能的。由于多镜头全景摄像机的各个传感器捕获的都是常规矩形图像，因此无须进行矫正操作。缺点在于大部分多镜头全景摄像机需要配套可实现画面无缝拼接的算法软件，且在拼装时对镜头视场角与安装位置的设定都有严格要求，成本较高。多镜头全景摄像机适用广泛，可支持各类生活、娱乐甚至影视级别的全景视频内容拍摄。

图 9－13　多镜头全景摄像机

2. 从聚焦方式来划分

普通定焦全景：所有摄像机固定焦距（无穷远），拍摄 2D 全景，没有 3D 立体效果。得图、Insta360 等市面上绝大部分品牌的全景相机均属于此类别。此类相机适用于全景展示类视频拍摄，如风景拍摄、工作环境拍摄等。

3D 定焦全景：依然定焦，但可以拍摄左右眼不同的 3D 效果，摄像机数量相较普通定焦摄像机更多。三星 Project Beyond、Google Jump 以及 Jaunt

都属于此类别。此类相机主要用于全景电影预告片等的拍摄。

光场变焦相机：通过多次同步变焦拍摄，之后将捕捉到的画面汇聚为一帧，以保证远近物体都能有清晰的效果。NextVR 和 Lytro 的概念机型属于此类，此类摄像机理论上可以进行殿堂级 VR 电影拍摄。

3. 新型传播工具

GoPro，小型可携带固定式防水防震运动相机（见图 9－14），广泛应用在冲浪、滑雪、极限自行车及跳伞等极限运动上，被认为是“极限运动专用相机”的代名词。

2016 年 4 月，GoPro 正式发布全景相机 GoPro Omni VR，这款相机采用了立方体结构，内部集成了 6 颗该公司的 Hero4 Black 摄像头。设备采用了特殊的技术，使得 6 颗摄像头之间能够实现“像素级别的同步”。

GoPro Omni VR 定价是 4 199.99 英镑。很多 VR 摄影团队会选择利用 3D 打印技术制作支架，使用多个 GoPro 拼接组合作为解决方案，这可以降低成本（单个 Hero4 Black 摄像头售价约 400 美元），但需要在后期进行手动拼接。

图 9－14　GoPro 运动相机

Nokia OZO 是 Nokia Technologies 打造的一款先进的虚拟现实摄影设备（见图 9－15）。通过 8 个同步球形相机拍摄立体 3D 视频，以及 8 个集成麦克风录制立体音频。配套软件可提供实时 3D 查看。

由 Nokia OZO 录制的全景视频既可通过 VR 硬件如头戴式显示器来呈现，也能通过专业的数字内容工作流来简化内容发布。售价 6 万美元，在好莱坞等影视领域深受欢迎。

图 9－15　Nokia Technologies 打造的虚拟现实摄影设备 Nokia OZO

Facebook 于 2016 年 4 月发布一款全景摄像机（见图 9－16），形似飞碟，共采用 17 部超高清摄像机环绕构成，并配有基于网络的软件，可在 360 度范围内捕捉图像和自动呈现。能够连续工作而不会出现过热现象，拍出的视频分辨率最高可达 8K。用其拍摄的全景视频可以在 Gear VR、Oculus 等虚拟现实头盔以及 Facebook 的应用上观看。这款相机的易用性在业界备受赞誉，其全部配件均可在市面上购买到。这款设备的售价为 3 万美元，为了降低售价，Facebook 方面已将 Surround 360 的硬件组装图和后期拼接软件放到了 Github 上，向全球开发者开放其成果，希望更多的开发者共同打造出更优质、更强大的全景摄像工具。

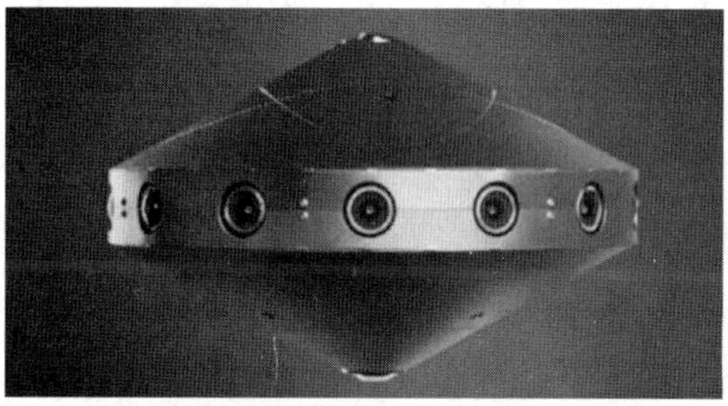

图 9－16　Facebook 发布的全景摄像机

制作影视级别的 VR 影片，需要类似红龙（Reddragon）的设备（见图 9－17），价格为数百万元人民币。要进行拍摄，还需搭配 Spider System 等配套设备。

图 9－17　红龙拼接

二、融媒环境中主持人的角色转变

融媒环境中主持人的角色发生比较大的转变。以前人们喜欢问主持人是什么样的人？什么样的人有可能成为主持人？现在人们更关心的问题是网络主持人与传统主持人有何不同？如何成为一个优秀的融媒体主持人？

现在读这本书的读者，请先坦诚回答下面几个小问题：你喜欢自拍吗？发过自拍照片给朋友吗？发过个人出镜视频吗？发过抖音吗？想当主持人吗？想当网红吗？想提高个人魅力吗？想提高社交媒体上的交友能力吗？

这些问题其实是基于这样一个事实：融媒时代人人都可能成为主持人，但一个优秀的融媒体主持人需要具备很多素质。要成为一个优秀的融媒体主持人，其中一个最基本的也是首先需要来完善的条件，是具有良好的自我认知（self-cognition），需要能较清楚地回答一个灵魂拷问："我"是谁？

（一）融媒体主持人与"我"的关系

意大利当代作家伊塔洛·卡尔维诺（Italo Calvino）有部著名的中篇小说《分成两半的子爵》，是其《我们的祖先》三部曲之一。小说讲述梅达尔多子爵在战争中被炮弹劈成两半，一半极恶，一半极善，恶的子爵处处行恶，善的子爵时时行善。这两个善恶子爵常处于痛苦的对立冲突中，后来同时爱上了少女帕梅拉，两个半身在决斗中受伤被缝合而重新获得了完整的身体。卡尔维诺在书中说，有时一个人自认不完整，只是他还年轻，我们都是处于由不完整向自我完整寻找的过程：从最初的自我分裂到自我否定，再到自我斗争，直到最后自我和平，这就是我们的整个人生。

小说原意是反思人性分裂与善恶冲突的主题思想，如今的人们分成好几个两半，如物理的"我"和虚拟的"我"，职业的"我"和本真的"我"。在自我不断成长的过程中，我们还要注意到，所谓成熟，不是个性的消失。作家周国平在《灵魂只能独行》中提到，许多人所谓的成熟，不过是被习俗磨去了棱角，变得世故而实际了。那不是成熟，而是精神的早衰和个性的消亡。真正的成熟，应当是独特个性的形成，真实自我的发现，精神上的结果和丰收。职业主持人的成长，应该经历的就是一个寻找和塑造真实且个性的"我"的过程，这个过程不是一蹴而就的，而是不断发展的。主持人追求完美自我的过程，是一个永无止境的内外结合的探索过程。

1. 职业的"我"

传统主持人更多是被理解为一种职业，与其所在的媒体直接相关，是一个相对客观的存在，主持人的职业"我"就是指这个层面上的"我"。本真的"我"是不受职业限制的"我"，是个体的"我"。

前面我们讨论过，没有百分百的新闻客观性，人作为做新闻的主体，对自己的认知也关系到新闻的质量和取向，关系到采访者与被采访者之间的关系。区分出职业的"我"与自然人的"我"、本真的"我"之间的不同，并把握适当的分寸尺度，是职业主持人的基本素养。

2. 虚拟的“我”

电子媒介的发展，让物理世界与虚拟世界的边界不断消逝。网络世界可以看作虚拟世界的一部分，但是虚拟世界与物理世界是在不断融合的，虚拟的“我”与物理的“我”之间的边界也在不断消逝。网络中的“我”，是虚拟的“我”，是真实完整的“我”不可分割的一部分，而且越来越与物理的“我”趋同。

以李子柒在全球的走红为例，在美食短视频中出镜的虚拟“李子柒”与四川省绵阳市人“李佳佳”（李子柒的原名）这二者之间是不是同一的？显然不是。造成这些区别的，不仅有媒介包装的原因，还有媒介功能和媒介诉求的因素，更有复杂的媒介环境在起作用。

虽然在媒介融合时代，职业的“我”与本真的“我”、虚拟的“我”与物理的“我”之间越来越趋同，但它们之间的区别仍然会或多或少地存在，除非前台、后台之间的隔离墙彻底被推翻，人类已经进入无时不在、无处不在的直播时代。

（二）传统媒体主持人与自媒体网红的区别

所谓网红，即网络红人，指在现实或者网络生活中因为某个事件或某个行为被网民关注而走红的人。他们的走红是因为自身的某种特质在网络作用下被放大，与网民的审美、审丑、娱乐、刺激、偷窥、臆想以及看客等心理相契合，有意或无意间受到网络世界的追捧。①

1. 承担角色不同

传统媒体主持人与网红在传播内容的制作与传播的过程中，承担的角色有所不同。

在中国，传统媒体主持人往往被称作“某某媒体主持人”，作为传统媒体内容采编播生产体系中的一个环节，是一个相对独立的工种，与编辑、摄像人员等一起，共同形成一个视频制播系统。主持人的社会角色、工作内容、主持风格甚至肖像权，都与其所工作的媒体密不可分。

自媒体网红往往集内容生产、编辑、播出于一身。网红以视频网站平台等为其内容的传播途径，而且常常跨越多个平台传播。除非是签约艺人，网红一般不隶属于某个平台，创业初期凭一己之才华容貌起家，单打独斗；有一定网络认知度和实力后，会自组团队，扩大发展。

2. 内容侧重不同

传统媒体主持人生产传播的信息与其所在的媒体属性息息相关，以新闻

---

① 郝滢．传统媒体如何打造新闻“网红”[J]. 新闻前哨，2017（8）：50-51，58.

及社会公益性内容为多。传统媒体主持人大多为新闻传播相关专业毕业，受到较严格的职业训练，对于信息内容的轻重有较好的理解和把握，也会较多地考虑内容传播的社会影响。

大多数自媒体网红的内容生产则相对自由随性，具有比较明显的个人展示色彩，爆料个人生活、社会猎奇类的内容比较常见。网红生产的内容一般有较强的商业化倾向，其内容选择还会受到打赏网友或赞助商家的牵引。不少自媒体网红没有受过新闻传播的系统训练，媒介素养不够全面，内容生产的把关能力比较弱。

3. 传播风格不同

传统媒体主持人代表着媒体的形象，在镜头前的风格和语态相对严谨，讲究道德规范，符合法律法规，国家级媒体主持人还会自觉以自己的所言所行来维护国家形象。我国第一代主持人，大多是从播音员转行而来，目前仍有一部分播音员兼做主持人。由于职业训练的影响，不少传统媒体主持人持有播音控，字正腔圆固然好，但有时也容易产生居高临下的距离感。

自媒体网红代表着个人或商业性群体，因此更强调个人化的表达，传播充满个性活力和新鲜感，传播的风格和语态受限较少。为了吸引用户，网红的传播语态和风格更偏向于聊天的自然风格，采取说新闻的方式来交流，相对亲和。

4. 传播方式不同

传统媒体主持人由于受其所在媒体的影响，具有“我说你听”的单向传播的特征，主要是一对多的传播模式。

大多数自媒体网红走的是人际传播的路线，很在乎用户感受，并在节目中积极推动用户参与，强调双向互动，并力图营造沉浸式的传播感受。

上述这些区别只是相对的，某种程度上也是中国特色的新闻传播实践及教育体系形成的结果。国外的传媒大国，包括美国，并没有专门培养电视节目主持人的专业教育。在英美等国，电视台主持人都是从很多年的编导、出镜记者和新闻播报员岗位的职场磨炼中脱颖而出的。只有这样，才有可能被选拔成新闻节目主持人和谈话脱口秀节目主持人。不少综艺娱乐节目的主持人，是从影视演员转行而来的。

如今媒介融合正在改变着媒介的传播方式，而传统媒体主持人的所谓“网红化”，也正在成为融媒时代的发展趋势，越来越多受过专业训练的主持人走进了网红队伍。

三、传统媒体如何打造新闻网红

传统媒体向网络化发展，除了在视频技术和画面语言风格方面进行调整外，其中一个重要方面是对口播的掌握。口播是口语传播的最基本形式，现在也是为广大网友所喜闻乐见的形式。

语言表达力是主持人传播力的核心，主持人的语言基本功不可少。不同于大多数传统媒体主持人中规中矩的风格，中国中央广播电视总台的新闻主播朱广权，因语言风格和表达方式的网络化，被称为是一本正经花式播新闻，还没有"触网"就已经受到了网友的追捧。在媒介融合环境下，一跨界，即网红。

作品赏析

"小朱配琦"为湖北直播带货

2020 年 4 月 6 日，央视新闻推出"谢谢你为湖北拼单"公益直播，央视主持人"段子手"朱广权与"带货一哥"李佳琦的"小朱配琦"组合横空出世，隔空连线为湖北直播带货（见图 9－18），看客直呼精彩，频上热搜，还登上了央视《新闻联播》。两位主播在镜头前紧张地推荐了十几件湖北本地产品——热干面、藕带、香菇、酒酿、茶叶等上架即"秒光"。这场时长 130 分钟的公益直播共吸引了 1 091 万人观看，累计观看次数达 1.22 亿，直播间点赞数达 1.6 亿，累计卖出总价值 4 014 万元的湖北商品。这组数据可以看出口语传播效果之显著，传播力量之强悍。

"小朱配琦"组合正体现了融媒体主持的特色，隔空连线，同框直播。二人迥异的风格，碰撞出奇妙火花，评论区频频被刷爆。不论是正襟危坐，还是肢体灵活并用，在直播镜头前能吸引眼球、调动用户的，主要是他们妙语连珠的即兴说辞、幽默敏捷的临场反应、恰到好处的情绪运用，以及二人看似各成一派却相映成趣的反搭气氛。

图 9－18　"小朱配琦"直播截图

1. 引经据典，妙语连珠

两人在直播间妙语连珠。“央视名嘴”朱广权引经据典作打油诗，押韵不断，金句频出：“初来乍到，手艺不高，技术不妙，请多关照。”“烟笼寒水月笼沙，不止东湖与樱花，门前风景雨来佳，还有莲藕鱼糕玉露茶……”“买它买它就买它，热干面和小龙虾！”

淘宝“带货一哥”李佳琦也不逊色，以其自创手术刀式的话术体，将每件商品描述得生动易感，引发共鸣，点燃抢购欲。如形容一款绿豆糕，他描述道：“入口即化，它会在你的口腔里每一个角落融化开，在舌头上翻滚，让你的整个口腔充斥着绿豆的清香口感。”进而又用“不会腻”“不会发胖”等优点来强化吸引力，引发通感。

2. 善用情绪，把控现场

无论是在日常口语沟通中，还是在紧张的直播镜头前，即兴表达是否精彩，情绪运用是否到位，话语尺度是否恰当，临场反应是否迅捷，这些都决定着直播的现场热度、话语影响力和传播效果。

李佳琦直播时善于调动情绪，语调随情绪起伏，并配合肢体语言，连直播另一头的朱广权也直言：“佳琦的介绍让我有一种通感的感觉，唾液都分泌得多了。”

直播时的话语尺度，直接考查直播者的情商。朱广权和李佳琦为了带货的“商业互吹”，自然不做作。虽然直播带货按理说是李佳琦的主场，但年龄上李佳琦比朱广权小，平台属性上央视具有国家级媒体地位，李佳琦从开场就采取“仰视”姿态，整场直播过程中在言语和姿态上一直“托”着朱广权，他这样的媒体贡献意识获得了大家的肯定。“朱老师”被李佳琦“托”得情绪高昂，充分放开自我，同时也不断地夸赞“提拉”李佳琦，二人在话语尺度上的把控感都很强。这样一“托”一“拉”，互相给力，就把现场气氛充分调动起来了。

3. 幽默不失分寸，创新不离主流

央视新闻主播朱广权作为“段子高手”，其段子有文化内涵，高雅亲近，搞笑不是目的，真正目的是提升新闻的传播力。朱广权认为，“我们不认为那是段子，就是想让我们的新闻有点温度”，真正做到了“幽默不失分寸，创新不离主流”。李佳琦能成为“带货一哥”，也缘于其一直坚守自己的直播原则，真实、真诚是其特长。他表示：“我的直播是没有文案的，我会把商品当成活的东西，每一个都是有情感、有生命力的。我想深挖产品背后的故事和它好的地方，我想传达的是理念、历史，包括创业人的想法，一些浪漫、唯美、很感人的故事，也希望大家能在我这里找到一点正能量。”

4. 风格碰撞出和谐，直播平台的平等共享

央视主播与淘宝主播，看似截然不同的两种主持风格却碰撞出和谐火花。这看似是个例，其实反映了媒介融合时代传统主流媒体和新媒体正在不断交叉融合。融媒体的平权作用，使各个平台实质上无高下之分。传播平台的性质不同，呈现出的表达方式、话语姿态会有所不同，但是一个明显的发展趋势是，主播语态会向更亲民、更接地气、更有个性化的方向转变，传播形式也更注重交流性、互动性和沉浸性，以通过主播与用户来共同形成平等、交流、共享的新型传播关系。

第三节 出镜报道与主持的原则、职责和任务

融合新闻的出镜报道与主持，可以由多人分角来承担，也可以一人当多角。在融合新闻发展过程中，出镜报道与主持工作合二为一已经成为常态。

"在当今媒体中以一种成熟而有思想的视野来观察世界"，"在传达讯息的同时，娱乐并且鼓舞你的受众"①，这可以说是融合新闻出镜报道与主持需要达到的基本要求。与传统媒体相比，融合新闻出镜报道与主持流程中各个职能的工作原则和主要任务还有其独特之处。

一、出镜报道与主持的工作原则

（一）准确、完美地传达节目的品牌形象

主持人是融合新闻传播的核心环节之一，是一个节目的形象代言人，其文化底蕴、主持技巧和主持风格对于节目的呈现和传播效果起着关键作用。

1. 将新闻事实和节目内容清晰准确地呈现给观众

出镜记者和主持人，都是在镜头前的人。"镜头前"，从传播学的视角看，属于前台的展示，是要将后台所设计和制作的节目内容完美地呈现在观众眼前。

现场节目的主持人的呈现，不是复制，而是再创作的过程。除了事先设计好的出镜报道词和主持词、出镜的着装和风格等，出镜记者和主持人的临场发挥和即兴表达的能力更为重要。

出镜记者和主持人的"存在感"，体现在节目中的人际传播和大众传播的结合。出镜记者和主持人在准确报道事实的基础上，要在镜头前实现"自我"身份和立场的转化，将自己与节目融为一体，从而更精准地体现出节目内涵。

---

① 豪斯曼，本诺特，梅塞瑞，等．美国播音技艺教程：第五版［M］．王毅敏，刘日宇，译．上海：复旦大学出版社，2007：序言 1.

2. 在镜头前展现最好的“自我”

出镜记者和主持人要有一个相对固定的自我形象，这个自我形象要与其所代表的节目相匹配。媒介融合时代，也是主持人品牌化的时代，主持人要塑造积极向上的品牌形象。

所谓主持人品牌化，并不一定意味着主持人的偶像化或是名人化，而是强调主持人的人格魅力与报道中的个性化和识别度。带有社交功能的融媒体，其传播特征倾向于人际化和人格化，因此，相对于传统媒体主持人在镜头前客观冷静的形象，融媒体主持人更具有人情味和个性色彩，其本身也成为节目的品牌形象代表。特别是很多自媒体主持人，如 B 站的 UP 主，除了出镜形象，其公众形象也是节目视频形象的一部分。

融媒体主持人与其主持的节目互为形象、互为品牌。如果说传统媒体主持人下了班可以做回自己，那么融媒体主持人与其主持的节目往往有着更为紧密的关联。融媒体主持人需要调整现实中的自己，以适应节目形象塑造的需要。反之亦然。

具体请参看本章第四节对主持人的形象及风格定位的论述。

（二）精准、即时地把控节目的全局和走向

1. 主持人要能够把控全场

主持人是节目的把控人。控场，是主持人的主要工作原则。主持人要让节目顺利进行，是整个节目流程的把控者，要把握全局，让节目既能体现中心主题，又能兼顾现场嘉宾、观众和用户的需求和收视习惯。主持人还要根据现场访谈对象的接受能力以及节目氛围，随时进行相关调整。

2. 主持人要把控节目走向

主持人要握有节目的主动权，其是引导者，也是中介者，要善于利用多媒体特征调动被采访者和用户的参与，承担好节目内容的引导者的角色，将围绕话题的讨论不断引向深入。如果是谈话节目的主持人，就要求筛选合适的话题，把握话题的轻重和问话时宜，重要问题重点谈，一般问题泛泛谈。当受访者跑题时要巧妙将其拉回，并随时关注全场气氛的变化，使节目显得灵活和生动。

3. 主持人要把控栏目质量和方向

媒介融合环境下，大多数节目或栏目中实行“主持人负责制”。在这种情况下主持人实际上身兼制片人角色，负责整个节目或栏目的内容及运营。主持人除了出镜，还要对节目的策划、采访、剪辑、包装、推广等全过程进行质量把控，是节目从最初创意到最终成品的灵魂人物。

（三）真实、客观、公正地做好“现场的叙事”

媒介融合时代，音视频直播已成为常态，主持人与用户之间的互动和沉浸式关系也成为常态，融媒体主持人的“现场叙事”就是要将节目主题内容与现场情境完美结合，通过语言和非语言符号，真实且即时在客户端呈现出最终作品。

由于节目的直播性质，融媒体主持人在内容呈现上会有比较大的自主性和随意性，因此对融媒体出镜的工作原则更需要强调客观性和真实性。尽管可以有个性化表达，但主持人必须要保证报道及节目内容的真实性、客观性和公正性，这是新闻传播的节目形态成立的前提和核心基础。

融媒出镜的现场叙事，包括新闻现场报道、融媒网络访谈等多种形态。融媒访谈以主持人采访嘉宾形式为主，有时主持人也可以作为受众的“代言人”来采访嘉宾。访谈中，主持人既要能与受访者进行焦点的碰撞、情感的交融和心灵的互动，又要能随时掌控节目的话语权，保证节目的公正性。

从新闻传播学角度来说，访谈记者或主持人处在信息传播链的中间，即传播原点（新闻当事人）和传播终端（用户）之间。出镜记者和主持人需要客观、公正地处理好自己与节目、嘉宾和受众的关系，并且要符合融合媒介的特征和发展需求，促成节目各方信息和情感的交互及沉浸传播，并通过现场访谈深度挖掘新闻主题，揭示事实真相。

（四）熟练、创新地运用多媒体工具

融媒出镜报道与主持的工作，事实上是一个全领域、创新型工作。相对于一个全媒体制播流程而言，其工作职责无所不包，除了报道和主持技巧外，还需要具备全能型主持人的各项基本技能，包括熟练、创新地运用各种多媒体工具的能力。

融媒视频平台，不仅仅是传统电视、互联网音视频聊天室和流媒体应用的物理性整合，而且是要通过人的运用来达到化学性整合。融媒出镜记者不但要会熟练地使用多媒体工具，做到精准拍摄、快速编写、非线剪辑、移动上传视频，还要能把握住网络融媒体的核心优势，用好多媒体传播的互动性和沉浸性特征，创造出用户喜闻乐见、积极参与的节目效果。

融媒出镜报道与文字新闻采写不同，文字记者主要是采访挖掘事实，而出镜记者和主持人除了要采访挖掘事实，还要综合考虑前期拍摄和后期呈现，对整个节目的策划和进展了然于心。在前期拍摄时除了要考虑视频内容，还要关注到光线、镜头美感以及多摄像镜头的画面切换等。如采访时选取什么角度？自身位于何种景别？后期剪辑有几种机位镜头？各个机位是否要同屏

呈现？主持人如何入场？缩放和转场用何样式？字幕和配色如何设计？用好融媒技术，精心打造内容的整体结构逻辑和呈现形态，最终的视觉效果和传播效果会令人惊喜。

此外，融媒体主持人还要能理解各种融媒体工具在工作流程中的作用，有意识地充分发挥技术的潜能，来提升节目各个环节的含金量。如融媒视频直播时，用户可以通过文字弹幕、评论、音视频等方式与其他在线用户互动，也有机会与直播室的主持人、嘉宾进行实时交流，共同参与到直播节目中。作为融媒体主持人，要充分利用各种媒体技术手段，并不断创新性地引入新技术如 VR 视频、数据算法、人工智能等，实时了解用户动态画像，积极调动用户的参与度，提升节目的影响力。

融媒出镜产品，从创造构想到观众认可，是一个基于新闻事实的创造性呈现过程。在这个过程中，融媒技术的作用不容忽视。融媒出镜主持，特别是视频直播，是一个融合了信息的本源态到传播态，从传播态到收受态的完整过程。融合媒介的发展，给出镜记者和主持人提供了非常多的组合报道形式，可组合不同镜头语言的应用和多种媒介手段，形成丰富生动的视频、音频、文字、图片等多元素“化学合成”的融合媒介作品。所以要熟悉各种最新媒介形式，多进行实践应用，充分了解各种媒介技术形态的优劣特征，才能在出镜直播时达到最好的整体呈现效果。

二、出镜报道与主持的职责

融媒出镜报道与主持，虽然有不同于传统媒体的管理方式和工作流程，但是一名精通多种媒介报道传播的融媒体主持人或者一名熟练运用多种技术工具进行融合新闻报道的全能型出镜记者，其主要责任还是要服务于用户的新闻和娱乐需求，服务于社会的信息需求，向世界传递价值。

（一）职业使命：有责任去告知、娱乐、说服和引导用户

融媒出镜报道与主持的责任，除了传达资讯、娱乐用户，还承担着说服和激励用户的职业使命。

传统媒体中，一个好的主持人是好的观察者和讲述者，引领受众进入新闻故事情境。融媒体主持人不仅是信息环境、新闻事实与用户之间的中介，除了讲述和引导，还与用户建立积极的互动关系。

交互性是融合新闻报道的重要特征，在受众阅读碎片化、信息浏览停留时间极短的当下，还像传统媒体一样仅仅面对镜头播报现场状况或陈述新闻事实是不可能吸引用户的，融媒体主持人和出镜记者需要更深、更细致地进

入环境，有时可通过小细节的切入来展示整个事件，在出镜过程和后期的编排中让受众更多地参与到新闻事实中来。

媒介技术赋权，好的主持人知道给用户留空间。融媒体技术发展，推动主持人角色的变革。如在 VR 新闻中，更多的时候主持人需要知道如何让渡一部分职责给用户，让用户主动进入和探索新闻情境。此时的出镜主持不再是“带”或“代”用户看，而是主动把镜头和情境的掌控权让渡给用户，让用户自己去看。一个优秀的融媒体主持人，需要时刻有用户需求优先的意识，进行灵活的镜头转换和主题切换，通过手势、话语等简单举动来提高交互性，在用户的新闻认知中起到引领作用。

在媒介融合时代，当视频无处不在、无时不在，人人出镜成为常态时，出镜报道的专业性就不仅体现在要通晓不同的媒介技术，更体现在能够超越传统外景报道框架，多视角、多层次地挖掘多媒体融合展示平台的潜力，形成个性化出镜风格，从而产出有说服力、有社会影响力、有良好传播效果的出镜报道。

（二）社会责任：以自己在传媒业的地位和权威服务社会

融媒体主持人早已不再是传统媒体里“传声筒”的角色，而是一个相对独立且全面发展的媒体人，需要有丰富的知识储备和批判性思维能力。融媒体主持人既要读万卷书，也要行万里路，不断积淀人生阅历，提升对社会的认知，拥有强烈的社会责任心，从而能够以自己在传媒业的地位和权威服务于社会。

融媒体主持人以自己的独立思考和讲故事的能力服务社会。主持人要言之有物，同时言之有理。在传达信息的同时，既要注重故事内容和讲述方式，还要注重故事所传达的价值观念。主持人需要在专业理念和社会责任感之间寻求平衡，并让彼此互相支撑。作为一个融媒体主持人，其职责远不只是守好一方舞台或一个屏幕，更要立足于脚下的土地，面向整个世界，传递积极向上的价值观念。

融媒体主持人需要有强烈的社会责任感和较高的思想水准，具有准确传递信息和深度交流的能力。融媒体主持人和出镜记者还要能够把受访者和用户放在平等交流的位置上。如出镜记者在进行访谈时，要在现场把握话题，把握社会热点和民生重点，把握受访者与用户的兴趣结合点，这样才能吸引众多用户，使节目很好地传播。

主持人的权利是媒介所赋予的，所谓“铁肩担道义，妙手著文章”，话语权就是主持人的“笔”。主持人的职业不仅意味着鲜花和掌声，更意味着担当，要承担起媒体和社会赋予的责任，要承担起作为社会良知和瞭望者的使命。

主持人切记不可滥用职权，不可滥用话语权。主持人在播报新闻时，在出镜提问和评论时，并不是要迎合所有人，也不要为某人或某些利益群体所利用，而是要尊重事实，摆明证据，平等公正。知之为知之，不知为不知，主持人不可夸大其词，更不可捏造事实或选择性地报道事实，以致错误地引导舆论，造成严重的问题甚至带来严重的法律后果，如此将后果自负。前车之鉴，已足以敲响警钟。

三、出镜报道与主持的主要任务

融合新闻出镜报道与主持一般来说是个全程型工作，包括以下方面：策划设计和参与节目制作；负责节目信息的采集、撰写、审查；按照计划，推进和控制节目进程；把控节目秩序，活跃现场气氛；应对节目现场的意外状况；参与节目的播放与推广等。

从新闻内容的制度方面来看，融合新闻出镜报道与主持的主要任务体现在对新闻事件的调查、分析、采访、报道、评论和追踪上。

（一）融合新闻的视频采访报道

融合新闻视频采访报道，是运用现代电子技术，通过文字、图像、视频、全息影像、VR、AR、人工智能等多种形态，向用户传递新闻信息和报道事物发展的过程。融合新闻既传播声音又传播图像，如果不是现场直播，录播的节目往往会通过现场采访拍摄、解说词写作、剪辑配音等多个程序来完成。

一般而言，电视新闻、网络视频等各种新闻性内容和新闻报道形式都可以纳入视频新闻这个总称。这里所指的融合新闻视频采访报道，是不仅包括视频这个形态，还包括了文字、图像、VR、AR等多种形态的综合体。

因此，融合新闻视频采访报道具有报道性、记录性、即兴性、立体性等特点。通过图像、声音、文字传播，文字、图像、视频作用于眼睛，语言、声效、音乐作用于耳朵，VR、AR和人工智能作用于人的总体感觉系统。

融合新闻视频采访报道有两种基本形态：一是主持人深入新闻一线，直接进行新闻直播并完成整体节目；二是出镜记者在新闻一线，主持人在演播厅，通过视频和网络连线共同完成采访报道。

在事发现场的采访，是对融媒体主持人和出镜记者多方面能力的考查。首先，采访要抓住新闻信息的六个基本要素：When（时间）——什么时间发生的；Who（人员、对象）——由谁执行；What（事件）——发生了什么事；Where（地点）——在什么地方发生；Why（原因）——事情的原因、目的是什么；How（如何发生）——怎么做的。其次，采访要掌控镜头安排、采访流程、嘉宾对话等环节和细节。

融合新闻视频采访事前要尽可能做足准备，但现场往往还会有变动，需要见机行事、临时调整，选择合适的采访对象是开启成功采访的第一步。在采访时，要抓住和引导被采访者的思维，对其所做的回答进行追问及延伸，让话题步步深入，直至最核心的问题，整个采访才算完成。

融媒视频的后期处理也很重要，后期剪辑可以弥补前期采访拍摄的不足。如采访过于四平八稳，可以在后期加快节奏，加入有趣的切换转场和人物特写处理技巧，用特效强化放大内容中的亮点，使融媒视频作品在整体上变得更加生动有趣。

（二）新闻分析和评论

对新闻事件及时做出回应，发表观点鲜明的评论，是融媒时代新闻人的基本工作任务，也是必须掌握的基本技能。尤其是视频短评，是融媒时代用户非常喜闻乐见的新闻形态，如抖音中点击率非常高的作品，很多是快言快语、尖锐犀利的新闻短评。

视频短评属于“评述”，讲究“评论”＋“叙述”的完美结合。评论基于对事件的叙述，在清晰讲明事件要点后，提出对事件的分析和观点。评论要观点清晰有力、视角新颖，能够帮助用户开拓思维视野，澄清迷惑。

融合新闻分析评述事前应多做准备：一是要对事件资料搜集得尽可能全面，要掌握最新一刻的资料；二是要对围绕事件产生的相关观点进行充分了解；三是要总结提炼新视角、新思维、新观点，做到鲜明犀利、入木三分。

对融合新闻评论进行事先策划与准备时，除了要找准事件核心，还要仔细评估融媒体平台特色与用户需求，精心选取值得深究、受众感兴趣的点，避免在出镜评论时耗费大量时间谈论用户已知和缺乏兴趣的内容。

新闻评述主持人需要对所报道领域有较多了解，有所专长，但同时又要有宽广的视野，需要有较深的文化底蕴。如此才能对选定事件找到新鲜角度，并能进行深入挖掘，避免言之无物，或者评点浮于表层，失之深入和鲜活。

成为具有较强传播力的融合新闻评论主持人，还要能做到心中有用户。有时，主持人要能“忘记”主持人的身份，进行“主持人”与“被采访者”的身份转换，将严肃话题融入其中，与用户进行朋友式的交流，保持轻松聊天模式与明晰点评模式之间的平衡。

（三）调查追踪

融合新闻出镜调查报道，是通过多媒体元素系统反映重大新闻事件和社会问题，深入挖掘和阐明事件的因果关系以揭示其实质和意义，追踪和探索其发展趋向的报道方式。

融媒视频的深度报道，重点在于挖掘事件的这两个方面：Why（原因）——事情的原因、目的是什么；How（如何发生）——怎么做的。

出镜播报与主持在进行调查追踪时，需充分延伸和拓展新闻要素，尤其要聚焦于 Why 和 How 这两个新闻要素。关于此，请参照第一章的“融合新闻学的要素时空轴”来进行思考。

具有调查追踪性质的融合新闻出镜报道包含的主要内容有新闻事件、主要人物、新闻背景、新闻前景、新闻过程、新闻分析、趋势预测、对策建议，其主要表现手法有人物采访、对话、音视频展示现场和背景、细节展示、出镜评述等。

融合新闻深度报道是对主体新闻在时间维度和空间维度上进行扩展的报道，它通过对主体新闻的生成背景、波及影响及发展趋势进行全面展示与深度剖析，通过多媒体元素将客观环境的最新变动、新闻人物的深层动因等进行丰富呈现和深刻解析。

融合新闻出镜记者和主持人在具体执行报道时，可以参考美国哥伦比亚大学新闻学院提出的“报道三层面”：（1）对主体新闻事实的直接报道；（2）发掘涉及主体新闻背后原因及实质的调查报道；（3）在调查报道的基础上做出的解释性和分析性报道。

融合新闻深度报道是一个动态的过程，其具体特征体现在以下方面：（1）与一般性新闻报道相比，深度报道不仅反映新闻的静态截面，而且披露新闻的变化进程；（2）不仅观察新闻的内部关系，而且揭示新闻的内部与外部的复杂关系。这要求出镜记者与主持人能够透过新闻现象，探求事情本质。

第四节　出镜主持的条件要求、形象定位和基础技巧

一个融合新闻主持人，其所需要的不仅仅是外貌和口才，还有很强的综合素质和全面能力。融媒体主持人需要具有较深厚的知识底蕴，知识面广，思维敏捷，普通话标准，价值观积极向上，有传递信息和平等交流的理念。

不仅融合新闻出镜主持要面临出镜环境，而且在当下媒介化生存的日常生活中，我们跟人交往、从事工作、发表意见、进行演讲，都要面临出镜环境，都是在虚拟世界展示自己。那么虚拟世界展示的是真实的你还是理想的你？下面我们一起来探讨这个问题，分解开来，即优秀的出镜主持需要具备哪些基本条件，如何进行形象定位，需要掌握哪些基本技巧。

一、出镜主持的生理和心理条件

从生理和心理条件上，对主持人有一些比较具体的要求。出镜主持需要形象端正、口齿清晰，能承受较强的心理压力，具备临场应变和即兴发挥的能力，再加上当下人们常说的“能带货”。“能带货”是指其具有较强的人际交流能力、说服能力和传播影响力。

（一）出镜主持的主要生理条件

出镜主持的生理条件，包括内外的生理素质，有些是天生的，有些通过后天的训练可以得到较明显的提升。

1. 嗓音条件和声音表达力

每个人都有两种声音（两种说话方式）：一种是个人的声音（天然的），发音不到位、信息表达不完全、使用俚语土话；一种是职业的声音（经过训练的），发音清晰、音色悦耳、富有节奏。

对于职业主持人来说，天生有好的音色是一个优秀的基础条件，俗称祖师爷赏饭吃，如：男主持人音色深沉、厚重，有良好的共鸣；女主持人音色悦耳清脆、高亢明亮，具有磁性等。

后天的专业培养和长期训练，可以让本来不够完美的音色和声线得到改善。如中国著名的主持人虹云，属于天生“小嗓”，与天生“大嗓”的比气势不够。不过，她经过长年摸索和苦练，使自己的嗓音具有更细腻的层次和变化，能表达更丰富的内涵，具有更强大的表情达意的能力，也因而形成了自己独特的声音识别度。

声音是主持人的重要工具。要具备出色的音色和声音表达能力，需要主持人勤下苦功，长期不懈努力。进步如攀登，退步则如水泻。所谓拳不离手，曲不离口，一日不练自己知道，两日不练同行知道，三日不练听众知道，讲的正是这个道理。

2. 外表条件和身体条件

吸引人的外表，对于融媒体主持人来说，属于先天的优势。主持人是在镜头前的一种工作，对外表有一些基本要求，主要是形象端正，气质高雅，能让人产生接近性。作为一个出镜主持人，如果外表具有独特性，具有识别性，也是主持人容易形成个人品牌形象的良好外在基础。

身体条件，是指主持人的身体素质。主持人不只是动嘴，也要“动手动脚”，不仅常常需要连日连夜坚守在屏幕前，还要奔波在事发现场，还有可能去一些自然条件比较艰苦或奇特的地方，这样才能给用户带来不同寻常的信息和视听感受。

所以总体而言，融媒体出镜主持工作是个高强度的工作，不仅要求有良好的外表条件，对于身体素质和内在的心理素质也有相当高的要求。

3. 个人综合条件

融媒体主持人需要具备比较全面的个人综合条件，这些条件外化出来是如下一些主要特征。

发展特征：专业知识、视频功底、适应能力、抗压能力、学习能力、善于内省。

执行能力特征：快速反应能力、现场观察能力、获取信息能力、独立思考分析能力。

职业技能特征：采访能力、镜头表现力、语言表达能力、突发情况处理能力。

控制能力特征：思路清晰、判断迅速、有全局观、自信豁达。

个体人格特征：职业道德、敬业精神、团队意识。

目的导向特征：报道目的明确、情绪控制能力。

新闻素养特征：新闻敏感性，发现新闻现场的细节、报道角度和判断新闻价值；对入镜画面、出镜时机、采访对象和报道内容进行选择，选择最直观、最能说明问题、具有典型性的画面和内容，让观众一目了然；注重逻辑排列，知道如何排列更能凸显采访目的；镜头前后表达的个性化，独特的新闻挖掘和展示能力。

4. 表情达意的综合素质

在良好的声音条件和身体条件的基础上，主持人要形成语言表达的综合素质，主要体现在以下几点：

表达能力：用词准确、口齿清晰、说话流利、普通话标准、发音清晰、音色圆润、音调和谐。

思维能力：每篇采访报道都是你的思维方式和突破重围的思维能力的体现，每次出镜都是你过去的背景经历、现有全部学识的综合体现。

现场反应：机智应变、掌控现场、创造卖点。现场反应能力和控场能力对于视频直播尤为关键。

提问能力：借题发挥能力、反诘能力。新闻记者的能力首先体现在提问能力，要能问出关键问题，问出事件隐藏着的答案。

融媒体主持人用语言来传达信息，用声音来表情达意。优秀的主持人自信站在舞台上清晰准确地表达观点，在新闻现场面对突发事件时大脑迅速反应，视频直播时的“急就章”依然不失语言魅力，要达到这些都需要具备良好的综合素质。

融合新闻主持人要不断地锤炼声音和身体素质，积淀语言文字功底，拥有丰富的文化底蕴，在实践中不断提升对舞台的掌控能力。融合新闻主持人清晰的思维逻辑，是自身的文化内涵和思维品质的外化表现。灵活应变的舞台掌控力体现在对镜头大小、语速快慢等的把握，体现在面对不全面的信息时不要过早下结论，而要巧妙埋下伏笔，待看清事情全貌后再清晰陈述观点。

（二）出镜主持的主要心理条件

融合新闻主持人是一个强调临场发挥和灵活应变的职业，需要做好随时应对不确定性和突发事件的心理准备，需要具备较强的心理素质。

主持人的心理素质，包括出镜前的心理准备和现场的心理调适。在多数节目中，主持人要完成的最基本任务是串联节目所有环节并理清环节间的逻辑，主持人要推动节目流程，把握整体的风格，正确表达主题，通过提问推进节目和调动气氛，并做出有建设性的总结……而这些都需要主持人有极强的心理驾驭能力，并能在高强度和高心理压力下进行准确的自我表达，同时还要能照顾到观众的情绪表达。

1. 詹森效应：强大的抗压能力，临场发挥沉着自信

竞技比赛中有个“詹森效应”，泛指那些平时表现良好的运动员，由于缺乏应有的心理素质，在正式比赛中过于紧张，导致发挥失常，遗憾败北的现象。詹森效应最初说的是美国速滑运动员丹·詹森（Dan Jansen），他平时训练有素，具有极强的冲冠实力，可是一到正式赛场上却总是连连失利，让他自己和他人失望。归根结底，就是压力过大造成的过度紧张所致。后来詹森经过八次努力，终于打破魔咒，获得了非凡的体育成就，成为国际体坛名将。所以出镜主持出现一些临场表现失误是正常的，不要苛责自己，而要想办法来克服这些“魔咒”。

对于出镜主持来说，詹森效应常常表现为平时很能讲，一上镜就张不开口，一直播就忘词。一些已经成名的大主持人，也会偶尔出现直播现场失误的现象，心理负担过重是一方面，对自己的状态调适不到位是另一方面。

很多人喜欢在办公室里挂上自己的毕业证书，巴菲特也挂了一张，不是他的哥伦比亚大学研究生毕业证书，而是 1952 年 22 岁时的他参加戴尔·卡内基培训课程（关于有效演讲和领导力培训以及赢得朋友和影响他人的艺术）的毕业证书（见图 9-19）。巴菲特表示，当时他非常害怕公开演讲，站在一群人前面害怕得连自己的名字也说不出来，所以下决心花了 100 美元参加这个培训课程。此后他不但能够在一大群人面前公开讲话，而且能够在一大群人面前讲话讲到停不下来。就是在参加卡内基培训课程期间，他向他的太太求婚了。看来，他这 100 美元的培训费花得太值了。

图 9-19　巴菲特最珍视的毕业证书

巴菲特对卡内基演讲培训的效果说得非常实在："（卡内基演讲培训）并不能够防止我在面对公众发表演讲时吓得膝盖发抖，而是能够让我在面对公众吓得膝盖发抖还能继续进行演讲。"这至少说明了三点：第一，语言表达和人际沟通的重要性；第二，紧张是人之常情；第三，紧张是可以通过专业训练来缓解的。

笔者在中国人民大学新闻学院开设的"融媒报道出镜主持"的课堂上，给同学们进行了提升自我认知的练习，以及提升临场表达的即兴训练。有同学经过课堂训练后表示，自己从不敢与陌生人说话到敢于上台演讲，再到敢于参加学生工作时进行即兴发言和总结，这个课程让他在表达这个方面进入了一个新阶段。同学认为，面对镜头和做演讲相比，往往不会有那么久的时间进行准备和背诵，也许出镜报道中所讲的话不一定最精美，不一定最深刻，但相比之下如何在较短的时间内组织起逻辑严谨、没有漏洞的语言，如何根据现场的情况做出最及时的调整，更为重要。而与即兴发言比起来，在表达上最直接的体现就是，在镜头前要避免用简单的语气词来为自己争取组织语言的时间。在很多新闻报道中，现场记者仍然有这个问题，听起来是简单的几个"呃"或"嗯"，但会让整体语言节奏显得断断续续，让语意显得迟疑不决。

要培养抗压力，在平时就要有意走出舒适圈。习惯"镜头"的存在，并不断地录下自己在镜头前的表现。如果发现自己在镜头前讲话有些含糊，姿态显得紧张，内容不能让人产生兴趣，表达过于平淡无奇，就要不断地进行调整。直播镜头前的出色表现，不是一蹴而就的，而是要经过长期练习、反复摸索的。如在出镜时要解决清晰表达的问题，除了让自己临场时调适到专业的微紧张状态外，还需要在日常生活中随时注意表达习惯。如果生活中的每一次表达都有意识地按出镜报道的要求，追求逻辑严谨、表达清晰，那么在镜头前就会更加轻松自如，在临场时就能够更加沉着自信。

2. 木桶效应：认清素质短板，力求完美主义

管理学上有个著名的“木桶效应”，简单来说，指一只木桶里能装多少水，取决于最短的那块木板。人的整体能力发挥得如何，有时也是由最短的那个能力板块决定的。

主持人工作的“木桶效应”是非常明显的，这也是主持人工作的挑战之处，完美展现的部分并不总是能被注意到，但一旦出错或出丑，就会被无限放大。

融合新闻主持不同于传统的新闻播报，不仅要应对多元化的媒介物质和传播平台的要求，还要尽可能兼顾不同用户群体的观赏习惯。传统电视对于主持人的要求相对单一，一般只要做到规范和正式即可，讲究的是端庄和权威性，特别是像中国中央电视台和地方卫视的新闻报道和评论类节目，让人们长期对出镜形式、形象仪态、语音语调等形成了比较刻板的印象。而融媒体则要求主持人在具有电视台等平台特质的同时，兼具主持人自己的个性，还兼具对各种移动媒体场景和不同报道主题的把控能力。

正因如此，我们说融合新闻主持人所展示的不是表面上的功夫，而是内在的全面素养的外化形态。主持人的心理素质也需要随着基本技能的增长而不断提高，无论是站在物理的实体舞台上还是虚拟的融合新闻直播平台上，无论播出情境对主持要求如何多变，优秀的主持人都找到微妙的平衡点——在镜头前既是出色的主持人，又是具有个性的自己。主持人的真正魅力，是内里涵养的自然流露，而非外在表演的刻意堆砌。

然而人非完人，每个主持人都会有短板，或者是普通话中有些字词发音不够标准，或者是应急反应不够灵敏，或者是对内容理解不够到位……在面对短板的时候如何在心理上做好应对，让镜头前的表现尽可能完美，实现超常发挥?

主持人需要在完美主义和自我接受中达到心理平衡，以思维训练来发掘内在潜能。在实现基本信息传达的基础上，避开短板，将水桶向长板方向略做倾斜，发挥自己现有的知识储备和智能长处。这时可以用到发散思维，围绕一个核心点，尽可能充分挖掘和穷尽各种可能性。

建议平时多做发散思维练习，以一个物体为目标，比如说出一本书的50个用途。课上学生反馈说，刚开始时会想一本书能干什么，似乎没什么能做的，但是慢慢思考会发现一本书原来可以干这么多事，可以用来盖泡面、冷的时候烧火取暖用、当成扇子来煽风等等。把这种思维方式合理地运用到新闻事件的评论上，或许就会出现独到见解为人所认可。热门话题往往在网上众说纷纭，一个主持人在评点同一话题时想脱颖而出，就需要自身有独特的观点立足，在简明快捷地介绍事件后以独特视角打开用户的兴趣，还可以通过语气表情的变化来引导用户，让人觉得你的看法立意独特，引发思考。这需要有一个开放性的思维模式。

更多关于主持人思维的训练方法和提升技巧，请参看本书附录“融合新闻语言技能训练手册”。

3. 皮格马利翁效应：树立权威性，增强亲和力

心理学上的“皮格马利翁效应”，简言之，是一种期望产生奇迹的效应，也称“罗森塔尔效应”，由美国罗森塔尔（Robert Rosenthal）等于1968年在《课堂中的皮格马利翁》一书中提出。该书说到，教师对学生的期望会在学生的学习成绩等方面产生效应。

从更宽泛的意义上看，皮格马利翁效应指人的情感和观念会在一定程度上受到别人潜移默化的影响，特别是会不自觉地接受自己喜欢、钦佩和信任的人的影响和暗示。从传播学的视角看，传播者对被传播者的期望和赞美，有可能在被传播者身上发生奇迹。这个奇迹产生的前提往往是，传播者是被传播者信任和崇拜的人。

主持人光有高素养和高颜值是不够的，还要善于用好皮格马利翁效应。首先要树立个人在主持及相关领域的权威性，不断建立信任感。同时，还要以真诚、平等的心态对待用户，关注用户需求，展现个人的性格魅力，增强亲和力。主持人的权威性能够增强其所传播信息在用户心中的可信度，亲和力能够缩短主持人与用户之间的距离，形成情感传播，从而在整体上达到有力的说服效果。

具有权威性和亲和力的主持人，身上会自动产生一种磁场，让用户不自觉地受其吸引，听从主持人的感召，积极参与到节目中。被称为美国“脱口秀女王”的奥普拉·温弗瑞就是这样一个人，她主持的电视谈话节目《奥普拉脱口秀》曾长年占据美国脱口秀节目收视的头把交椅，也是美国历史上播出时间最长的日间电视脱口秀节目。尽管2011年《奥普拉脱口秀》在播出25年后正式告别观众，但该节目对用户的影响力至今未能被超越。《奥普拉脱口秀》在全球逾160个国家和地区播出，共播出3 000多集，先后斩获34个艾美奖，全球范围内圈粉无数，每周有约4 900万忠实观众守在电视机前。在美国男主持垄断脱口秀的时代，相貌平平的黑人女性奥普拉能够强势胜出，其主要品牌特征正是其与观众建立的真诚、平等的交流和分享关系，在观众心中形成了独特的权威力和亲和力。好莱坞巨星汤姆·汉克斯夸赞奥普拉的脱口秀将惊喜演化成了艺术，是用爱将观众包围。同为黑人的流行音乐天后碧昂丝曾对奥普拉说，因为你，女性的自我认知才得以提升到一个新高度，我们可以让世界运转。

二、融合新闻主持人的形象设计和风格定位

融合新闻主持人的形象和风格需要经过训练和实践来不断完善。演员兼戏剧历史学家艾伦·费尔顿（Alan Felton）曾说："在摄影机里，你的形象不是好，就是坏。如果有人好意告诉你略略补补妆，或者梳梳头，要听他的话去做，这不是虚荣的表现，而是为了你的专业形象。"

本章后面附设的练习——自我介绍和个人出镜评论，首先学习的就是如何接受自己，如何有意识地寻找自我风格，如何进行自我表达风格的定位和设计。

融合新闻主持人要明确自身的性格特征，找准自身定位，找到适合自己的播报、现场采访报道和对话风格。每个人都有千百种模样，想真正看透一个人很难；想真正看透自己，更难；想要在自己的基础上塑造一个能让万千网友喜欢的"自己"，难上加难。这正是融媒体主持人首先要面临的挑战——进行自我的形象设计和风格定位。

主持人的形象及风格，与其所处的历史时代息息相关，受到当时的社会、政治、经济、文化等的影响；也与其所处的媒介时代有关，并随着媒介技术及媒介形态的变迁而变迁。

传统媒体单向传播时代，主持人的要求相对简单。中国第一代电视领导人孟启予说到当初对播音的要求和标准是，"具有中等文化程度，能操标准的普通话，口齿流利，有一定的表达能力，相貌端正，在摄像机前试一下正面和侧面的镜头，念一则新闻和一篇短文，经局领导和有关同志一起决定试用一些日子，最后确定"①。

电视时代，主持人领域总体而言是颜值当道，但事实上，颜值因专业智慧而发亮。主持人在电视镜头前展现的除了颜值，还有播音功底、语言表达能力等。

融合新闻时代，主持人的整体素质和个性特点成为重中之重。这些包括表情、语调管理，表达逻辑，关键句处理，以及与人物对话时体现出的清晰的采访逻辑、提问的技巧、调节气氛的能力、个性风格等。主持人要幽默风

---

① 胡妙德．中国荧屏第一人：沈力［M］．北京：中国广播电视出版社，1999：19.

趣，但开玩笑既要有尺度又要能触及新闻敏感点。

（一）正确认识自己

主持人是节目不可分割的一部分，融合新闻主持人在符合节目形态和内容需求的基础上，要做到个性化，要建立合适的人设，即与节目主题和整体风格相符合的人设。主持人心中应当知道“我是谁”，并且能够让观众感受到主持人这种个性化的存在。人设的建立表现在内在和外在各个方面，如衣着、妆发、表情状态、语气语调、组织语言的风格、周围布景、拍摄方式等。

主持人人设的建立是每个主持人都需要下功夫去琢磨的部分。“我”是谁？以何种形象出镜？以怎样的话语展示？以何种仪态面向观众？这些是最为直观的问题，也是决定出镜感染力的重要因素。

从外到内来看：外在部分，从衣服色系到妆容浓淡，从表情大小到语调高低；内在部分，从话语表达是正是谐到内容呈现的风格定位等等；整体效果上，主持人的人设呈现还要与所在媒介平台相结合，与最新媒介技术相结合，比如说是用竖屏手机拍摄方式，使自我呈现倾向自媒体风格，还是用传统电视的横屏呈现，更显大气和专业品质？

融合新闻主持人人设的建立是个系统工程，在进行人设定位时，可以从以下几个方面来思考：

其一，如何塑造向公众展示的自我媒介形象？分解下来，可分为主持人如何向观众、向网友介绍自己？主持人在面对公众时，往往会自觉不自觉地展示自己最美好的一面，隐藏不太美好的部分，以争取他人的良好评价。这在传统媒体时代是比较容易做到的，因为主持人作为前台与个人的后台生活之间有无数的墙。在融合新闻时代，主持人事实上是时时暴露在媒体面前的，前台后台很难分清，所以保持真实统一的自我人设是更有智慧，也更为可行的。

其二，主持人在镜头前应该如何管理自我形象？每个人都有多面性，形象可以分为知性、古典、时尚、现代等等，性格和情绪可表现为轻松、严肃、悲伤、欢喜等。主持人在镜头前该如何调适自己的形象？如何进行情感表达？表达的尺度多大为宜？传统电视主持人在拍摄时需要通过外接显示屏来时时观看自己的屏幕形象，而融合新闻主持人还可以借助新媒体传播的现场性、互动性和沉浸性，直接听到用户的反馈，特别是在直播过程中实时感受用户情绪变化，并可以通过自我情绪管理达到引导和调节节目气氛的目的。

随着虚拟与现实的边界不断融合，融合新闻主持人的“职业我”与主持人的“个人我”必然会不断趋同，所以要主动建立一个和谐的融合结构，这样才不会在前台后台之间的墙坍塌时自己的职业人设也崩塌。

因此，融合新闻主持人的形象设计与定位，必须基于对自我的准确认知。事实上，在主持人自我认知形成的内在过程中，别人怎么看你并不重要，你怎么看自己才是真正的意义所在。只有正确地认识自己，从心理上接受自己作为一个“个体我”与“职业我”的融合体，才能生动、自然地呈现出镜头前的“我”。

“我感谢我的父母让我拥有了与自己外貌、能力并不相称的自信心。干得好，这就是所有父母所应该做到的。”在第 60 届艾美奖颁奖典礼上，“喜剧类最佳编剧”被《我为喜剧狂》(30 Rock) 的编剧蒂娜·菲 (Tina Fey) 斩获，她也以该剧主演获喜剧类最佳女主角提名，并最终击败《丑女贝蒂》(Ugly Betty) 夺冠，上台发表了上述的领奖致辞。同届喜剧类最佳男主角被《我为喜剧狂》的主演亚历克·鲍德温 (Alec Baldwin) 获得，鲍德温称赞菲是她那一代人的伊莱恩·梅 (Elaine May，美国著名编剧、演员)。《我为喜剧狂》是由蒂娜·菲所创作的美国情景喜剧，于 2006 年 10 月 11 日在 NBC 首播。该剧集有相当多有关 NBC 内部职场文化的故事及笑话。在这个剧的荧屏内外都是“首席编剧”蒂娜·菲。她深知这是份不好干的活，既要担心剧本过时，又要担心收视率不佳。若是高层发生变动，底下还会像多米诺骨牌一样产生连锁反应。

蒂娜·菲从后台走到前台的故事具有传奇性。1995 年，《周六夜现场》(Saturday Night Live) 在第二城剧院上映，亚当·麦凯 (Adam Mckay) 在为这档节目寻找一个新人，最后他们找到了蒂娜·菲。亚当帮助蒂娜·菲向剧本写作的职场路发展。在他建议下，菲写了一个大约 10 页的剧情概述并寄给相关人士看。洛恩·迈克尔斯 (Lorne Michaels) 看上了她的作品，菲得到了一个工作职位。她自信幽默的性格和积极主动的努力，使她最终变成了自己剧本的主演。著名杂志《纽约客》将这名成功减肥 30 磅的喜剧明星评为“所有绅士的梦中情人”。蒂娜·菲还惟妙惟肖地扮演了当时正搭档麦凯恩为美国总统大选做最后冲刺的阿拉斯加州州长莎拉·佩林。

主持人的颜值值多少？历年北京三大高校艺考，颜值的分值都是考生关注的焦点之一，有些艺校也明确要求考生不准化妆，要素颜参加面试。2017 年有一份调查报告显示，求职者中有 88%的人认为，外表会影响求职，而且有半数的人表示，愿意为了得到工作跑去做整形手术。事实上，我们看到，融合新闻对于主持人的外表要求更为多元化，高颜值不一定代表高吸引力，高智商和高情商也是非常重要的加分项。

因此，融合新闻主持人要学会接纳真实的自己，同时与“职业我”共处，习惯“自己”这个形象在镜头前的存在。最基本的要求是做到自我定位比较清晰、仪态自然、落落大方，在镜头前言之有物的同时，也要言之有理。

前面章节已经分析了主持人的各种风格形态，你是哪一种，是幽默风趣型还是知性温和型？这个基本定位是帮助主持人找到“职业我”的第一步，其后的每次实践都是在不断校正和丰富自我形象的过程。“职业我”和“个人我”正是在这个过程中不断融合，彼此促进。

（二）找到适合自己的风格定位

主持人一定要找到适合自己的风格定位，这样才能给融合新闻用户留下深刻印象。出色的主持人都有自己独特的风格，或幽默风趣，或急才敏思，或热情主动。如在中央电视台主持人大赛中，最后脱颖而出的大都是具有独特风格的主持人，如以 98.312 的高分成为 2019 年主持人大赛新闻类冠军的邹韵，并不是专业播音主持出身，是在经过驻外记者历练后才开始担任中国国际电视台（CGTN）出镜记者的。她在镜头前的表现留给观众和网友的印象是知性、睿智、思维敏捷、口才出众，令人印象深刻。

每个人都是一个独立的个体，每个人都有自己的独特性，但要让别人通过屏幕记住你，还需要拥有特别的自我介绍方式和整体语言表达方式。融媒体时代是博眼球的时代，融合新闻主持人要不断练习，找准自我，找到自己的独特之处。

找准自我，不仅是要找到优点，更是要找到特点。有时妥善处理好了，缺点或不足之处也会成为加分的特点。如韩国社会对于女性主持人有些约定俗成的要求，还严格到女主播不能戴眼镜出现在镜头前。韩国 MBC 晨间新闻主播任铉珠（Hyun-ju Yim）先前戴着眼镜在主播台报新闻，就被网友热议。但任铉珠表示，因为播报新闻的时段是清晨 6 点，戴隐形眼镜会加剧眼睛疲劳，经过很长时间的挣扎才鼓起勇气戴眼镜，从而成为韩国第一位戴眼镜报新闻的女主播（见图 9－20）。

图 9－20　戴眼镜出镜的任铉珠主播

任铉珠戴眼镜出镜的风波，其背后是一场女性“素颜革命”的延烧，韩国女性挣脱美丽紧箍咒，向外貌文化说不。正如任铉珠所说，为什么只有女主播一定要戴隐形眼镜，男主播却可以戴眼镜上镜头，我问自己，戴眼镜真的不对吗？没想到后来她收到数千封支持她戴眼镜出镜的邮件。任铉珠说：眼镜为我带来很多变化，我不再穿让我不舒服的衣服，我更加自由了。我想，眼镜给了我自由的翅膀！任铉珠因为打破常规，勇敢地戴眼镜出镜，意外地让自己收获了来自全球的更多关注。

操作解析

主持人自我介绍的要点

本章的自我介绍视频作业，就意在锻炼主持人的自信度，帮助主持人寻找自我认知和风格定位。这个练习要求在短时间（1 分钟内）说出最能让人留下印象的记忆点，形成别人对你第一印象的标签。

“要”：

（1）自我介绍是建立出镜主持人自我意识的第一部分，内容要精心设计，尽量把真实立体的“职业我”介绍给观众。

（2）最重要的是找到自己的独特性，即自己区别于其他人的特征，这些特征可能是名字、出生地、教育背景等，然后集中放大这些特征，要突出中心和主线，突出关键词。

（3）要通过自我介绍树立自己作为主持人的风格，找到适合自己的镜头呈现风格，并借助语言、道具、图片和视频等全媒体形态来展示。

（4）语言要兼顾逻辑性和通俗性，以建立主持人或亲切幽默或风趣犀利或专家学者或邻家女孩的人设。

（5）心中要有观众，要利用融合媒介加强语言和内容的互动性。融合新闻是媒介技术发展的产物，反过来，融合新闻主持人也要善于用好各种媒介传播技术来生动呈现内容，与用户进行沉浸式互动。

“不要”：

（1）一分钟自我介绍看似很容易，似乎人人都能做，但不要当作日常视频来拍，练习时不要太随意。

（2）自我介绍不求全，不要面面俱到，避免说了一堆但别人什么也没记住。

（3）内容和表达要避免过于中规中矩，平淡无奇。

（4）避免背稿，特别是没有感情地背稿，缺乏打动人心的力量。

在本章的学习中，要通过持续不断的练习，不断明确个人风格和定位，探索适合自己的个性风格，最终做到能让用户记住自己且印象深刻。每次练习都要通过反复修正，尽己所能做到最好。每次练习后，要反复看录下的视频，总结经验教训，并在下一个练习中尽量避免已经出现的问题。

在打造个人风格上需要时间的打磨和作品的积累，关键是要先走出第一步，并不断积累自信心。在日后对自己感兴趣的时事新闻进行评论中，在对社会话题进行深入采访报道中，不断完善自我出镜形象和作为媒体人的公众形象，这正是学习本章的长远意义所在。

（三）借助专业手段塑造理想的形象

融合新闻主持人的出镜要出彩，需要在了解镜头美学的基础上，借助专业知识和专业手段来塑造。

1. 服饰

一般而言，融合新闻主持人的衣服最好简洁大方，首饰和领带要有特色，符合时代审美，但不要追求流行，经典不过时最好。摄影机前的颜色搭配要分明，中性的海蓝、灰、蓝效果不错。演播室工作时可多带几款不同的衣服，便于与不同的主题和采访对象进行搭配，也可以让人觉得新鲜不重复。

另外，主持人的服饰并不是越多变越好，而是要形成自己比较统一的风格，特别是每一档节目的服装风格要相对固定，这样容易打造品牌识别度。

服饰方面应极力做到以下几点：

（1）避免太亮和太暗的颜色。

（2）避免方格、细条，易出“云纹”。

（3）避免太亮的材质，会引起反光。

（4）避免露、透，注意主持人的职业形象。

（5）首饰避免喧宾夺主，不反光，不发噪声。

在出镜时，要注意整理好服装。主持时尽量选用不易起皱的服装面料。以坐姿主持或采访时，要将上衣后背拉直再坐下，这样可以防止上衣在脖子和肩部起皱。

2. 化妆

尽管美颜滤镜已经变成自媒体的标配，但是掌握正确的化妆方法还是很重要的。即使所谓裸妆或素颜妆，也是一种妆容。

操作解析

掌握正确的化妆方法

（1）根据自己的脸型和气质来设计。

（2）根据节目要求和节目风格来设计。

(3) 化妆做到“形、色、韵”兼具，精致淡妆，一定要均匀。

(4) 高清电视中妆要覆盖所有裸露部位，脸、颈色要一致，防止“黑脖子”。

要注意，主持人化妆的浓淡还要根据拍摄时的灯光效果来决定。一般来说，灯光效果越强，所需妆容越浓。

三、主持人的仪态和表情管理

所谓出镜主持的仪容仪表，指的是出镜主持的外在形象和仪态表情，决定人们的第一印象。出镜时，除了基本的穿搭和妆容，主持人的表情、姿势、动作等也构成其外在形象的重要部分。镜头具有放大一切细节的功能，主持人每一个不经意的动作、眼神，或稍有失态，经过镜头的放大呈现，都有可能成为画面中的败笔，成为用户认定该主持人不专业或不自信的依据，从而影响节目内容的传播。

因此在出镜主持中，注意外在服饰保持专业水准的同时，也要注意自身的坐姿或者站姿，配合相应的肢体动作以及面部表情，从而给人或亲切自然或严肃端庄或轻松活泼等观感，使整体外在呈现契合节目主题，以提升用户对所传达信息的关注度和接受度。

操作解析

站有站相：掌握正确的站姿

1. 基本要求

站直，站稳，身体稍稍前倾，同时保持身体各个部位放松、不僵直（注意：放松不是松懈，而是一种积极的放松状态，即“下紧上松”）。

2. 正确姿势

脚部：比较常用的是一只脚放在另一只脚稍前的位置（可以克服想晃的心理）。总体而言，双脚可稍微自然分开一点与肩同宽，或一前一后，呈丁字形站立。给人既端庄又踏实的感觉，而且有利于气息控制和语言表达。因为身体的重心均匀分配或放在丁字步的前脚上是一种比较稳定的结构，易于让小腹自然产生紧绷感，也易于自如控制气息。

手部：一般用一只手做手势，另一只手臂静静放在身体一侧。镜头前的动作要自然舒展，如果做动作就一定要大大方方，如为了制造画面感和戏剧性效果，动作幅度可比生活中略为夸张。

头部：自然摆正，眼睛平视前方，不左右偏也不仰头或低头。自然摆正的头部姿势有利于我们的气息和发声。

肩部：自然下垂，不要耸肩也不要故意压肩，最好的状态是肩部放松且活动自如。肩部紧张会造成气息上提，使声音飘虚。

胸部：自然舒展，不故意挺胸，也不过于含胸，微微含胸即可。故意挺胸显自大做作，过于含胸显得拘谨自卑，没自信。挺胸、含胸都会造成气息不畅，声音控制不自如。

腰部和背部：背部挺直，不驼背。腰部要立起来，松松塌塌没精神，显老态。

腹部：有绷紧的感觉，即要有控制的感觉。不要故意里收或外凸，会给人紧张、僵硬的感觉。

3. “不要”

腿部：重心放一条腿上（一边臀部外凸）；脚分得很开或者把重心偏移斜着站，不仅不雅，显懈怠，而且不利于气息运用。

身体：晃来晃去，重心来回变换，镜头得跟着你晃，你可能晃到角标后面去了。

手部：小动作不断，如玩笔、转手机等等，都要避免。手放在口袋里也不好。

头部：不要俯视也不要仰视。俯视会让人觉得你在藐视对方，显得傲慢不平和；仰视又会给人很卑微的感觉，缺乏自信。头部位置不对也会造成咽腔形状改变，使声音得不到很好的共鸣，影响声音美感。昂头会使下巴前伸，挤捏嗓子，使声音刺耳不圆润。低头会使下巴后缩，牙关打不开，造成压嗓说话，声音发扁发闷，卡在喉咙里，导致字音不清楚。

操作解析

坐有坐样：掌握正确的坐姿

1. 基本要求

“坐如钟”。坐直，坐稳，身体稍稍前倾，同时保持放松，要让自己感到自然舒服。

2. 正确姿势

面向正前方或稍微斜侧。与站姿将重心落在脚的前部不同，坐姿是将重心落在臀部。头部、肩部、胸部、腰背部跟站姿的要求一样。

手臂：自然平放在桌上，支撑身体的应还是腰背部，而不是肩或手。肩部紧张会使气息上提，不顺畅，阻碍发声。

臀部：坐在椅子的前 1/3 处，重心落在臀部上，给人很稳的感觉。另外在背直重心稳的前提下，身体可略微前倾，给人一种积极交流的感觉，脚自然着地即可。

3. “不要”

手部：不要过度向一边扶手倾斜，不要光用手臂的力量来支撑身体，这样容易造成耸肩和头颈后缩，给人紧张拘束、不自信的感觉。

臀部：椅子不要坐满臀，这样容易使背部挺不直，腰部立不起来，气息发声使不上劲。

脚部：不要来回晃动，也避免不断改变脚姿，以免给人不踏实、不稳重的感觉。

身体：不要过度弯曲身体。你可能想表达对被访者的尊重和亲近，但镜头上看起来会显得没有精神，画面感也不好。

注意：站没站相，坐没坐样，不但影响观感，也会严重影响用气和发声。初学者在练习时，对一些基本的原则要反复自我强调，以加深印象，从而养成良好习惯，比如身体不乱晃、减少小动作，特别要抑制一些显露自己紧张情绪的动作。初学出镜主持时，很可能会发觉自己不知道手该放哪里，脚该放哪里，这时就要尽量保持镇静，减少不必要的动作，并要有意保持面部表情的平静。要解决不该有的小动作问题，需要在日常生活中多加注意。要对着镜头反复强化训练，每拍一次看一次总结一次，提醒自己下次出镜时一定要注意。

眼神和表情是主持人表情达意的重要工具。融合新闻主持人要隔着镜头与用户建立对话感，直视镜头很重要，要用与用户交流的眼神看镜头。虽然有些主持人在拍摄时一直面对镜头，可看片子时却发现了问题：眼神空洞，面无表情，出现生硬紧绷的机器人脸。

解决表情和眼神的问题，要在心中建构一个交流空间，找到你与用户的空间关系，确定话语的方向感，这很关键。要将镜头想象成与你对话的人，你面对的不是摄像头，也不是可以读稿的提词机，而是用户，是跟你对话的被采访者，这时表情就会自然。

在视觉元素中，表情也带有传达信息的功能。镜头不同于面对面，镜头前的表达要带有比平时更饱满的情绪，表情管理才能够到位。面对镜头时，除了面部表情要控制好，眼神也要有力，不然看起来就会像一台只会说话的机器。

距离感也是主持人建构良好的“镜头感”的重要部分。出镜采访中的“距离感”是主持人与采访对象之间的空间建构，出镜直播主持的“距离感”主要指主持人与用户的空间距离感。在采访和主持时，要能够把这种距离感准确地通过语言、动作、表情传达出来。

具体拍摄时，最好能事先“踩点”，提前观察取景状况，建构空间，想象自己与采访对象的空间距离，想象自己与用户的空间距离。不同的节目形态、不同的话题对采访有不同的要求，这就要求出镜记者或者主持人学会适当控制“距离”，包括拍摄时实际的物理距离，以及话语语气、音调高低等带来的心理距离，太近容易导致主持人过于放松，太远又会导致采访效果太差。这些需要通过反复实践、不断揣摩，形成心理上的建构习惯。

要注意，对于表情、眼神的控制，融媒体镜头不同于传统舞台表演，舞台表演为了让后排看清，要求表情夸张，说话有力度。融合新闻的视频屏幕作为一种拟态界面，力求还原生活，主持人的表情动作以自然为宜，说话要像平时谈话一样，要准确把握自己与用户的空间关系，结合肢体和表情控制，以与用户间营造出亲近舒适的感觉。

虽然我们一再强调将镜头想象成观众和用户，可有些初学者还是一看镜头就慌，导致表情僵硬，舌头僵硬。这正是下一小节要学习的——如何缓解出镜紧张。

四、如何缓解出镜紧张

出镜紧张的基本表现主要是两大类：一是对话筒的紧张，张不开嘴；二是对镜头的紧张，开口忘词，四肢僵硬，眼神表情无所适从等。

前面关于主持人心理条件的分析中，我们已经知道出镜紧张有很多原因，通过训练有可能在一定程度上缓解和克服出镜紧张。

（一）如何克服话筒前紧张

出镜主持首先要克服的是话筒前紧张。话筒前紧张主要表现为焦虑、僵硬、不能开口说话。

首先一点，我们要知道，话筒前紧张是正常的，而且轻微紧张有助于播音主持的临场发挥。但是，太过紧张就影响正常发挥了。

大多数人话筒前紧张的主要原因如下：(1) 不喜欢自己的声音；(2) 害怕失败；(3) 缺乏经验；(4) 准备不足；等等。

建议观看汤姆·霍珀（Tom Hooper）执导的英国电影《国王的演讲》（*The King's Speech*）（见图 9-21）。影片的历史原型是英王乔治六世（科林·费斯饰演），也是现任英国女王伊丽莎白二世的父亲。1936 年英王乔治五世逝世，爱德华八世继承王位，然而他爱美人不爱江山，为了迎娶寡妇辛普森夫人宁愿放弃王位。患有严重口吃的约克公爵艾伯特王子临危受命，成了乔治六世。艾伯特自小怯懦，又因为口吃无法流畅地发表公开演讲，内心因此十分痛苦。在语言治疗师莱纳尔·罗格的治疗下，艾伯特一步步地克服了心理障碍，在二战前发表了著名的圣诞讲话，其鼓舞人心的演讲激励了当时二战中的英国军民。

影片是在英国王太后（也就是乔治六世的妻子）2002 年逝世后获准拿到罗格的日记等珍贵历史资料才开始筹备拍摄的，2010 年公开上映。该片在第 83 届奥斯卡金像奖上一举拿下最佳影片、最佳男主角、最佳导演和最佳原创剧本四个大奖。影片制作精良，对约克公爵如何克服口吃和话筒前紧张的心理刻画非常细腻，用大量细节还原了他四处寻医觅方、战胜内心恐惧、突破自我局限的全过程。片中展示了一些有效的训练技巧，包括练绕口令，借助大声唱歌来打开口腔，利用音乐旋律推动自己的话语往下顺利流淌。

图 9－21　《国王的演讲》电影海报（左）和剧照（右）

操作解析

掌握正确的话筒使用方法

嘴对麦克风的距离：最合适的距离是 6 英寸即 15 厘米左右，大约一支笔的长度，或大拇指至小指头之间的距离（见图 9－22）。每个人都要根据自己的声音力度，往前或往后移动微调，太远会声音不清晰且音色单薄，太近会有“喷麦声”。

图 9－22　电影《国王的演讲》剧照

嘴对麦克风的位置：不要正对着麦克风说话，要对着麦克风主轴轻微向下的位置，先使麦克风与鼻子平行，再把麦克风头部向下微微调低一点。

音量调试：调试时要使用接近实际播出时的声音和音量。

操作解析

如何克服话筒前紧张

提前准备，主持前做口部操和念绕口令，让口腔开度加大，并提升口部肌肉的灵活性，避免因过分紧张而造成僵硬。

做一些心理上的放松活动，如听音乐、背唐诗等，让自己的压力尽可能释放。

提升信心，相信自己所要说的话，相信这些言语的意义和力量。

熟悉并接受自己在话筒里的声音，可以立下目标不断地去完善，但首先要学会接受每个过程中的自己。

建议初学者将稿子练到烂熟，最好能形成条件反射。

坚持不断地训练和实践，这是唯一的捷径。

（二）如何克服镜头前紧张

"镜头前紧张"也被称作"镜头焦虑"。面对镜头不同于面对面交流，面对面交流时，能随时看到对方的反馈，出镜的感觉却不同。对初学者来说，镜头是个没有生命的黑洞，看不到也感受不到对方的任何回响，会因无所着落而出现莫名紧张感，如眼睛不知道看向何方，本该对准摄像头，但开始说话时眼神就游移不定，或者张口忘词等。

"镜头前紧张"的主要原因如下：（1）担心失败、出丑。（2）对本身形象不满意。（3）对镜头陌生，很容易出现卡顿、忘词、口吃等情况。（4）缺乏经验和准备不足。

出镜前紧张，最根本的原因就是过多地注意别人对自己的关注。归根究底还是缺乏自信，对镜头不熟悉所导致的。

操作解析

如何克服镜头前紧张

消除紧张，就要转移不必要的过多的注意，将注意力集中在稿件上或所要说的话的内容上。具体做法如下：

把注意力集中在小注意圈内，即在一个台灯的光圈范围内，忽略圈外的情形，就可能释放紧张情绪。当你全神贯注于稿件或台词，努力思索着自己要说的话，并调动情绪来进行表达时，就可能把其他事物连同紧张一起遗忘了。

消除出镜采访和主持的紧张，根本办法是熟悉工作和环境，经历无数次重复，对于工作流程、现场可能发生的一切及结果都了然于心，就不会有太多的不适应，从而就不会紧张了。

将镜头直接想象成你的朋友或要交流的人。出镜报道和主持的“镜头”是观众/用户，说话时心中要有个交流对象，多练习，就能逐渐适应镜头，克服出镜紧张。

尽可能提前熟悉稿子，但就算提前写好稿子，在录视频或直播时也不要追求一字不差全背出来。万一忘词时，也不要停顿太久地回想，要尽快移向下一个记住的要点。更好的方法是，要把背稿变为记下关键词或大纲，实际录制时现场发挥，效果往往会更自然，也会减少紧张。当然，这需要比较好的临场发挥能力，也需要较深厚的语言功底和现场表达能力。

每次练习后，要回看视频，请老师或同学、同事点评。在录视频时往往感觉不到自己的问题，如眼神漂移，但在回看自己的视频时能明显发现。

锻炼和提升心理承受能力，心理承受能力与心理的历程成正比。

五、如何提升镜头感

在摄影和视频世界里，镜头感常被用来指人对镜头的熟悉程度，对于镜头与自身关系的把握程度。镜头感好的人，能够准确感知自己在镜头里的位置和大小，从而做出相应的表演，形成人机合一的完美作品。要提升镜头感，必然需要大量的练习和对艺术感知达到一定境界。

（一）什么是融合新闻的镜头感

对于融合新闻的出镜记者和主持人来说，镜头感是指其自然的眼睛余光能感受到镜头的位置，以使自己所做的表情、肢体语言能被镜头以最佳角度记录下来。我们说某人的镜头感好，一般说该主持人对于自己在画面构图、景别、角度、灯光、节奏等把握准确，并能随时调整自己的镜头表现，以达到完美的视觉呈现效果。

对于融合新闻的摄影摄像者来说，镜头感通常是指摄影师对画面构图和物体运动的宏观把握，以及对于机位运动的掌控能力等。

融合新闻的镜头感还包括新闻视频以不同平台和终端呈现时，镜头的多元表现和可适应性。对于融合新闻的出镜记者和主持人来说，在面对现代智能多摄像头系统，特别是现场直播多镜头拍摄，甚至好多台手机对着你拍时，需要迅速准确地判断哪个才是正在拍自己的镜头。主持人视线如果出现些微偏移，在观看视频的用户眼里就会产生明显偏差，传播效果就会有天壤之别。

融合新闻是一种互动和沉浸式的传播，在融合新闻的出镜采访中，采访者与被采访者双方都是看着对方说话的，那么如何与镜头之外的观众产生互动？要不要看镜头？何时看镜头？这也是考验采访记者和主持人镜头感的时候。

（二）景别体现的距离与话语元素

文字记者主要是挖掘事实，而出镜记者和主持人除了要采访事实，还要时刻考虑光线、镜头的美感以及多个摄像镜头的画面切换等，采访时选择什么角度拍摄，使用哪种景别。

1. 景别原则

景别原则：将画面中的主要元素置于视觉重心点。不同景别对应的非语言符号请参见表 9-1。

表 9-1 景别与对应的非语言符号

景别	划分标准及画面内容	对应的非语言符号
远景	人物与背景	环境语言、空间语言、时间语言、运动轨迹
全景	整个人物	环境语言、相貌服饰语言、运动方式
中景	腰部以上	手势与表情、谈话距离
近景	胸部以上	表情、谈话距离
特写	肩部以上、局部	表情、眼神

2. “空间也会说话”——人际距离

景别通过呈现不同的人际距离，表达不同的人际关系，同时也反映出文化差异。美国文化人类学家爱德华·霍尔（Edward Twitchell Hall Jr）研究不同文化背景下的人际距离，在《隐藏的维度》（*The Hidden Dimension*）一书中首次提出“空间关系学”和“私人空间”的概念，认为空间距离虽然不能听出来，但空间的使用和语言一样能传达信息。

霍尔曾归纳出人与人之间的四种空间距离，分别如下：

（1）公众距离（public distance），可以达 3.6 米之远。

（2）社交距离（social distance），1.2 米到 3.6 米。

（3）个人距离（personal distance），0.45 米到 1.2 米（伸手可以碰到对方，认识却没有特别关系）。

（4）亲密距离（intimate distance），0.45 米到零距离（通常是亲人、很熟的朋友、情侣或是夫妻）。

当人与人之间的关系越密切时，其人际距离就越近。美国电视对采访对象的镜头一般用近景和“特写”（close-up），而中国电视常用近景或中景，反映了两国人际关系空间上的文化差异，类似美国人和欧洲人见面很自然地拥抱亲吻，而中国人见面多以握手致意，古代中国人更是施以拱手礼，双方不接触。

（三）镜头角度至关重要

镜头角度除了影响画面效果，本身也具有话语表达的功能，俗称“镜头语言”。镜头角度的话语体系很丰富，这里简单说下与出镜主持相关的仰视与俯视。一般而言，仰视代表心理上的景仰、高看，用于塑造英雄的高大形象，也可用于拍大腿，缺点是会把脸拍胖；俯视代表心理上的轻视、低看，可让镜头下的人物显得渺小甚至猥琐，但可用于拍摄出大眼尖下巴的效果。

对于融合新闻的出镜报道，镜头要尽可能平视，避免过度俯视或仰视。

操作解析

如何提升镜头感

尽可能熟悉你所面对的镜头的性能及各种变化。拍摄时要接一个小屏幕能随时看到自己在镜头前的形象。如果没有这样的屏幕，最好能请摄像师先录下几秒让你看看，体会自己在镜头中的位置。

与摄像师和导播建立良好的沟通机制，建立与摄像师的眼神对话“密码”，特别是拍摄过程中的实时眼神沟通，也可以通过耳麦接受导播的现场提示。

出镜记者和主持人心中除了自己面对的被采访者，一定还要有一个想象中的观众，要注意有意增加与观众互动，直视镜头说话。

眼神和表情也很重要，特别是在近景时，一定要用双眼和表情与观众进行细致的交流，而不是看着稿件或其他方向。

可适当运用一些清晰明显的手势动作，以吸引用户，强调要传播的重点。在镜头中，我们的肢体语言可以比平时夸张，这样更有镜头表现力，易于情感传播。

平时多主动拍摄日常短片，训练自己对镜头和与观众交流的适应感。尽量做到在镜头前放松自己，显得自然。而在非语言方面，镜头前的肢体表达很重要的，没有肢体表达的出镜形象会显得呆板，缺乏情绪和人情味。

六、场景和灯光的塑形传情功能

融合新闻视频是个视觉传播艺术，对于一个节目来说，场景设置和灯光效果也是影响信息传播效果的重要因素，灯光往往能起到统领和整合所有视觉呈现的作用。

（一）场景设置

传统电视媒体时代，做新闻节目门槛比较高，要先打造一个豪华演播厅，花费不菲。如今价格亲民的虚拟演播厅（见图 9－23）提供了更多选择，且可以随心所欲地进行场景变换，通过挑选不同的图像或视频背景，以高清三维、4K 超清、VR/AR 视频呈现出美轮美奂的视觉盛宴。

图 9－23　虚拟演播厅

理想的背景设置要求主题明确、画面干净，不要有多余的干扰性物件。有些自媒体认为，自媒体讲究自然，不太在意背景协调，其实是不对的。即使在户外实景拍摄，也需要尽可能选择最好的场景，打造出理想的背景设置。有时一个放在角落里的纸箱子或杂物，或是零乱晾挂在远景的衣物等，都会让人们在听主持人讲的时候分散注意力。

（二）灯光及整体视觉呈现

《国王的演讲》影片开头，力图重现当年约克公爵艾伯特王子进行广播直播的情形，片中播音室的照明设备是荧光灯，也称日光灯。影片所还原的历史发生在 1935 年前后，实际上直到 1938 年 4 月 1 日，美国通用公司才发明了荧光灯。不过总体而言，影片反映了那个时代的灯光技术水平。

如今的现代演播厅灯光具有了更多塑形传情的功能，在保证主持人面部高光及整体轮廓光均匀布局的基础上，对于光源的色温和显色指数可以尽情地进行创造性调配。但需要注意的是，虚拟演播厅背景采用幕布或背景板，整体背景有实有虚，对灯光有完全不同的要求，背景光需要细致处理，否则视频图像上会出现刺眼的亮度反差。

演播室布光遵循的原则是，突出主体，全方位布光，不留虚光，用灯光和曝光为节目场景奠定整体基调，以提升整体拍摄效果。

演播室布光常用以下几种方式：

三点布光（见图 9－24）：最经典的主持人打光法。三点指的是主光、逆光和辅助光（耳光等），以此来突出主持人面貌，勾勒人物轮廓。也有多主光、多逆光、多辅助光。

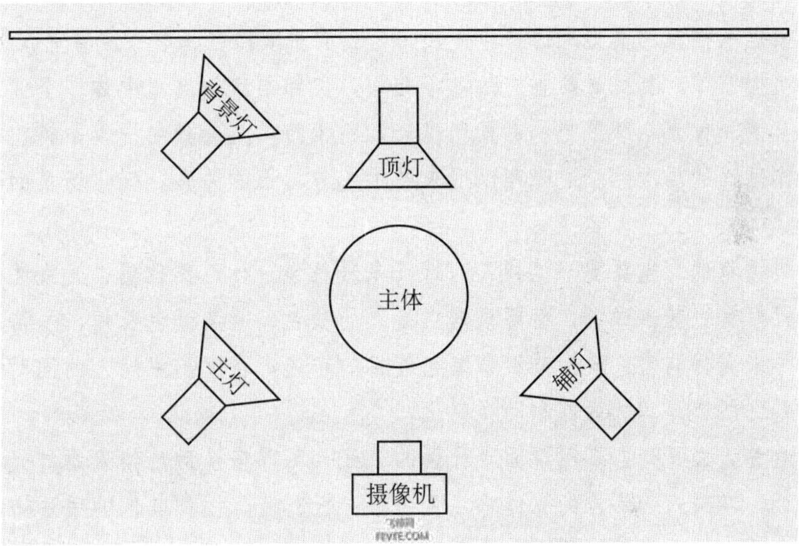

图 9－24　三点布光示意图

软正面光：强化逆光的效果，淡化正面主光，使整体光照更加平衡和匀称。

侧主光：从布景两侧来的硬光，可分为侧主光和侧逆光，是很重要的辅助光源。

总体布光：先布置基本光，即普遍照度，一般是 800～1 500lx，其目的是使摄像机的彩色能基本再现，摄像机的各种位置都能表现出主要光源。再布置三点布光，注意要使摄像机在定点位置拍摄的图像色调保持一致。

层次布光：也称分区布光，目的是强化主体，并提升整体的层次感和立体感。演播室的综艺歌舞节目常常采用层次布光。层次布光主要分三个区域，即前区、中区和后区，照度各不相同。一般前区照度在 2 000～2 500lx，中区照度在 1 500～2 000lx，后区照度为 800～1 000lx，天幕光的照度为 600～800lx。

操作解析

演播室布光的主要决定因素及相应技巧

演播室布光要根据演播室的面积和层高来进行。一般而言，300 平方米以上算大型演播室，100～300 平方米为中型演播室，100 平方米以下是小型演播室。现在很多网络主播在家中进行直播，家中客厅和卧室面积一般在 20～60 平方米。专业演播室的层高一般在 3.3～6 米，普通家居的层高在 2.6 米左右。演播室层高在 3.3 米以上的，灯光布置一般采用轨道安装方式。层高低于 3.3 米的，建议使用葡萄架和固定吊装。

根据演播室的类型来选择布光技巧，如实景演播室、虚拟演播室、访谈演播室、全景演播室等，其灯光配置方法各不相同，但都要遵循突出主体、全方位布光的原则。可使用背光、强聚光和背景环境光，将主持人从背景中分离，突出主持人，塑造整体画面的层次感。逆光可以用来展示人与场景的关系，强化场景的纵深感和立体感。

演播室的灯光要配合主持人的特征来进行设计，灯具位置、光线亮度、角度不是设置好就一劳永逸了，而要根据主持人的肤色、服装颜色长短、主持人的动作和行走等来进行调整。谈话节目和综艺节目的布光，在突出主持人的同时，还要尽可能照顾到所有嘉宾的面部和动作变化。

避免正面平光，多用侧面或背面的光线，可以多从后场给人物打光，以突出人物特征，增强人物形象的立体感。可用挡光板、曲奇板和其他的手法增加灯光的质感，提升主持人面部光的柔和度和层次性。

要善于利用不同强度的光来渲染不同气氛，传达不同情绪，使灯光的冷暖色调与讲述故事的内容相映衬。如色温 3 200K 的光为暖白光，充满温暖气息；色温 5 600K 的光为冷白光，适合比较端庄严肃的氛围。善于利用阴影制造明暗对比，强化场景深度，让所传达的情绪更具力度。

最后是颜色与其他视觉呈现。整体背景色块的变化与灯光协调配合，使用一些有趣的道具和屏幕展示相呼应，能增强视觉效果。同时，视频的颜色和光照，要与镜头的景别处理相结合，以丰富的景别来调动情感传播的力度，后期还可借助 4K 裁剪、动漫、VR 等创造更多的特效，从而在用户心中留下深刻印象。

第五节　融合新闻的节目形态及出镜主持

约翰·钱塞勒（John Chancellor）和沃尔特·米尔斯（Walter Mears）

在《新闻事业》（The News Business）一文中指出：当你冲到一部电话前开始口述时，或者当你进入镜头开始说话时，你唯一真正需要的是头脑中有一个导语。它并不需要很奇特，但是如果你适当地设计好了它，其余的报道自然而然就会顺理成章了。[①]

以前我们说读图时代到了，后来是看视频的时代到了，现在是移动直播时代已经到来。学习融合新闻视频，不仅要感知镜头前的自己，展现出最好的自己，同时还要能更好地理解镜头前的其他人，读懂、听懂视频里的话语和画面。

融合新闻出镜报道并不是只有传统电视上的严肃新闻播报评论模式，如今的网络直播自媒体时代，用户接收信息模式发生转变，融合新闻出镜主持要将内容做成自己最擅长和用户最喜欢的模式，将内容有效传递出去才是最重要的。融合新闻的节目形态可以是非常多元的，出镜主持可以用多种多样的形式，如竖屏直播或用比较有个性及幽默的调性来进行新闻报道和评论，都有可能达到很好的传播效果。

一、挑战：寻找适合所有媒介形态的镜头前表达方式

融合视频新闻是通过带有视频功能的融合媒介，呈现出各种新闻性内容和新闻报道形式的总称。融合视频新闻的一个大挑战在于，你需要寻找到适合所有媒介形态的镜头前表达方式。这是否可能呢？其实抓住一些关键要素，是有可能做到的。

前文中，我们已经探讨了有没有一种新闻形式既适用于所有的媒介形态，又适应于所有人的个性化需求。这正是“沉浸新闻”模式的核心特征，即以人为中心、定位传播导向的内容采集、制作与传播的模式，其内容生产和传播过程都具有沉浸性。沉浸式的视频传播，在语言形态和视觉形态上都要求主持人能呈现出一种无时不在、无处不在的新闻信息表达。

（一）好的语言表达胜过一切

融合新闻的核心还是语言表达。好的写作是优秀语言表达的基础。KTUU 电视台 2 频道任务分配编辑埃德·贝内特（Ed Bennett）表示：“好的写作胜过一切……我不在意你有多漂亮，在电视镜头前貌美如花或者侃侃而谈都不重要，（记者）最重要的价值体现于发现并完美报道突发性新闻。归根到底，好的写作功底是不可或缺的。”

融合新闻的语言形态具有口语化特点，回归口语时代，生动易传播。总

---

① 门彻．新闻报道与写作：插图第 11 版［M］．展江，主译．北京：世界图书出版公司，2014：171．

体而言，融合视频新闻是一种以图像形态出现的实时对话，如：视频辅之以文字和图片；现场直播秀带有用户互动，还有人与机器或机器与机器的对话。即使是人工智能主持人，也能通过工作中的深度学习，不断“人性化”自己。

操作解析

什么是适合所有媒介形态的镜头前语言

叙述紧凑，语言口语化，设想你是在给朋友写信或讲故事，体现出与用户“交谈”的特点。

展现你的语言风格，个性化表达可以超越媒体本身的传统限制。

使用与新闻主题相符的语言。事实上，语言没有最好，只有最合适。

让观众感受到你的情感。

大声朗读新闻，听话语中的节奏。

操作解析

如何根据视频文字语言的特点来写作

口语化：如“立即”改为“马上”，“气候”改为“天气”。

多用双音节词：如“曾”改为“曾经”，“可”改为“可以”。

简洁化：以信息量合适为宜，宜少而精，切忌冗长。

节奏化：为耳朵写作，用文字形成悦耳、和谐、流畅的听觉效果。

形象化：为眼睛写作，用文字打造具体而实在的视觉形象。

好的视频写作，第一个诀窍是要用短句，主语和谓语不应相隔太远，把过长的修饰语拆开。第二个诀窍是，能用主动形态的，不用被动表达。第三个诀窍是，要通俗易懂，尽可能选择自带情感的字词。

本书作者在美国哥伦比亚大学新闻学院攻读广播电视（broadcasting）专业时，老师在课堂上曾列举有关例句，至今令人记忆犹新。请比较下面这三句话，感受其中的不同：

Tom was released today.（汤姆今天被释放了。这是被动表达。）

Tom came out of prison today.（汤姆今天从监狱出来了。主动表达，更具有动感。）

Tom is a free man now.［汤姆是个自由人了。Free（自由）是个带有非常积极而丰富情感的词，汤姆出狱时的欢快感跃然纸上。］

（二）好的视觉传达可抵千言万语

融合视频新闻进一步超越了文字的局限性，图像是更具有通识性的信息符号。视频新闻运用现代电子技术，通过视频形象传递新闻信息，优秀的出镜记者和主持人要将自身与背景的声画结合，形成直观立体的影像效果，既能生动地传播声音，又能真实地传播图像。融合新闻视频往往通过现场摄像、记者采访、主持人现场解说、后期剪辑等程序来完成，以形成一个系统、形象的音视觉报道。

融合新闻沉浸式视频画面语，可以是 360 度全景视频、全息影像、社交＋直播的形态。融合视频画面传达视觉形态里，会有大量体验性和沉浸式内容，如 VR 全景式视频可以将现场一切全数纳入镜头中，但在每个用户眼中呈现的却不尽相同，所以每个人对新闻的体验和最终认知是自己对如何参与新闻的路径选择的结果。而对于主持人来说，需要在这样的视觉环境中找到自己的定位，增强整体的视觉信息传递效果，同时还要帮助用户来参与新闻并获得最佳体验。

操作解析

融合新闻如何打造最佳视觉体验

时空性：主持人及制作人要做好对画面节奏和幅度的把控，把控好画面的景深、景宽、时长、起幅等。充分用好融合新闻的时空无限性，利用一览无遗的全景视频、全息影像、全程直播、全部时空，形成无边界时空中的信息传播，其视觉形态也将是全无边界的，其视听感受则可能是无形无相的潜移默化。

运动性：掌握画面的动态感。融合新闻的运动性是由被摄对象的运动、主持人的运动、摄像机的运动、镜头组接共同形成的一个整体运动。一切都在动态中，正因如此整个新闻画面才会极尽鲜活，以至于让人产生如入真实之境的沉浸感。

连续性：融合新闻的视频画面在不断运动中，而且这个运动是不间断地进行的。对于直播新闻来说，主持人要随时意识到这是一个在连续时间里的连续性运动，画面与画面在信息传播上呈线性连续状，主持人每时每秒都是不可松弛的，也正因如此，主持人每时每秒都最好能找到最自然舒适的状态。

造型性：用语言等元素打造形象。融合新闻利用各种元素在空间三维进行艺术的形象构造，如 AR 图片动态性叠加到现实场景中，无限的数字化信息“叠加”到有限的浅层叙事上，主持人的语言信息则是在这上面叠加的又一层最直观的现场叙事。

融通性：主持人的表情、动作和声音，要与新闻画面、AR 文字等相协调。当受众通过移动终端“唤起”各种海量信息时，主持人直接传播的信息与新闻的背景信息、深度内容会同时以文字、图像、音视频等形式出现，以 VR/AR 沉浸式新闻体验去延伸用户的感官功能和认知空间，强化用户感知信息的身心融通感。

（三）好的叙事结构能直达人心

任何新闻都要讲好一个故事，离不开叙事结构，好的叙事结构可以超越媒介体裁本身的局限。

融合视频新闻按报道形式可分为一般消息、新闻特写、深度报道、系列报道、新闻评论、新闻专题等；按报道的内容可分为事件消息、动态消息、综合消息等；按报道形式可分为现场报道、综合报道、评述性报道等。其中视频消息按时长不同可分为短消息（1 分半钟以内）、长消息（4 分钟以内）。

融合视频新闻的结构与传统新闻相类，通常也可分为标题、导语、主体、结尾几部分，一般还包括背景材料。但融合新闻因其技术赋予的各种可能性，可以有更多自由发挥的空间，加上用户参与，进一步拓展了新闻的叙事结构，呈现出多元传播、多元参与的格局。

操作解析

融合新闻如何形成好的叙事结构

标题：标题是整条新闻的眼睛，是对新闻内涵的概括和浓缩。题好一半文，融合视频新闻的标题要力求简练、准确、生动，起到提示新闻主题的作用。

开头：一般而言，故事最容易开头的地方就是简单、精巧和包含事实的导语。对于融合视频新闻而言，主持人面对镜头最想说的一句话，特别是将镜头前的人想象成自己的家人朋友时，一开口自然就想说的那句话，往往是最动人的第一句话。

结构：

1. 倒金字塔结构（高潮放开头）

优点：适合当下移动收阅和碎片化收阅的习惯。

缺点：容易老套呆板，当结局在前面已经看到时，后面的内容就容易被忽视。

2. 金字塔结构（高潮放结尾）

优点：内容安排较自由，易于讲述。

缺点：易失去观众，除非前面的叙事极具吸引力。

3. 体验式结构（以体验来带动叙事）

优点：鼓励对内容自主探索，易产生沉浸性。

缺点：不好掌握叙事进程，易失去新闻的聚焦点。

内容：

融合新闻的叙事内容要具备以下特征：

1. 纪录性

故事新鲜、报道及时、呈现真实、篇幅短小。融合新闻用户看到的是以视频方式呈现的新闻现场和主持人采访场景，主持人要保持对事实的纪录性，但也要对用户在屏幕上能看到什么心中有数。主持人要有良好的新闻采写基础，才能在出镜访谈中表现自如、随机应变。

2. 即兴性

实、快、新、短。视频内容呈现以用户的需求来决定，并随时进行调整。对新闻内容的预期与掌控，只是新闻节目的一部分，但大部分时间融合新闻是一种实时即兴呈现。BBC 资深主持人罗斯·阿特金斯认为，把传统电视报道的思路用在网络直播上是致命的错误，最好不要提前制订翔实的、理想的编辑计划，在直播中最重要的是关注用户的想法，保证直播内容由用户主导。

3. 立体性

图像（包括静态和动态）、声音（包括主持人的声音、被采访者的声音、现场声、背景声）、文字（主要指屏幕上出现的文字，如标题、解说词等，包括用户生产的弹幕）是融合视频传播的三大元素。图像和文字作用于人的视觉，语言、音乐、音效作用于人的听觉。

4. 对话性

融合新闻本质上是一种主持人与用户的对话，镜头要给用户直接对话的感觉，要展现面对面的交流感。主持人与嘉宾、与用户的交流要轻松自然地推进，避免让对方产生被动感，认为谈话内容全由主持人控制，而要积极推动对方的自主性，使其主动描述细节和分享精彩内容。

上述这些特征是相互交融的，如"对话性"要具有"即兴性"，要求自然，忌念稿。现场采访很难提前准备好要说要问的所有内容，将主要问题记于心中即可。融合新闻的"纪录性"，是一种动态的"立体性"的记录，新闻直播现场及其周边环境有大量可变因素，随着用户的实时加入和参与新闻建构，会有更多的不可控场面。主持人需要随时适应猝不及防的突变场合，平时要有意识地思考应变办法，如何迅速转换或拓展谈话内容，问题如何深入，如何创造精彩的互动。融合视频新闻在将话题内容准确传递的同时，要兼顾节目本身的可看性，增加一些综艺感，多创造一些令人耳目一新的亮点。

二、传播环境与主持人语言

无论是在传统媒体还是融合媒体，语言都是一位主持人的基石。主持人出镜报道的样态，可分为“播音员体”“记者体”和“主持人体”三种。这三种出镜报道方式虽在时间等方面存在传承和更迭，但彼此间并不存在完全的代替和排斥，而是以一种共存的方式使得电视新闻的出镜报道不断丰富深化。①

在融合新闻语境下，一人多角成为常态，可以既是记者又是主持人，同时还做信息播报，出镜报道的三种样态也出现融合。当然，具体呈现出的出镜报道样态，还需要根据语境变化来进行灵活选择和动态调整。

（一）语境决定传播语言

所谓语境，通俗讲就是语言环境，包括语言所处的环境和语言所营造的环境。语境本质上体现的是人与环境、人与人之间的关系。

人类传播活动不是在真空中进行的，必然会与一定的空间和时间相连，同时还受到自身内外各种因素的制约，包括历史背景、人文环境、经济状况、交往场域、传播时空、用户分类等。即使是网络传播，也受到线上和线下环境的影响，在不同环境中人们往往自觉或不自觉使用不同的语言表达，这就是环境对人们语言的影响，即“语境”的作用。

现代人类学的奠基者之一布罗尼斯拉夫·马林诺夫斯基（Bronislaw Malinowski）较早提出了“语境”的概念。他认为语境是决定语义的唯一因素，舍此则无意义可言。由此可见，语境对于意义是至关重要的。马林诺夫斯基将语境细分出“情景语境”（context of situation）和“文化语境”（context of culture）。对于融合新闻而言，情景语境可以理解为新闻现场的小语境，而文化语境则是新闻报道所处的社会文化大语境。

融合新闻中所说的“语境”，不完全等同于人类学和语言学所说的内涵和外延。人文社会科学的“语境”强调“本体”“边界”“对话”和“异质”等。融合新闻学语境主要关注“本体”“叙事”和“释义”三大作用。

同时，融合新闻的语境所指的环境，可以是物理环境，也可以是虚拟环境。融合新闻打破了传统媒体的语境范畴，拓展了信息传播的话语时空，呈现出更为多元的话语结构。

1. 融合新闻语境的多元结构

从信息传播的方向、路径和总体模式来看，融合新闻语境可以有很多种。

（1）单向直线型语境。一名或多名主持人在直播间就某一话题展开评说或对话，这是比较传统的广播电视传播语境，属于单向直线型的传播模式。

---

① 高贵武，张紫赟，张瑾．中国电视新闻出镜报道的样态及其演变［J］．新闻记者，2012（2）：79．

这是典型的“我说你听”的模式，出镜记者或主持人的语言是直述式的，带有播报色彩。观众在接受所传播的信息时，是被动的，不积极的。

（2）双向互动型语境。在单向直线型语境的基础上，增加了嘉宾对话、现场观众参与和热线电话互动等。主持人的语言是交谈式的，带有互动色彩。现场观众是积极的，场外观众或移动端用户也可以主动参与对话。

（3）多向沉浸型语境。多个舞台和现实场景融合，时空不局限于直播室，有穿插外景，也可加入 VR 和 AR 场景。用户可以在电视、网络、手机等终端随意切换，无缝对接收看，也可随时参与节目互动。这种多向沉浸型语境，也是一种体验式语境，主持人的语言也要营造一种亲临其境的感觉，以逼真的亲历的方式作用于用户的心理、认知和行为，形成用户的积极动作和强烈反馈，产生广泛的社会效果。

多向沉浸型语境，应该是融合新闻的主要语境形态，尤其是随着媒介技术的不断发展与相关应用的成熟，沉浸传播正在成为信息传播的主要模式。

2. 融合新闻语境的多维空间

融合新闻主持人的语境还可以分为表层语境和深层语境。所谓表层语境，指以语言等显性形式构成的语境要素；所谓深层语境，即俗称的话外音、言外之意，也称“言外语境”，是语言背后的环境所构成的意义。

主持人的表层语境，指主持人在节目中运用语言符号而形成的语境，即主持人在音视频节目中通过上下文衔接形成的一种言语环境和情景环境，这种环境直接作用于用户的听觉和视觉，辅助节目具体信息的传播。

主持人的深层语境，依托于节目所处的社会文化背景。主持人通过与嘉宾、现场观众和网友的实时交流，完成对信息的传递，对节目的引导和组织。主持人的语言在节目转场过渡、前后衔接时往往最能生产出深层语境意义，不仅使节目连贯顺畅，前后贯穿，还能透视出节目的社会意义、文化背景和言外之深层内涵。

主持人的融合语境，是在主持人的表层语境和深层语境的基础上，通过沉浸新闻的体验式传播，借助 VR、人工智能等技术，在用户的听觉、视觉及其他感官感觉上形成一种沉浸的体验感。这种语境事实上已经融入了用户自己的参与，共同形成节目信息传播的整体场域，建构出融合新闻实时、动态的融合语境。

3. 融合新闻语境的动态机制

融合新闻语境是一个动态的机制。语境，作为语言使用的环境，是无时无刻不处于变动之中的。正因如此，语言学对语境研究也从初期的静态的语言研究后来发展到动态的话语研究。

融合新闻的语境研究，在分析主持人与用户的互动交流时，在分别分析主持人的语境和用户的语境时，是一种静态的观察视角。但事实上，主持人与用户的互动是一个实时变动的过程，而且不同的用户、不同的收视环境都会产生不同的语境，所以融合新闻的语境在本质上也是一种动态语境。

（1）随不同主题而变化。

融合新闻的语境随报道主题而发生变化。主题本身的重大性，主题本身的情感色彩，都决定着主持人的语言选择，意义的阐释方式也不同。

在进行不同新闻主题的串场时，有经验的主持人会熟练巧妙地变换话风，如国际政治新闻的语言较严谨，文化娱乐新闻中用语的色彩更丰富。如果主持人的语言符号与其所报道的主题不统一，主持人的风格不能随主题而变，就会让人感觉不舒服，甚至对主持人的语意产生误解。

（2）随不同场设而变化。

融合新闻的语境也要随不同场设（即场景设置）而变化，如主持人的话语在喜庆活动中会欢快明朗，在灾害现场会变得深沉凝练。

主持人在开口前要审慎思考，选择恰当的措辞，这在融合新闻直播时有一定挑战。在直播中，随着场景的变动，以及各种突发事件的不时出现，主持人常常没有时间事先准备好话语，而是需要应变能力，应景而变，灵活机动。

（3）随不同人设而变化。

融合新闻的语境也要随不同人设而变化，人设包括不同的采访对象、访谈对象，也包括所设定的自己作为主持人的个性风格特征，主持人的人设和话语也需要随不同的节目风格发生变化。

融合新闻主持人在进行访谈时，经常会遇到访谈对象抛出自己事先没有准备的话语，需要瞬间做出尽可能完善的回应。这时考的是主持人平时的训练和积淀。对此，可以多了解不同行业、不同背景的人群，学些心理学知识。

主持人在根据不同人设进行话语设定和变化时，要注意变化是为了交流的和谐，但不要为对方的话语所左右，而是要尽可能地主导话语，巧妙引导对方话语。

（4）随不同传播对象而变化。

融合新闻的语境也随不同的传播对象而变化。同样的主题，针对专业人士的小众传播，与针对各种教育背景、年龄和身份背景的泛众传播来说，主持人所使用的话语是有所不同的。

融合新闻是一种新的传播态势，能实现传播渠道多元化、信息实时交互化，主持人与用户可以进行直接对话与互动。优秀的融合新闻主持人能够敏锐地察觉到用户的不同需求和不同表达方式，而相应地调整自己的话语和情感，来达到更好的传播效果。

因此，对于主持人来说，在语言上，除了使普通话标准，还要在语句规范性、语气语调、语言速度、表达重点、传达感情方面下功夫。而在这些基础功之上，还要具备在不同语境下的应变能力。

案例分析

主持人需要根据上下文的变化、现场的变化进行必要的语言调适。下面是中央电视台主持人水均益谈到他在巴格达的一次采访，体现出了他对自己所在语境的敏感性。同时他也通过自己的出镜报道，在展示当地人的生活细节、传达人们祈祷未来的同时，为观众创造了一种来自巴格达的语境感受：

> 我来到巴格达战场的一片废墟上。这里，只见一位身穿黑色长袍的母亲将一个躺在地上的小女孩身上的被子轻轻地掀开……那天，当夜幕降临时，我站在新闻中心三楼的阳台上，完成这期节目的结束语。我的身后是清真寺的宣礼塔和远处的底格里斯河以及巴格达市区的一部分。清真寺的喇叭里传出祈祷的声音。摄像机启动后，我拿起话筒，顿了顿，说道："夜幕降临了。劳碌了一天的巴格达人又来到了清真寺庙。他们在祈祷能够得到面包、药品，同时，也在为一个宁静的夜晚而祈祷。许多人都还记得7年前海湾战争的第一枪就是从巴格达的夜空中打响的。而今天，又一次处在危机中的巴格达，每当夜幕降临的时候，焦虑与不安就开始笼罩着这座城市。应该说，大多数巴格达市民还是乐观的。然而在这种乐观情绪的背后，我们也多少能够感觉到一种无奈。人们在无奈之中期待着目前这场危机能够尽快结束。用这里的人们常说的一句阿拉伯语就是：'Yinshsla（愿真主保佑）！'"

三、现场报道——新闻直播

20世纪90年代，CNN因对海湾战争的电视直播而声名鹊起，也因而使电视新闻进入直播时代。直播，即跨越时空，异地信息实时共享，是出镜报道时效性最强的一种形式。

融合新闻直播目前已经完全常态化了。融合新闻直播的类型有很多，主要可分为演播室直播与新闻现场直播，具体见图9-25。

融合新闻报道中，现场记者的出镜方式主要有四种：一是记者在现场直接面对镜头进行报道；二是与采访对象面对面交谈时出镜；三是记者以与演播室主持人连线的方式出镜；四是记者作为新闻事件的亲历者，带有体验性

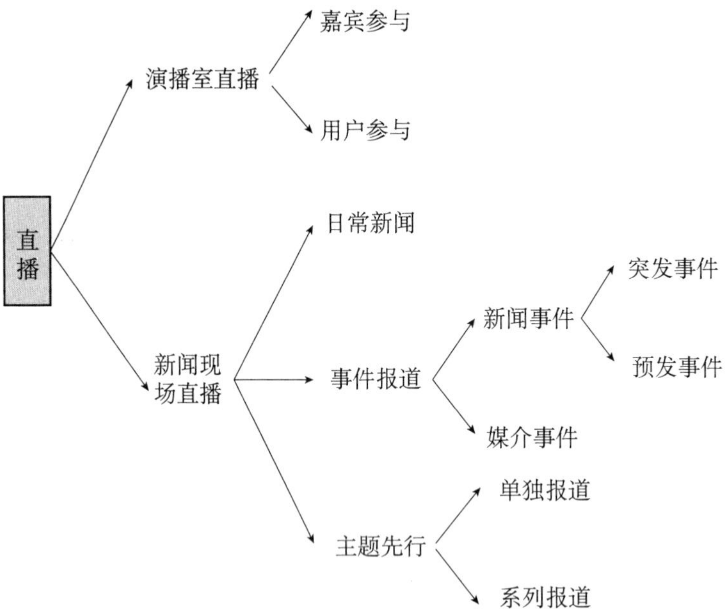

图 9-25　融合新闻直播的类型

质的出镜报道，此时记者本身往往也是主持人。第四种情形在融合新闻中非常普遍，特别是自媒体的新闻视频报道中，是非常常见的方式。

不管哪一种出镜方式，融合新闻报道中，新闻现场直播的形式已经成了主流。在很多现场直播中，嘉宾、粉丝和用户一起参与了新闻的报道，甚至推动和改变了新闻事件的进程。

（一）在“变”中建构故事

有道是“变动出新闻”，现场直播更是在“变”中讲述故事，围绕现场即时建构新闻事件。“变”指各种新闻要素的变化，它是现场直播充满吸引力的关键因素，因为谁也不能完全知道下一刻会出现什么，所有人的眼睛才会一眨不眨地盯着。

直播除了在“变”中建构故事，其中还隐含了一个核心内涵，即“实时”，这个“变”是“实时”地变。所谓实时和同时，其中所代表的时效性不只是单纯的时间概念，在直播语境中，更是“速度”的代名词。

1. 提前做好案头工作，理顺报道逻辑

不同于录播，直播强调实时性和交互性。直播前，对于新闻事件要尽可能提前做好案头工作，理顺报道线索和故事逻辑，寻找讲述故事的视角。这样现场采访容易迅速问到事件关键，报道会更显深刻，视角更为新颖。

对于预发事件的直播，如果可能，要提前踩点，去注意现场的布局、色彩、灯光等的特点。

2. 现场见机行事，灵活调整采访计划

突发事件的直播更多考验的是出镜记者和主持人的临场发挥能力。遇到突发事件要沉着应对，调动平时的积淀，在与当事人的采访中，“追问”（follow up question）往往最能体现记者和主持人的学养。要注意报道的人性化、个性化，平衡深层采访与浅层采访。

（二）强化“现场感”和画面感

直播的另一个核心内涵是“异地同时信息共享”，好的直播，要能让远在天涯的人感到事件近在咫尺。

出镜记者要有“镜头感”——出镜画面各种要素及其之间的对应结构关系；直播出镜记者要有镜头的“现场感”——通过出镜画面各种要素及其之间的对应结构关系生动展现出事件的真实现场。在本章第四节中，已经分析了景别体现的距离与话语元素，以及如何通过景别来呈现不同的人际距离，表达不同的人际关系，反映文化差异。空间也会说话，现场感要通过空间和空间中人与事的变动来进行建构。

操作解析

如何增强直播的动态现场感

1. 动态现场感的构成

记者运动中要与镜头配合默契，一举一动都要注意机位。

要处理的元素：位置的变化、朝向的变化、景别的变化、身体语言的变化、主客体的变化。

景别原则：将画面中的主要元素置于视觉重心点。

2. 记者自身与背景之间的关系

记者要注意自身与背景所形成的动态构图，不仅要保持人与景都能在画面中呈现，而且要处于合适的比例。动态中出镜，要根据人与环境的时空关系和故事逻辑关系，选择适当的构图分布比例，做到画面有序、主次分明，需要处理好以下四大关系：

物距关系：现场各种关键物之间的距离关系。

焦距关系：镜头聚焦点与事件中心点的关系。

时空关系：时空是一种需要在现场报道中时刻关注的关系。

角度关系：报道视角和画面视角的关系、镜头视角与观众视角的关系。

美国“9·11”事件发生时，本书作者正在纽约，世贸大楼现场已被封锁无法接近，于是赶到曼哈顿河对岸的新泽西，报道时镜头背景是正冒着滚滚浓烟的世贸大楼。当时在美国时代华纳有线直播时，观众热线不断，表示视觉太震撼。

3. 语言要有体验感，提升报道词与现场的关联度

语言要有体验感，要能说出画面感以及画外之感，调动人的眼耳鼻舌等各种感官。

全国“两会”报道正值北京的冬天，有一年大家在人民大会堂门口冻得嘴唇青紫，却有记者说“三月的北京，春意盎然”，虽然用的是一种很好的比兴手法，但与现场的感觉似乎是脱离的。

（三）用好“道具”

视频节目注意道具的使用，这在综艺秀和室内秀中比较常见，其实新闻现场直播用好“道具”，能起到以一当十的效果，构建让人印象深刻的叙事形象。

操作解析

白岩松时隔十年的两次关于香港回归的报道

注意看图 9-26 和图 9-27，白岩松用了哪个道具?

图 9-26　1997 年白岩松直播香港回归

白岩松：“好的，各位观众，我现在是在落马洲的大桥上。大家可以看一下，这有一个铁的这样的一条线，那么在桥的中央，可以这样说吧。我现在左脚一面是香港，那么在右脚的这一面就是深圳。刚才水均益也说了，按理说这条线是不应该存在的。因为深圳和香港自古就属于同样的一个县志。但是 150 多年前，英国入侵之后，后来便拥有了这条线，便拥有了这条深圳和香港之间让很多人感到伤心的线。但是再过三个多钟头，这条线就只具有区域线的意义了。一面，是我国的经济特区，一面是我国的特别行政区。”

图 9-27　2007 年白岩松重走香港回归直播点

十年后，白岩松重走十年前香港回归直播点。

白岩松："今天我有机会再次回到了十年前，也就是 1997 年 6 月 30 号晚上八点多钟，我在驻港部队的先头部队越过管理线进入香港的这个现场直播的地点。现在在我的面前，这条线就是管理线。当时驻港部队的先头部队三十九辆车，一辆一辆地缓缓地过了管理线。"

四、人物采访——谈话节目（脱口秀）

人物采访是融合新闻的一个重要信息获取与呈现方式。以人物采访为主要形式的节目，也称为谈话节目，从英文直译为"脱口秀"（talk show）。这是一种主持人讲述、主持人访谈嘉宾以及嘉宾和观众一起参与话题讨论的广播或电视节目形态。

最初脱口秀以主持人单讲为主，主持人面对镜头聊新闻、讲故事、点评事件，以主持人丰富生动的语言风格和新颖独到的点评视角，为单一枯燥的新闻播报节目增添个性化气息。后来脱口秀发展到了访谈形式，主持人邀请嘉宾，在镜头前与嘉宾进行对话。随后，又加入了现场观众席，邀请观众到演播现场与主持人和嘉宾一起讨论主持人提出的话题。系列专栏节目的嘉宾，一般由话题相关领域专家、事件当事人或有特殊经历的人组成。

脱口秀在电视上的播出源于电视时代早期。20 世纪 50 年代末，电视新闻先驱爱德华·默罗主持《小世界》（Small World），开启政治脱口秀的先河。美国深夜脱口秀节目包括《今夜秀》（The Tonight Show）和《大卫深夜秀》（The Late Show with David Letterman）等持续播出几十年，以名人嘉宾和幽默小品为其主要特征。《奥普拉脱口秀》以情感和社会为导向，有较强的独立女性视角。

1993年，中国第一台新闻脱口秀类直播节目《东方直播室》在上海东方电视台开播，其后迅速在全国开花，出现了《天天向上》《金星秀》等脱口秀娱乐节目，成为广播电视的常态化节目。随着融媒体的发展，“两微一端”和各类视频网站成为人们获取信息的主要来源，《奇葩说》《罗辑思维》《吐槽大会》等更符合移动观看的网生脱口秀节目诞生，传统新闻脱口秀节目也开始转型，新型的融合新闻脱口秀应运而生。

其中如老牌脱口秀节目《东方直播室》经过20多年的发展，也向融合新闻转型，其栏目logo（见图9－28）的立体三角形，体现了电视、网络、手机“三屏合一”，也代表新闻当事人、正反方嘉宾三方共同参与。同时，三角形是一种棱角分明的图形，寓意节目观点鲜明；深浅不一的蓝色系冷色调，力图展现节目理性和质感相融合的新闻节目特质。

图9－28　新闻脱口秀类直播节目《东方直播室》logo

融合新闻脱口秀看似随性、松散，常以幽默搞笑来包装自己，但实质上“外松内紧”，其谈话极具技巧。融合新闻脱口秀要满足人们在快节奏生活中对信息的需求，符合移动观看和碎片化消费，在注重访谈技巧的同时，还要充分利用好技术带来的各种传播可能性，发动嘉宾、用户参与。

（一）掌控与受访者的关系

对话是极力接近他人，又无法接近的过程。脱口秀的直播进行过程，实质上是主持人与受访者关系“由远及近”“由外及内”发展变化的呈现过程，这也是吸引观众和用户不断往下看的原因。

脱口秀主持人与被采访者是一个矛盾统一体，他们的现场互动是节目的核心。受访者往往有自己的期待和利益诉求，可能与节目的期待和利益不尽相同，如何处理好这种矛盾？或者说，如何处理好主持人和受访者的关系？在这里面，主持人是关键，要做引导者和中介者的角色，随时关注对方的心态变化。在访谈过程中，从介绍嘉宾出场到与嘉宾来来回回地互动，再到准备结束节目，都需要时刻把控节奏和进程，形成均衡有趣的积极氛围。如嘉宾因为紧张，总是无意识地转动手机，或是不断地来回变动手势，对画面造成干扰。为了避免这些问题，在节目开始前可以友好地告诉嘉宾注意事项，做好沟通和辅助工作。

目前中国的很多融合新闻脱口秀节目实行“栏目制”和“制片人或主持人负责制”，其中有不少是主持人同时承担制片人的角色，需要对节目从主题确定、嘉宾选择、内容设计、拍摄风格、后期制作和传播的全过程进行把控，从而将自己的访谈设想和节目设计完美呈现出来。

操作解析

如何打造“外松内紧”的节目氛围

打破常规逻辑。传统访谈强调问题与问题之间的关联性，但在融合新闻访谈节目中，好的关联性最好不是显而易见的常规逻辑，而是要让人在看明白之后恍然大悟，在感觉跳脱的同时，收获意外惊喜。当然，关键是你抖的这些包袱，能让观众和用户察觉到。

放大中心问题。打破常规是营造“松”的气氛，放大中心问题是“紧”的体现。与其平淡无奇面面俱到，不如紧扣中心主题，步步紧逼，无限放大，不断制造各种爆点、笑点和泪点。

用“表演”加分。出镜也是一种表演，与其一本正经掰扯很有逻辑的笑话，不如直接开“演”，这里主要不是指一般意义上的艺术表演，像唱歌跳舞，而是在说话中加入表演成分，如抛梗、说段子等。

参与感是关键。参与感包括用户感觉到受访者的参与、现场观众的参与，也包括用户自己的“场外”参与。其实在融合新闻中，已不存在“场外”和“场内”的说法，参与节目的用户，即使物理上是在天涯海角，在节目中都是虚拟泛在的。

用“通感”调动情绪。通感也称“移觉”或“移情”，主持人在整个对话过程中，要尽量用形象的语言使嘉宾和观众的感觉转移，调动视觉、听觉、嗅觉、味觉、触觉等相互交叠和转移，形成全场情绪的交融、起伏和高潮。

（二）用好“提问”这个利器

提问是新闻人唯一的武器。会提问是非常重要的。

会提出问题的人，首先是最先看到问题的人。提问做不好，往往是因为知识储备和社会阅历不够，不能敏锐地发现问题，或者不能清晰地表述问题。这一方面要锻炼说话的能力，另一方面要广泛学习。丰厚的知识储备对记者或主持人是非常重要的。

提问时，还要注意问题的安排，传统采访往往采用由浅入深的提问顺序，但对于访谈节目这个顺序会过于平淡无奇，最好能不断设置起伏。同时，还要注意问题的过渡，除非有意为之，否则要避免出现话题突然转换或突然结束的尴尬现象。

会提问很重要，会追问更重要。不要怕对方在访谈中说出你没有意想到的话，不要怕对方“跑题”，关键是你要判断这是真正跑题了，还是你正在逼近真相?

操作解析

如何练就“笑里藏刀”的访谈技巧

平等才能创造奇迹。面对名人，要有对等心态，不挖到爆点不罢休。

用好心理战术。提问时不动声色，声东击西，打破对方的逻辑，让对方的防线不攻自破。

友好未必就是好。要适当刺激对方，找到对方的痛点，或挠或击。

以娱乐为“刀”。娱乐即是节目有趣的卖点，也是访谈的良机。用游戏和玩笑让对方放松，使对方卸下防线或打开预设的包装，露出真我。

会追问更重要。要抓住受访者的回答中有趣有料的地方，及时与之互动，并乘胜追击。

用好结束前最后几分钟。掌握对方欲说还休的心态，在节目即将结束，对方“机会”将尽之际，逼其主动爆料和交代真相。

关于提问，应极力避免以下几点：

抛出大而空的问题。如随便问一句“你对此有何看法?”之类，就把时间全部交给被采访者，也将掌控权交给了对方。这是新闻采访和访谈节目中的大忌。

只提问，不追问。对受访者的回答不及时追问，会导致现场互动感很弱，呈现出来的采访视频比较呆板无趣。

提问前透露采访设计。若不是必须，尽量不要将采访提纲提前给对方，尤其是对方没有出镜经验的，否则访谈时对方很可能会有明显的背稿痕迹。

因提问造成不合理伤害。虽然总体而言，新闻记者可以无所顾忌去提问，但在关于伦理、人性等的提问时还是要小心谨慎，要衡量对方的心理承受力。对于青少年要有保护意识，对于受害当事人要避免造成第二次伤害。

避免虎头蛇尾，功亏一篑。有些经验不足的主持人，快临近采访结束时，自己就有了想尽快“逃”出来的感觉，早早收场，给人留下落荒而逃的印象。采访结束的时候要尽可能稳住，留下回味空间，这往往是用户对节目产生好的评价的决胜之处。

（三）强化“融合”意识

融合新闻的访谈要突出“融合”意识。融合新闻的出镜主持需要具备的众多素质中，融合意识是很关键的一个，在日常实践中要将其加以运用并不断拓展，才能成为一名合格的融合新闻出镜主持。

（1）多种媒介技术的融合。电视媒体要从传统观念中转变出来，积极运用新媒体技术。一方面是访谈设计中对多媒体的运用，另一方面是节目传播中，除了采访视频的直播，还要辅以微信公众号推送、短视频推广等手段，有效扩大传播范围和提升节目关注度。

（2）语言和非语言符号的融合。对于语言符号的使用，要多描述具体细节，避免学术化、概念化的词语。除了用好语言符号，还要调动非语言符号，如语气语调、面部表情等，来加强灵动性和人情味。同时，要摆脱书面化，进行创造性叙述，讲好故事。

（3）主持人、嘉宾及观众和用户的融合。传统访谈只要主持人和受访者明白彼此就可以，但融合新闻的出镜访谈要尽可能让用户都能理解和乐于参与。因此，融合新闻主持人必须要有与访谈嘉宾、现场观众和节目用户融合的意识，尤其是直播节目、VR 节目等，随时意识到用户的存在，意识到双方之间边界并不分明。融合新闻的主持人是节目的主要品牌形象，主持人与用户之间应当打破单向传播“你说我听”的信息势能位差，在互动平衡基础上，最终形成一种沉浸式的彻底融合状态。

五、新闻评述——时评、短评

融合新闻时代，媒体中充满大量碎片化信息和用户生产内容，各种似是而非、指向性纷乱的观点让用户难断真假对错，需要权威声音的解读。融合新闻评述节目，是一种以观点表达为主来带动新闻事实传播的节目形态。直接亮观点，是“短、频、快”的融合新闻短视频最受欢迎的原因，如在抖音平台上走红的短视频，很大一部分是属于短评和时评（时事评述）类的。

能让用户信服的新闻评述节目，需要很好地掌握“评”与“述”的比例，提高对新闻事件要点的把握能力和总结提炼能力，需要做到以下几个融合。

（一）叙事与思辨的融合

评述需要述，即叙事，讲清楚评论所建构于其上的事实基础，对于新闻的基本要素要交代明白，对于评论重点相关的新闻事实要重要讲述。

融合新闻叙事要尽可能营造轻松自然的氛围，可以“唠家常”，但要避免过于松弛和唠叨的感觉。叙事要与思辨结合，才能产生思想的力度，观点输出一定要清晰，关键词和核心话语要重点突出，避免说了半天，却没有一个能够让人记住的论点。

（二）形象与逻辑的融合

融合新闻评述中，“述”是对新闻事件相关形象的建构和呈现，“评”是对新闻事件背景逻辑的建构和呈现。优秀的新闻评述，需要形象与逻辑的融合。

形象可以通过主持人的生动讲述，结合音频、视频、特效等，在用户心中形成一个整体印象。逻辑能力在新闻采访和出镜评论中都是至关重要的。评述节目除了主持人单口评，也有与嘉宾和新闻当事人一起进行的，主持人需要在访谈过程中发表评论。主持人除了要把控自己话语的逻辑，不产生错漏，也要抓住对方的逻辑。有时候主持人事先列好问题提纲，但受访者并没有按照提纲一一作答，而是自顾自地跑题发挥，这时就需要主持人能够快速把控对方的话语逻辑，在合适的时机接过话茬，继而不露痕迹地将谈话重新引入自己的节奏中，以免被受访者牵着鼻子走。

（三）犀利观点与亲切感的融合

融合新闻出镜评论，是一种新媒体的传播形态，自媒体表达风格比较通行。对这种传播形态，一方面要结合自媒体的草根性，呈现出亲切感、亲近感；另一方面，要呈现自媒体的个性化鲜明风格，直亮观点，话语犀利。

传统媒体常常希望做的是相对中正客观的评论，语言比较温和中肯，有时语言比较书面化。相较而言，融合新闻评述节目的语言更加口语化、强调情绪表达，主持人的人设更加亲切，一些短视频常常采用符合手机移动传播的竖屏形式。在评述上，融合新闻语言更讲究风趣犀利，主持人要擅长在抛梗的同时表达观点，在金句频出的同时潜移默化地传播情绪。

（四）语言与表情的融合

新闻评述的语言方面，“说什么”和“怎么说”，考察主持人的语言表达能力。从“播新闻”到“说新闻”，再到“评述新闻”，对于新闻主持语言表达能力提出越来越高的要求。融合新闻结合网络传播，往往语言更加口语化，表达也更加自然和诙谐。

评述节目的内容表达，除了语言符号，更有表情符号。有时候，一个准确生动的表情胜过千言万语，特别是对于读图时代成长起来的用户，对表情图像的视觉感受力往往高于抽象的文字。

（五）思想力度与语言魅力的融合

好的评论，需要融合思考的深度与表达的魅力。主持人光谈吐得体是不够的，还要能对所论问题一针见血、针锋相对，能通过描述和评论去掷地有声地表达观点。

思想的力度体现在能够以小见大，具有较强的大局观，能从小问题出发，扩展至社会、国家和国际层面的问题。超强的思考能力背后是渊博的知识和强大的思维能力，需要平时涉猎广泛，如从幼儿教育的“国际化”到社保体系的“老龄化”，从中国的“精准扶贫”政策到国际的“最惠国”待遇，都有所了解。

语言的魅力体现在用词精准，表达从容稳重，节奏把控强。直播时即使事件临时发生反转，也能运用急智对原有描述进行补充或巧妙改版，在节目的限定时间内把论点浓缩成精华表达。

新闻评述要避免以下问题：

（1）评述角度老套固化。融合新闻对核心问题需要有个性化解读。传统媒体单凭新闻事件内容取胜的优势，在融合新闻时代难以维系，评述主持人需要对事件发表独到见解，以真知灼见和个性化表达来吸引用户。

（2）只“述”不“评”。有些出镜评述节目的目标设定不明确，错把“述”当成重点，而忽略了“评”的比例，缺乏观点的输出。

（3）一味“猎奇”。好的评述要得出新奇又不猎奇的观点。融合新闻是注意力新闻和眼球新闻，专业媒体要避免为了博眼球的纯炒作，还要以新闻价值为判断标准，避免人云亦云，要有独立思考精神。

（4）语言过于书面化。融合新闻应该追求一种更接地气的新闻表达，即使是“掉书袋”也要不露痕迹，节目的话语和思维逻辑要与融合媒体用户的信息需求和信息使用习惯相符。

新闻评述的话语可以很丰富，对一件事发表意见，具体可以有提问式、概括式、感叹式、比喻式、对比式等形式，还要借助各种形象表达符号，提高用户和观众的接受度。

操作解析

崔娃秀：“今天来谈谈白人女性（White Ladies）”

2018年10月15日的“崔娃秀”中，主持人崔娃（Trevor Noah）聚焦美国社会的一个现象：一些白人女性动不动就拨打报警热线911举报非裔。这个脱口秀有评有述，评述结合得当，且很有看点（截图见图9-29至图9-31）。

图9-29　崔娃秀截图：“今天来谈谈白人女性（White Ladies）”

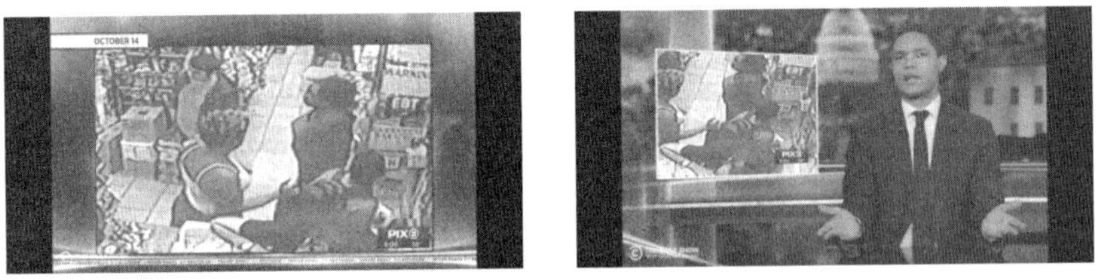

图9-30　崔娃秀截图：用商店的监控录像来揭示事情真相

图9-31　崔娃秀截图：“除非是包长了手”

先是“述”的部分，事实陈述：节目里播出所要评述的事件视频，一名白人女性称自己被一个九岁的黑人小孩性骚扰，引起网友群嘲，并被取名为“Cornerstone Caroline”（墙角的卡洛琳）。

再是“评”的部分。崔娃说，近几年来，非裔们给白人女性起名的反应也越来越快，卡洛琳、凯伦、瑞秋、贝基等典型的白人名字都被用上了。从“墙角的卡洛琳”说到其他那些类似的“白人女性”现象。

评述中有几个关键逻辑点：

（1）白人女性对报警热线911的态度，抓住“墙角的卡洛琳”所说的“goodbye 911 operator”（再见，911接线员）的亲切劲儿加以发挥，讽刺白人女性将911接线员错当成“男友”，想拨打就拨打，打911如同在约会调情。

（2）“白人女性”成了一种网络语言和文化现象。通过另一位白人女性路人试图阻止“墙角的卡洛琳”拨打911，首先说明并不是所有的美国白人女性都是动不动就打911举报非裔的“白人女性”，另外，“墙角的卡洛琳”竟然称呼这位想阻止她的白人女性为“白人女性”，非常具有反讽意义。崔娃因此追问：难道现在白人女性用“白人女性”这个词作为一种侮辱人的话了吗？

（3）被指控的只是个小孩。在这部分，崔娃从前面的“搞笑风”一下子转为严肃话风，直接亮明观点：“如果你是个成年人，而有个九岁的小孩抓你臀部，你不该打911，这是个小孩，小孩总是见啥抓啥。”他进而举例：“如果在地铁里有个小女孩抓我腿部，我不会说这是性骚扰，而会把她抱起来，跟她妈说，女孩选择了我，我带她回家。”当然后面这句又回到了“崔氏幽默”，给严肃话题加点调味料。

（4）转折部分：崔娃表明态度，即使我不知道究竟发生了什么，我认为“墙角的卡洛琳”的做法也是不对的。进而用商店的监控录像来揭示事情真相：事实上小孩并没有抓她，而是小孩的背包不小心碰到了她。

当然，他又紧接着加上了“崔氏幽默”：“除非是包长了手。”引来观众会心一笑。

（5）评论升华：将时间拉回到1955年，当时也有一个黑人小孩被白人女性无端指控，也是很类似的情形。再把故事拉回来，两天前，“墙角的卡洛琳”回到了同样的这家商店，那个揭示事情真相的监控视频就在店里电视上等着她，同时等着的还有大批举着相机的吃瓜群众，要记录下她的反应。

（6）结尾句崔娃借用了“墙角的卡洛琳”的话来结束整个评述：“这个可以放到‘世界之星’网上了。”让“墙角的卡洛琳”用自己的手打了她自己的脸。

崔娃秀在对整个事件的评述中，事件交代清晰，评论逻辑严谨，层层递进，幽默风趣，开玩笑有分寸且能准确触及敏感点，尖锐讽刺中让人获得娱乐和启迪。

阅读、思考与练习

阅读

1. 张颂．中国播音学［M］．2版．北京：中国传媒大学出版社，2003.

2. 摩尔，帕克．批判性思维：带你走出思维的误区［M］．朱素梅，译．北京：

机械工业出版社，2012.

思考

1. 镜头对你意味着什么？

2. 融合新闻的观众和用户有何特点？如何带动用户的参与？

3. 随着网络视频技术的广泛应用，基于“用户生产内容”模式运营的视频分享网站和移动应用大量涌现。请问自媒体网络主持人是否代表着新闻传播主体的改变？自媒体网络主持人如何改变着传统的传播模式？

练习

1. 自我介绍：用手机拍摄一小段自我介绍的视频。成片时长：1分钟。

视频进行课堂展示的流程如下：

（1）首先播放一位同学的自我介绍的视频，并请这位同学回答以下三个问题：

a. 你希望表达的自己是什么样的自己？

b. 你试图通过什么方式来表达你自己？

c. 你认为你表达出了自己吗？为什么？

（2）请同班同学发表观感，他们从视频中得出这位同学的特点是什么？

（3）进入老师点评环节。

2. 人物采访：训练采访技巧和思维能力。练习镜头前的采访技巧和对话能力。成片时长：3～5分钟。

3. 单人脱口秀：学完播音技巧后，自定主题，进行镜头前的故事讲述。成片时长：3分钟。

4. 新闻评述：就当前一个热点新闻，进行出镜评述。要求内容构成有述有评，叙事清晰，观点鲜明。可以是抖音版形态。成片时长：1分半钟。

5. 本章结课作业：设计并现场完成一场新闻直播秀。可以是第3题的加强版，也可以是全新形态。要求尽可能多地使用各种媒介形态，并进行网络内容推送和用户互动。成片时长：8分钟。外加一份多媒体（文字+视频）的互联网推送稿。

第十章
融合新闻走向智能化

人们在人工智能方面还没有取得足够大的突破，它还不足以夺走我们拥有的最好的工具——利用人类智慧来明辨是非。

——微软研究院高级首席研究员玛丽·格雷（Mary Gray）

学习要点

人工智能开启未来传媒业的无限想象。随着人工智能全方位渗透新闻传播产业，人工智能与信息技术的融合发展正在重构新闻和信息传播业的整体生态圈。美国“未来今天研究所”针对新闻业发布 2018 年技术发展趋势报告（2018 Tech Trends for Journalism Report），列出了新闻业应该关注的 75 个技术发展趋势，其中一半以上与人工智能有关。

本章需要了解人工智能如何改写新闻的内容生产与传播方式，在信息收集分析、内容加工创作、产品传播分发等各个环节，人工智能是如何发挥作用的，如机器人写稿、大数据收集与分析、机器人智能剪辑、算法推荐、假新闻核查识别等。

人工智能时代的融合新闻是由人与人工智能共同来完成的。本章要求掌握人与机器和谐相处的技巧，新闻生产的工种如何重新分配，采写与技术支持之间如何协调运行，从而使机器成为高效的新闻工作伙伴。

学习本章也需要反思人工智能可能会带来哪些深刻的人文社会问题，了解“数据偏见”的形成，思考人工智能进入传播界的未来趋势，以及对于人类社会整体发展的深远影响。

第一节　人工智能开启未来传媒业的无限想象

技术改造传媒，也改良传媒的基因，形成新的物种，比如人工智能。媒介产品的生产环节大致分为信息收集分析、内容加工创作、产品传播分发等。在每个环节上，目前人工智能都已开始不同程度地发挥作用。比如，机器人写稿、大数据收集与分析、机器人智能剪辑、算法推荐、假新闻核查识别。

一、人工智能改写内容产业和传媒生态

人工智能介入新闻生产，对传统新闻带来变革。融合新闻的生产中，人工智能带来很多变化。

（一）内容生产智能化

人工智能参与内容生产，包括机器人写稿。“智能新闻写作”这一概念已被人们广泛接受，人工智能生产的内容产品也已遍布人们的日常生活。其中有搜狐推出的智能股市播报系统“智能报盘”，腾讯财经推出的自动化新闻写作机器人 Dreamwriter。腾讯 Dreamwriter 项目负责人刘康表示，Dreamwriter 每年要写大约 50 万篇总计 8 000 万字的稿件。

（二）内容分发智能化

人工智能参与内容的选择和分发，运用算法推送来选择新闻，并基于每个用户特征和需求来进行个性化新闻分发。比如，天天快报通过智能计算推测用户的兴趣，用算法决定头条和内容分流，实现精确推送。

（三）内容监测智能化

人工智能参与监测新闻内容，通过对网络新闻和信息流动的实时监测分析，用于形成舆情报告，进行新闻预警等。如脸书开发了一套人工智能系统来监测 Facebook Live 和 Messenger 中的不良信息，用于预知和预防用户自杀。

（四）内容核实智能化

人工智能对内容进行核实，以防止假新闻泛滥。如字节跳动等互联网技术公司通过人工智能进行假新闻的甄别。

例如，2017 年 8 月 8 日 21 时 19 分四川九寨沟县发生 7.0 级地震，令人震惊的是，中国地震台网的机器人仅用 25 秒就完成了自动编写并发出稿件《四川阿坝州九寨沟县发生 7.0 级地震》。报道在当日 21 时 37 分 15 秒出稿，一共五百多字并配发数张图片，内容包括速报参数、震中地形、热力人口、周边村镇、周边县区、历史地震、震中简介、震中天气八大项。图 10－1 为机器人在 25 秒内完成的报道的一部分。

图 10－1　《四川阿坝州九寨沟县发生 7.0 级地震》的部分报道

机器人光写稿已经不够了，新华智云首推媒体机器人矩阵。新华智云 2019 年 8 月 26 日发布自主研发的 25 款媒体机器人，希望用媒体机器人来解决媒体人在新闻生产过程中的痛点，更快更好地采集和处理新闻资源。其中助力新闻人“采集”新闻资源的媒体机器人有 8 款，分别为突发识别机器人、人脸追踪机器人、安全核查机器人、文字识别机器人、数据标引机器人、内容搬运机器人、多渠道发布机器人、热点机器人。助力新闻人“处理”新闻资源的媒体机器人有 17 款，分别为智能会话机器人、字幕生成机器人、智能配音机器人、视频包装机器人、视频防抖机器人、虚拟主播机器人、数据新闻机器人、直播剪辑机器人、数据金融机器人、影视综快剪机器人、体育报道机器人、会议报道机器人、极速渲染机器人、用户画像机器人、虚拟广告机器人、一键转视频机器人、视频转 GIF 机器人。①

媒体正在快速向智能化发展，越来越多不同工种的机器人被发明出来，替代人类进行信息搜集、资料分析、真假辨识，在未来新闻生产流程中发挥着越来越大的作用。

二、虚拟主持人和 AI 合成主播

虚拟现实技术的发展，推动了虚拟演播厅和虚拟主持人的出现，代表技

① 新华智云推出 25 款媒体机器人，解决媒体人痛点 [J]. 传媒，2019 (17)：7.

术向新闻生产应用渗透。

传统电视节目的录制在物理的演播空间进行，需要有一定的演播室空间，制作演播室背景，空间的限制和背景的单调使节目创意受限，观众也容易产生审美疲劳，使节目的吸引力下降。

视频三维动画技术的发展，尤其是虚拟现实技术的出现，为视频节目的表现形态打开了全新创作空间。虚拟演播厅可以有无穷变化，满足不同节目的需求。相应而生的，是虚拟主持人。虚拟主持人作为新闻信息传播新主体，不仅仅意味着传统传播主体正在发生变化，更对传统的传播模式带来挑战。

（一）虚拟主持人

世界上第一位网络虚拟主持人安娜诺娃（Ananova）于2001年诞生。该虚拟主持人是由英国PA新媒体公司制作推出的，承担网络新闻播报员的节目，引起全球性的轰动。

紧接着她之后，世界不少国家也相继推出虚拟主持人，形成了一系列虚拟主持人形象。其中比较知名的如日本推出的寺井有纪（Yuki），中国推出的虚拟主持人兼歌手阿拉娜（Alana），美国推出的薇薇安（Vivian），韩国推出的露西雅（Lusia）等等。中国首位电视虚拟主持人是2004年中央电视台在《光影周刊》中推出的“小龙”。

虚拟主持人往往是人们对真人主持人的理想结合体。如在推出安娜诺娃之前，PA新媒体公司曾通过网络广泛收集大众意见，比如希望她的眼睛是什么颜色，发型怎么样好看，她的开场白该讲些什么，她的英语是否应当带一点口音使她更具个人魅力等，这才有了最后推出的这个安娜诺娃，所以，她是群体理念与智慧的结晶。

对虚拟主持人的集体性创作，使得大众有了网络媒介建设的参与感和成就感。而高度的泛众参与和泛众传播，易于在用户中形成“自己人”效应和圈内人的自我认同，帮助虚拟主持人圈粉，从而提升虚拟主持人作为一个传播者的影响力和传播效果。

（二）AI合成主播

在早期虚拟主持人的基础上，形成了更具深度学习能力的AI合成主播，它们将在更大程度上代替真人主持人的工作。

2018年11月7日第五届世界互联网大会上，搜狗与新华社联合发布全球首个全仿真AI主持人（见图10-2）。通过语音合成、唇形合成、表情合成以及深度学习等技术，克隆出具备和真人主播一样的播报能力的“AI合成主播”。

图 10－2　全球首个全仿真 AI 主持人

2019 年 3 月 3 日，全球第一个 AI 合成女主播“新小萌”上岗（见图 10－3）。搜狗和新华社在京联合发布的这个全新升级的站立式 AI 合成主播，成为继上一年双方联合发布全球首个合成新闻主播以来，人工智能与新闻采编深度融合的新的突破性成果。[①] 这位 AI 合成主播从上一代坐着播新闻升级成结合肢体动作的站立式播报，能够使用更有表现力的肢体语言。此次中国 AI 合成主播的升级版和新品发布，引发全球媒体圈的关注，“今日俄罗斯”电视台网站、英国《每日邮报》等海外媒体进行了大篇幅报道。美国 Futurism 报道称，“新小萌”从来没有上过新闻专业课，因为她并不是一个真正的人。但是新华社称，每一位 AI 合成主播都可以“每天 24 小时在其官方网站和各种社交媒体平台上工作，从而减少新闻生产成本、提高生产效率”。

图 10－3　全球首个 AI 合成女主播“新小萌”

“今日俄罗斯”电视台网站报道称，虽然 AI 合成主播经过系列升级后更加栩栩如生，但对机器人革命感到担忧的记者可以安心，因为 AI 合成主播仍然需要真人作者和编辑提供播报的内容。

① 首个 AI 合成女主播今日上岗［EB/OL］.（2019－03－03）［2021－04－25］. https：//baijiahao.baidu.com/s? id＝1626967138632173342&wfr＝spider&for＝pc.

三、关于 AI 新闻生产的技术反思

AI 技术在新闻领域的运用，还在全球范围内带来了很多担忧与反思。面对 AI 技术带来的各种可能性，人类需要对 AI 技术相关风险有清晰的判断和预警，对技术应用要在发展与节制中寻找平衡，理性看待 AI 技术给新闻传播业态带来的技术伦理和技术安全问题。

（一）技术思考：人工智能给新闻业界带来哪些问题？

AI 技术会给新闻业界带来哪些显性及潜在的问题？一份《人工智能：新闻业的实践与启示》报告，记录了在美国哥伦比亚大学新闻学院布朗媒介创新研究院和数字新闻中心组织的论坛上与会记者和技术专家们的思考。其主要聚集于以下方面：设计 AI 的技术人员和使用 AI 的记者之间存在知识与传播鸿沟，可能导致“新闻业弊端”的产生；媒介机构需要向受众解释，AI 如何被运用于研究和新闻报道；需要通过协作努力，来消除对 AI 的隐藏偏见，虽然这种偏见并没有被普遍承认，但始终存在，毕竟工具是由人类操控的。

从全球范围来看，AI 技术在新闻领域的应用在加速发展。AI 技术在新闻媒体界的应用，不只是带来生产与分发模式的变革，更会从信息采集、加工、整合、核查与判断、协同生产和内容分发等各方面多线程增强新闻生产能力。而这种技术对人力的增强，会造就新的生产力，帮助人们达及过去不曾到达的新领域与新境界，也会给内容产业带来深层影响。① 学者考察日本传媒业 AI 应用情况发现，目前 AI 应用功能主要体现在以下方面：迅速汲取人类智慧并转换为媒介内容；通过处理庞大数据提升内容生产效率；为解决长期困扰内容生产的问题提供可能；控制媒介运营成本等。与此同时，AI 应用在计算精度、数据依赖、研发成本以及新闻伦理等方面存在很多有待解决的问题。②

面对这种 AI 技术带来的新闻生产变革，有学者提出将 AI 作为“第六媒介”，认为智能机器人把大众传播方式巧妙蕴含在“人际传播”和“人内传播”框架中，通过人机交往充分调动人类全方位、多感官、高镜像的沉浸体验、具身认知和主体意识。③ AI 主播等被赋予人的特征，是人类寻求技术及自身突破的体现。AI 作为“第六媒介”的潜能，很有可能预示了一个全新时

---

① 彭兰．增强与克制：智媒时代的新生产力［J］．湖南师范大学社会科学学报，2019（4）：132－142.

② 高昊，薛建峰．人工智能在日本传媒业的应用及功能探析［J］．编辑之友，2019（10）：101－106.

③ 林升梁，叶立．人机·交往·重塑：作为“第六媒介”的智能机器人［J］．新闻与传播研究，2019（10）：87－104，128.

代的到来。

（二）认知思考：用户如何对待人工智能创作的内容

AI将被更多地投入新闻编辑室中。路透社新闻研究所发布的年度报告《新闻、媒体与技术趋势和预测2020》指出，各大媒体都计划加强对人工智能的投入使用，以此来进行更为有效的内容分发。① 超过一半的受访者表示，为用户提供更好的信息推荐格外重要。为追求AI的商业用途，47%的人认为他们能通过人工智能来锁定潜在用户，并进一步优化付费墙。39%的人期待通过人工智能在订阅和标记领域的帮助来提高编辑部的效率。只有少数人认为，机器新闻写作（12%）或新闻采集（16%）将是2020年值得探索的重点领域。

融合新闻中，AI写作重构和优化了传统新闻生产从选题确定、素材采集、记者成稿、编辑审稿到分发传播等的全流程。AI量化数据处理还有助于解决大量冗余、信息泛化和同质化的问题。有学者考察了美国新闻业如何建立"人机互信"关系，首先是建立用AI生产新闻故事的逻辑框架，推进有责任感的算法研发，从源头保证机器对事物和事件做出正确价值判断；其次，应用一套包括标准化主题、任务、机构和地点在内的综合性新闻分类规则，推进内容提供者联系读者的能力，防止AI偏离正常方向；最后，培养和提升整个新闻编辑室的计算机思维能力。②

由AI生产的新闻内容占比不断提升，用户在日常信息消费中已很难辨别出哪个是人工生产的，哪个是AI生产的。AI加工的信息会如何影响用户认知？有学者基于启发式系统化模型（heuristic-systematic model）的实证研究发现，作者的身份是AI还是人，对受试者对内容的认知并不产生显著影响。受试者对AI创作内容与人类创作内容给予了几乎相同的认知和评价。同时，公众对AI的态度越积极正面，对AI的创作能力与质量的评价也就越高。③

（三）伦理思考：人工智能争夺新闻从业者的主体性?

在融合新闻传媒业，机器是很难完全替代人的工作的，至少在AI现有的技术能力上是这样。新闻传播是需要深度思考与情感投入的，人类具有复

---

① Reuters Institute for the Study of Journalism. Journalism, media and technology trends and predictions 2020 [EB/OL]. (2020-01-09) [2021-04-25]. https://reutersinstitute.politics.ox.ac.uk/journalism-media-and-technology-trends-and-predictions-2020.

② 余婷，黄先超．从"人机协同"到"人机互信"关系的构建：智媒时代美国新闻编辑室发展趋势探析[J]. 青年记者，2019（27）：19-21.

③ 牟怡，夏凯，NOVOZHILOVA E，等．人工智能创作内容的信息加工与态度认知：基于信息双重加工理论的实验研究[J]. 新闻大学，2019（8）：30-43，121-122.

杂的思维和情感系统，而机器通过深度学习目前尚未能完全模拟人类的思维，也不具备真正意义上的情感。正如在视频新闻中，最受欢迎的主持人未必是形象最完美、声音最好听的，但却一定是最能够调动用户情绪、引起共鸣的那一位。人们期待在新闻体验中，获得的不是冷冰冰的信息告知，而是能产生共情的有温度的新闻和新闻人，能在接收信息的同时，感到自己被理解、被接纳，获得对社会与世界的良好认同。

从技术伦理的角度看，随着人工智能不断向新闻领域渗透，随着 AI 技术的不断逼近真人感，人们的担忧开始加剧：AI 写手是否会取代记者的工作？AI 主播是否会剥夺主持人的位置？AI 争夺的，不只是工作职位，还有人类对新闻内容的把控。那么，人工智能会给新闻真实带来怎样的伦理冲击？有研究认为，新闻真实与传统传媒技术在实践中形成的平衡面临局部崩塌的危险。人工智能从争夺媒体从业者的主体性地位、破坏新闻内容的真实性到制造虚拟情境影响受众的体验，以看似具有建设性（增进表象真实），实则颇具破坏力（混淆真实的边界）的姿态对新闻真实造成潜在的消极影响。①

（四）法律思考：人工智能与著作权保护

AI 写作还给本就脆弱的现行著作权保护机制带来进一步挑战。数字渴望被复制，AI 自动写作与数字技术这种与生俱来的可复性的结合，催生了一个新概念——“智能洗稿”，其带来了日益严重的网络著作侵权现象。AI 技术和市场利益的双重结合冲击着网络媒体生态，“智能洗稿”层出不穷，不仅侵犯了权利人的著作权，而且严重破坏了著作权保护生态。

传统著作权保护环境中的网络自治模式、司法诉讼模式和专项整治模式，在 AI 新闻时代捉襟见肘，难以完全适用于智能著作权保护的需要，智能洗稿使法律规制陷入窘境。有研究指出，应在充分考虑智能传媒产业发展、智能延伸人类创作能力等因素的基础上转变法律规制原则，将政府主导转变为行业主导，将静态利益平衡导向转变为动态利益平衡导向，将着眼于传播流程的规制转变为“软件开发—作品生成—传播”全流程并重的规制。②

第二节　新闻采编与技术人员无间合作的操作建议

不管理论界和学术界如何反思 AI 带来的影响，事实上，融合新闻的采

---

① 刘海明，付莎莎．技术的界碑：人工智能对新闻真实的伦理挑战［J］．现代传播（中国传媒大学学报），2019（9）：76－81.

② 周勇．智能洗稿法律规制研究［J］．当代传播，2019（4）：76－79.

编已无法回避与机器的合作，以及与相关技术人员的合作。而且记者编辑与技术人员的合作效率事关新闻产品的成败。

会讲故事的人和能让故事炫酷的人如何才能配合得好呢？荷兰新媒介合作机构 Hackastory 采访了世界各地 19 名多媒体开发人员和记者，整理出十条建议。①

（一）懂互联网

英国《卫报》可视化团队具有四年经验的开发师达恩·莱特（Daan Louter）认为，记者应保持思维开放，能理解互联网带来的多种可能性，“做出好项目的记者都是懂互联网的。他们有确切的想法，清楚地知道自己想要呈现的效果”。

（二）会说行话

电视新闻记者一般都懂得用专业术语与摄像师沟通，合作从事多媒体项目的记者和技术人员之间的关系也应类似。然而事实上记者和技术人员仿佛来自相隔万里的不同国度。那么记者真的需要学会编程吗？

“教一个程序员学写新闻恐怕更容易些。”《华盛顿邮报》项目编辑格雷格·林奇（Greg Linch）语带调侃地说。程序员们的共识是，关键是要明白哪些事情在互联网上是可行的。有时候，编辑部甚至需要专门雇个项目经理当“翻译员”来促成两拨人之间的沟通，因此记者懂技术语言很重要。

（三）搜索引擎

遇到程序员说一些奇怪词语？先别着急，用搜索引擎在网上一查就有答案了，这也是学习一门新“语言”的基本步骤。

（四）团队合作

“开发人员不是食品店的收银员，而记者也不是来买个三明治就走。”BBC 产品经理安德鲁·莱姆多佛（Andrew Leimdorfer）曾经在一篇文章中如此形容。认清这一点其实对于内部合作至关重要，因为项目的每个成员都是平等的，都应当参与新闻报道的过程。

---

① PIELS A. 新闻采编与技术人员怎样合作无间？专业机构提供十条建议［EB/OL］.（2017-08-24）［2018-03-04］. https：//cn. gijn. org/2017/08/24/%e6%96%b0%e9%97%bb%e9%87%87%e7%bc%96%e4%b8%8e%e6%8a%80%e6%9c%af%e4%ba%ba%e5%91%98%e6%80%8e%e6%a0%b7%e5%90%88%e4%bd%9c%e6%97%a0%e9%97%b4%ef%bc%9f%e4%b8%93%e4%b8%9a%e6%9c%ba%e6%9e%84%e6%8f%90%e4%be%9b/.

“一些记者以为他们只要给开发人员布置任务就好了，”荷兰最大日报《人民报》（*De Volkskrant*）的开发人员海·克兰恩（Hay Kranen）说，“不对，我们不是来给你完成任务的。”他认为，记者需要尊重开发工程师的专业知识，“我们是来考量项目的流程和各种可能性的，我们知道各个项目所需的资源和时间”。

（五）前期参与

传统报纸的生产流程一般是记者将写完的稿件扔给编辑，然后美工进行配图和版式设计。这种模式一般只适用于常规新闻，比如一篇500字的快讯或1.5分钟的电视新闻报道。对于相对复杂的新媒体项目，工作流程就不是这么简单直接了。

英国《卫报》的莱特认为，记者不是光写完几千字的稿件就可以了，而是应该从项目一开始就和程序员、视觉设计师合作沟通，并且持续到项目完成为止。紧密合作加上早期参与才能生产出好的新闻作品。

（六）并肩工作

数据新闻记者杰里·维曼（Jerry Vermanen）和开发人员玛丽杰·罗兹（Marije Rooze）共同任职于荷兰媒介KRO-NCRV，他们认为一起工作非常重要。

“我们不开会，因为我们随时都在讨论。”维曼说。

“想法一直在迸发，讨论也很容易，因为我们的办公桌是挨着的。”罗兹说。

然而，仅仅坐在一起并不能保证合作愉快。“因为他们工作的方式并不一样。”《卫报》编辑查尔斯·阿瑟（Charles Arthur）表示。

（七）节奏差异

“新闻人作风凌厉，而技术开发人员则习惯于深思熟虑。”《卫报》编辑阿瑟在一篇文章中分析了记者和技术人员的工作节奏差异。

媒介集团康泰纳仕（Condé Nast，《纽约客》《名利场》等杂志的出版商）的技术总监特拉维斯·斯威斯古德（Travis Swicegood）说：“记者善于在文章中把问题说清楚，然而在工作过程中程序员们才是对项目进展最熟悉的人。双方能够理解各自的工作节奏和过程非常重要。”

（八）流程清晰

有记者问程序员同事：“怎样才能让你的工作事半功倍？”程序员答：“整理Trello。”Trello是一个用于跟踪项目进度的互联网应用，结构简单且所有事情均分为三类：即将开始（to do）、进行中（doing）和已完成（done）。深受程序员欢迎的除了项目管理应用 Trello，还有软件开发方法 Scrum 和 Agile，它们都提供了一整套有助于项目推进的流程和架构。

（九）反复试验

许多记者都惧怕试验性的东西，因为记者最不喜欢的就是错误，而试验又往往被等同于试错。事实上，试验并没有那么可怕。许多受访的程序员都喜欢尝试新东西，这是他们工作的一大组成部分，以探索新的可能性。

荷兰《人民报》的克兰恩希望更多的记者能来尝试一下。“我认为，记者们都去做多媒体项目将是一件好事。当然，你不必一上来就搞个大制作，可以从小项目做起。”

（十）享受其中

Hackastory 团队的成员都相信，最好的新闻产品仍未诞生。全球上百名记者与技术人员的合作也已证明，挑战非常多，不过与此同时，新媒介中的机遇也是无限的。要享受作为开拓者的身份，勇往直前，并做好眼前的重要工作。

第三节 网络内容生产与审核的人工干预

得益于算法技术的发展，互联网公司已经实现了相对精准的内容监管。业界相关人士表示，真正靠人工智能与算法审核内容可能还需要 5 年到 10 年的窗口期。网络内容生产与审核仍需加强人工干预。但若不对内容信息加以人工干预，各种虚假信息、色情与暴力内容仍然会在平台上蔓延泛滥。

一、“虚假信息”与新闻核查

微软研究院高级首席研究员玛丽·格雷说：“人们在人工智能方面还没有取得足够大的突破，它还不足以夺走我们拥有的最好的工具——利用人类智慧来明辨是非。”

网络“虚假信息”层出不穷，人工智能应对的主要办法是新闻事实核查（fact checking）。新闻核查制度指媒体为确保报道在公开发布前将事实性错误减到最少，而专门设置了事实核查部门或事实核查人对媒体内容进行严格把关和监督的新闻操作制度。

前面章节已经讨论过，融合新闻时代，事实核查的概念和核心要素发生变化，事实核查的基本机制与传统媒体环境下的事实核查不同，事实核查的核心要素发生变化，事实核查主体、对象、手段、方式和传播效果在新媒体环境下发生变迁。但人在新闻核查中的作用，并没有因为人工智能和算法盛行而降低，反而起到越来越不可替代的作用。

（一）人类仍是事实核查的最重要“防线”

事实核查制度最早出现在 20 世纪 20 年代美国的传统新闻行业，很快便成为西方报业广泛接受的行业操作规范，著名的有德国的《明镜》周刊、美国的《纽约客》杂志和《华盛顿邮报》等。传统媒体下提到的事实核查，一般指的是报道刊登前进行的内容把关工作。进入新媒体时代，媒介环境改变带来事实核查机制发生深刻转变。信息传播呈现出即时化、碎片化、个性化和多向交互的特征。信息发布者和接受者之间的角色区分越来越模糊，非专业的普通受众越来越多地加入新闻生产的环节。信息发布的时间被压缩到最短。这些良莠不齐的信息发布者使得信息量爆炸式地增长，观点和言论难以分辨，质量也一落千丈。互联网和社交媒体上的假消息四处流窜。不仅如此，就连传统媒体在与新媒体竞争时，也为了时效性而不得不放弃了事实核查环节。传统媒体时代的事实核查陷入前所未有的困境。

在新媒体环境下，中国事实核查领域出现一系列新的举措。一方面，传统媒体转型以来融合媒体集团《人民日报》创办了事实核查专栏“求证”并开辟了官方主页。另一方面，事实核查类网站先后开办，如果壳网的“谣言粉碎机”栏目及其子网站“留言百科”。中国的各大社交应用平台也都在强化人工审核在内容审查机制中的主导作用。字节跳动创始人张一鸣曾发表公开信表示，将公司原有的 6 000 人的运营审核队伍扩大到 10 000 人，以纠正机器和算法的缺陷。快手 2018 年将原有的 2 000 人的审核团队扩充至 5 000 人。2019 年，有关部门集中整治了 26 款音频社交平台，其中社交软件 Soul 的开发公司表示，会大量增招内容审核人员，以强化新闻事实审核团队。

信息监控离不开人类的关键性工作。尽管 Facebook、YouTube、Twitter 和其他公司长期以来一直宣称人工智能和算法将在未来（取代人类）监管高风险内容，但 2020 年随着新型冠状病毒在全球蔓延，他们也开始承认，人类仍是最重要的“防线”。2020 年 4 月初，因新型冠状病毒肺炎疫情影响，大多数Facebook 员工改为在家工作。然而，这家社交网络巨头面临一个很大的挑战，即如何“远程”开展其最敏感的工作——从它的网站上删除包含色情、恐怖主义、仇恨言论和其他有害成分的内容。从事这种敏感工作的人员——分布在全球 20 个办公室的近 15 000 名承包人员——直到 2020 年 3 月 16 日仍继续在办公室现场办公。16 日当天，迫于舆论压力、内部抗议和全球各地的隔离措施，Facebook 突然宣布关闭各大内容审查办公室。然而随着有关新型冠状病毒的虚假信息激增，在 Facebook 旗下的 WhatsApp 上，许多聊天群组散布大量与该病毒有关的未经验证的消息，内容涉及航班、宾馆和学校，还有其他虚假消息，或是提到政府可能出台的严格防疫措施，或是猜测新冠肺炎的传播方式，光靠人工智能完全不可能明辨是非。

融合新闻时代，网络社交媒体公司在内容审查上面临的挑战不断加剧。新西兰基督城枪击事件现场发布的那条视频、2016 年美国总统大选期间俄罗斯“挑事者”开展的“虚假宣传行动”等，都似乎只是这些挑战的序幕。尽管事实核查机制不断创新，但网上总是会有大量的事实没有被核查；而且事实核查的结论一再被质疑或推翻。

（二）内容审核员成了一种高危职业

融合新闻报道公开发布后，新闻所发的平台或第三方事实核查机构会针对其中的信息进行核查，并纠正不实信息，撰写相关事实核查报道。而从事这项工作的人就是内容审核员，他们承担的是融合新闻中的一项重要且越来越艰巨的工作。

作为“互联网清洁工”的内容审核员已经成了一种高危职业。审核员需要单独消化大量常人难以承受的负面内容，同时，严苛的考核标准也导致内容审核变成恐慌症等心理问题的多发区。有报道称，Facebook 全球信息安全团队有 3 万人，而内容审核标准几乎每天都会有细微改变。审核员如果一周内多次发生判断失误，就面临丢掉工作的风险。而且，那些只有外包合同工身份的审核员境遇更艰难，他们一般不能享有与正式员工同等的薪资和福利保障，时薪仅略高于美国最低工资，加薪几乎不可能。

谷歌研究已经证明，长期大量地观看负面内容会给审核员造成巨大的心理压力和损伤，严重的会形成健康疾病。一些审核员在入职后前几周就会出现创伤后应激障碍（PTSD）的早期症状，另一些人会在工作多年后患上相关心理疾病。谷歌研究团队 2019 年进行了两项实验，一项将所有的视频设置为灰度显示；另一项对内容作模糊化处理。76 名审核员参与了实验，结果显示，灰度显示模式的确让审核员的情绪出现明显好转。谷歌研究人员建议，未来实验可考虑从以下方面进行：将视频中血液的颜色显示为绿色，对内容进行艺术处理。此外，谷歌致力于开发机器学习系统来抓取包含不良内容的视频，但审核员依然是不可或缺的，他们需要帮助训练系统。

在 2020 年达成的一项和解中，Facebook 承认内容审核工作会给员工带来巨大伤害，并同意向在职及离职的审核员支付总额为 5 200 万美元的赔款。

Facebook 还表示将对内容审核程序进行修改，包括更改审核工具，将视频变为黑白模式，以及承诺提供更多心理咨询服务，每月举行一次集体治疗活动等。此次和解涉及从 2015 年起就为 Facebook 工作的 11 250 名审核员，其中有超过一半的人能够争取到额外赔偿。

作为人类抵抗数字垃圾、数字毒物的最后一道防线，内容审核员用自身健康保护着媒介环境的清洁。对于这些黑暗世界的斗士们自身饱受负面信息过载的危害，融合新闻业界必须给予足够关注，并在全球范围内建立起更为合理有效的护卫体制。

二、“算法偏见”与人工纠偏

科技的进步让人工智能不断突破以往的运用领域，渗透进更高层级的决策范畴，对我们的生产和生活产生越来越重要的影响。在经济领域，AI 成为招聘面试官、银行放贷员；在教育领域，AI 成为入学裁决官、改卷员；在新闻领域，AI 不仅成了记者、主播，也成了新闻头条的主编。在这些 AI 角色背后，是人工智能的算法系统在起作用。

在算法新闻带来便捷的同时，与之伴生的“算法偏见”也来了。如算法推送的新闻，往往倾向于娱乐性和易获取点赞的新闻，而忽视一些突发的非常重要的事件。令新闻业界及媒介研究者忧心的是，如果不及时进行人工干预，融合新闻中的算法偏见会不断扩大，造成越来越大的危害。

“算法偏见”也是全球技术专家和科研人员日益担忧的一个问题，《麻省理工科技评论》（*MIT Technology Review*）的文章指出，由于算法将做重要决定的过程自动化，因此存在这样的风险：偏见有可能自动化和大规模地发生，并且受害者更难以察觉。

何谓算法偏见（algorithmic bias），人工智能业界目前尚未有统一定义。总体来说，算法偏见并不仅仅指算法的偏见，或人工智能的偏见，实际上任何一项技术都会存在局限性，这就会导致结果存在一定程度的偏见。

（一）算法偏见的形成

算法并不与生俱来带有歧视性，一般来说，技术人员也不会刻意将偏见教给算法。那么算法的偏见是如何而来的呢？

算法偏见来自机器的自我学习。人工智能的核心技术是机器的深度学习能力，在这个学习过程中，能由算法注入偏见的主要有三个环节：一是数据集的构建，二是目标制定与特征选取，三是数据标注。

数据集是产生偏见的主要土壤。数据集是机器学习的基础，人工智能的模型是依赖数据喂养出来的，喂给它什么样的数据，就可能产生什么样的结果。如面试机器人是根据大量的面试案例训练出来的，如果公司现有面试案例本身就带有性别和种族歧视，那么喂养出来的机器人就自然会做出偏向某个性别或种族的决定。然而几乎每个人工智能学习算法背后的数据库都含有一定的偏见，其常见表现为配比偏差，出于数据采集的便利性，数据集往往会倾向更主流、更易获取的群体，从而造成在性别、种族、受教育程度、收入层次等方面分布不均。如果数据集本身带有偏差，代表性不够，那么基于这个数据成长的人工智能就难以公正客观，其算法决策就自然会出现偏差。

目标制定与特征选取会影响算法判断。在机器人学习中，首先要优化目标的设置。另外，特征选取是模型中的一个关键的要素，选什么样的特征来做推荐，会对结果产生直接影响。如新闻头条筛选的机器算法，是根据大量的新闻筛选案例和特征设定形成的，不同的新闻媒体会针对自己的用户群设定相应的特征选取。机器人通过自我学习，会根据用户阅读习惯来进行判断，重点推送该用户感兴趣的新闻信息。例如一般特征设定女性喜欢时尚，男性喜欢运动，所以女性会更多收到时尚类资讯，而男性会更多收到体育类消息。随着定制式新闻的泛化，特征选取也由用户自己来参与设定。上述的特征选取也是所谓“信息茧房”形成的主要原因。

数据标注会影响算法结果。我们对数据怎么进行标注，会对算法结果产生影响。比方对于人参类的保健品，东方人比较热衷，西方人却不是很在意。在数据中进行标注后，中国人和韩国人搜保健品时，会搜到人参；西方人则很可能就搜不到，而是会搜出维生素之类的产品。另外，如有些招工信息公开看来是具有相关技能的人都可以去申请的，但实际数据标注了只招白人男性，那么具有同样技能的有色人种和白人女性就很可能根本搜不到这样的招工信息，这就造成了人为的歧视。

追根溯源，算法偏见的源头还是来自人。“个人偏见转移到数据中，被算法吸纳，从而生成了带有偏见的模型。这意味着，算法偏见正通过一种‘隐形化’‘合法化’的过程，被流传和放大。”①

（二）融合新闻中的算法偏见类型

算法偏见在融合新闻中出现时，不只是一个面孔，而是有很多类型，包括数据驱动的偏见、交互偏见、相似性偏见、选择偏见、确认偏见等。

数据驱动的偏见（data-driven bias），指因为训练算法的原始数据存在偏

① 算法偏见：看不见的“裁决者”[EB/OL].（2019-12-19）[2021-04-25]. https://www.huxiu.com/article/332033.html.

见而导致的算法偏见。如果数据在原初就是有歧视的，那么算法给出来的结果也就自然不可能公正，目前的人工智能还不具备质疑数据真实性和客观性的能力。

交互偏见（bias through interaction），指用户与算法进行交互后而使算法产生的偏见。如有聊天机器人因为与网络用户互动，深度学习了网络聊天社区的数据后变成了偏激的狭隘民族主义者。人工智能被设定可以向周围环境深度学习，但是不具备选择数据和判断数据好坏的能力。

相似性偏见（similarity bias），常常由系统本身的功用导致。如人们去谷歌或百度搜索新闻，总会获得一系列与查询相关的新闻资讯。这是搜索产品算法的设定和功能。其实，这和很多新闻 App 对用户进行个性化信息推荐一样，是存在偏见的。虽然相似性是信息搜索的一个关键指标，但不应该是唯一指标。人们搜索查询信息，是希望能看到各种不同观点和视野更广阔的资讯，从而能在工作生产中进行正确决策。信息查询系统的产品功能都只产出与查询和现有文档相似的结果，这其实是需要进行气泡过滤的。

选择偏见（selection bias），指用来训练算法的数据被倾向性地用于表示一类群体，或者进行了相关数据标注，从而使该算法只对这类群体有利，对其他群体形成事实性的歧视。如 BBC 报道说，苹果公司联合创始人斯蒂夫·沃兹尼亚克（Stephen Wozniak）在社交媒体上称，苹果信用卡给他的信用额度是他夫人的 10 倍，尽管他们夫妻二人都没有个人单独银行账户或任何个人资产。这由此引发猜测，即苹果公司的信用额度算法是否存在性别歧视？再如一些新闻 App 只为男性推送豪车资讯，也是一种选择偏见。

确认偏见（confirmation bias），这可以说是“数据驱动的偏见”和“相似性偏见”的升级版本，指算法偏向于那些先入为主的信息，并自动过滤掉不相符的信息。总体来说，基于对现有数据分析而进行内容推荐的算法，推送的都是用户之前看过的类似内容，是基于用户的个人认知信仰等形成的信息流。比如你认为爬山会伤害膝盖，就会去找相关新闻，而以后你看到的基本都是这个观点。而且这种效应会随着用户对新闻内容的点击（click）、喜欢（like）和分享（share）而不断放大。这种个性化定制新闻，其实已不再是传统意义上的新闻了，因为你接收到的资讯只不过是“确认偏见”的算法版本，其他理念相悖的新闻已被算法系统自动排除在外了。

（三）融合新闻如何减少算法偏见

算法偏见直接影响着我们如何接收信息，接收到什么信息，怎样解读信息。我们如何对抗算法偏见？融合新闻如何减少“算法偏见”？

微软开发系列工具来自动识别一系列不同 AI 算法中的偏见，自动侦查可能渗入机器学习的不平等信息和系统设定。这套工具还能帮助企业在使用人工智能时避免无意中歧视某些群体。脸书在 2018 年 5 月的年度开发者大会上发布了名为“公平畅行”的偏见检测工具，如果算法根据一个人的种族、性别或年龄做出了不公平的判断，“公平畅行”就会自动发出警告。

根据《麻省理工科技评论》引用微软高级研究员里奇·卡鲁纳（Rich Caruna）的观点：透明度、可理解性和解释这类东西对这个领域来说是全新的，我们很少有人有足够的经验来了解我们该寻找的东西，以及偏见可能潜伏在我们模型中的所有方式。加利福尼亚大学伯克利分校教授郁彬建议大公司应该让外部专家审核其算法，以证明其中没有偏见。另外，其他人也得调查脸书的算法。它们不应对所有人都保密。

机器偏见来自人的偏见。虽然人工智能的偏见有多种方式的表现，但实际上它只有一个终极来源，即人类自己。处理这一问题的关键在于，通过进行算法审计并始终保持透明度，就有信心让人工智能算法远离偏见。当人类的生存日益受到算法偏见的影响时，融合新闻中“人”的存在，也要来纠正算法偏见。

操作解析

融合新闻如何减少算法偏见

要解决算法偏见，从技术层面上看，具体可以有如下一些主要做法：

控制样本选择，喂给机器的样本要尽可能全面客观，以避免数据驱动的偏见。对于所选择的样本和数据中原有的政治偏见、种族偏见、性别偏见等问题，要对数据进行清洗，尽可能清除其中的偏见性言论语料。当然，数据清洗有一定代价，需要建构数据甄别和筛选模型。

优化目标的设定和特征选取，避免唯流量论的单一目标。媒体不要一味追求流量最大化，这样可消除算法从根上就具有的“流量至上”偏见，使算法更全面反映现实情况。同时为媒体提供服务的技术公司、技术开发人员，应采取有效举措来避免无意中创建具有偏见的算法。

避免过度依赖算法的“机器官僚主义”。在新闻传播的运营中，对算法的依赖要有限度，不能一切唯算法论，避免单纯以算法结果为唯一标准。在机器算法之后，还要发挥人对机器的监管和对新闻核查的作用。

算法对个体分析虽有一定依据，但对于人类的认知远不够全面和深刻，对于世界的变化也并不能做出准确判断。虽然说人的大脑不会输给计算机的说法不断为人机大战的结果所挫败，但人类还是要相信并坚持自己对世界的把控能力。

三、“信息安全”与媒介化生存

麦克卢汉曾提出“媒介是人类的进化式延伸”与“人类是媒介的隐喻式延伸”两个相互关联的逆转性命题，以此来探讨人类与媒介的相互进化（co-evolution）。

“从沉浸传播的发展看，人与技术正共同进化，人与媒介正走向彼此，达到互相沉浸。沉浸科技推进的不仅是媒介的进化，也是人的进化。沉浸传播中，环境即媒介，人也是媒介。当人变为媒介，当人彻底与数据相融时，生物意义上的人都没了，但媒介还在，媒介即人，人以媒介的形态和方式存在。”①

（一）人媒共生，信息安全至关重要

融合新闻时代万物皆媒。人们的生产、生活、娱乐都与智能化媒体息息相关。传统媒体中，信息不会自我呈现，其意义由人类赋予。如今，一切皆为媒介，且一切媒介皆具有了或多或少的智能。人类生存的环境媒介、人类的各种穿戴式设备，都无时不在、无处不在地在与人进行智能化的信息交互，甚至情感交流。

人机共生已成为现实。媒介以人性化趋势发展，莱文森所提出的“人性化趋势”指出人性化创造媒介，而且选择媒介。媒介如今在以类人化的方向不断发展。人工智能“阿尔法狗”（AlphaGo）2016 年 3 月战胜韩国围棋高手李世石，让人类智能不可战胜成为过去时。从生物体的视角看，AlphaGo 是虚拟的；从媒介的视角来看，AlphaGo 是一种高智能媒介。人工智能不仅以穿戴的形式，而且不少已经被植入人体，与人体共存共生，人机界面日益消失。

人机共同进化是未来趋势。人类智慧还会继续推动人工智能的发展。开发了 AlphaGo 电脑程序的谷歌人工智能团队 DeepMind 和游戏巨头暴雪（Bilzzard）公司合作，携手开发人工智能的深度学习技能。《奇点临近》（*The Singularity Is Near：When Humans Transcend Biology*）一书预言，2045 年人工智能将超越人类。不过现在的思考不再停留在人和人工智能谁将战胜谁的问题上，因为人在开发人工智能的过程中也在推动着自身的进化。人与人工智能共同进化，将是人们乐见的一种未来。

然而，人工智能有太多的不可知。作为一种信息载体和运行体，人工智

---

① 李沁．媒介化生存：沉浸传播的理论与实践［M］．北京：中国人民大学出版社，2019：255－256.

能会在多大程度上侵入人类的世界，甚至完全改变人类世界的数据和运转机制？人类是否还能把握自己的命运？当一切都媒介化和数据化时，保护信息安全，就是保护人类自己。作为收集和传播信息的重要节点，融合新闻运行中的数据安全也引起研究人员和业界的关注。

（二）网络报道如何加强信息安全

当人与媒介共生共融、共同进化时，信息安全就是人身安全。如今媒体大部分报道都在网上进行，特别是自新冠肺炎疫情以来，很多记者和媒体都通过网络进行采访报道，网络报道的信息安全成了人们关注的焦点。

美国哥伦比亚大学新闻学院 Tow 数字新闻中心发表研究文章，对在网络环境下如何保护消息来源以及防止信息失实提出了如下建议。

操作解析

网络报道如何加强信息安全

1. 如何保护消息来源

在互联网上，只有在技术上无法追踪所连接的各方（或设备）时，才是真的匿名。保护匿名消息来源不被追踪到的方法有以下几个：

● 使用不需要任何账户或设备信息的基于浏览器的临时视频聊天。类似 JitsiMeet 的服务。

● 在通信模式中创建多种“噪声”。例如，以相同的频率和时间与所有人联系，以掩护与真正消息来源间的联系。

● 选择对交换内容进行加密的工具和平台，选择支持“端到端”（E2E）加密的语音和消息应用程序，这意味着即使是服务提供商也看不到你的内容。如 Signal、iMessage 和 WhatsApp 等工具都是 E2E 加密的；Facebook Messenger 和 Skype 等平台都支持该方式。视频采访可使用 Duo、苹果公司的 FaceTime 和 Jitsi 等，不需要下载应用程序或注册账户就可进行视频连接。

2. 如何保护媒体内部通信

● 使用云服务的媒体，要对所有的工作账户强制进行多重身份验证，并使用密码管理器。

● 配置内部通信，以限制通过非加密渠道传递潜在敏感材料。例如通过 Keybase 的加密群组发送消息和分享文件，在加密聊天应用程序（如 Signal 或 WhatsApp）上设置群组。

3. 记者如何保护自己

在网络攻击、人肉搜索发生之前，记者应采取以下保护措施：

● 将社交媒体上的个人账户与工作账户分开。不要将电子邮件从一个电子邮件账户自动转到另一个电子邮件账户，不要将透露个人信息（如家庭、孩子、日常通勤等）的照片发布到自己的专业社交媒体账户上。

● 找一个“仅工作”的电话号码。使用公司的工作号码，也可使用谷歌语音（Google Voice）或 Sideline 等付费应用。

● 查找并删除你的信息。把个人数据从“人脉搜索”网站中删除，这类网站会从公共记录中刷新数据。DeleteMe 也可以收费为你完成此事。

4. 保护你的故事

新冠肺炎疫情暴发以来，世界卫生组织（World Health Organization，WHO）一直在警告与新冠病毒有关的社交媒体驱动的“信息传播”，联合国与各大平台和搜索服务机构合作，帮助审查信息来源，突出信誉良好的信息来源。

记者们尤其需要警惕的是，有人试图操纵他们的报道，或者利用他们的社交媒体帖子来传播失实信息和错误信息。

记者通常依靠面对面的采访来保护敏感的消息来源和材料。当无法面对面获取信息时，记者对信息安全的选择比以往任何时候都重要。灾难报道时尤其如此，而新冠肺炎疫情的一个特别挑战是它所带来的威胁具有相对不寻常的性质。意大利广播电视公司（RAI）的斯特凡妮娅·巴蒂斯蒂尼（Stefania Battistini）在接受保护记者委员会的采访时强调，与在战区爆炸不同，新冠病毒是“看不见的”。《华尔街日报》灾难报道记者埃琳·艾尔沃思（Erin Ailworth）说，报道这种病毒意味着“你必须把这个报道当作一个不断暴露风险的地方，并相应地保护自己”。

在网络情境中的数字化报道，面临着新风险。传统的关于保护消息来源和记者的自我保护的观念和措施需要与时俱进，以适应数字化报道带来的新挑战。虽然上述安全措施仍不完美，但是了解如何处理数字通信和信息的方法是抵御绝大多数“隐形”在线风险的最佳防御方式。在智能信息时代，要采取具体措施保护你的资源、你所在的媒体机构、你自己和你的工作——不仅是在疫情危机中，而且是在更长远的未来里。

阅读、思考与练习

阅读

1. 库兹韦尔．人工智能的未来［M］．盛杨燕，译．杭州：浙江人民出版社，2016.

2. 李沁．媒介化生存：沉浸传播的理论与实践［M］．北京：中国人民大学出版社，2019.

思考

1. 人机界面会彻底消失吗？人与机器的关系究竟会走向何方？

2. 机器人写作对新闻传播界会带来哪些革命性的影响？

练习

1. 通过案例分析，列举出国内外媒体在新媒体环境下进行事实核查采取的一些行之有效的做法，加以分析，并在实践中借鉴。

2. 从算法偏见的产生出发，通过与新媒体环境下人工纠错机制的对比，分析算法存在的不足，为减少新闻运营中的算法偏见给予建议。

附录　融合新闻语言技能训练手册

台上一分钟，台下十年功。在一次现场表演中，朱广权曾以朗诵的方式说道：“你曾经和庄子一起坐大鹏之背扶摇九天，和司马迁看过江山无常繁华落尽人世间，和曹操横过槊，和李白醉过酒，和陶渊明采过菊，和白居易折过柳，这样的文字才真正是不朽。当然，这些诗词一背就得这宿，但是以后它会让你受益很久。”他这话想传达的是主持人必须要苦练基本功。

除了背诵唐诗宋词，博览群书是主持人常年要做的功课，也是我们做一个精神丰富、境界高尚的人一生要做的功课。开卷有益，长期坚持读书思考，能不断提升主持人的思维素质和思想深度，这是一个慢工出细活的过程。

主持人的功夫，不管是镜头感还是语言水平，都需要通过长期的训练才能达到一定的境界。但也有一些基本功的专业强化训练方法，能帮助主持人尽快入门，并达到一定的规范。这些方法主要包括发声训练、普通话训练、思维训练和语言表达训练。通过训练，可以让声音变得更加好听，普通话更加标准，语言风格更加专业。

一、发声训练

中国自古就有“气动则声发”“善歌者必先调其气”的说法。未曾出声先练气，不管是唱歌还是主持，都需要掌握正确的发声方法，使声音好听，发声规范，普通话标准，气韵生动。

归纳起来，有以下三条：

掌握科学的发声方法，让声音更动听；

掌握普通话发音规范，让语言更标准；

丰富自己的内在世界，让表达更鲜活。

为了做好发声训练，应注意以下几点：

形象准备——站有站相，坐有坐样。

发声基础——以气带声，五腔共鸣。

吐字训练——吐字归音，字正腔圆。

正音训练——声韵调准确，音变规范。

操作解析

口部操

口部操是根据人体的口腔结构和发声原则，结合主持人的发声需求，经过历代播音主持人的实践和相关专家的教学总结，形成的一套行之有效的口部训练方法。口部操可以帮助提升口腔开度，使牙关和舌头更加灵活，从而达到腔圆壁坚，使发声更加圆润，语言更加流畅。

主持人要每天练习口部操，一日2次，每次5到10分钟。

1. 口的开合练习（克服口腔开度问题）：做到“提打挺松”

提颧肌，练习时有意微笑，久之形成习惯。

打牙关，张开嘴让牙关完全打开，坚持一会，会感觉酸痛，然后保持说话时后齿不闭合。

挺软腭，感觉像打哈欠，软腭完全被撑起来，并且一直保持这个状态。

松下巴，下巴完全放松，可以左右摇动下巴来帮助放松。

操作提示：

张嘴像打哈欠（打槽牙，挺软腭）。

闭嘴如啃苹果（松下巴）。

开口的动作要柔和，两嘴角向斜上方抬起，上下唇稍放松，舌自然平放。

2. 咀嚼练习（练咬肌-咀嚼肌）

张口咀嚼与闭口咀嚼结合练习，舌自然平放。

3. 双唇练习

喷——双唇打响。将唇的力量集中于唇中央三分之一处，唇齿相依，不裹唇，阻住气流，然后突然连续喷气出声。

咧——将双唇闭紧尽力向前噘起，然后将嘴角用力向两边伸展（咧嘴）。

撇——双唇闭紧向前噘起，然后向左歪、向右歪、向上抬、向下压。

绕——双唇闭紧向前噘起，然后向左或向右做360度的转圈运动，要尽可能转圆。

双唇打响——闭唇提颧肌，上唇向中间缩，力量集中于上唇中部，反复发不带元音的b、p，有清晰的爆破声。

发声练习：

可练习带双唇音的单音节，如ba、pa、ma、fa，发声要短促、有力。

绕口令练习：

张伯伯，李伯伯，饽饽铺里买饽饽，张伯伯买了个饽饽大，李伯伯买了个大饽饽。拿回家里喂婆婆，婆婆又去比饽饽，也不知是张伯伯买的饽饽大还是李伯伯买的大饽饽。

4. 舌的练习

刮舌——舌尖放在下齿背，上齿接触舌前部；舌前部逐渐挺起，将口腔撑开；上齿沿中纵线从前往后刮动。

顶舌——将口腔想象成一个气球。

伸舌——将舌头伸出口外，使舌前端呈尖形，向上卷回。

绕舌——闭唇，舌尖置于齿外唇内，舌尖在唇内齿外转动。

立舌——略张口，使舌在口腔内向左边立起，再向右边立起。

舌打响——de、ga。

弹舌——舌尖上翘，快速反复弹上齿下缘。

发声练习：

用短促、有力的声音连续发 de，te，ne，le，舌的相应部分要有一定力度。

绕口令练习：

四只箱子，藏着四粒虱子，四粒虱子，吓退四只狮子。

三月三，小三去登山；上山又下山，下山又上山；登了三次山，跑了三里三；出了一身汗，湿了三件衫；小三山上大声喊，离天只有三尺三。

口部训练完，应该感觉到发声相关部位都紧了，只有两个部位是松的：喉部和下巴。可以用吸气的感觉去带喉部放松。

5. 牙的训练

平时说话，口腔开合度较小，发声较扁窄。口腔开合训练可以改变这种状态，使声音圆润、响亮、饱满。这就要求打开牙关，下巴放松而略向后缩，上下槽牙间自然地开合。开口时，上下槽牙有向上打开的感觉；而闭合时觉得口腔上部像啃东西似的向下扣。为了使口腔开合灵活而有控制，可以做以下练习：

(1) 提起下腭肌反复咀嚼，以加强两腮的咬劲儿。

(2) 放松下巴，可使用手扶住放松而微收的下巴，使其固定；缓缓抬头以打开口腔，再缓缓低头以闭合，体会下巴放松的感觉。

(3) 以发“a”音的感觉为基础，带动各种音节的发声。因为在所有音节中，带 a 的音节开口度最大。以开带闭，以宽带窄，是把握打开牙关的重要方法。可单练如下音节：lā（拉）、lái（来）、lán（兰）、lǎo（老）、làng（浪）。在此基础上，可练习下面这样的诗句或绕口令：

蓝蓝的天上白云飘，白云下面马儿跑。

碧玉妆成一树高，万条垂下绿丝绦。不知细叶谁裁出，二月春风似剪刀。

远上寒山石径斜，白云生处有人家。停车坐爱枫林晚，霜叶红于二月花。

6. 腭的练习

腭分为前后两部分，前三分之二是硬腭，后三分之一是软腭。腭是口腔的上盖、鼻腔的底板。口腔共鸣作用与上腭穹窿转台有所关联。软腭是后声腔的腔壁，发声时适当提起软腭可以加大口腔后部的空间，能较好地发挥后声腔的共鸣作用，使声音宽厚、结实。由于软腭挺起，鼻腔入口变小，也可以避免声音过多地进入鼻腔，形成鼻音。在吐字过程中，如果软腭活动不灵活就会影响咬字，出现鼻音。腭的训练，主要是练习挺起软腭：

(1) 挺起软腭可以夸张吸气、半打哈欠的状态来体会。打开牙关，提起上腭，使软腭有一种撑起的感觉，然后慢慢闭拢。

(2) 挺起软腭，发单元音 a、o、e、i……然后垂下软腭，发这几个鼻化元音，辨别口音与鼻化音的不同色彩，以加强口音色彩的训练，纠正鼻化音（普通话没有鼻化音）。

发声练习：

保持软腭挺起状态，发 gài（盖）、hǎo（好）的延长音，以加强软腭的控制力。在此基础上可练习绕口令，发声要饱满、不要求快。

绕口令练习：

红饭碗，黄饭碗，红饭碗盛满饭碗，黄饭碗盛饭半碗。黄饭碗添了半碗饭，红饭碗减了饭半碗。黄饭碗比红饭碗又多半碗饭。

老爷堂上一面鼓，鼓上一只皮老虎，皮老虎抓破了鼓，就拿块破布往上补，只见过破布补破裤，哪见过破布补破鼓。

7. 共鸣器官训练

口语表达以口腔共鸣为基础，适当地使用鼻腔共鸣和胸腔共鸣。

口腔，是所有共鸣腔体中最为积极的部分，是可变共鸣腔。口腔中舌头的舒、平、卷、顶，软腭的升垂，舌根的升降，槽牙的开合，都直接影响声音的自然圆润，清晰纯正。发声时必须要重视口腔的状态和锻炼：

不要咬着牙发声，要打开牙槽，提起软腭，这样能增加口腔的空间，扩大共鸣腔体以及声音的响度，使声音明亮，避免挤压出现声音“扁”的现象，后声腔打开，对充分用胸腔和咽腔的共鸣也有好处。

不要压迫喉头出现喉音，要使舌根、下巴放松。压着喉头说话，还误认为是说话有共鸣，是常见的错误用声方法。这种方法发出的声音极不自然，下巴肌肉紧张，口腔不能拢圆打开，舌根提起使喉头受到压迫，气息不畅通，声音靠后，无法送出。

发声时要感觉到经口腔出来的声音，沿上腭中线进行，向硬腭前部冲击，声音才能明亮、集中。

运用共鸣要有整体观念，不可只强调一个部位的共鸣，要根据口语表达内容、思想感情的变化，进行声区共鸣的调节和控制。

高声区多以鼻腔、头腔、咽腔、口腔共鸣为主；中声区多以口腔、鼻腔、咽腔共鸣为主；低声区多以胸腔、口腔、咽腔共鸣为主。

口语表达要以中声区为主，辅以高声区和低声区。图 1 标出了人体的发声器官。

8. 以气带声

发声就像是大脑在吹奏（或弹奏）人体这部乐器。解剖开来看，人体这部乐器有以下几个重要构件：

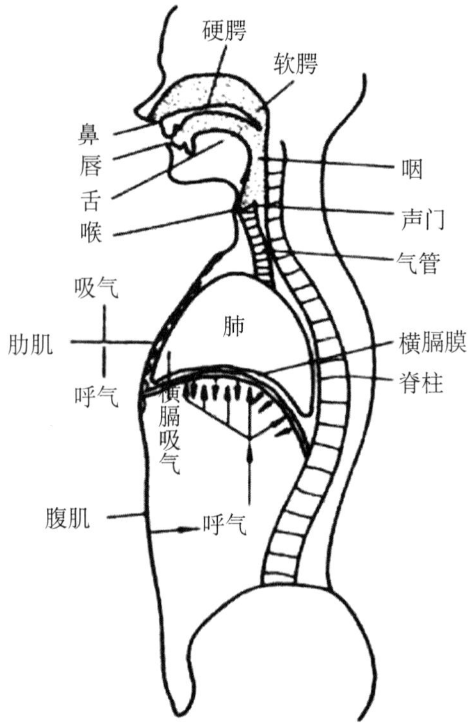

图 1 发声器官示意图

动力器官——肺，由肺呼出的气息是发声的动力。

振动器官——喉头内的声带，它是声源。

共鸣器官——喉腔、咽腔、口腔、鼻腔以及胸腔、头腔等。共鸣腔使声带发出的微弱声音得到扩大和美化。

咬字器官——舌、唇、齿及齿龈、硬腭、软腭等等。

最重要的是风箱（肺）、簧片（声带）、共鸣腔（口咽等腔体）这三大部件，发声的过程就是先拉开风箱（肺）蓄满气息（吸气），再用气息吹（弹）奏声带这个簧片（呼气），并让簧片产生的微弱声音在口咽等腔体内产生共鸣，成为饱满、洪亮、圆润的声音。

语音是在大脑统一支配下，各发声器官协调运动发出的，人体的发声器官包括动力器官、振动器官和共鸣器官。

人在正常情况下，每分钟呼吸 16～19 次，每次呼吸过程时长为三四秒钟，而播音或演唱时，有时一口气要延长十几秒，甚至更长，而且吸气时间短，呼气时间长，所以，必须掌握胸腹联合式呼吸法。要掌握此法，可从以下几个要点入手进行训练：

发声练习时，要注意情气声三要素：

情是内涵，是依托；

气是基础，是动力；

声是形式，是载体。

要以情带气，以气带声，五腔共鸣。

气、声、字是以气带声的三要素：气为声服务，声为腔服务，腔为字服务，字为词服务，词为情服务。

字居于中心，前面牵着“声”和“腔”，后面连着“词”与“情”。字音的真切，决定着声音的圆润，正所谓“以字行腔”。

要托足了“气”，找准了“音”，咬真了“字”。

具体方法：用汉语拼音的方法把字头、字腹、字尾放大放缓，以字练声，然后加快，同时练嘴皮子和唇齿牙舌喉的灵活性。

这个训练有一定难度，不少人需要克服家乡口音，让普通话变得精准，对于不认识的字多听和多练习，力争快速准确地完成绕口令。

二、普通话训练

（一）普通话四个声调具体发音方法

第一声——阴平调（高平调或 55 调）。发音时声带始终拉紧，声音又高又平，没有明显变化。如：高空飞机，江山多娇，声东击西，居安思危。

第二声——阳平调（中升调或 35 调）。发音时声带由不松不紧至逐渐拉紧，到最紧为止。如：来回航行，含糊其词，名存实亡，竭泽而渔。

第三声——上声调（降升调或 214 调）。发音时声带从略微有些紧张开始，立刻松弛下来，稍稍延长，再很快地绷紧。如：岂有此理，果敢勇猛，永远友好，勉强饮酒。

第四声——去声调（全降调或 51 调）。发音时声带先拉紧后放松，声音由高到低。如：胜利迈进，背信弃义，变幻莫测，浴血奋战。

注意：阳平的音高变化，体现出音高的上升，还要注意它的调子是比较长的；上声的音长在普通话四个声调中是最长的；去声的音长在普通话四个声调中最短（见图 2）。一声平，二声扬，三声拐弯，四声降（见图 3）。

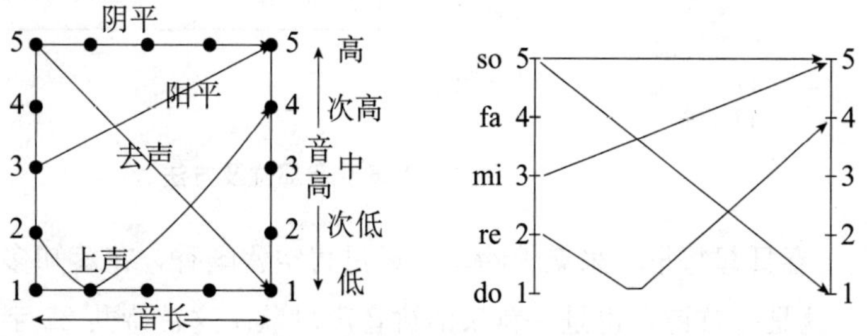

图 2　普通话声调五度标记法

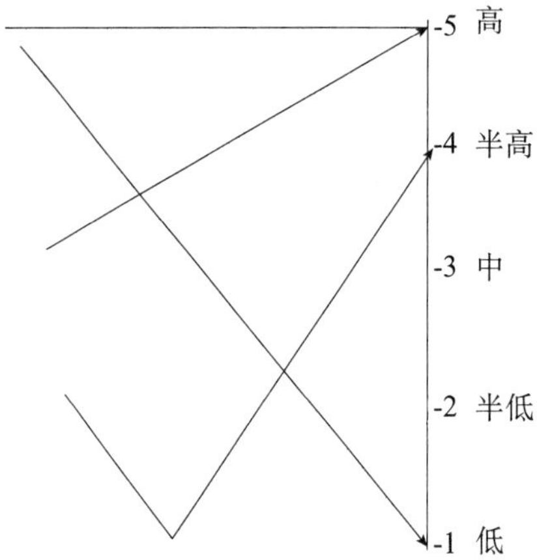

mɑ：	妈	麻	马	骂
zhi：	支	直	指	至
ni：	妮	泥	你	逆
lin：	拎	林	凛	吝
shɑo：	烧	勺	少	哨
jiɑ：	家	夹	甲	价
xi：	西	习	洗	系

图 3　四声调值图

（二）出镜主持的正音训练

普通话有自己独特的发音规范，练习者需要掌握好普通话的声母、韵母、声调的发音要领，以及语流音变的规律。

练习目标：声韵调准确，音变规范，达到“以气带声、字正腔圆”。

1. 声母训练

对声母的训练，应结合声母发音部位及方法（见图 4）。

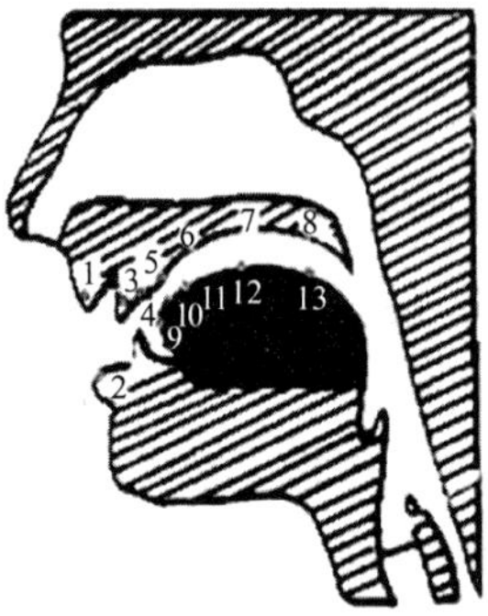

1.上唇　2.下唇
3.上齿　4.上齿背
5.上齿龈　6.硬腭前
7.硬腭中　8.硬腭后
9.舌尖前　10.舌尖中
11.舌尖后　12.舌面
13.舌根

声母	发音部位
b　p　m	上唇与下唇
f	上齿与下唇
z　c　s	舌尖前与上齿背
d　t　n　l	舌尖中与上齿龈
zh　ch　sh　r	舌尖后与硬腭前
j　q　x	舌面与硬腭中
g　k　h	舌根与硬腭后

图 4　声母发音部位及方法

“春日起每早，采桑惊啼鸟，风过碧空飘幽香，花落知多少？”

这是一首诗，也是一首汉语拼音声母歌。这首诗共 22 字，也正好是普通话的 22 个辅音声母。按照声母顺序，这首诗的字是这样排列的：

b（碧）p（飘）m（每）f（风）；d（多）t（啼）n（鸟）l（落）；g（过）k（空）h（花）；j（惊）q（起）x（香）；z（早）c（采）s（桑），zh（知）ch（春）sh（少）r（日）；y（幽）。

b p m f　d t n l　g k h　j q x　zh ch sh r　z c s

（1）双唇音：b、p、m。

b 班 崩 帮　包办　奔波　标兵　百发百中　包罗万象　暴跳如雷

p 批 盆 碰　澎湃　偏僻　爬坡　旁观者清　跑马观花　披星戴月

m 妈 明 木　明媚　美妙　妙龄　满面春风　莫名其妙　默默无闻

八百标兵奔北坡，炮兵并排北边跑；炮兵怕把标兵碰，标兵怕碰炮兵炮。

（2）唇齿音：f。

f 房 法 帆　丰富　奋发　方法　发扬光大　风平浪静　风吹草动

粉红墙上画凤凰，凤凰画在粉红墙，红凤凰、粉凤凰、红粉凤凰、花凤凰。

（3）舌尖中音：d、t、n、l。

d 到 冬 惦　等待　到达　大地　调虎离山　顶天立地　德高望重

t 推 抬 团　跳台　团体　天坛　谈虎色变　铁证如山　脱颖而出

n 能 牛 您　南宁　恼怒　奶娘　南腔北调　难分难解　弄假成真

l 来 楼 留　理论　流利　嘹亮　来者不拒　离题万里　落花流水

调到敌岛打特盗，特盗太刁投短刀；挡推顶打短刀掉，踏盗得刀盗打倒。

（4）舌根音：g、k、h。

g 刚 攻 高　高贵　光顾　公告　广开言路　高谈阔论　纲举目张

k 客 看 枯　宽阔　刻苦　慷慨　康庄大道　可歌可泣　空前绝后

h 海 河 欢　欢呼　荷花　浑厚　海阔天空　华灯初上　豪情壮志

哥挎瓜筐过宽沟，赶快过沟看怪狗；光看怪狗瓜筐扣，瓜滚筐空哥怪狗。

（5）舌面音：j、q、x。

j 将 金 绝　交际　境界　建交　皆大欢喜　惊天动地　见景生情

q 情 求 钱　亲切　气球　齐全　千载难逢　求同存异　恰如其分

x 西 小 笑　学习　喜事　现象　喜出望外　细水长流　心花怒放

千山鸟飞绝，万径人踪灭；孤舟蓑笠翁，独钓寒江雪。

（6）舌尖后音：zh、ch、sh、r。

zh 舟 铡 抓　庄重　转折　指针　掌上明珠　郑重其事　珠圆玉润

ch 车 臣 乘　长城　穿插　乘车　触类旁通　畅所欲言　沉默寡言

sh 顺 生 说　山水　闪烁　神圣　深入人心　神采奕奕　双管齐下

r　然 如 荣　仍然　容忍　软弱　入情入理　热血沸腾　燃眉之急

认识从实践始，实践出真知。知道就是知道，不知道就是不知道；不要知道说不知道，也不要不知道装知道；老老实实、实事求是一定要做到不折不扣的真知道。

（7）舌尖前音：z、c、s。

z 咱 最 在　总则　自尊　自在　自得其乐　再接再厉　责无旁贷

c 醋 层 村　猜测　苍翠　从此　沧海桑田　草草了事　寸步难行

s 思 色 谁　琐碎　松散　思索　司空见惯　丝丝入扣　四面楚歌

刚往窗户上糊字纸，你就隔着窗户撕字纸，一次撕下横字纸，一次撕下竖字纸。横竖两次撕了四十四张湿字纸。是字纸你就撕字纸，不是字纸你就不要胡乱地撕一地纸。

2. 韵母训练

单元音韵母发音 a、o、e、ê、i、u、ü、-i（前）、-i（后）、er。

a

发 趴 哈　发达　砝码　大厦　跋山涉水　大有作为　大功告成

有一个姥姥手里提着个蛤蟆，有一个哑巴腰里别着个喇叭。打南边来了个喇嘛，手里提着个蛤蟆；打北边来了个哑巴，腰里别着个喇叭。手提着蛤蟆的喇嘛，要拿蛤蟆换哑巴腰里别着的喇叭；腰里别着喇叭的哑巴，不肯拿喇叭换喇嘛手里提着的蛤蟆。手里提着蛤蟆的喇嘛打了腰里别着喇叭的哑巴一蛤蟆，腰里别着喇叭的哑巴打了手里提着蛤蟆的喇嘛一喇叭。

o

播 破 末　磨破　菠萝　破获　莫名其妙　博学多才　勃然大怒

郭伯伯买火锅，带买墨水和馍馍，给馍馍蒸火锅，火锅磨得馍皮破。

e

哥 得 乐　特色　割舍　合格　责无旁贷　可歌可泣　和颜悦色

坡上立着一只鹅，坡下就是一条河，宽宽的河，肥肥的鹅。鹅要过河，河要渡鹅，不知是鹅过河，还是河渡鹅。

i

笔 泥 踢　激励　离奇　秘密　地大物博　赤胆忠心　日新月异

唧唧复唧唧，木兰当户织。不闻机杼声，唯闻女叹息。问女何所思？问女何所忆？女亦无所思，女亦无所忆。

u

不 书 怒　互助　读书　露珠　出口成章　触景生情　顾全大局

肩背一匹布，手提一瓶醋。走了一里路，看见一只兔。卸下布，放下醋，去捉兔。跑了兔，丢了布，撒了醋。

3. 绕口令练习

练习时，先放慢速度念，字字咬清楚，且要放大声念，速度逐渐加快。

（1）唇音练习：

八—百—标—兵　—奔　—北—坡—，

北—坡—炮—兵　—并　—排—跑—；

炮—兵　—怕—把—标—兵　—碰—，

标—兵　—怕—碰—炮—兵　—炮—。

（2）齿音练习：

四是四，十是十，十四是十四，四十是四十，不要把十四说成四十，也不要把四十说成十四。

（3）舌音练习：

六十六岁刘老六，推着六十六只大油篓，六十六枝垂杨柳，拴着六十六只大马猴。

（4）喉音练习：

山前有只虎，山下有只猴，虎撵猴，猴斗虎，虎撵不上猴，猴也斗不了虎。

（5）舌音牙音练习：

街南来了个瘸子，右手拿着个碟子，左手拿个茄子；街上有个橛子，橛子绊倒了瘸子，右手摔了碟子，左手扔了茄子。

（6）十三道辙字音练习：

风（中东）—催（灰堆）—暑（姑苏）—去（一七）—荷（波梭）—花（发花）—谢（乜斜），

秋（由求）—爽（江阳）—云（人辰）—高（遥条）　雁（言前）—自（支思）—来（怀来）。

俏（遥条）—佳（发花）—人（人辰）—扭（由求）—捏（乜斜）—出（姑苏）—房（江阳）—来（怀来），

东（中东）—西（一七）—南（言前）—北（灰堆）—坐（波梭）。

上述气、声、字练习很实用，长期坚持会有明显成效。通过这样的练习，可以找准自己哪路音圆润，哪路音干瘪，从而进行更有针对性的练习。

练习要达到科学控制呼吸和吐字呼吸，这是基本要求。当呼吸控制和吐字训练达到一定水准后，可以尝试进行吟诗吟唱练习、弧形气声练习、爬音阶及高难音等更高级阶段的练习。

三、思维训练

思维训练是要提升用大脑和语言进行创意的能力。著名学者王国维提出人生三境界，也可以当作进行思维训练的三个境界：

准备阶段——昨夜西风凋碧树，独上高楼，望断天涯路；

酝酿阶段——衣带渐宽终不悔，为伊消得人憔悴；

顿悟阶段——众里寻他千百度，蓦然回首，那人却在灯火阑珊处。

（一）创意的定义及创意思维形态

特征：抽象性、广泛性、组合性。

意大利社会学家巴瑞多（Pareto）在《人与社会》中指出人有两种类型："收租型"和"重建型"，其中后者不安现状，在政治、经济、知识、艺术等多方面不断进行新的"组合"。这种组合被巴瑞多认为是一种创意，具有"创意的特质"。

创意不同于创新。创意是人的创新思维能力的具体体现，是比宽泛意义上的创意更深一层的思想创新或理念创新，是一切创新活动得以展开的前提和基础。

创意不同于策划。创意指创造出新的思想点和意义点，注重意向的关联和重组，强调创新思维和瞬间灵感突现。策划是围绕某一特定问题而进行的构思、规划、设计、论证、比较等一系列行为过程，更注重严谨、敏锐的思维触角，强调逻辑思维和整体感觉。

创意思维的形式特征：创造性、突发性和多元性。

创意思维的基本形式：发散思维、聚敛思维、类比思维和应变思维。

（二）发散思维

发散思维，也称辐射性或扩散性思维。

有学者提出，发散思维指沿不同方向、多角度思考问题的思维方法。

发散思维也叫作开放性思维、求异思维。故练习时要力求获得最大的发散度，多维度构思问题。

发散式构思的问题

[科特勒（Philip Kotler）的《营销管理》有助于发散式构思的问题。也可结合一些经典练习来进行，如：老虎和笼子，国内电影院线选址等。]

有无其他用途？——有使用该产品的新方法吗？

适应性如何？——与其他产品类似？其他构思？新构思优势何在？

是否要修改？——有新变动？改变意思、颜色、运动方式、格式？

是否要夸大？——增加什么？更多时间？更长？特别价值？复制？

是否要缩小？——减去什么？小型化？流线型？一分为二？打折？

替代品如何？——谁可替代？替代什么？其他成分？其他语调？

更新安排？——交换组件？其他模式？其他顺序？因果互换？

反向思维？——正负互换？反过来会怎样？一双鞋左右脚换一下？

组合？——考虑一下混合物、合金？组件？组合目标？组合诉求？

发散思维表达的实例

人：一种没有羽毛的两足动物。——柏拉图

人：自然界脆弱的芦苇，然而是一种会思考的芦苇。——帕斯卡尔

人：狗理想中的上帝。——杰克逊

…………

父亲：这个男人未征得你的同意就把你带到这个地球上，可是在以后相当长的岁月里，你无论做什么事都要征得他的同意。

古董：第一代人买下，第二代人抛弃，第三代人用高价买回的一个尿罐。

天才：生前被别人嫉妒和迫害，死后被别人称赞和自比的不幸的人。

发散思维练习

（1）展开联想：请说出一本书的用途。

（2）列出尽可能多种类的花/鸟/树。

（3）商店商品降价。

（4）用下面的词组讲一个故事：台灯、网球、邮票。

（5）面对一湖水，你能想出哪些话题。

发散思维需要建立在信息的积累上：常态积累和短时积累。

主持人要常做培养发散思维的练习，练习时一定要克服思维定式，鼓励超常思维。

（三）聚敛思维：集束思维

聚敛思维以发散思维为前提，是纯理性思维，练的是思维的深度：

抽象与概括；

分析与综合；

比较与类比；

归纳与演绎。

求同法：寻求现象的原因。

求异法：因为宴会有着装要求（dress code），所以阿凡提赴宴时请衣服吃饭，朋友不是请他，而是请他的衣服吃饭。

聚敛思维的练习

（1）列出一列现象的各种可能的原因：

1）某个品牌服装大减价，请在座的每个人想出一个理由，不能重复。

2）小张上班迟到了。

（2）从下列不同事物中抽象出共同的属性：

油条、桂树、苹果、雪花膏。

（四）类比思维

类比思维即类比推理，解决陌生问题的一种策略。

充分开拓自己的思路，运用已有的知识、经验将陌生的、不熟悉的问题与熟悉的问题或其他相似事物进行类比，从而创造性地解决问题。

将两类事物进行类比，可以将数字形象化。

类比思维的实例

（1）春暖花开了，今天我们的直播间也迎来了花儿一样的少年，他们是……

（2）主持人用来巧妙转场，转换话题：

从喝茶转到交通："是啊，喝茶可以消化肚子中的食物，可这么多堵在路上的车什么时候才能消化掉啊。我们从面前的大屏幕看到，北三环路上……"

类比思维的练习

（1）请说说下雨、夏天带给你心情上的变化（注意运用类比思维）。

（2）请用三种不同的编排顺序和类比中介，将下面六条新闻以各种类比方法串联起来，做成两期新闻节目。理出每条新闻连接的类比中介，并写出串联导语。

1）山东在党报发公告招儒学人才 泰山学者年薪40万。

2）男子靠炒股买超跑 北京飙车。

3）一带一路官方版图发布 加入海上丝路南线。

4）农业部：我国果树蔬菜施肥量超出安全水平。

5）多地学车费再涨 垄断令驾校有底气提价不提质。

6）女教师辞职信获批：世界那么大 我想去看看。

（五）应变思维

应变思维指根据客观情况变化，机变处理事情的思维能力。

控制情绪：处变不惊的临场心理。

保持积极的思维和创作状态。

应变思维的练习

（1）速问速答。

（2）说话接龙（接前一人说话的最后一个字）。

（3）成语接龙。

四、语言表达训练

融合新闻主持人最大的挑战，就是要能寻找适合所有媒介形态的镜头前表达方式。其语言要求的基本特点包括个性化、人格化、互动性和表演性等。主持人的语言要能说出画面感，要简洁精短。那么如何提升语言的画面感，增强语言的表达能力，丰富语言的真情和人性呢？

（一）即席讲话训练

目的：培养开口说话的自信。

方法：每天 40 分钟。

（1）20 分钟朗读（要求：大声、清晰、快速、流畅）。

朗读内容：根据自己作为出镜记者主持的人设来选择合适材料，尽可能找积极豪迈、易于进行情感表达的，如古今中外经典演讲像马丁·路德·金的《我有一个梦》、乔治·巴顿的《战争造就英雄豪杰》等，优美的诗歌如舒婷的《祖国啊，我的祖国》等。

（2）20 分钟唠叨训练（随着能力提升，时间可以加长到不停地说一小时）。

1）走到大街上见啥说啥，比如见一个大爷遛狗，立马开口描述大爷的穿着体态、狗的品种毛色、狗与主人的互动等。

2）先指定没有联系的 A 物和 B 物，然后尽量拖时间从 A 物谈到 B 物，其中可以编故事、说道理，总之，言语不能出现间断和犹疑，听起来要一气呵成。

（二）幽默训练

目的：使语言幽默风趣，提升个人魅力，加强亲和力。

方法：

每天选一条笑话，先背熟，然后找家人朋友去反复讲，尽可能讲得幽默诙谐。

每天在工作生活中找件事幽默一下。最好是当众幽默，实在不行事后也可以自嘲幽默补一下。

自我暗示：我一定要提升口才，一定会成功的；至少花 5 分钟想象，想象自己在公开场合很成功地发表了演讲；每天放声大笑 10 次，放松情绪，养成乐观开朗的性格。

该法坚持一个月，你会发现心境大有不同。不信试一试。

（三）形态训练

每天至少花 5 分钟面对镜子微笑，展示自己的手势及形态；培养微笑的习惯，要笑得灿烂、笑得真诚，提升亲和力；训练坦然接受他人的目光，培养观察力和自信力。

（四）话题信息

平时看微信、刷视频、网络冲浪、朋友聚会时，发现有趣的话题、生动的思想表达等要随手记下来，在脑中积累这些趣事、要事、重要观念、优美好句。在记忆的同时，要思考那些观点和概念。有了这样一个深思的过程，日后谈话时顺手拈来就能得心应手。

课堂训练后要坚持写总结，并进行分享。

下面是中国人民大学学生在上完融合新闻课后分享的体会：

主持人通常要具备丰富的想象力，擅长用发散性思维思考问题，要能够通过现象找到本质。如面对西湖的一角风景，窦文涛能够从古代园林说到西湖的细雨，滔滔不绝地讲述长达十几分钟的时间，这离不开他丰富的知识储备量和出色的联想能力。培养发散性思维的联系，比如将几个看起来毫无联系的单词组成一个完整的故事。这样的练习很有趣，也为我们在日常生活中锻炼发散性思维提供了可行的方法。

最后是自我内在的提升，不管是做新闻记者还是节目主持人，都对内在知识体系的要求很高，而我就是欠缺一些知识网络的建构和深入思考问题的能力。提升知识的方法就是多读书，并且在读的过程中加入自己的思考，让脑子变灵活，同时也能提升随机应变的能力。

说话要流利、自然，不能磕磕绊绊，我们坚持的绕口令练习与发音练习培养的便是我们在这一方面的能力。通过课堂上“发音咬字”“绕口令”“即兴讲话”等练习，以及老师对全体同学课后作业的点评，镜头前的表达能力、镜头感的掌握度和视频的编排剪辑能力都有所提高。

口癖很严重，说话速度极快但是喜欢在思考的时候重复“那个”，在剪辑的时候给我自己造成了很大的困扰，这是需要进行反复训练和纠正的一点。

出镜报道与主持人大赛，探索的绝不仅是硬性“达标”的方法，还有自我风格与情境互动模式的琢磨——这显然是一个任重而道远的过程。

尚未达到本书所提到的“新闻素养”“广博知识”与“思维能力”三

方面的要求。一方面，知识储备不足是硬伤，语言是思维的外壳，“任何说话背后都是文化，你以为是在说话，其实是话在说你”，因为对社会现象的关注度和阅读量都欠缺，所以无法对有限的知识进行灵活调动，僵硬的引用不免带来书面化问题；另一方面，没有主动调用发散、集中、正向、逆向思维的意识，思考问题时是没有逻辑与分层的，故难以找到一个独特的切入点。

针对这一问题，首先要进行长期的知识积累，进行深阅读，其次是应当在进行思考的过程中有意唤起上述思维方式，在日常生活中也对发散和集中思维进行积极调用，习惯与访谈对象采用传统纸媒的采访方式进行交流。从纸媒转型过来从事出镜报道之后，会有一个调适期。因为纸媒采访的主要任务是不断引导受访者说出有价值的信息，记者在提问之余，更多是扮演倾听者的角色，有意无意地弱化自己的存在。这就导致在进行人物专访录制时，习惯性地隐匿自己，缺乏个性化的表达，没有提出任何自己的观点，并且对每个问题都进行了多次重复性阐释，使视频采访中的出镜记者角色弱化。整个节目不像一个“talk show”，而更像是一个传统采访的“证据存留”。

对“语境”这个词的理解不够。语境即语言的传播环境，它应当制约着我们的话语表达方式。如果是面对面传播，观众只有一个，那么话语样式就是放松自然，语速可以稍快，逻辑性不用很强，只要对方能够听懂即可，吐字归音也不必严格到位。但若是通过融媒平台进行传播，就是一种拟态化的传播了，我们看不到观众，因此需要设想传播的对象以及对象的反应。由于我们面对的是千千万万的观众，语气自然就要体现出正式严肃，语言的逻辑性自然就要加强。因此今后，在播讲前，我会先考虑清楚语境，在脑海中勾画传播的对象以及传播的目的，然后再采取恰当的话语表达方式进行传播。只要语境考虑清楚了，那么在其制约之下的一切行为便都是合适的了。

刻意模仿一个新闻主持人，但因为没有在播音主持上下功夫，所以导致视频的“形”有了，而我这个主持人却没有“范”。向专业主持人学习，可多收看主持人大赛节目，通过模仿参赛选手的体态来改善自己的体态。

在镜头前流畅的表达同样需要流畅的表达能力。很多人在日常讲话中都有一些口癖，这些是日积月累的习惯，想要改正，就需要不断地练习。此外，思维的训练也很重要，讲话要有逻辑，这样在镜头前就可以避免一些大脑出现空白的情况。

主持人的主持方式、语速和情感的拿捏得有分寸，要对整场是个什么样的节目了然于胸，然后才能更好地去定位这场节目应该以什么样的方式去主持。一个采访者需要有一个饱满的精神状态，什么都新鲜，前后左右都是新闻，脚下的石头都有故事。在采访的过程中显得很平淡就像平时聊天一样，没有积极地带动被采访者的情绪。再就是应急反应迅速，应变能力强，最成功的律师是刑事辩护律师，最成功的记者是突发事件直播报道记者。在和被采访者的交谈中准确择优挑出问题才能够更好地达到采访的目的。

“主持人大赛”，面对“神仙打架”的精彩赛局，要具备这样的应赛能力，不仅需要日复一日的积累，还需要大量的刻意练习。即便是在这个新媒体、融媒体的时代，在素人、大咖、机器人都是主持人的科幻空间里，我们依然不能轻视“讲好话”的基本功，既要玩转表达的艺术，也要玩出自己的风格。

因为提前备好稿子往往有明显的背诵痕迹，显得不自然。思维不够清晰，控场能力不足，没有全局意识。面对采访对象，我没有能够做到主持人应有的对访谈的引导和把控，并且时间也分配得不合理，引子过长。还有就是自己的技术方面做得不好，对一些后期软件不够熟悉，形式上不能把自己的采访、评论做得吸引人眼球。

2020 年央视主持人大赛新闻类的冠军得主邹韵说：“生命见证过多少真实，付出过怎样的努力，我希望就会有怎样的底气。”要想成为像邹韵那样的主持人，就要不断学习，不断练习，读万卷书，行万里路，充实自己，给自己足够的底气。

结语：

接受自己，允许自己不断成长。要接受不同阶段的自己。确立阶段性目标。人生就像舞台，不到谢幕，你永远不知道自己有多精彩。

图书在版编目（CIP）数据

融合新闻学概论：理念、实务、操作解析/李沁著．
--北京：中国人民大学出版社，2021.8
新编21世纪新闻传播学系列教材
ISBN 978-7-300-29739-2

Ⅰ.①融… Ⅱ.①李… Ⅲ.①新闻学—高等学校—教
材 Ⅳ.①G210

中国版本图书馆CIP数据核字（2021）第153317号

新编21世纪新闻传播学系列教材
融合新闻学概论
理念、实务、操作解析
李 沁 著
Ronghe Xinwenxue Gailun

出版发行	中国人民大学出版社		
社　　址	北京中关村大街31号	**邮政编码**	100080
电　　话	010－62511242（总编室）		010－62511770（质管部）
	010－82501766（邮购部）		010－62514148（门市部）
	010－62515195（发行公司）		010－62515275（盗版举报）
网　　址	http://www.crup.com.cn		
经　　销	新华书店		
印　　刷	北京溢漾印刷有限公司		
开　　本	787 mm×1092 mm　1/16	**版　　次**	2021年8月第1版
印　　张	20.75 插页1	**印　　次**	2025年7月第6次印刷
字　　数	378 000	**定　　价**	49.80元

关联课程教材推荐

书号	书名	第一作者	定价	出版时间
978-7-300-29101-7	视听新闻报道	周勇	65.00	2021 年 3 月
978-7-300-25972-7	新闻采访与写作	高钢	49.80	2018 年 8 月
978-7-300-31972-8	网络传播概论（第 5 版）	彭兰	69.80	2023 年 9 月
978-7-300-32053-3	广播电视新闻业务（第 2 版）	常昕	59.80	2023 年 9 月
978-7-300-31973-5	出镜报道（第 3 版）	张超	59.80	2023 年 8 月
978-7-300-27213-9	出镜报道与新闻主持	刘培	45.00	2019 年 8 月
978-7-300-26519-3	数据新闻概论（第二版）	方洁	49.80	2019 年 2 月
978-7-300-28460-6	网络新闻编辑	胡明川	45.00	2020 年 8 月

配套教学资源支持

尊敬的老师：

衷心感谢您选择人大版教材！相关的配套教学资源，请到中国人民大学出版社官网（www. crup. com. cn）下载。部分教学资源需要验证您的教师身份后，才可以下载。请您登录出版社官网后，点右上角“注册”，填写“会员中心”的“我的教师认证”项目，等待后台审核。我们将尽快为您开通下载权限。

如您急需教学资源或教材样书，也可以直接与我们的编辑联系。

联系人：龚洪训　　电话：010-62515637　　电子邮箱：6130616@qq. com

欢迎加入全国新闻教师 QQ 群（群号：723715191），开展学术讨论，交流教学心得。

群名称:全国新闻教师2群
群　号:723715191

俯仰天地　心系人文

www. crup. com. cn

中国人民大学出版社

欢迎登录浏览，了解图书信息，下载教学资源